Das Schönste
von
Anne Morrow Lindbergh

SERIE PIPER
Band 1650

*Zu diesem Buch*

Millionen von Lesern in aller Welt hat Anne Morrow Lindbergh mit den »Muscheln in meiner Hand« Stunden der Besinnung geschenkt.

»Das Schönste von Anne Morrow Lindbergh« zeigt in Prosa, Lyrik und in Briefen, wie eine außergewöhnliche Frau ihr Schicksal in die Hand nimmt und meistert. Charme, Humor und das Wissen um die ethischen Pflichten des Menschen zeichnen ein Werk aus, das von humanistischem Geist getragen und zugleich voller Poesie ist.

*Anne Morrow Lindbergh*, geboren 1906, verheiratet mit dem berühmten Ozeanflieger Charles Lindbergh. War die erste amerikanische Frau, die einen Flugzeugführerschein erhielt; sie begleitete ihren Mann häufig als Funker auf weiten Flugreisen. Ihr schriftstellerisches Werk, das während der wenigen freien Stunden entstand, die sie sich als Ehefrau und Mutter von sechs Kindern abgewinnen konnte, umfaßt Reiseberichte, Lyrik, Romane, Tagebücher, Briefe und Essays.

# *Das Schönste von Anne Morrow Lindbergh*

Eine Auswahl aus ihrem Werk

Herausgegeben von Elisabeth Piper

Piper
München Zürich

Hinweise auf Originalausgaben und Übersetzer
befinden sich am Schluß des Buches.

Von Anne Morrow Lindbergh liegen
in der Serie Piper außerdem vor:

Halte das Herz fest (513)
Wind an vielen Küsten (653)
Bring mir das Einhorn (1293)
Muscheln in meiner Hand (1425)
Stunden von Gold, Stunden von Blei (1507)

ISBN 3-492-11650-7
Neuausgabe 1992
2. Auflage, 16.–35. Tausend Mai 1992
(1. Auflage, 1.–20. Tausend dieser Ausgabe)

Umschlag: Federico Luci,
unter Verwendung des Aquarells »LXVIII«
(Watercolours Adayar 1985) von Francesco Clemente

Satz: Wiener Verlag, Himberg bei Wien
Druck und Bindung: Clausen & Bosse, Leck
Printed in Germany

# *Muscheln in meiner Hand*

*Eine Antwort auf die Konflikte unseres Daseins*

Ursprünglich schrieb ich diese Seiten nur für mich selbst. Ich wollte meinen eigensten Lebensstil, meinen persönlichen Lebensrhythmus zwischen meiner Arbeit und meinen menschlichen Beziehungen überdenken. Und da ich am leichtesten mit dem Bleistift in der Hand denke, ergab sich das Schreiben von selbst. Als sich meine Gedanken zum erstenmal auf dem Papier ordneten, glaubte ich, meine Erfahrungen seien sehr verschieden von denen anderer Menschen. (Erliegen wir alle dieser Täuschung?) Ich genoß in meinem Leben in gewisser Hinsicht mehr Freiheit, als den meisten Menschen zugeteilt ist, in anderer Hinsicht war ich wesentlich beengter.

Außerdem, so glaubte ich, suchen nicht alle Frauen nach einem neuen Lebensstil, noch haben sie das Bedürfnis nach einer ungestörten besinnlichen Ecke. Viele Frauen finden sich mit ihrem Leben sehr wohl ab. Sie werden erstaunlich gut damit fertig. Äußerlich gesehen schien mir, als meisterten sie es viel besser als ich. Mit Neid und Bewunderung betrachtete ich die glasglatte Vollkommenheit ihrer im ungestörten Pendelschlag schwingenden Tage. Vielleicht hatten sie keine Probleme, oder sie hatten schon längst eine Antwort darauf gefunden. Nein, dachte ich schließlich, diese Überlegungen können nur für mich selbst von Wert und Interesse sein.

Als ich aber weiterschrieb und mich gleichzeitig auch

mit anderen Frauen unterhielt, jungen und alten Frauen mit den unterschiedlichsten Lebenserfahrungen – mit solchen, die für sich selbst sorgen mußten, mit jenen, die berufstätig sein wollten, mit den schwerarbeitenden Hausfrauen und Müttern und mit denen, die ein relativ sorgloses Leben hatten –, da stellte ich fest, daß ich mit meinen Ansichten keineswegs allein dastand. Auf die verschiedenste Weise und in mannigfaltiger Gestalt entdeckte ich, daß viele Frauen, und auch Männer, mit genau den gleichen Problemen rangen wie ich, und daß sie begierig waren, sich darüber auszusprechen und sie zu diskutieren und möglicherweise zu einer Lösung zu gelangen. Selbst diejenigen, deren Leben ungestört und minutengenau hinter einem lächelnden Zifferblatt dahinzuticken schien, versuchten oft wie ich, einen neuen Rhythmus mit mehr schöpferischen Pausen zu finden, ihren individuellen Bedürfnissen besser Rechnung zu tragen und in einen neuen und lebendigeren Kontakt zu sich selbst und anderen zu kommen.

Und so wurde allmählich diese Folge von Kapiteln, die aus den Gesprächen, Argumenten und Enthüllungen von Frauen und Männern der verschiedensten Art gespeist sind, mehr als meine persönliche Geschichte, so daß ich zu guter Letzt beschloß, sie den Menschen, die viele dieser Gedanken geteilt und angeregt haben, zurückzugeben. So übergebe ich denn, mit dem Gefühl wärmsten Dankes und der Verbundenheit, das Geschenk des Meeres wieder denjenigen, die meine Bemühungen teilen.

## *I Der Strand*

Der Strand ist nicht der rechte Ort zum Arbeiten, zum Lesen, Schreiben oder Denken. Das hätte ich aus früheren Jahren noch wissen müssen. Er ist zu heiß, zu feucht, zu weich für jede wirkliche gedankliche Disziplin oder geistige Einfälle. Man lernt es nie. Hoffnungsvoll nimmt man den verblichenen Strandbeutel her, vollgestopft mit Büchern, Schreibpapier, überfälligen Briefschulden, frischgespitzten Bleistiften und guten Vorsätzen. Die Bücher bleiben ungelesen, die Bleistifte brechen ab, und der Schreibblock ist weiterhin so frisch und unberührt wie der wolkenlose Himmel. Kein Lesen, kein Schreiben, nicht einmal ein paar Gedanken – jedenfalls nicht am Anfang.

Am Anfang beherrscht uns ausschließlich unser erschöpfter Körper. Wie an Bord eines Schiffes verfallen wir der Liegestuhl-Apathie. Gegen den eigenen Willen, gegen alle guten Vorsätze überwältigen uns die Ur-Rhythmen der Küste. Der Brecher auf dem Strand, der Wind in den Pinien, der träge Flügelschlag der Reiher über den Dünen lassen uns das hektische Pulsen der Städte und Vorstädte, der Fahrpläne und Terminkalender vergessen. Dem Zauber verfallen, dehnt sich entspannt der ruhende Körper. Man wird eins mit dem Element, auf dem man liegt, vom Meer hingestreckt;

einsam, preisgegeben, leer wie der Strand, den die Flut von den Überresten des Gestern reingewaschen hat. Und dann, an irgendeinem Morgen der zweiten Woche, erwacht der Geist und ersteht zu neuem Leben. Nicht im Sinne der Stadt – nein – in der Art des Strandes. Er beginnt zu wandern, zu spielen, sich in lässigen Windungen zu überschlagen gleich den trägen Wellen, die auf den Sand rollen. Man weiß nie, was für zufällige Schätze jene spielerischen unbewußten Brecher auf den glatten, weißen Sand des Bewußtseins spülen werden; was für einen vollkommen gerundeten Stein, was für eine seltene Muschel sie vom Grund des Ozeans mitbringen. Vielleicht eine Wellhornschnecke, vielleicht eine Mondmuschel oder sogar eine Argonauta.

Aber man darf nicht danach suchen oder etwa gar danach graben! Nein, nur kein Schleifnetz über den Meeresgrund ziehen. Das würde unseren Zweck vereiteln. Das Meer belohnt jene nicht, die zu beflissen, zu gierig oder zu ungeduldig sind. Nach Schätzen zu graben beweist nicht nur Ungeduld und Gier, auch Mangel an Glauben. Geduld, Geduld, Geduld lehrt uns das Meer. Geduld und Glauben. Leer, offen und passiv wie der Strand sollten wir daliegen – das Geschenk des Meeres erwartend.

## *II Wellhornschnecke*

Die Muschel in meiner Hand ist verlassen. Einmal war sie die Behausung einer Wellhornschnecke, und nach dem Tod dieses ersten Bewohners wurde sie vorübergehend von einem kleinen Einsiedlerkrebs bezogen, der dann fortlief und seine Spur wie eine zarte Ranke im Sand hinterließ. Er lief fort und ließ mir seine Muschel. Sie war einmal sein Schutz gewesen. Ich drehe die Muschel in meiner Hand und schaue in die weit geöffnete Tür, durch welche der Krebs sie verlassen hat. War sie ihm zum Gefängnis geworden? Weshalb ist er fortgelaufen? Hatte er gehofft, ein besseres Haus, bessere Lebensbedingungen zu finden? Ich begreife, daß auch ich fortgelaufen bin, daß auch ich für diese kurzen Ferienwochen die Muschel, die mein Leben war, verlassen habe.

Aber seine Muschel ist unkompliziert; sie ist einfach, sie ist schön. Klein wie ein Daumen und bis in das kleinste Detail von vollkommener Form. In der Mitte wie eine Birne anschwellend, schraubt sie sich in einer sanften Spirale bis zur nadelscharfen Spitze. Die stumpfgoldene Farbe erhielt durch das Salz des Meeres einen weißen Schimmer. Jede Windung, jede kleinste Erhöhung, jedes Äderchen in dieser eierschalenartigen Substanz ist so deutlich wie am Schöpfungstag. Mein Auge folgt entzückt dem äußeren Umlauf der winzigen Wendeltreppe, die jener Einwohner zu begehen pflegte.

Meine Muschel hat keine Ähnlichkeit mit dieser, denke ich. Wie unordentlich ist sie geworden! Von Moos überwachsen, von Muscheltieren überkrustet, kann man ihre ursprüngliche Form kaum mehr erkennen. Gewiß, einmal hatte sie eine Form. In meiner Vorstellung hat sie immer noch eine Form. Wie ist die Form meines Lebens?
Meine heutige Lebensform erwächst aus einer Familie. Ich habe einen Mann, fünf Kinder und ein Haus jenseits der Außenbezirke von New York. Ich habe auch ein Handwerk – ich schreibe – und deshalb eine Arbeit, der ich nachgehen möchte. Meine Lebensform wird natürlich auch von vielen anderen Dingen bestimmt; durch meine Herkunft und Kindheit, meinen Verstand und seine Bildung, mein Gewissen und seine Nöte, mein Herz und sein Sehnen. Ich will meiner Familie etwas sein und ihr etwas geben, mit meinen Freunden und mit der Gemeinde leben, meine Verpflichtungen den Menschen und der Umwelt gegenüber als Frau, als Künstlerin und als Bürgerin erfüllen.
Aber zuerst will ich – und das ist das eigentliche Ziel all dieser anderen Wünsche – in Einklang mit mir selbst sein. Ich wünsche eine eindeutige Sicht, Reinheit meiner Absichten, einen festen Mittelpunkt für mein Leben, die es mir ermöglichen, jene Verpflichtungen und Aufgaben so gut wie möglich zu erfüllen. Ich wünsche – um es durch einen theologischen Begriff auszudrükken –, »im Stand der Gnade« zu leben, soweit mir das überhaupt möglich ist. Ich gebrauche diesen Begriff nicht im streng theologischen Sinn. Unter Gnade ver-

stehe ich eine innere, im wesentlichen spirituelle Harmonie, die sich auch durch äußere Harmonie auszudrücken vermag. Vielleicht suche ich das, was Sokrates in seinem Gebet im PHAIDROS erflehte, wenn er sagt: »Laß den äußeren und den inneren Menschen eins werden.« Ich will einen Zustand der Gnade erreichen, aus dem heraus ich so sein und handeln kann, wie ich in der Vorstellung Gottes sein und handeln sollte.
So ungenau diese Definition auch sein mag, so sind sich doch, glaube ich, die meisten Menschen bewußt, daß sie in bestimmten Lebensabschnitten »im Stand der Gnade« und in anderen wieder »ohne Gnade« waren, wenn sie vielleicht auch nicht die gleichen Bezeichnungen dafür verwenden. In jenem glücklichen Zustand glaubt man, alles mühelos bewältigen zu können, als würde man von einer mächtigen Welle getragen, und in diesem kann man kaum ein Schuhband knüpfen. Zugegeben, ein großer Teil des Lebens besteht darin, die Technik des Schuhband-Knüpfens zu erlernen, ob man nun im Stand der Gnade ist oder nicht. Aber es gibt auch eine Technik des Lebens; es gibt sogar Techniken, nach der Gnade zu suchen. Und Techniken kann man entwickeln. Durch etliche Erfahrung und viele Beispiele und durch die Werke der zahllosen anderen Menschen, die sich vor mir auf die Suche begaben, habe ich gelernt, daß gewisse Voraussetzungen, Lebensbedingungen und Lebensweisen für die innere und äußere Harmonie zuträglicher sind als andere. Tatsächlich gibt es bestimmte Wege, denen man folgen kann. Einer davon ist die Vereinfachung des Lebens.

Darunter verstehe ich, daß man ein einfaches Leben führen, sich eine Muschel wählen soll, die man leicht tragen kann – wie ein Einsiedlerkrebs. Aber ich tue es nicht. Mein Lebensstil ist nicht auf Einfachheit zugeschnitten. Mein Mann und die fünf Kinder müssen ihren Weg in der Welt machen. Das Leben, das ich als Frau und Mutter gewählt habe, zieht eine ganze Karawane von Komplikationen nach sich. Es schließt ein Vororthaus ein und dementsprechend entweder Plackerei im Haushalt oder Dienstboten, die für die meisten von uns kaum oder gar nicht zu haben sind. Es dreht sich um Nahrung und Behausung, um Mahlzeiten, Einteilen, Einkäufe, Rechnungen und ein tausendfältiges Fertigwerden mit den Gegebenheiten. Es besteht nicht nur aus »Schuster, Schneider, Scherenschleifer«, sondern aus zahllosen weiteren Fachleuten, mit deren Hilfe mein modernes Haus mit seinen modernen »Erleichterungen« (Elektrizität, Installation, Kühlschrank, Gasherd, Ölheizung, Waschmaschine, Radio, Auto und anderen arbeitssparenden Erfindungen) richtig funktioniert. Es dreht sich um die Gesundheit, um Ärzte, Zahnärzte, Konsultationen, Medizinen, Lebertran, Vitamine, den Gang zur Apotheke. Und um die Erziehung: ethische, intellektuelle, körperliche; Schulen, Besuche bei den Lehrern, die Fahrten zum Sportplatz und den Weg zum Musikunterricht; Nachhilfestunden; Ferienlager, Zeltausrüstungen und zahllose Bahnfahrten. Die Kleidung: Einkaufen, Waschen, Reinigen, Flicken, Säume-Auslassen und Knöpfe-Annähen oder die Suche nach jemandem, der diese Arbeiten übernimmt. Dazu kommen die Freunde; die Freunde meines Mannes, meiner Kinder und meine eigenen, und die endlosen Verabredungen, bis alles klappt; Briefe, Einladungen, Telefonate und die Wege von einem zum anderen. Denn das Leben in Amerika basiert heute auf immer weiter reichendem Kontakt und Austausch. Es umschließt nicht nur die Bedürfnisse der Familie, sondern auch die der Gemeinde, der Nation, der Welt, und beansprucht den verantwortungsbewußten Bürger durch erdrückende soziale und kulturelle Anforderungen, durch Presse, Rundfunk, Wahlkampagnen, Wohltätigkeit und so weiter. Mein Kopf schwirrt davon. Welche akrobatischen Kunststücke müssen wir Frauen tagtäglich vollbringen! Das stellt jeden Trapezkünstler in den Schatten. Seht uns an! Jeder Tag ist ein Balanceakt auf dem Hochseil, mit einem Stapel Bücher auf dem Kopf. Kinderwagen, Regenschirm, Küchenstuhl – alles noch im Gleichgewicht! Nur immer mit der Ruhe!

Das ist nicht das einfache Leben, sondern das vielfache Leben, vor dem uns die Weisen warnen. Es führt nicht zur Sammlung, sondern zur Zersplitterung. Es führt nicht zur Gnade, es zerstört die Seele. Und das gilt nicht nur für mein Leben; so ist tatsächlich das Leben von Millionen Frauen in Amerika. Ich betone Amerika, denn heute ist es in weit größerem Maß das Privileg der amerikanischen Frau als das jeder anderen, ein solches Leben zu wählen. In großen Teilen der zivilisierten Welt ist die Frau durch Krieg, Verarmung, Zusammenbruch und den nackten Existenzkampf in einen viel beengteren Lebensraum zurückgedrängt worden, in den

Kreis der engsten Familie und der dringlichsten Existenzsorgen. Die amerikanische Frau ist immer noch relativ frei, sich einen weiteren Lebenskreis zu suchen. Wie lange sie diese beneidenswerte und ungewisse Stellung halten wird, weiß niemand. Aber ihre besondere Situation hat eine Bedeutung, die weit über die sichtbare wirtschaftlich, national oder durch ihr Geschlecht bedingte Begrenzung hinausgeht.

Denn das Problem der Vielfältigkeit des Lebens gilt nicht nur für die amerikanische Frau, sondern auch für den amerikanischen Mann. Und es betrifft nicht nur den Amerikaner allein, sondern die gesamte moderne Zivilisation; denn der amerikanische Lebensstil wird heute von einem großen Teil der übrigen Welt als der ideale angesehen. Und schließlich beschränkt sich dieses Problem nicht auf unsere derzeitige Zivilisation, obgleich es jetzt übermäßig deutlich vor uns steht. Es war immer eine der Gefahrenklippen in der Geschichte der Menschheit. Schon im dritten Jahrhundert warnte Plotin vor den Gefahren der Vielheit. Dennoch ist dieses Problem im eigentlichsten und besonderen ein Problem der Frau. Zersplitterung ist, war und wird wohl immer ein Grundzug im Leben der Frau sein.

Denn eine Frau zu sein bedeutet, daß die Interessen und Pflichten wie die Speichen von einer Radnabe vom Muttertrieb in alle Richtungen ausgehen. Unser Lebensmuster entspricht im Grunde einem Kreis. Wir müssen nach allen Himmelsrichtungen hin offen sein – Mann, Kinder, Freunde, Heim, Gemeinde – und jeden Lufthauch, jeden Anruf, der auf uns zukommt, wie ein ungeschütztes, ausgespanntes Spinnweb registrieren. Wie schwierig ist es da für uns, inmitten all dieser widerspruchsvollen Spannungen das Gleichgewicht zu halten, und doch wie notwendig, damit unsere Lebensfunktionen stimmen. Wie wichtig und wie schwer zu erreichen ist jene Stetigkeit, die uns alle Regeln für ein heiligmäßiges Leben predigen. Wie erstrebenswert und wie fern ist das Idealbild des kontemplativen Menschen, ob Künstler oder Heiliger – die tiefe Unverletzlichkeit des Kerns, die Ein-Sicht.

Ich begreife allmählich, mit einem wehmütigen Lächeln, weshalb die Heiligen selten verheiratete Frauen waren. Ich bin überzeugt, daß das nicht, wie ich früher glaubte, mit der Unberührtheit oder den Kindern zusammenhängt. Es hängt vor allem mit der Zersplitterung zusammen. Mit dem Gebären, Aufziehen, Nähren und Erziehen von Kindern; dem Haushalt mit seinen tausend Anforderungen; den menschlichen Bindungen mit ihren unzähligen Belastungen – die üblichen Beschäftigungen einer Frau stehen für gewöhnlich im Gegensatz zum schöpferischen Leben, zum kontemplativen Leben oder zum Leben der Heiligen. Das Problem heißt nicht nur FRAU UND BERUF, FRAU UND FAMILIE, FRAU UND UNABHÄNGIGKEIT. Es geht viel tiefer: Wie bleibe ich inmitten der Zerstreuungen des Lebens gesammelt? Wie halte ich das Gleichgewicht trotz der Zentrifugalkraft, die mich aus meinem Mittelpunkt zu reißen versucht? Wie bleibe ich stark, den Stößen zum Trotz, die mich erschüttern und die Nabe meines Rades verletzen können?

Wie lautet die Antwort? Es gibt keine einfache, keine endgültige Antwort. Ich habe nur Anhaltspunkte, Muscheln aus dem Meer. Die reine Schönheit der Wellhornschnecke sagt mir, daß es eine Lösung und vielleicht ein erster Schritt hierzu wäre, das Leben zu vereinfachen und die Zerstreuung einzuschränken. Aber wie? Ein völliges Sichzurückziehen ist nicht möglich. Ich kann meine Pflichten nicht abschütteln. Ich kann nicht ständig auf einer einsamen Insel wohnen. Ich kann nicht mitten in meiner Familie als Nonne leben. Ich will es auch gar nicht. Für mich liegt die Lösung sicherlich weder darin, daß ich dem Leben völlig entsage, noch darin, daß ich es völlig bejahe. Ich muß irgendwie einen Ausgleich finden oder einen Rhythmus, der zwischen diesen beiden Extremen abwechselt. Das Pendel muß zwischen Einsamkeit und Gemeinsamkeit, zwischen Einkehr und Rückkehr schwingen. Vielleicht sammle ich in den Perioden meiner Einkehr Erkenntnisse, die ich in mein alltägliches Leben zurückbringen kann. In diesen zwei Wochen kann ich mich zumindest um die Vereinfachung des äußeren Lebens bemühen. Das wäre ein Anfang. Ich kann diesen oberflächlichen Hinweis befolgen und sehen, wohin er führt. Hier, in meinem Strandleben, kann ich den Versuch machen.

Das erste, was man bei diesem Strandleben lernt, ist die Kunst des Einschränkens; man lernt, wie wenig man braucht, nicht wie viel. Zunächst ist es eine materielle Einschränkung, die dann geheimnisvoll auf andere Gebiete übergreift. Zuerst die Kleider. Natürlich braucht man in der Sonne weniger. Aber man entdeckt plötzlich, daß man überhaupt weniger braucht. Man braucht nicht einen Schrank voller Kleider, sondern nur einen kleinen Koffer voll. Und welche Erleichterung ist das! Weniger Änderungen, weniger Flickarbeiten und – das ist das Schönste – weniger Sorgen, was man anziehen soll. Man stellt fest, daß man sich nicht nur der Kleider, sondern auch der Eitelkeit entledigt. Dann kommt die Behausung. Man braucht keine luftdichten Behausungen, wie man sie im Winter benötigt. Hier lebe ich in der kahlen Meermuschel eines Häuschens. Keine Heizung, kein Telefon, keine nennenswerte Installation, kein warmes Wasser, nur ein Ofen, keine technischen Wunder, die man warten muß. Keine Teppiche. Es gab welche, aber ich habe sie am ersten Tag zusammengerollt; man kehrt den Sand leichter von den nackten Dielen. Aber ich entdeckte, daß ich hier überhaupt nicht überflüssigerweise kehre und saubermache. Der Staub stört mich nicht mehr. Ich habe meine puritanischen Begriffe von absoluter Ordnung und Sauberkeit abgelegt. Kann es sein, daß auch das eine materielle Belastung ist, die wir mit uns herumschleppen? Keine Vorhänge. Ich brauche sie nicht als Schutz gegen die Außenwelt; dazu genügen die Pinien, die mein Häuschen umgeben. Ich will, daß die Fenster immer offen sind, und ich will mich nicht um den Regen kümmern. Ich verliere allmählich meine Martha-ähnliche Besorgtheit um so viele Dinge. Die waschbaren Möbelbezüge, alt und verblichen – ich bemerke sie kaum noch. Es ist mir gleichgültig, welchen Eindruck sie auf andere Menschen machen. Ich lege meinen Stolz ab. Sowenig Möbel wie möglich; ich werde nicht viele brauchen. Ich werde nur solche Freunde in meine Muschel bitten, zu denen ich vollkommen offen sein kann. Ich stelle fest, daß ich die Heuchelei in meinen menschlichen Beziehungen ablege. Wie ausruhend das sein wird! Ich habe entdeckt, daß das Anstrengendste im Leben die Unaufrichtigkeit ist. Ihretwegen strengt uns das gesellschaftliche Leben so an; man trägt eine Maske. Ich habe meine Maske abgelegt.

Ich lebe sehr glücklich ohne jene Dinge, die ich im Winter im Norden für notwendig erachte. Und während ich diese Zeilen schreibe, erinnere ich mich – und ich erschrecke dabei über die Diskrepanz unserer Lebensschicksale – an eine ähnliche Feststellung, die ein Freund von mir in Frankreich gemacht hat, der drei Jahre in einem deutschen Gefangenenlager verbrachte. Natürlich, sagte er und rückte damit seine Behauptung ins rechte Licht, man bekam nicht genug zu essen, man wurde manchmal brutal behandelt, hatte nur wenig Bewegungsfreiheit. Und trotzdem lehrte ihn das Gefangenenleben, mit wie wenig man auskommt und welch außerordentliche geistige Freiheit und welchen Frieden ein solch einfaches Leben geben kann. Es ist eine seltsame Ironie, wenn mir dabei wieder einfällt, daß in Amerika heute mehr Menschen als in irgendeinem anderen Land der Erde das Privileg besitzen, zwischen einem einfachen und einem komplizierten Leben zu wählen. Und die meisten von uns, die wir Einfachheit wählen könnten, wählen die Komplikation. Krieg, Gefangenschaft, Überleben zwingen dem Menschen Einfachheit auf. Der Mönch und die Nonne wählen sie freiwillig. Findet man sie aber, wie ich für diese wenigen Tage zufällig, dann findet man auch die heitere Gelassenheit, die sie uns schenkt.

Man könnte fragen, ob dieses Leben nicht recht häßlich sei. Man sammelt materiellen Besitz ja nicht nur aus Sicherheitsgründen, zur Bequemlichkeit oder aus Eitelkeit, sondern um der Schönheit willen. Ist dieses Muschelhaus nicht häßlich und kahl? Nein, mein Haus ist schön. Natürlich ist es kahl, aber seine Kahlheit wird vom Wind, von der Sonne, vom Duft der Pinien durchspült. Die rohen Dachsparren sind von Spinnweben verschleiert. Wie hübsch sie sind, denke ich und sehe sie mit anderen Augen; sie mildern die harten Umrisse der Balken, wie graues Haar die Züge eines alternden Gesichtes mildert. Ich zupfe mir keine grauen Haare mehr aus und fege auch nicht mehr die Spinnweben herunter. Was die Wände anbelangt, so sahen sie zuerst wirklich abstoßend aus. Ich fühlte mich vor ihren ausdruckslosen Mienen eingeengt und bedrückt. Ich wollte Löcher hineinschlagen, ihnen durch Bilder oder Fenster andere Proportionen geben. Und ich schleppte silbriges Treibholz, das der Wind und der Sand seidenweich geglättet hatten, vom Strand mit nach Hause. Ich sammelte die grünen Ranken des wilden Weines, dessen rötlich-gefleckte Blätter sich sanft kräuselten. Ich holte mir die gebleichten Skelette der Tritonenmuscheln, deren seltsame, ausgehöhlte Formen mich ein wenig an abstrakte Plastiken erinnerten. Nun schmükken diese Dinge meine Wände und stehen in den Ecken meines Zimmers, und das befriedigt mich. Ich habe ein Periskop, das mich mit der Außenwelt verbindet. Ich habe ein Fenster, einen Blick, einen Fluchtweg aus meiner Schreibtischeinsamkeit.

Ich bin zufrieden. Ich setze mich an meinen Arbeitstisch, einen nackten Küchentisch mit einer Löschunterlage, einer Tintenflasche, einem Kiesel als Briefbeschwerer, einer Austernschale als Federdose, einer rosa gezahnten Muschelhälfte, um damit zu spielen, und einer säuberlichen Reihe von Muscheln, die meine Gedanken anregen sollen.

Ich liebe mein Muschelhaus. Ich wollte, ich könnte immer darin wohnen. Ich wollte, ich könnte es mit nach Hause nehmen. Aber das geht nicht. Es ist zu klein für einen Mann und fünf Kinder und das ganze Drum und Dran des Alltags. Ich kann nur meine kleine Wellhornschnecke mitnehmen. Sie wird auf meinem Schreibtisch in Connecticut liegen und mich an das Ideal eines vereinfachten Lebens erinnern, mich ermutigen, das Spiel, das ich am Strand gespielt habe, weiterzuspielen. Sie wird mich ermutigen zu fragen, mit wie wenig, nicht mit wie viel ich auskommen kann. Und »Ist das notwendig?« zu sagen, wenn ich versucht bin, meinem Leben noch eine Bürde aufzupacken, wenn mir der Sog einer weiteren zentrifugalen Tätigkeit droht.

Die Vereinfachung des äußeren Lebens genügt nicht. Sie berührt nur die Außenseite. Aber ich beginne mit der Außenseite. Ich betrachte das Äußere einer Muschel, die äußere Hülle meines Lebens – die Muschel. Die erschöpfende Antwort kann nicht im Äußeren gefunden werden, nicht in der sichtbaren Lebensform. Das ist nur eine Technik, ein Weg zur Gnade. Die endgültige Antwort, das weiß ich, wird immer im Innern gefunden. Aber das Äußere kann einen Hinweis geben, kann uns helfen, die innere Antwort zu finden. Auch wir haben, wie der Einsiedlerkrebs, die Freiheit, unsere Muschel zu wechseln.

Wellhornschnecke, ich lege dich wieder hin. Aber du hast meinen Geist auf die Reise geschickt, auf eine in meinem Inneren aufwärtssteigende Wendeltreppe, deren Stufen die Gedanken sind.

## *III Mondmuschel*

Das ist ein Schneckenhaus, rund, kräftig und glänzend wie eine Kastanie. Wohlig und fest schmiegt es sich in meine Handfläche wie ein Kätzchen. Milchig und undurchsichtig, von rosigem Glanz überhaucht, gleicht es einem Sommerhimmel, an dem sich der Regen sammelt. Exakt, wie mit dem Silberstift gezogen, zeichnet sich auf der glatten, symmetrischen Außenseite eine vollkommene Spirale ab, die sich drinnen zum nadeldünnen Mittelpunkt der Muschel windet, zu dem winzigen, dunklen Kern der Spitze, der Pupille ihres Auges. Es starrt mich an, dieses geheimnisvolle Einauge – und ich starre es an.

Jetzt ist es der Mond, allein am Himmel, voll und rund, machtvoll geschwellt, dann wieder das Auge einer

Katze, die zur Nachtzeit geräuschlos durch hohe Gräser streicht, nun eine Insel, einsam, selbstgenügsam und heiter mitten in endlos sich weitenden Wellenkreisen.

Wie wunderbar sind Inseln! Inseln im Unendlichen wie diese, auf die ich mich zurückgezogen habe, Inseln von unabsehbarem Wasser umschlossen, ohne verbindende Brücken, Kabel oder Telefone. Eine Insel fernab der Welt und ihrem Getriebe. Inseln inmitten der Zeit wie meine kurzen Ferien. Vergangenheit und Zukunft sind abgeschnitten: nur die Gegenwart bleibt. Das Dasein im Jetzt verleiht dem Inselleben äußerste Intensität und Reinheit. Wie ein Kind oder ein Heiliger lebt man in der Unmittelbarkeit des Hier und Heute. Jeder Tag, jede Handlung ist eine Insel, von Zeit und Raum umspült und in sich geschlossen wie eine Insel. Auch die Menschen werden in dieser Atmosphäre zu Inseln, in sich gestillt, unversehrt und heiter-gelassen. Sie achten die Einsamkeit des anderen, dringen nicht an seine Küsten, machen ehrfürchtig halt vor dem Wunder eines anderen Individuums. »Kein Mensch ist eine Insel«, hat John Donne gesagt. Ich glaube, daß wir alle Inseln sind – in einem gemeinsamen Meer.

Wir sind im Letzten alle allein. Und diesen Ur-Zustand der Einsamkeit zu ändern, liegt nicht in unserem Belieben. Er ist, wie Rainer Maria Rilke sagt, »nichts, was man wählen oder lassen kann. Wir sind einsam. Man kann sich darüber täuschen und tun, als wäre es nicht so. Das ist alles. Wieviel besser ist es aber, einzusehen, daß wir es sind, ja geradezu, davon auszugehen. Da wird es freilich geschehen«, fährt er fort, »daß wir schwindeln.«

Natürlich. Wie ungern denkt man daran, daß man einsam ist! Wie weicht man dem aus! Ablehnung und Unbeliebtheit scheinen darin zu liegen. Dem Wort haftet ein jugendlicher Mauerblümchen-Komplex an. Man fürchtet, verlassen auf dem Stuhl an der Wand zu sitzen, während die erfolgreichen Mädchen schon geholt worden sind und sich mit ihren verlegenen Tänzern auf dem Parkett drehen. Wir scheinen heute solche Angst vor dem Alleinsein zu haben, daß wir es nie dazu kommen lassen. Selbst wenn die Familie, die Freunde und das Kino versagen, bleiben uns immer noch das Radio und das Fernsehen, um die Leere zu füllen. Frauen, die sich über Einsamkeit beklagten, brauchen jetzt nie mehr einsam zu sein. Wir können unsere Hausarbeit in Begleitung schmachtender Schlagersänger machen. Selbst in den Tag zu träumen war schöpferischer als dies; es forderte einem etwas ab und gab dem Innenleben Nahrung. Heute bepflanzen wir unsere leeren Beete nicht mehr mit unseren eigenen Traumblumen, sondern überschwemmen sie mit pausenloser Musik und Geschwätz, einer Begleitung, der wir nicht einmal zuhören. Sie dient einzig dazu, das Vakuum zu füllen. Wenn der Lärm aufhört, tritt keine innere Musik an seine Stelle. Wir müssen das Alleinsein erst wieder lernen.

Das ist heute eine schwierige Lektion – seine Freunde und seine Familie zu verlassen, um sich vorsätzlich eine Stunde, einen Tag oder eine Woche lang in der Kunst des Alleinseins zu üben. Am schwersten fällt mir die Trennung; Abschiednehmen ist immer schmerzlich, selbst wenn es nur für kurze Zeit ist. Ich empfinde es wie eine Amputation. Ein Glied wird ausgerissen, ohne das ich nicht leben kann. Und dennoch, ist es einmal geschehn, entdecke ich in der Einsamkeit etwas unglaublich Kostbares. Das Leben flutet reicher, intensiver, voller in die Leere zurück. Es ist, als habe man durch die Trennung wirklich einen Arm verloren. Und dann wächst, wie beim Seestern, ein neuer nach, man ist wieder ganz vollkommen und abgerundet – sogar mehr als zuvor, da die anderen Menschen doch nur Teile von uns besaßen.

Einen ganzen Tag und zwei Nächte lang war ich allein. Nachts am Strand lag ich unter dem Sternenhimmel allein. Ich bereitete mein Frühstück allein. Allein sah ich dem Flug der Möwen zu, wie sie an der Spitze der Mole niederschossen, kreisten und nach den Brocken tauchten, die ich ihnen zuwarf. Ein arbeitsamer Morgen am Schreibtisch – und dann ein spätes Picknick, allein am Strand. Und mir war, als sei ich von meiner eigenen Art abgetrennt, den anderen näher verbunden: der scheuen Bekassine, die hinter mir im angeschwemmten Tang nistete; dem Strandläufer, der unbeirrt und eilig vor mir über den glänzenden Sandstreifen trippelte; den Pelikanen, die mit bedächtigem Flügelschlag über meinem Kopf vor dem Wind segelten; der alten Möwe, die griesgrämig dahockte und den Horizont beobachtete. Ich fühlte mich ihnen auf eine unpersönliche Weise verbunden und freute mich dieser Verbundenheit. Ich vermochte die Schönheit von Erde, Meer und Himmel tiefer zu empfinden. Ich war in Einklang mit ihr, ich verschmolz mit dem Universum, verlor mich darin, wie man sich in einem Lobgesang auflöst, der aus einer anonymen Menge in einer Kathedrale emporsteigt. »Lobet den Herrn – ihr Fische des Meeres – ihr Vögel unter dem Himmel – ihr Menschenkinder – lobet den Herrn!«

Ja, ich fühlte mich auch meinen Mitmenschen näher, sogar in meiner Einsamkeit. Denn es ist nicht die körperliche Einsamkeit, die uns von den anderen Menschen trennt, nicht die körperliche, sondern die seelische Isoliertheit. Nicht die einsame Insel, noch die steinige Wüste trennt uns ab von denen, die wir lieben. Es ist die Wüste in unserer Seele, das Brachland in unseren Herzen, durch das wir fremd und verloren streifen. Ist man sich selber fremd, dann ist man auch den anderen entfremdet. Ohne Zugang zum eigenen Ich kann man auch keinen Zugang zu anderen finden. Wie oft habe ich in der großen Stadt einem Freund die Hand gegeben und die Wüste gespürt, die ihn von mir trennte. Beide wanderten wir über verbrannte Steppen und hatten den Weg zu den Quellen verloren, die uns nährten – oder hatten sie versiegt gefunden. Langsam begreife ich, daß man nur durch die Verbundenheit mit dem eigenen Wesenskern den anderen verbunden ist. Und ich bin der Meinung, daß man das eigene Ich, die innere Quelle, am besten in der Einsamkeit wiederfindet.

Ich ging weit den Strand entlang, vom weichen Rhythmus der Wellen getragen, die Sonne auf meinem nackten Rücken und auf meinen Beinen, den Wind und den salzigen Sprühregen des Gischtes im Haar. In die Wellen und wieder zurück wie der Strandläufer. Und dann nach Hause, durchnäßt, betäubt, taumelnd und bis zum Rand mit der Einsamkeit des Tages angefüllt; voll wie der Mond, ehe die Nacht von seinem Glanz gekostet hat; voll wie ein Becher, ehe die Lippen ihn berühren. Es gibt ein Gefühl der Fülle, dem der Psalmist Ausdruck verlieh: »Mein Becher läuft über.« Laß niemanden kommen – bete ich plötzlich voll Angst – ich könnte mich verströmen!

Ist es nicht das, was jede Frau empfindet: das Bedürfnis, sich unentwegt zu verströmen? Der ganze Instinkt der Frau – der ewigen Nährmutter der Kinder, der Menschen, der Gemeinschaft – verlangt, daß sie sich ausgibt. Ihre Zeit, ihr Wille, ihre schöpferische Kraft fließen, wenn irgend möglich, in diese Kanäle. Nach überlieferter Lehre und aus instinktivem Bedürfnis geben wir dort, wo wir gebraucht werden – und ohne zu zögern. Seit Urzeiten verströmt sich die Frau in vielfältigen Rinnsalen an die Durstigen und nur selten hat sie die Zeit, die Ruhe und den inneren Frieden, den Krug wieder bis zum Rand aufzufüllen.

Aber weshalb nicht, könnte man fragen? Was ist falsch daran, wenn eine Frau sich verausgabt, da sie ihrer Natur nach doch eine Gebende ist? Weshalb habe ich, die ich von meinem vollkommenen Tag am Strand zurückkomme, solche Angst, meinen Schatz zu verlieren? Das hängt nicht nur mit meinem Künstlertum zusammen. Der Künstler wird sich natürlich niemals gern in kleinen Mengen verausgaben. Er muß für den vollen Krug sammeln. Nein, auch die Frau in mir ist plötzlich so geizig.

Hier liegt ein seltsamer Widerspruch vor. Instinktiv möchte die Frau geben, doch sie will sich nicht in kleiner Münze verausgaben. Ist das ein grundlegender Widerstreit? Oder ist es die übermäßige Vereinfachung eines vielschichtigen Problems? Ich glaube, die Frau wehrt sich weniger gegen das stückweise Verausgaben als gegen das sinnlose Verausgaben. Wir fürchten nicht so sehr, daß unsere Energie durch kleine Lecke entweichen könnte, als daß sie »durch den Abfluß« geht. Wir sehen die Resultate unseres Gebens nicht so deutlich, wie sie der Mann bei seiner Arbeit sieht. In der Hausarbeit gibt es keine Gehaltserhöhung vom Chef, und nur selten zeigt uns das Lob der anderen, daß wir das Soll erreicht haben. Man hält sehr oft das Kinderkriegen für die einzige schöpferische Leistung der Frau, ihre übrigen Hervorbringungen aber sind gerade heute meist dem Blick verborgen. Unsere Arbeit besteht darin, die tausendfältigen, schier unvereinbaren Einzelheiten des Haushalts, des täglichen Familienlebens und der gesellschaftlichen Verpflichtungen in eine harmonische Form zu bringen. Es ist eine Art verwickeltes Puzzle mit unsichtbaren Teilen, womit sich unsere Finger beschäftigen. Wie können wir auf diesen ewigen Wirrwarr von Hausarbeit, Besorgungen und bruchstückhaften menschlichen Beziehungen als auf eine Schöpfung hinweisen? Es fällt sogar schwer, ihn als eine sinnvolle Tätigkeit anzusehen, denn vieles geschieht rein automa-

tisch. Die Frau fühlt sich allmählich wie ein Klappenschrank oder ein Waschautomat.
Sinnvolles Geben zehrt weit weniger am Lebensnerv, denn es gehört zu den natürlichen Formen des Gebens, bei denen sich die Kräfte im gleichen Maß zu erneuern scheinen, in dem sie sich verzehren. Je mehr man gibt, desto mehr hat man zu geben – es ist wie mit der Milch in der Mutterbrust. In unserer früheren Kolonialzeit und neuerdings während der Kriegsjahre in Europa war die gebende Funktion die Frau, bei allen Schwierigkeiten, sinnvoll und unentbehrlich. Heute, mit unseren technischen Hilfsmitteln, fühlen sich viele Frauen kaum noch unentbehrlich, ob im primitiven Lebenskampf oder als tragende Mitte ihres Heimes. Nicht mehr vom Bewußtsein der Unentbehrlichkeit oder sinnvollen Daseinsberechtigung gespeist, hungern wir. Und da wir nicht wissen, wonach wir hungern, füllen wir die Leere mit den vielfältigen Zerstreuungen, die sich uns immer bieten – mit unnötigen Gängen, eingebildeten Verpflichtungen, gesellschaftlichem Getändel. Und das alles meist ohne tieferen Sinn. Plötzlich ist die Quelle versiegt; der Brunnen ist leer.
Natürlich kann man Hunger nicht nur mit dem Gefühl der Unentbehrlichkeit stillen. Auch ein sinnvolles Geben muß aus irgendeiner Lebensader gespeist werden. Der Körper, der die Muttermilch abgibt, muß Nahrung haben. Wenn es die Aufgabe der Frau ist zu geben, so muß sie auch wieder bekommen. Aber wie?
Alleinsein, sagt die Mondmuschel. Jeder Mensch, besonders aber jede Frau, sollte einmal im Jahr, einmal in

der Woche, einmal am Tag allein sein. Wie revolutionär das klingt, und wie undurchführbar! Vielen Frauen scheint ein solches Vorhaben völlig unerreichbar. Sie besitzen kein eigenes Einkommen, das sie für ihre privaten Ferien ausgeben könnten; sie erübrigen von der wöchentlichen Sklaverei im Haushalt nicht die Zeit, die ihnen einen freien Tag ließe; sie haben nicht mehr die Kraft, nach dem täglichen Kochen, Putzen und Waschen auch nur eine Stunde Einsamkeit fruchtbar zu nutzen.

Ist es also nur ein wirtschaftliches Problem? Ich glaube das nicht. Jeder Lohnempfänger, ganz gleich auf welcher Stufe der wirtschaftlichen Leiter, erwartet einen freien Tag in der Woche und einen jährlichen Urlaub. Im großen und ganzen sind die Mütter und Hausfrauen die einzigen arbeitenden Menschen, die keine geregelte Freizeit haben. Sie sind die große Klasse der Ferienlosen. Sie beklagen sich nur selten über diesen Mangel, da sie offenbar nicht überlegen, daß auch sie berechtigten Anspruch auf eine gewisse Freizeit haben.

Hierin liegt ein Schlüssel zu diesem Problem. Wenn die Frauen davon überzeugt wären, daß ein freier Tag oder eine stille Stunde ein vernünftiges Ziel ist, dann fänden sie auch einen Weg, es zu erreichen. So aber glauben sie, ihr Verlangen sei derart ungerechtfertigt, daß sie kaum einen Versuch unternehmen. Um zu begreifen, daß es sich nicht um ein ausschließlich wirtschaftliches Problem handelt, muß man sich nur jene Frauen betrachten, die tatsächlich die Mittel oder die Zeit und die Kraft haben, um sich gelegentlich zurückzuziehen, und sie trotzdem nicht benützen. Es ist eher eine Frage der inneren Überzeugung als des äußeren Drucks, obwohl dieser äußere Druck natürlich besteht und erschwerend wirkt. Was die Suche nach dem Alleinsein angeht, so leiden wir in einer abträglichen Atmosphäre, die so unsichtbar, so allgegenwärtig und so zermürbend ist wie die feuchte Hitze eines August-Nachmittages. Die Welt von heute versteht weder das Bedürfnis der Frau noch das Bedürfnis des Mannes, allein zu sein.

Wie unerklärlich uns das erscheint! Jede andere Entschuldigung wird eher entgegengenommen. Die Zeit, die wir uns für eine geschäftliche Verabredung, für den Friseur, für eine Einladung oder für Einkäufe nehmen, wird respektiert. Sagt man aber: ich kann nicht kommen, denn das ist die Stunde, die ich ganz für mich allein reserviert habe, dann gilt man als ungezogen, egoistisch oder als Sonderling. Was wirft es für ein Licht auf unsere Zivilisation, wenn das Bedürfnis nach Einsamkeit verdächtig erscheint; wenn man sich dafür entschuldigen, wenn man es verbergen muß wie ein geheimes Laster!

Tatsächlich sind es die wichtigsten Momente im Leben – in denen man allein ist. Bestimmte Quellen können wir nur erschließen, wenn wir allein sind. Der Künstler, der etwas hervorbringt; der Schriftsteller, der Gedanken Gestalt werden läßt; der Musiker, der komponiert; der Heilige, der betet – sie wissen, daß sie dazu allein sein müssen. Die Frau aber braucht die Einsamkeit, um ihre eigentliche Bestimmung wiederzufinden: jenen festen Faden, der das ganze Netz menschlicher Beziehungen zusammenhält. Sie muß jene innere Ruhe finden, die Charles Morgan beschreibt als »das Stillewerden der Seele innerhalb der Geschäftigkeit des Geistes und des Körpers, damit sie ruhig sei, wie die Achse eines kreisenden Rads ruhig ist«.

Ich glaube, dieses schöne Bild sollten die Frauen sich vor Augen halten. Dieses Ziel könnten wir erreichen – ruhende Achse zu sein im kreisenden Rad der Beziehungen, Verpflichtungen und Tätigkeiten. Einsamkeit allein ist noch nicht die Lösung; sie ist nur wie das »eigene Zimmer« eine technische Hilfe, ein Schritt weiter zu dem Platz, den die Frau in der Welt ausfüllen kann. Das Problem besteht nicht ausschließlich darin, das eigene Zimmer und die Zeit für sich zu finden, so schwierig und so notwendig das auch ist. Die Frage lautet vielmehr: wie bewahre ich meiner Seele inmitten des Getriebes die Ruhe, wie gebe ich ihr Nahrung?

Denn nicht die äußeren Umstände versagen; es ist die seelische Kraft der Frau, die versiegt. Äußerlich betrachtet hat die Frau während der letzten Generation nur gewonnen. In Amerika jedenfalls ist unser Leben – unter anderem dank der Frauenrechtlerinnen – leichter, freier und voll neuer Möglichkeiten. Das eigene Zimmer, die Stunde der Besinnung sind jetzt für einen weiteren Kreis erreichbar als je zuvor. Aber diese schwer erkämpften Privilegien genügen nicht, weil wir noch nicht gelernt haben, wie wir sie nützen können. Die Frauenrechtlerinnen sahen nicht so weit voraus; sie haben keine Gebrauchsanweisung gegeben. Ihnen genügte es, die Privilegien zu fordern. Die Nutzbarma-

chung war, wie bei jeder Pionierarbeit, den Frauen überlassen, die sich der Bewegung anschlossen. Und die Frau von heute sucht immer noch. Wir wissen um unseren Hunger und unsere Bedürfnisse, aber wir wissen immer noch nicht, womit wir sie stillen sollen. Wir neigen eher dazu, in der gewonnenen Freizeit unsere schöpferischen Quellen zu leeren, als sie wieder aufzufüllen. Wir versuchen manchmal, ein Feld zu bewässern und nicht einen Garten. Blindlings stürzen wir uns in Vereinstätigkeit und in den Kampf für eine »Sache«. So zerstreuen wir uns selbst, ohne die Seele zu nähren.
Statt das Zentrum, die Achse des Rades, zum Stillstand zu bringen, fügen wir unserem Leben noch mehr zentrifugale Tätigkeiten hinzu, die uns aus dem Gleichgewicht bringen können.
In der letzten Generation haben wir materiell viel gewonnen, aber seelisch sind wir, glaube ich, ärmer geworden, ohne es zu wissen. Früher besaßen die Frauen, ob sie es wußten oder nicht, in ihrem Dasein mehr zentrierende Kräfte, Quellen, aus denen sie bewußt oder unbewußt gespeist wurden. Allein die Tatsache ihrer weitgehenden häuslichen Abgeschlossenheit gab ihnen das notwendige Alleinsein. Viele ihrer Aufgaben trugen dazu bei, daß sie sich innerlich sammeln mußten. Sie hatten mehr schöpferische Arbeiten zu verrichten. Nichts speist die Mitte so sehr wie schöpferische Arbeit, auch wenn es bescheidene Tätigkeiten sind wie Nähen oder Kochen. Brotbacken, Weben, Einmachen, Kinder unterrichten und ihnen vorsingen, muß viel kraftspendender gewesen sein als den Familienchauf-

feur zu machen, in Selbstbedienungsläden die Konserven einzukaufen oder die Hausarbeit mit technischen Hilfsmitteln zu verrichten. Das Schöpferische und Handwerkliche sind aus der Haushaltführung weitgehend verschwunden, die zeitraubende Plackerei ist, obwohl die moderne Reklame das Gegenteil behauptet, geblieben. Im Haushalt wie im übrigen Leben hat sich die Technisierung wie ein Vorhang zwischen Geist und Hand gesenkt.

Auch die Kirche ist immer eine zentrierende Kraft im Leben der Frau gewesen. Jahrhundertelang gehörte den Frauen diese ruhige ungestörte Stunde, in der sie sich sammelten. Kein Wunder, daß die Frau eine wesentliche Säule der Kirche war. Hier genoß sie mit der Billigung der Familie und der Allgemeinheit die Vorteile eines eigenen Raumes und einer Stunde der Besinnung, die Ruhe und den Frieden – alles in einem. Hier konnte keiner einbrechen mit dem rücksichtslosen Ruf: »Mutter«, »Frau«, »Herrin«. Hier war die Frau endlich und im tiefsten auf sich zurückgezogen und nicht in tausend Funktionen aufgesplittert. Sie konnte sich in dieser Stunde völlig der Andacht, dem Gebet, dem Abendmahl hingeben und vollkommene Bestätigung finden. Und in dieser Hingabe und Bestätigung erneuerte sie sich; die Quellen bekamen Nahrung.

Noch immer ist die Kirche ein machtvoller Mittelpunkt, in welchem sich Männer und Frauen sammeln, und wir brauchen sie notwendiger als je zuvor – wie die zunehmende Menge der Gläubigen beweist. Aber sind jene, die da in die Kirche gehen, ebenso bereit, sich ihr zu öffnen oder ihre Botschaft zu empfangen, wie das früher der Fall war? Unser Alltag bereitet uns nicht auf die Kontemplation vor. Wie kann die eine Stunde der Woche, die wir in der Kirche verbringen, mag sie auch eine noch so große Hilfe sein, den vielen Alltagsstunden entgegenwirken, die uns zerstreuen? Hätten wir zu Hause unsere kontemplative Stunde, dann könnten wir uns in der Kirche leichter der Einkehr widmen und empfingen eine tiefergehende Erneuerung. Denn das Bedürfnis nach Erneuerung besteht noch immer. Der Wunsch nach vollkommener Bestätigung, der Wunsch, als Individuum gewertet zu werden und nicht als Sammelbegriff verschiedener Funktionen, der Wunsch nach völliger und sinnvoller Hingabe verfolgt uns unablässig und trägt mit dazu bei, daß wir uns in immer neue Zerstreuungen, illusorische Liebesabenteuer oder in den rettenden Hafen der Krankenhäuser und Sprechzimmer flüchten.

Die Lösung liegt nicht darin, daß wir umkehren und die Frau ins Haus verbannen und ihr wieder den Besen und die Nadel in die Hand drücken. Eine Reihe technischer Hilfsmittel sparen uns Zeit und Kraft. Die Lösung liegt aber auch nicht darin, daß wir unsere Zeit und unsere Kraft in noch sinnloseren Beschäftigungen vergeuden, noch mehr Dinge ansammeln, die angeblich unser Leben vereinfachen, es in Wirklichkeit aber nur belasten, noch mehr Besitz erwerben, den wir aus Zeitmangel weder nutzen noch genießen können, und die Leere mit weiteren Zerstreuungen zu füllen versuchen.

Mit anderen Worten: die Lösung besteht nicht in der

fieberhaften Jagd nach zentrifugalen Betätigungen, die schließlich nur zur Zersplitterung führen. Das Leben der modernen Frau tendiert immer mehr zu jenem Zustand, den William James so treffend mit dem deutschen Wort »Zerrissenheit« bezeichnet. Sie kann nicht in ewiger »Zerrissenheit« leben. Sie wird in tausend Stücke zerspringen. Sie muß im Gegenteil bewußt jene Bemühungen unterstützen, die den zentrifugalen Kräften der heutigen Zeit Widerpart bieten: die Bemühungen um ruhige, besinnliche Stunden allein, Gebet, Musik, systematisches Denken, Lesen oder Studieren. Jedes schöpferische Leben, ob physischer, intellektueller oder künstlerischer Natur, das den eigenen Bedürfnissen entspringt, ist dazu angetan. Es muß weder eine anspruchsvolle Aufgabe noch ein bedeutendes Werk sein. Aber es sollte von einem selbst sein. Das Arrangieren von Blumen in einer Vase am Morgen vermag an einem überfüllten Tag das gleiche Gefühl innerer Ruhe zu geben wie das Niederschreiben eines Gedichts oder ein Gebet. Wichtig ist nur, daß man für eine Weile nach innen horcht.

Alleinsein, sagt die Mondmuschel. Den Mittelpunkt finden, sagen die Quäker. Der Weg zum Ich führt nach innen, sagt Plotin. Die Zelle der Selbsterkenntnis ist der Stall, in dem der Pilger seine Wiedergeburt erleben muß, sagt die hl. Katharina von Siena. Stimmen aus der Vergangenheit. Eigentlich sind es Richtlinien und Tugenden der Vergangenheit. Aber heute werden diese Ziele auf andere Weise verfolgt, bewußt, wach, mit offenen Augen. Nicht so wie früher, als sie ein Teil des

Lebensstils waren. Nicht, weil alle anderen es auch täten; fast keiner tut es. In Wirklichkeit ist es heute etwas Revolutionäres; denn jede Tendenz, jeder Druck und jede Stimme der Außenwelt sind gegen diese Art der Verinnerlichung gerichtet.

Die Frau muß auf dieser Suche nach der Kraft in uns den ersten Schritt tun. In gewissem Sinn war sie immer ein Pionier. Noch bis zur letzten Generation in den Möglichkeiten, sich in äußere Ablenkungen zu flüchten, beschränkt, war sie durch die gegebenen Grenzen ihres Daseins gezwungen, sich nach innen zu wenden. Und dieser Blick nach innen gab ihr die verborgene Kraft, die der Mann in seinem nach außen gerichteten aktiven Leben nur selten fand. Aber bei unseren jüngsten Anstrengungen, uns zu emanzipieren, unsere Gleichberechtigung zu beweisen, haben wir uns – vielleicht nur allzu begreiflicherweise – dazu verleiten lassen, den Wettkampf mit dem Mann im Alltagsleben auf Kosten unserer eigensten Lebenskräfte aufzunehmen. Warum ließen wir uns dazu verführen, die zeitlose innere Kraft der Frau aufzugeben um der zeitweiligen äußeren Kraft des Mannes willen? Diese äußerliche männliche Kraft ist wichtig im Gesamtbild unserer Zeit, aber selbst hier scheint heute die Vorherrschaft der rein äußerlichen Kraft und der rein äußerlichen Lösungen zu schwinden. Auch die Männer werden gezwungen, nach innen zu sehen – neben den äußerlichen Lösungen die inneren zu finden. Vielleicht beweist diese Veränderung, daß der moderne extrovertierte, aktive, materialistische westliche Mensch einen höheren Grad der Reife erreicht. Sollte er allmählich begreifen, daß wir das Himmelreich in uns tragen? Mondmuschel, wer gab dir deinen Namen? Fast glaube ich, es war eine intuitive Frau. Ich gebe dir noch einen anderen Namen: Insel-Muschel. Ich kann nicht ewig auf meiner Insel leben. Aber ich kann dich mitnehmen zu meinem Schreibtisch in Connecticut. Dort wirst du liegen und dein Einauge auf mich richten. Deine sanften Windungen, die sich in deinem Gehäuse zur winzigen Spitze emporschrauben, werden mich an die Insel denken lassen, auf der ich ein paar kurze Wochen lang gelebt habe. »Alleinsein« wirst du mir zurufen. Du wirst mich daran erinnern, daß ich versuchen muß, einen Teil des Jahres allein zu sein, wenn auch nur für eine Woche, für ein paar Tage; und für einen Teil des Tages, wenn auch nur eine Stunde oder wenige Minuten, damit meine Mitte intakt bleibt, mein Wesenskern, das Inselhafte in mir. Du wirst mich daran erinnern, daß ich meinem Mann, meinen Kindern, meinen Freunden und der übrigen Umwelt wenig geben kann, wenn ich das Inselhafte nicht irgendwie in mir erhalte. Du wirst mich daran erinnern, daß die Frau innerhalb des Getriebes ihrer Pflichten so ruhig sein muß wie die Nabe eines Rades; daß sie der Vorkämpfer für diese Ruhe sein muß, nicht nur um ihrer eigenen Rettung willen, sondern um die Familie, die menschliche Gesellschaft, ja vielleicht sogar unsere Zivilisation zu retten.

## *IV Zweifacher Sonnenaufgang*

Diese Muschel ist ein Geschenk; nicht ich habe sie gefunden. Ein Freund gab sie mir. An diesem Strand kommt sie nur selten vor. Nicht oft findet man eine so vollkommene zweifache Sonnenaufgangs-Muschel. Beide Hälften dieser zarten, zweischaligen Muschel fügen sich genau zusammen; jede hat, wie der Flügel eines Schmetterlings, die gleiche Zeichnung. Bis auf die drei rosigen Strahlen, die von dem goldenen Scharnier, welches die beiden Teile verbindet, fächerförmig ausgehen, ist sie durchscheinend weiß. Ich halte einen zweifachen Sonnenaufgang zwischen Daumen und Zeigefinger. Glatte, makellose Muschel, wie konntest du die Brecher auf dem Strand überstehen?

Sie ist sehr selten; trotzdem hat man sie mir gern geschenkt. So sind die Menschen hier. Ein Fremder lächelt dir am Strand zu, kommt zu dir und schenkt dir ohne Grund eine Muschel. Dann geht er wieder, er stört dich nicht. Man verlangt keine Gegenleistung, keine Verpflichtung, keine Bekanntschaft. Es war ein Geschenk, freimütig gegeben, freimütig genommen, auf der Basis gegenseitigen Vertrauens. Die Menschen hier lächeln dir zu wie Kinder, ohne Furcht, zurückgewiesen zu werden, überzeugt, daß man auch ihnen zulächelt. Und man lächelt zurück, da man weiß, daß es unverbindlich ist. Das Lächeln und die Verbindung, die es herstellt, schweben frei im Raum, in der Unmittelbarkeit und Reinheit des Augenblicks; sie hängen auf dem ruhenden Zeiger der Waage, die das Hier und Jetzt anzeigt, halten sich dort im Gleichgewicht wie die Möwe, die vor dem Winde verharrt.

Die reine Beziehung, wie schön ist sie! Wie leicht kann sie zerstört oder durch Belangloses zu Boden gedrückt werden – nicht einmal so sehr durch Belangloses als durch das Leben selber, durch die Lawine aus Leben und Zeit. Denn der Beginn jeder Beziehung ist rein, ob es die Beziehung zu einem Freund, einem Geliebten, einem Mann oder einem Kind ist. Sie ist rein, einfach und unbeschwert. Sie gleicht der Vision des Künstlers, ehe er sie in eine Form zwingen muß, oder der Blüte einer Liebe, ehe sie zur fertigen, aber schweren Frucht der Verantwortung gereift ist. Im Anbeginn scheint jede Beziehung einfach zu sein. Die Einfachheit der ersten Liebe, der ersten Freundschaft, die Gemeinsamkeit der Sympathie scheint, in ihrer ursprünglichen Erscheinungsform, selbst wenn es sich nur um ein angeregtes Gespräch über einen Tisch hinweg handelt, eine in sich geschlossene Welt. Zwei Menschen, die einander zuhören, zwei Muscheln, die einander begegnen, bilden eine gemeinsame Welt. In der vollkommenen Einheit dieses Augenblicks gibt es keine anderen Menschen, Dinge oder Interessen. Er ist frei von Bindungen oder Ansprüchen, nicht belastet von Verantwortung, Sorge um die Zukunft oder Verpflichtung an die Vergangenheit.

Und wie rasch, wie unvermeidlich wird diese vollkommene Einheit gestört. Die Beziehung ändert sich, wird kompliziert, durch die Berührung mit der Welt belastet. Ich glaube, das gilt für die meisten Beziehungen zu Freunden, Ehegatten und Kindern. Aber dieser Wechsel der Form zeigt sich am deutlichsten in der Beziehung zwischen Mann und Frau, weil sie die tiefste und am schwierigsten zu bewahrende ist und weil wir fälschlicherweise glauben, die Unmöglichkeit, sie in ihrer ursprünglichen Form zu bewahren, sei eine Tragödie.

Zugegeben, die ursprüngliche Beziehung ist etwas sehr Wunderbares. Ihre in sich geschlossene Vollkommenheit besitzt etwas von der Frische eines Frühlingsmorgens. Man vergißt den nahenden Sommer über dem Wunsch, den Frühling einer ersten Liebe, in dem zwei Menschen sich als Einzelwesen ohne Vergangenheit und ohne Zukunft gegenüberstehen, zu verlängern. Man kehrt sich gegen jeden Wechsel, obgleich man weiß, daß der Wechsel natürlich ist und ein Teil des sich wandelnden Lebens. Das ekstatische Gefühl im Anfangsstadium einer Beziehung kann ebensowenig mit der gleichen Intensität dauern wie die als Parallelerscheinung auftretende körperliche Leidenschaft. Es wechselt auf eine andere Ebene, die man nicht fürchten, sondern begrüßen sollte, so wie man den Sommer nach dem Frühling begrüßt. Hinzu kommt aber noch eine Anhäufung toten Ballasts, ein Firnis falscher Wertbegriffe, Gewohnheiten und Belastungen, die das Leben wie mit Mehltau überziehen. Das ist die erstickende Kruste, die im Leben wie in den menschlichen Beziehungen immer wieder entfernt werden muß.

Männer wie Frauen spüren diesen Wechsel in ihrer Beziehung und verzehren sich in Sehnsucht nach der Ursprünglichkeit des frühen Zustandes, während das Leben weitergeht und immer komplizierter wird. Denn während sich die Beziehung vertieft, werden der Mann und die Frau unerbittlich bis zu einem gewissen Grad wieder von ihren eigentlichen und besonderen Aufgaben in Anspruch genommen: der Mann von seiner Arbeit, die Frau von ihren überkommenen Pflichten in der Familie und im Haushalt. In beiden Fällen neigt der natürliche Aufgabenkreis dazu, die Stelle der rein persönlichen Beziehung, die alles andere absorbiert hatte, einzunehmen. Aber die Frau findet in gewissem Maß bei jedem neuen Kind etwas wieder, was zumindest in der Absorbiertheit jener frühen, reinen Beziehung ähnelt. In der behüteten Selbstverständlichkeit der ersten Tage nach der Geburt des Kindes spüren wir wieder den geschlossenen magischen Kreis, das Wunder zweier nur füreinander existierender Menschen, sehen wir die himmlische Ruhe, die sich im Gesicht der stillenden Mutter spiegelt. Dies ist jedoch nur ein kurzes Zwischenspiel und kein Ersatz für die ursprüngliche umfassendere Beziehung.

Aber obwohl Männer wie Frauen in ihren besonderen Aufgaben aufgehen und jeder etwas von der alten Beziehung vermißt, bestehen große Unterschiede in ihren Bedürfnissen. Während der Mann in seinem Bereich weniger Möglichkeiten hat, menschliche Beziehungen zu knüpfen, hat er dafür vielleicht mehr Gelegenheit, sich schöpferisch in seiner Arbeit zu verströmen. Der Frau hingegen bieten sich mehr Möglichkeiten zu persönlichen Bindungen. Sie geben ihr aber nicht das Gefühl einer eigenen schöpferischen Persönlichkeit, einer individuellen Aussage. Wenn jeder Partner etwas entbehrt und jeder die Bedürfnisse des anderen mißversteht, so droht leicht die Gefahr der Entfremdung oder die Flucht in späte Liebeleien. Man ist dann der Versuchung ausgesetzt, dem anderen die Schuld zu geben und sich der angenehmen Täuschung zu überlassen, ein neuer und verständnisvollerer Partner könne alle Schwierigkeiten lösen.

Aber weder Frau noch Mann werden in einer neuen Beziehung, die unkomplizierter zu sein scheint, weil sie noch im Anfangsstadium ist, Erfüllung finden. Eine derartige Liebesbeziehung kann das Gefühl der Identität nicht wirklich zurückbringen. Gewiß, man unterliegt der Täuschung, man werde um seiner selbst willen geliebt und nicht als ein Sammelbegriff verschiedener Funktionen. Aber können wir uns wirklich in jemand anderem wiederfinden? In der Liebe eines anderen? Oder auch nur in dem Spiegel, den uns ein anderer vorhält? Ich glaube, unser wirkliches Ich finden wir nur, indem wir »unsere eigene Tiefe ausloten und uns selbst kennenlernen«, wie Meister Ekkehart einmal gesagt hat. Wir finden es in einer schöpferischen Tätigkeit, die ihren Ursprung in uns hat. Wir finden es, paradoxerweise, wenn wir uns selbst verlieren. Um das Leben zu gewinnen, müssen wir es verlieren. Die Frau wird am leichtesten den Weg zu sich finden, wenn sie sich in irgendeiner selbständigen schöpferischen Tätigkeit verliert. Dort wird sie ihre Kraft wiederfinden, die Kraft, die sie braucht, um sich mit der anderen Seite des Problems zu beschäftigen – der vernachlässigten reinen Beziehung. Nur ein Mensch, der zu sich selbst zurückgefunden hat, kann zu einem anderen Menschen zurückfinden.

Aber kann man die reine Beziehung der Sonnenaufgangs-Muschel wiederfinden, nachdem sie erst einmal getrübt ist? Manche Beziehungen können offensichtlich nie mehr wiederhergestellt werden. Es handelt sich nicht nur um verschiedene Bedürfnisse, die erkannt und befriedigt werden müssen. Die beiden Partner haben sich in ihren veränderten Rollen vielleicht in verschiedene Richtungen oder in verschiedene Lebensrhythmen auseinandergelebt. Der kurze Augenblick eines gemeinsamen »Sonnenaufgangs« mag das einzige gewesen sein, dessen sie fähig waren. In ihm lag bereits das Ende, er gründete nicht eine tiefere Beziehung. In einer sich entfaltenden Beziehung geht der ursprüngliche Sinn jedoch nicht verloren, er wird lediglich unter dem Wust des Alltags begraben. Der eigentliche Kern ist noch da und muß nur freigelegt und wieder bestätigt werden.

Ein Weg zur Wiederentdeckung des zweifachen Sonnenaufgangs ist die Rekonstruktion seines ersten Erlebnisses. Die Ehepartner könnten und sollten bisweilen jeder für sich, aber auch zu zweit in Ferien gehen. Denn wenn es möglich ist, daß eine Frau wieder zu sich findet, indem sie ihren Urlaub allein verbringt, so ist es ebenso möglich, daß man die ursprüngliche Beziehung wiederfindet, indem man zu zweit allein seine Ferien verbringt. Die meisten Ehepaare haben die ungeahnte Freude solcher Ferien kennengelernt. Wie herrlich war es, die Kinder, das Haus, die Arbeit und die ganzen Pflichten des Alltags hinter sich zu lassen; gemeinsam

fortzugehen, um für einen Monat, ein Wochenende oder auch nur für eine Nacht in einem Gasthof allein zu sein. Wie überraschend, das Wunder des Sonnenaufgangs noch einmal zu erleben. Die unerwartete Freude, mit dem Mann, in den man sich verliebt hatte, wieder allein zu frühstücken. Hier, an dem kleinen Tisch, sitzen sich zwei Menschen gegenüber. Wie groß war der häusliche Tisch geworden! Und wie unruhig, mit vier oder fünf Kindern, dem Telefon, das in der Diele schrillt, den drei Schul-Omnibussen, die nicht warteten, vom Vorortzug ganz zu schweigen. Wie sehr trennt uns das alles von unserem Mann und belastet die reine Beziehung. Sitzt man sich aber allein an einem Tisch gegenüber, was steht da noch zwischen uns? Nichts als die Kaffeekanne, die Brötchen und die Marmelade. Gewiß, ein sehr primitives Vergnügen, dieses Frühstück allein mit dem Ehemann, aber wie selten ist es älteren verheirateten Menschen vergönnt.
Ich glaube übrigens, daß diese zeitweilige Rückkehr in die reine Form einer Beziehung auch den Kindern zugute kommt. Könnte man nur, so denke ich, während ich meine Muschel betrachte, jedes seiner Kinder einmal für sich allein haben – nicht nur einen Teil des Tages, sondern einen Teil jedes Monats, jedes Jahres. Wären sie glücklicher, stärker und letztlich auch unabhängiger, weil sie sicherer wären? Sehnt sich nicht jedes Kind insgeheim nach der ungestörten Mutter-Beziehung zurück? Als es »das Baby« war, als die Tür zum Kinderzimmer geschlossen war und die Mutter es nährte – allein? Und wenn wir diese Erkenntnis in die Tat umsetz-

ten und mehr Zeit mit jedem Kind allein verbrächten – gewänne es dann nicht nur an Sicherheit und Kraft, sondern erhielte es dann nicht auch eine wichtige Lehre für seine Beziehungen im Erwachsenen-Dasein?
Wir wollen alle ausschließlich geliebt werden. »Setz Dich mit keiner anderen als mir unter den Apfelbaum« heißt es in einem alten Lied. Das ist vielleicht ein fundamentaler menschlicher Irrtum, den Auden in einem Gedicht so ausdrückt:

Denn im innersten Gebein
Jeder Frau und jedes Mannes
Bohrt der nie erfüllte Wunsch:
Nicht All-Liebe zu erfahren,
Nein, geliebt zu sein allein.

Ist das eine solche Sünde? Als ich mich mit einem indischen Philosophen über diesen Vers unterhielt, gab er mir eine erleuchtende Antwort. »Der Wunsch, ausschließlich geliebt zu werden, ist ganz berechtigt«, sagte er. »Zweisamkeit ist das Wesen der Liebe. In einer Zweisamkeit ist kein Platz für dritte. Nur wenn wir es unter dem zeitlichen Aspekt betrachten, ist es falsch. Wir irren, wenn wir nach immerwährender ausschließlicher Liebe verlangen.« Denn wir bestehen nicht nur auf dem romantischen Glauben an die »eine-einzige« – die ein-und-einzige Liebe, den ein-und-einzigen Partner, die ein-und-einzige Mutter, die ein-und-einzige Geborgenheit – wir wollen, daß das »eine-und-einzige« dauernd, immerdar und ewig sei. Der Wunsch nach der immerwährenden Ausschließlichkeit in der Liebe scheint mir der »tiefwurzelnde Irrtum« im Menschen zu sein. Denn »es gibt kein Ein-und-Einziges«, wie mir einmal ein Freund bei einer derartigen Diskussion sagte, »es gibt nur die ein-und-einzigen Augenblicke«. Diese ein-und-einzigen Augenblicke haben ihre Gültigkeit. Zu ihnen zurückzukehren, wenn auch nur zeitweise, hat seine Berechtigung. Der Augenblick am Frühstückstisch ist gültig; der Augenblick mit dem Kind an der Brust ist gültig; der Augenblick, in dem wir später mit ihm den Strand entlanglaufen, ist gültig. Das gemeinsame Muschelsuchen, das Kastaniensammeln, die Schätze, die man austauscht: – all diese Augenblicke der Zweisamkeit sind gültig, aber nicht ewig.

Man erkennt schließlich, daß es keine dauernde reine Beziehung gibt und daß es sie auch nicht geben soll, ja, daß man sie nicht einmal wünschen sollte. Die reine Beziehung ist räumlich und zeitlich begrenzt. Sie bedeutet im wesentlichen Ausschließlichkeit. Sie schließt das übrige Leben aus, ebenso die übrigen Aspekte der Persönlichkeit, andere Verantwortungen, andere Zukunftsmöglichkeiten. Sie behindert die Entwicklung. Vor der verschlossenen Kinderzimmertüre stehen fordernd die anderen Kinder. Man liebt auch sie. Im Nebenraum läutet das Telefon. Man möchte auch mit den Freunden sprechen. Wenn der Frühstückstisch abgeräumt ist, muß man an die nächste Mahlzeit oder den nächsten Tag denken. Auch das sind Realitäten, die man nicht negieren kann. Das Leben muß weitergehen. Das heißt nicht, daß es eine Zeitvergeudung ist, wenn man sich in kurzen Ferienzeiten dem Erlebnis der Zweisamkeit widmet. Im Gegenteil, diese Augenblicke ausschließlicher Zweisamkeit geben nicht nur Ruhe, sondern schenken auch neue Kraft. Das Licht, das über dem kleinen Frühstückstisch leuchtet, erhellt den ganzen Tag und viele folgende Tage. Der gemeinsame Lauf den Strand entlang verjüngt wie ein Sprung ins Meer. Aber wir sind keine Kinder mehr; das Leben ist kein Strand. Es gibt keine dauernde Rückkehr, sondern nur ein Kräftesammeln.

Man lernt, sich mit den Tatsachen abzufinden, daß es keine dauernde Rückkehr in die frühere Form einer Beziehung gibt; und man erkennt noch deutlicher, daß es unmöglich ist, eine Beziehung in der einmaligen Form zu erhalten. Das ist keine Tragödie, sondern das gehört zu dem sich ewig erneuernden Wunder des Lebens und Wachsens. Jede lebendige Beziehung ist einem Verwandlungsprozeß, einem Erweiterungsprozeß unterworfen und muß sich immer neue Formen schaffen. Es gibt keine einmalige, feste Form, die eine solche wechselnde Beziehung ausdrücken kann. Es gibt vielleicht verschiedene Ausdrucksformen für jeden Zustand; verschiedene Muscheln, die ich auf meinem Schreibtisch aufreihen kann, um verschiedene Stadien der Ehe – oder anderer Beziehungen – anzudeuten.

Zuerst kommt meine Sonnenaufgangs-Muschel. Ich glaube, sie ist ein gültiges Symbol für das erste Stadium: zwei makellose Hälften, die ein Scharnier zusammenhält, die sich an jedem Punkt berühren und die beide vom Glanz eines neuerstehenden Tages überstrahlt sind – eine Welt für sich. Ist es nicht das, was die Dichter seit jeher zu beschreiben versuchen?

Ein froher Morgen die erwachten Seelen grüßt,
Die nicht einander ängstlich sich belauern;
Denn Liebe liebend alle Dinge in sich schließt
Und läßt den kleinsten Raum zum All sich weiten.
Laßt die Entdecker nur nach neuen Welten gehen,
Laßt andere auf Karten Welt an Welten sehen.
Laßt uns nur unsere Welt, ein jeder hat und ist
sie selbst.

Es ist jedoch ein »kleiner Raum«, den John Donne beschreibt, eine kleine Welt, aus der man unvermeidlich und glücklicherweise herauswachsen muß. Schön, zerbrechlich und vergänglich ist diese Sonnenaufgangs-Muschel, aber trotz alledem nicht illusorisch. Weil sie nicht von Bestand ist, dürfen wir nicht dem Irrtum des Zynikers verfallen – und sie als Illusion bezeichnen. Beständigkeit ist kein Prüfstein für echte und falsche Werte. Der Tag einer Libelle oder die Nacht einer Motte sind nicht ohne Gültigkeit, weil sie nur kurze Abschnitte in ihrem Lebenslauf sind. Gültigkeit braucht keine Beziehung zu Zeit, Dauer oder Beständigkeit zu haben. Sie liegt auf einer anderen Ebene und wird mit anderem Maß gemessen. Sie bezieht sich auf den tatsächlichen Augenblick innerhalb von Zeit und Raum. »Und was wirklich ist, ist nur für eine bestimmte Zeit und einen bestimmten Raum eine Wirklichkeit.« Die Sonnenaufgangs-Muschel besitzt die ewige Gültigkeit alles Schönen und Vergänglichen.

---

## V *Die Austernbank*

Aber wir verlangen doch von einer Beziehung, zumindest von einer Ehe, Bestand und Dauer! Ehe bedeutet doch die Fortdauer einer Beziehung – nicht wahr? Natürlich aber nicht Fortdauer in einer bestimmten Form oder in einem bestimmten Zustand. Nicht notwendigermaßen die Fortdauer des »Sonnenaufgang«-Zustands. Es gibt andere Muscheln, die mir da helfen können und die ich meiner Sammlung hinzufügen kann. Hier ist eine, die ich gestern aufgehoben habe, keine seltene; es finden sich ihrer viele am Strand, und trotzdem hat jede ihre Eigenart. Man findet niemals zwei gleiche. Jede ist durch ihr eigenes Leben und von ihrem Daseinskampf geformt. Es ist eine Auster, an deren buckeligen Rücken sich kleine Muscheln klammern. In ihrer Unförmigkeit wirkt sie noch unausgewachsen. Sie ähnelt in gewisser Weise dem Haus einer großen Familie, das einen Anbau nach dem anderen erhält, um das wimmelnde Leben zu beherbergen – da ein Sommerschlafzimmer für die Kinder und dort ein Spielzimmer; hier eine zusätzliche Garage und einen Schuppen für die Fahrräder. Das amüsiert mich, scheint es doch meinem augenblicklichen Leben, dem Leben der meisten Frauen in der Mitte ihrer Ehe, so sehr zu gleichen. Sie ist ungefügig, breitet sich nach allen Richtungen aus und ist, solange sie bewohnt wird – diese Muschel ist leer und vom Meer angeschwemmt –, überkrustet und fest mit ihrem Felsen verhaftet.

Ja, ich finde, die Auster eignet sich vorzüglich zum Vergleich mit einer langjährigen Ehe. Sie versinnbildlicht den Lebenskampf. Die Auster hat sich auf dem Felsen ihren Platz errungen, dem sie sich genau angepaßt hat und an dem sie zäh festhält. Genauso kämpfen manche Paare im Laufe ihres Ehelebens um einen Platz in der Welt. Zunächst ist es der rein materielle Kampf um ein Heim, für die Kinder, um eine gesellschaftliche Position. Dabei bleibt nicht viel Zeit für ein Tête-à-tête am Frühstückstisch. In jenen Jahren erkennt man die Wahrheit des Ausspruches von Saint-Exupéry: »Liebe besteht nicht darin, daß man einander ansieht (ein vollkommener Sonnenaufgang, der den anderen anstrahlt!), sondern daß man gemeinsam in die gleiche Richtung sieht.« Denn tatsächlich sehen Mann und Frau nicht nur in die gleiche Richtung – sie arbeiten auch gemeinsam auf ein Ziel hin. (Man beachte das stetige Anwachsen der Austernbank auf dem Felsen.) Hier schafft man Bindungen, schlägt Wurzeln, erobert eine feste Basis. (Man versuche, eine Auster von ihrem Riff zu stemmen!) Hier macht man sich zum Teil der menschlichen Gesellschaft, der Gemeinschaft der Menschen ...

Hier knüpfen sich die ehelichen Bande. Denn die Ehe, die man immer als ein Band bezeichnet, wird in diesem Stadium tatsächlich zu vielen Bändern, vielen Fasern verschiedener Beschaffenheit und Stärke, die zusammen ein straffes und festes Netz bilden. Das Netz ist aus Liebe geknüpft. Ja, aber aus vielen Arten von Liebe: zuerst aus romantischer Liebe, dann aus einer langsam heranreifenden innigen Hingabe, die beide kameradschaftliche Züge tragen. Es besteht aus Loyalität und gegenseitiger Abhängigkeit und gemeinsamen Erlebnissen – ein Gewebe aus Erinnerungen an Gemeinsamkeiten und Gegensätze, an Triumphe und Enttäuschungen. Es ist ein Netz aus Vertraulichkeiten, einer gemeinsamen Sprache und auch der Sprachlosigkeit, ein Wissen um Neigungen und Abneigungen, Gewohnheiten und Reaktionen seelischer und körperlicher Natur – ein Netz aus Instinkt und Intuition und bewußter und unbewußter Ergänzung. Das Netz einer Ehe wird in beständiger Gemeinsamkeit geknüpft, im tagtäglichen Beisammensein, im vereinten Streben nach dem Ziel. Es wird in Raum und Zeit auf dem Webstuhl des Lebens selbst gewoben.

Das Band der romantischen Liebe aber ist etwas anderes. Es hat so wenig mit Gemeinsamkeit oder Gewohnheit oder Raum und Zeit oder dem Leben selbst zu tun. Es umfängt sie alle wie der Regenbogen – oder wie ein Blick. Es ist das Band der romantischen Liebe, das die zweifache Sonnenaufgangs-Muschel zusammenhält, nur ein Band, nur eine Klammer. Und wenn dieses zerbrechliche Glied im Sturm zerbricht, was hält dann die beiden Hälften zusammen? Im Austern-Stadium der Ehe ist die romantische Liebe nur eines der vielen Bänder, die das vielfältige und dauerhafte Netz bilden, das sich zwei Menschen gemeinsam geknüpft haben.

Ich habe die Auster sehr gern. Sie ist bescheiden, plump und häßlich. Sie ist schiefergrau und unsymmetrisch. Ihre Urform ist nicht schön, sondern zweckmäßig. Ihre Buckligkeit macht mich lachen. Manchmal lehne ich mich gegen ihre Parasiten und Auswüchse auf. Aber ihre unermüdliche Anpassungsfähigkeit und Zähigkeit erregen mein bewunderndes Staunen und rühren mich manchmal sogar zu Tränen. Sie ist mir vertraut und lieb wie ein Paar alter Gartenhandschuhe, die sich der Form meiner Hand vollkommen angepaßt haben. Ich lege sie ungern beiseite. Ich will sie nicht lassen.

Aber ist sie ein dauerhaftes Symbol der Ehe? Sollte sie – im Gegensatz zur zweifachen Sonnenaufgangs-Muschel – ewig gelten? Die Flut des Lebens verebbt. Das Haus mit seinen unförmigen Anbauten beginnt sich nach und nach zu leeren. Die Kinder gehen in die Schule und dann heiraten sie und beginnen ein eigenes Leben. Die meisten älteren Menschen haben ihren Platz in der Welt erobert oder den Kampf aufgegeben. Die furchtbare Zähigkeit, mit der wir am Leben, an einem Platz, an Menschen, an materiellem Besitz hängen – ist sie noch so notwendig, wie sie es war, als wir um unsere Sicherheit und um die Sicherheit unserer Kinder kämpften? Viele physische Kämpfe haben aufgehört, weil wir entweder gesiegt oder versagt haben. Muß die Muschel so fest an ihrem Felsen kleben? Verheiratete Paare finden sich in vorgerücktem Alter oft isoliert und starr in einer veralteten Muschel, in einer Festung, die ihren Sinn überlebt hat. Was soll man machen – in der skelettierten Form verkümmern oder sich eine neue Lebensform, neue Erlebnisse suchen?

Vielleicht, so könnte einer vorschlagen, ist das der Augenblick, um wieder in die einfache, in sich geschlossene Welt der Sonnenaufgangs-Muschel zurückzukehren? Endlich wieder allein an einem Frühstückstisch! Aber nein, es gibt kein Zurück in diese festgeschlossene Welt. Man ist ihr entwachsen, man ist für diese streng symmetrische Muschel zu vielseitig geworden. Ich bin mir nicht sicher, ob man nicht überhaupt jeder Muschel entwachsen ist.

Die Mitte des Lebens ist vielleicht die Zeit, oder sollte sie sein, in der man die Muscheln abstreift – die Muschel des Ehrgeizes, die Muschel der materiellen Besitzgier, die Muschel des Ego. Vielleicht kann man sich in jedem Lebensabschnitt der Dinge entledigen, derer man sich am Strand entledigt: des Stolzes, des falschen Ehrgeizes, der Maske, des Harnischs. Haben wir diesen Harnisch nicht angelegt, um uns für den harten Lebenskampf zu wappnen? Wenn man nicht mehr kämpft, braucht man ihn dann überhaupt noch? Vielleicht kann man wenigstens in reiferen Jahren, wenn nicht schon früher, ganz man selber sein. Wie erlösend wäre das!

Zugegeben, die Abenteuer der Jugend sind uns nicht mehr so leicht zugänglich. Die meisten von uns können zu diesem Zeitpunkt keinen neuen Beruf mehr ergreifen, keine neue Familie gründen. Viele der physischen, materiellen und gesellschaftlichen Ziele sind schwerer zu erreichen als zwanzig Jahre zuvor. Aber ist das nicht oft eine Erleichterung? »Mir ist es jetzt egal, ob ich die Schönheit von Newport bin oder nicht«, sagte mir einmal eine sehr schöne Frau, die eine begabte Künstlerin geworden ist. Und ich habe den Helden eines Romans von Virginia Woolf schon immer geliebt, der beim

Überschreiten der Schwelle zum Alter zugibt: »Gewisse Dinge sind von mir abgefallen. Ich habe bestimmte Wünsche überlebt ... Ich bin nicht so begabt, wie es einmal schien. Es gibt Dinge, die mir versagt sind. Die schwierigeren Probleme der Philosophie werde ich nie verstehen. Über Rom werde ich nie mehr hinauskommen ... Nie werde ich die Eingeborenen Tahitis im Licht grellen Fackelscheins mit dem Speer Fische stechen sehen, noch einen Löwen, der aus dem Dschungel bricht, oder einen nackten Wilden, der rohes Fleisch verschlingt ...« (Gott sei Dank! hört man ihn leise hinzufügen.)

Der primitive, rein funktionelle Zuschnitt des Lebensbeginns und der tätigen Jahre vor Vierzig oder Fünfzig ist überlebt. Aber es bleibt uns der Nachmittag, den man nicht im fieberhaften Tempo des Morgens verbringen muß, sondern der uns endlich Zeit läßt für jene intellektuellen, kulturellen und geistigen Beschäftigungen, die wir in der Hitze des Gefechts beiseite geschoben haben. Wir Amerikaner, mit unserer übermäßigen Überschätzung der Jugend, des Tatmenschen und des materiellen Erfolgs, neigen zweifellos dazu, den Nachmittag des Lebens geringzuschätzen oder gar zu tun, als käme er nie. Wir stellen die Uhr zurück und versuchen, den Morgen zu verlängern, und übernehmen und verausgaben uns bei dieser unnatürlichen Anstrengung. Natürlich erreichen wir damit gar nichts: Wir können nicht mit unseren Söhnen und Töchtern konkurrieren. Und welche Mühe, mit diesen über-aktiven und unterbedachten Erwachsenen Schritt zu halten!

Oft verpassen wir die Blüte, die auf den Nachmittag wartet, im atemlosen Kampf um den Morgen.
Denn könnte man die Mitte des Lebens nicht als eine Zeit zweiter Blüte, zweiten Wachstums betrachten, ja sogar als eine Art zweiter Jugend? Zugegeben, die Gesellschaft trägt im allgemeinen nicht dazu bei, die zweite Lebenshälfte unter diesem Aspekt zu sehen. Und deshalb ist diese Phase der Entwicklung oft tragischen Mißverständnissen ausgesetzt. Vielen Menschen gelingt es nie, über die Hochebene der vierziger Jahre hinauszugelangen. Die Wachstumsschmerzen, die meiner Ansicht nach jenen der früheren Jugend so ähnlich sind – Unzufriedenheit, Ruhelosigkeit, Zweifel, Verzweiflung, Sehnsucht –, werden fälschlich als Zeichen des Verfalls gedeutet. In der Jugend mißdeutet man diese Anzeichen nicht so häufig; man nimmt sie ganz richtig als Wachstumsschmerzen in Kauf. Man nimmt sie ernst, beobachtet sie und richtet sich nach ihnen. Man hat Angst. Natürlich. Wer fürchtet sich nicht vor dem absoluten Raum – dieser atemberaubenden Leere hinter einer offenen Tür? Aber trotz aller Furcht geht man in das anstoßende Zimmer.
Aber im beginnenden Alter deutet man aus der falschen Annahme, daß nun ein Verfall einsetzen muß, diese Lebenszeichen paradoxerweise als Anzeichen des nahenden Todes. Statt sich ihnen zu stellen, flieht man sie und flüchtet sich in Depressionen, Nervenzusammenbrüche, Trunk, Liebeleien oder sinn- und gedankenlose Überarbeitung. Nur nicht sich ihnen stellen und von ihnen lernen! Man versucht, die Wachstumsschmerzen

zu heilen, sie auszutreiben, als seien sie Teufel, wo sie doch Engel der Verkündigung sein könnten.
Engel der Verkündigung? Welcher Verkündigung? Eines neuen Lebensabschnittes, der uns nun, da wir die physischen Kämpfe, den weltlichen Ehrgeiz, die materiellen Belastungen des aktiven Lebens hinter uns gebracht haben, Zeit läßt, uns der bislang vernachlässigten Hälfte des Ich zu widmen. Man könnte frei sein, Gemüt, Herz und Talente zu entwickeln; endlich frei sein für ein geistiges Wachstum, befreit von der Umklammerung der Sonnenaufgangs-Muschel. So schön sie war, sie war doch eine geschlossene Welt, der man entwachsen mußte. Und vielleicht kommt auch die Zeit, in der man – so bequem und anpassungsfähig sie auch sein mag – sogar der Auster entwächst.

## *VI Argonauta*

Unter den Strandbewohnern gibt es gewisse seltene Geschöpfe, die »Argonauten«, die überhaupt nicht mit ihrer Muschel verhaftet sind. Die Muschel dient nur als Wiege für die Jungen, welche die Argonauten-Mutter im Arm hält, wenn sie an die Meeresoberfläche schwimmt, wo die Jungen ausschlüpfen und fortschwimmen. Dann verabschiedet sich die Argonauten-Mutter von ihrer Muschel und beginnt ein neues Leben. Dieses Bild der Argonauta fesselt mich. Ihre vorübergehende Behausung war mir bisher nur als das

Prunkstück in der Sammlung eines Kenners begegnet. Fast durchsichtig und fein gerippt wie eine griechische Säule, ist diese Muschel vom reinen Weiß der Narzisse. Federleicht wie ein Weidenboot der Frühzeit scheint sie bereit, die Segel zur Fahrt an fremde Gestade zu setzen. Ihr Name stammt, wie mir das Lexikon sagt, von jenen sagenhaften Schiffen, mit denen Jason sich auf die Suche nach dem Goldenen Vlies machte. Die Matrosen betrachteten diese Muscheln als Zeichen für schönes Wetter und günstige Winde.

Schöne Muschel, schönes Abbild – ich bin versucht, in Gedanken mit dir zu spielen. Bist du das Symbol für ein weiteres Stadium menschlicher Beziehungen? Können wir alternden Argonauten, wenn wir der Austernbank entwachsen sind, auf die Freiheit des Nautilus hoffen, der seine Muschel gegen die Weite des Meeres eingetauscht hat? Aber was erwartet uns in der Weite des Meeres? Wir können nicht annehmen, daß die zweite Lebenshälfte uns »schönes Wetter und günstige Winde« verspricht. Wo ist das Goldene Vlies für den alternden Menschen?

Wenn man von der Argonauta spricht, dann hat man eigentlich schon die übliche Muschelsammlung hinter sich gelassen. Ein zweifacher Sonnenaufgang, eine Austernbank – das sind den meisten von uns bekannte Begriffe. Wir erkennen sie wieder, wir wissen von ihnen, sie gehören zu unserem täglichen Leben und zum Leben unserer Umgebung. Aber auf diesem seltenen und zerbrechlichen Gefährt haben wir uns von den gangbaren Küsten erprobter Tatsachen und Erfahrun-

gen entfernt. Wir kreuzen abenteuernd auf den unerforschten Meeren der Phantasie.
Ist das Goldene Vlies, das auf uns wartet, eine Art neuer Freiheit, in der wir uns entfalten können? Und ist innerhalb dieser neuen Freiheit noch Raum für eine menschliche Beziehung? Ich glaube, nach der Austernbank haben wir Gelegenheit, die beste aller menschlichen Beziehungen zu finden: keine begrenzte, ausschließliche Zweisamkeit wie die der Sonnenaufgangs-Muschel; keine zweckbedingte, abhängige wie auf der Austernbank, sondern die Begegnung zweier in sich vollendeter, reifer Menschen als Persönlichkeiten. Es ergäbe sich, um eine Definition des schottischen Philosophen McMurray zu gebrauchen, eine rein persönliche Beziehung, das heißt, »eine Form der Beziehung, in welche zwei Menschen als geformte Persönlichkeiten mit allem, was sie zu geben haben, eintreten«. »Persönliche Beziehungen«, erklärt er weiter, »... sind nicht zweckbedingt. Sie basieren nicht auf besonderen Interessen. Sie dienen weder halben noch begrenzten Zielen. Ihr Wert ruht ausschließlich in ihnen selbst und übertrifft daher alle anderen Werte, und zwar deshalb, weil es sich um die Beziehungen einer Persönlichkeit zu einer anderen handelt.« Diese Beziehung zwischen »Persönlichkeiten« wurde vor fast fünfzig Jahren von Rilke prophetisch angedeutet. Er sah eine grundlegende Änderung in der Beziehung zwischen Mann und Frau voraus. Er hoffte, daß sie in Zukunft nicht mehr dem traditionellen Muster von Unterordnung und Beherrschung oder von Besitz und Kampf um Gleichberechtigung

folgen würde. Er beschrieb einen Zustand, in dem Raum für Freiheit und Entfaltung war und in dem jeder Partner zur Befreiung des anderen beitragen würde. »Eine Beziehung«, folgerte er, »die von Mensch zu Mensch gemeint ist ... Und diese menschlichere Liebe (die unendlich rücksichtsvoll und leise und gut und klar im Binden und Lösen sich vollziehen wird) wird jener ähneln, die wir ringend und mühsam vorbereiten, der Liebe, die darin besteht, daß zwei Einsamkeiten einander schützen, grenzen und grüßen.«

Aber diese neue Beziehung von Mensch zu Mensch, diese menschlichere Liebe, diese Konzeption von der Zwei-Einsamkeit ist etwas, das nicht mühelos kommt. Wie alles fest verwurzelte Wachstum muß es allmählich gewachsen sein. Vielleicht bedarf es hierzu einer langen Entwicklung innerhalb der menschlichen Zivilisation und ebenso in jedem einzelnen Menschenleben. Ein solches Stadium kann meines Erachtens im Leben nur als Teil eines Entwicklungsprozesses, als Folge gewisser wesentlicher Entwicklungen der einzelnen Partner erreicht werden und darf nicht als Geschenk oder glücklicher Zufall kommen.

Es kann nicht erreicht werden, ehe die Frau – als Einzelwesen und als Geschlechtspartner – volljährig geworden ist: ein Reifeprozeß, den wir heute miterleben. Sie muß sich diesen Weg selbst erkämpfen und kann kaum mit einer Hilfe von außen rechnen, so bemüht man auch sein mag, ihr den Weg zu zeigen. Man bringt der heutigen Frau viel Interesse entgegen, und zwar hauptsächlich in Form von wissenschaftlichen Untersuchungen ihrer Funktion als Geschlechtstier. Es ist natürlich notwendig und nützlich, daß die Frau ihre sexuellen Bedürfnisse und Neigungen kennt und anerkennt, aber sie sind nur eine Seite des sehr komplizierten Problems. Man kann nicht erwarten, daß statistische Untersuchungen ihrer körperlichen Reaktionen ihrem Innenleben, der Grundbeziehung zu ihrem eigenen Ich oder ihren so lange zurückgestellten Hoffnungen und Rechten als menschliches Wesen, das nicht nur rein körperlich schöpferisch sein möchte, viele Erkenntnisse zuführen.

Die Frau muß allein volljährig werden. »Volljährigkeit« besagt, daß man lernt, allein fertig zu werden. Sie muß lernen, unabhängig zu werden, und sie darf nicht glauben, sie müsse ihre Kraft im Wettstreit mit anderen erproben. In früheren Zeiten pendelte sie zwischen zwei extremen Polen, zwischen Abhängigkeit und Wettstreit, zwischen den Prinzipien der viktorianischen Ära und denen der Frauenrechtlerinnen. Aber beide Extreme brachten sie aus der Balance; in keinem liegt der Kern, der wahre Kern echter Weiblichkeit. Sie muß ihr Zentrum allein finden. Sie muß ein Ganzes werden. Ehe sie irgendeine Beziehung im Sinne der »Zwei-Einsamkeit« eingehen kann, muß sie für mein Gefühl dem Rat des Dichters folgen und »eine Welt für sich um des anderen willen« werden.

Ich frage mich, ob nicht eigentlich beide, Mann und Frau, diese heroische Tat vollbringen müssen. Muß nicht auch der Mann eine Welt für sich werden? Muß nicht auch er die vernachlässigten Seiten seiner Persönlichkeit entwickeln: die Kunst der Selbstbetrachtung, für die er in seinem aktiven, extrovertierten Leben so wenig Zeit hatte; die persönlichen Beziehungen, derer er sich kaum erfreuen konnte; die sogenannten femininen Eigenschaften – ästhetische, gefühlsbetonte, musische und geistige –, die er vor lauter Hetze nicht voll entwickeln konnte? Vielleicht hungern in Amerika die Männer wie die Frauen in unserer materiellen, extrovertierten, aktiven, maskulinen Zivilisation nach den angeblich femininen Eigenschaften des Herzens, der Seele und des Geistes – Eigenschaften, die in Wirklichkeit weder männlich noch weiblich sind, sondern einfach vernachlässigte menschliche Eigenschaften. Eine Entfaltung in dieser Richtung wird uns zur vollen Entfaltung bringen und dem einzelnen die Möglichkeit geben, eine Welt für sich zu werden.

Und diese größere Ganzheit in jedem Menschen, dieses »Eine-Welt-für-sich«-Sein – bedeutet sie nicht erhöhtes Sich-selbst-genügen und dementsprechend auch eine größere Trennung zwischen Mann und Frau? Gewiß, mit der Entfaltung kommt die Differenzierung und die Trennung wie bei einem Baumstamm, dessen Einheit sich teilt, wenn er wächst und sich in Ästen, Zweigen und Blättern ausbreitet. Aber der Baum ist immer noch eine Einheit, und seine verschiedenen Teile leben voneinander. Die beiden getrennten Welten oder die beiden Einsamkeiten werden einander gewiß mehr geben können, als wenn jede von ihnen eine unzulängliche Hälfte wäre. »Ein Miteinander zweier Menschen ist eine Unmöglichkeit«, schreibt Rilke, »und, wo es doch vorhanden scheint, eine Beschränkung, eine geistige Übereinkunft, welche einen Teil oder beide Teile ihrer vollsten Freiheit und Entwicklung beraubt. Aber das Bewußtsein vorausgesetzt, daß auch zwischen den nächsten Menschen unendliche Fernen bestehen bleiben, kann ihnen ein wundervolles Nebeneinanderwohnen erwachsen, wenn es ihnen gelingt, die Weite zwischen sich zu lieben, die ihnen die Möglichkeit gibt, einander immer in ganzer Gestalt und vor einem großen Himmel zu sehen!«

Das ist ein schönes Bild, das Rilke mit diesen Worten zeichnet. Aber, so ist zu fragen, wer kann es im Leben verwirklichen? Wo, außer im Briefwechsel eines Dichters, findet sich eine solche Ehe? Gewiß, Rilkes Zwei-Einsamkeiten oder McMurrays reine Persönlichkeitsbeziehungen sind bis jetzt noch recht theoretische Vorstellungen. Aber jeder Entdeckung geht eine Theorie voraus. Wir bedürfen jedes Wegweisers, der uns den Pfad durch die Wildnis zeigt. Denn wir sind doch eigentlich Pioniere, die nach einem Weg durch das Gestrüpp der Tradition, Konvention und der Dogmen suchen. Unsere Bemühungen sind ein Teil des Kampfes um die Vervollkommnung der Beziehung zwischen Mann und Frau – und eigentlich jeder Beziehung. Unter diesem Aspekt ist jeder Schritt zur Verständigung von Bedeutung. Jeder Schritt, mag er auch zögernd sein, zählt. Und wenn wir auf unserem Lebensweg vielleicht auch nur selten einer vollkommenen Argonauta begegnen, so haben wir doch alle in unserem eigenen Leben kurze Blicke auf sie tun dürfen. Und diese flüchtigen Er-

fahrungen geben uns eine Vorstellung davon, wie die neue Beziehung sein könnte.
Meiner Insel verdanke ich einen solchen kurzen Einblick in das Leben der Argonauta. Nach meiner Woche des Alleinseins verlebte ich eine Woche mit meiner Schwester. Ich werde einen Tag herausgreifen, ihn untersuchen und vor mir ausbreiten, wie ich die Muscheln auf meinen Schreibtisch gestellt habe. Ich werde ihn wie eine Muschel von allen Seiten betrachten und seine positiven Seiten untersuchen. Nicht, daß mein Leben je wie dieser Tag werden wird – wie dieser vollkommene Tag, der aus einer Ferienwoche herausgenommen ist; es gibt kein vollkommenes Leben. Die Beziehung zwischen zwei Schwestern ist anders als die zwischen Mann und Frau. Sie kann aber den Sinn einer Beziehung erklären. Das Licht, das eine gute Beziehung ausstrahlt, kann alle Beziehungen erhellen. Und ein vollkommener Tag kann uns Hinweise für ein vollkommeneres Leben geben – vielleicht für das sagenhafte Leben der Argonauta.

Wir erwachen im gleichen kleinen Zimmer aus tiefem Kinderschlaf und hören das sanfte Säuseln des Windes in den Kasuarinen-Bäumen und das weiche schlaftrunkene Atmen der Wellen am Ufer. Wir laufen barfuß zum Strand hinunter, der sich flach vor uns dehnt und von neuen nassen Muscheln glänzt, die von der nächtlichen Flut angespült worden sind. Das morgendliche Bad erscheint mir wie eine Segnung, wie ein Taufakt, eine Wiedergeburt zu den Wundern und der Schönheit

der Erde. Wohlig durchwärmt laufen wir wieder zurück, um auf unserer Veranda heißen Kaffee zu trinken. Zwei Küchenstühle und ein Kindertisch füllen die Schwelle. Die Beine in der Sonne ausgestreckt, schmieden wir lachend Pläne für den Tag.
Wir spülen unsere Teller ohne jedes System, denn es sind so wenige, daß es sich nicht lohnt, sich ihretwegen den Kopf zu zerbrechen. Wir arbeiten leicht und in spielerischem Einklang und stören uns nicht bei unserer Arbeit. Wir unterhalten uns, während wir den Boden kehren, abtrocknen, aufräumen. Wir sprechen über einen Menschen oder ein Gedicht oder eine gemeinsame Erinnerung. Und da unsere Unterhaltung wichtiger ist als unsere Aufgaben, erledigen sich die Aufgaben, ohne daß wir darüber nachdenken.
Und dann an den Schreibtisch hinter verschlossenen Türen, die keine von uns zu öffnen wünscht. Wie befreiend, sich beim Schreiben vergessen zu dürfen, seinen Gefährten zu vergessen, zu vergessen, wo man ist und was man nachher tun wird – in der Arbeit zu versinken wie im Schlaf oder im Meer. Bleistifte und Schreibblöcke und Bögen blauen Papiers, die voll von Buchstaben sind, häufen sich auf dem Arbeitstisch. Und dann, endlich, erheben wir uns heißhungrig, um unser verspätetes Mittagessen einzunehmen. Noch benommen von unserer intensiven Versenkung, kehren wir erleichtert zu den harmlosen Aufgaben der Zubereitung des Essens zurück, als seien diese Aufgaben Rettungsleinen, die uns in die Wirklichkeit heraufholen – als wären wir tatsächlich beinahe im Meer der intellek-

tuellen Arbeit ertrunken und begrüßten nun den festen Boden körperlicher Arbeit.
Nach etwa einer Stunde praktischer Betätigung sind wir wieder bereit, uns etwas anderem zuzuwenden. Hinaus an den Strand für den Rest des Nachmittags! Dort werden wir von allen Verpflichtungen, von den gewöhnlichen und den außergewöhnlichen, reingewaschen. Wir gehen in schweigender Harmonie den Strand entlang wie die Strandläufer, die sich gleich einem Corps de Ballet zum Takt eines inneren Rhythmus, den wir nicht hören können, vor uns herbewegen. Die Intimität ist dahin, die Gefühle sind aufs Meer hinausgeweht. Wir sind sogar von unseren Gedanken befreit, jedenfalls von dem Zwang, sie auszusprechen – sauber und nackt wie gebleichtes Treibholz, leer wie Muscheln, die bereit sind, sich wieder mit Meer, Himmel und Wind zu füllen. Ein langer Nachmittag, der die Außenwelt auslöscht.
Und wenn wir dann schwer und entspannt sind wie der Tang unter unseren Füßen, kehren wir in der Dämmerung in die Wärme und Vertrautheit unseres Häuschens zurück. Vor dem offenen Kamin schlürfen wir gemächlich unseren Sherry. Wir beginnen mit dem Abendbrot und unterhalten uns dabei. Der Abend ist die Stunde der Gespräche. Der Morgen gehört der geistigen Arbeit, so sagt mir eine Gewohnheit aus Schultagen. Der Nachmittag gehört der körperlichen Betätigung, der Arbeit im Freien. Aber der Abend ist dazu da, daß man sich mitteilt und seine Gedanken austauscht. Ist es die unbegrenzte dunkle Weite der Nacht nach

dem hellen, aufgeteilten Tag, die uns für einander frei macht? Oder machen uns die unendlichen Räume und unergründlichen Dunkelheiten unserer fröstelnden Kleinheit bewußt und lassen uns den Funken im anderen suchen?

Austausch – aber nicht zu lange. Denn ein guter Gedankenaustausch ist anregend wie schwarzer Kaffee, und man schläft genauso schwer danach ein. Ehe wir schlafen, gehen wir noch einmal in die Nacht hinaus. Wir gehen unter dem Sternenhimmel am Strand entlang. Und wenn wir vom Gehen müde sind, liegen wir flach auf dem Sand unter der gestirnten Himmels-Kuppel. Wir fühlen uns gelöst und bereit, ihre Botschaft aufzunehmen. Sie strömt in uns ein, bis wir randvoll mit Sternen angefüllt sind.

Ich begreife, daß es das ist, wonach wir nach der Begrenztheit des Tages dürsten. Nach der Arbeit, nach dem Kleinkram, nach den Vertraulichkeiten – selbst nach dem Gedankenaustausch – dürsten wir nach der Größe und Mannigfaltigkeit einer Sternennacht, die wie eine kühle Flut in uns einströmt.

Und dann, endlich, wirft uns die Unermeßlichkeit des Alls wieder zurück auf unseren Strand. Wir kehren zurück in das Licht unseres Häuschens, das aus dem dunklen Gespinst der Räume leuchtet. Wir sehen vor uns das kleine Feuer von Menschenhand, das winzig, sicher warm und willkommenheißend vor dem gewaltigen Chaos der Finsternis glüht. Wieder zurück zu unserem sanften Kinderschlaf!

Was für ein wundervoller Tag, denke ich, und wende ihn gewissermaßen in meiner Hand, um wieder zu seinem Ausgangspunkt zu kommen. Was hat ihn so vollkommen gemacht? Gibt mir das Muster dieses Tages nicht irgendeinen Aufschluß? Es fängt damit an, daß dieser Tag unbelastet war. Wir waren weder räumlich noch zeitlich beengt. Seltsamerweise gibt uns eine Insel ein unbegrenztes Gefühl von Zeit und Raum. Der Tag war auch nicht durch irgendwelche Aufgaben begrenzt. Er hält ein natürliches Gleichgewicht zwischen dem körperlichen, dem intellektuellen und dem gemeinschaftlichen Leben. Sein Rhythmus ist leicht und ungezwungen. Die Arbeit leidet nicht unter irgendeinem Druck. Die Beziehung zum Mitmenschen erstickt nicht unter Verpflichtungen. Die Intimität ist durch die Leichtigkeit der Berührung gemildert. Wir sind wie Tänzer durch unseren Tag getanzt. Wir bedurften nicht mehr als der leisesten Berührung; denn wir bewegten uns instinktiv im gleichen Rhythmus.

Eine gute Beziehung ist wie Tanz und baut sich nach den gleichen Regeln auf. Die Partner bedürfen keines festen gegenseitigen Haltes, denn sie bewegen sich vertrauensvoll nach der gleichen Choreographie, die zwar kompliziert, aber heiter, schnell und leicht ist wie ein Menuett von Mozart. Eine plumpe Berührung würde alles zum Stillstand bringen, die Bewegung würde in sich erstarren. Der unaufhörlich wechselnden Schönheit, mit der sie sich entfaltet, wäre Einhalt geboten. Hier ist kein Raum für die besitzergreifende Umklammerung, den Arm auf der Schulter, die schwere Hand; nichts als

eine leise Berührung im Vorübergehen. Sei es Arm in Arm, sei es Auge in Auge, sei es Rücken gegen Rücken – das bleibt sich gleich. Denn man weiß, daß man der Partner des anderen ist, daß man sich im Gleichklang bewegt, daß man dem gleichen Formgesetz folgt und unsichtbar von ihm gespeist wird.
Die Freude daran besteht nicht nur in der schöpferischen Freude oder in der Freude des Mitteilens, es ist auch die Lebensfreude des Augenblicks. Die Leichtigkeit der Berührung und die Freude, den Augenblick ganz zu leben, sind miteinander verknüpft. Man kann nur gut tanzen, wenn man sich im vollkommenen Einklang zur Musik bewegt, wenn man nicht zögernd im letzten Schritt verharrt oder sich vorzeitig in den nächsten drängt. Man muß den Takt des Augenblicks erfassen. Dieses absolute Im-Takt-Sein verleiht einem schönen Tanz etwas Schwereloses, Zeitloses und Ewiges. Das ist es, was Blake meint, wenn er schreibt:

> Wer mit Gewalt will die Freude betören,
> Wird das beschwingte Leben zerstören.
> Doch wer sie küßt im Vorüberschweben,
> Wird im ewigen Morgenglanz leben.

Tänzer, die sich in vollkommenem Einklang bewegen, zerstören nie das »beschwingte Leben« in sich oder in ihrer Gemeinsamkeit.
Wie erlernt man aber diese Technik des Tanzes? Weshalb ist sie so schwierig? Was läßt uns zögern und stolpern? Ich glaube, es ist die Angst, die uns heimweh-

krank am jüngst vergangenen Augenblick festhalten läßt oder uns treibt, gierig nach dem nächsten zu greifen. Angst zerstört das »beschwingte Leben«. Wie kann man diese Angst bannen? Nur durch ihren Gegenspieler, die Liebe. Ist das Herz voll Liebe, bleibt kein Raum mehr für Angst, Zweifel und Unentschlossenheit. Und diese Furchtlosigkeit ist es, die gute Tänzer aus uns macht. Wenn jeder Partner so vollkommen in der Liebe aufgeht, daß er vergißt zu überlegen, ob er wiedergeliebt wird; wenn er nur noch weiß, daß er liebt und sich zur Melodie dieser Liebe bewegt – dann, und nur dann können sich zwei Menschen in vollkommenem Einklang, in gleichem Rhythmus bewegen.

Aber besteht denn die Beziehung der Argonauten nur darin – nur in dieser persönlichen Choreographie zweier Tänzer, die sich im gleichen Takt bewegen? Sollten sie nicht auch in einem größeren Rhythmus harmonieren, in der natürlichen Schwingung des Pendels zwischen Gemeinsamkeit und Einsamkeit, zwischen dem Persönlichen und dem Abstrakten, dem Einzelnen und dem Ganzen, dem Nahen und dem Fernen? Macht nicht dieses Pendeln zwischen den Polen eine Beziehung erst fruchtbar? Yeats hat einmal gesagt, das großartigste Erlebnis im Leben sei, »tiefe Gedanken zu teilen und sich dann zu berühren«. Es bedarf aber beides.

Zuerst die Berührung, die intime Berührung der persönlichen Umwelt im einzelnen (die Arbeit im Haus, das Gespräch am Kamin); dann der Verlust der Intimität im großen Strom des Unpersönlichen und Abstrakten (der schweigende Strand, die bestirnte Kuppel

über uns). Beide Partner verlieren sich im gemeinsamen Meer des Universums, das absorbiert und dennoch befreit, das trennt und dennoch verbindet. Entspricht das nicht dem, was die reifere Beziehung, die Begegnung der beiden Einsamkeiten, sein sollte? Der Zustand des Zweifachen Sonnenaufgangs war nur intim und persönlich, die Austernbank blieb im Besonderen und Zweckbedingten befangen. Aber sollten die Argonauten nicht über die Intimität, das Besondere und das Zweckbedingte hinaus in das Abstrakte und Ganze und dann wieder zurück zum Persönlichen schwingen können?
Liegt in dieser Vorstellung vom Pendel, das zwischen entgegengesetzten Polen im leichten Rhythmus schwingt, nicht der Schlüssel zu dem Problem jeder wechselseitigen Beziehung? Deutet sich hier nicht sogar Verständnis und Bejahung des beschwingten Lebens der Beziehungen und ihres ewigen Verebbens und Flutens und ihrer unvermeidlichen Unterbrechungen an?
»Das Leben des Geistes«, sagt Saint-Exupéry, »das wahre Leben ist unbeständig, und nur das Leben der Seele ist beständig ... Der Geist ... wechselt zwischen Übersicht und völliger Blindheit. Da ist zum Beispiel ein Mann, der seine Landwirtschaft liebt – aber es gibt gewisse Augenblicke, da sieht er sie nur als eine Ansammlung beziehungsloser Gegenstände. Da ist ein Mann, der seine Frau liebt – aber in gewissen Augenblicken sieht er in dieser Liebe nur eine Belastung, Behinderung, Beengung. Da ist ein Mann, der Musik liebt – aber in gewissen Augenblicken kann sie ihn nicht berühren.«

Das »wahre Leben« unserer Gefühle und Beziehungen ist ebenfalls unbeständig. Wenn man jemanden liebt, so liebt man ihn nicht die ganze Zeit, nicht Stunde um Stunde auf die ganz gleiche Weise. Das ist unmöglich. Es wäre sogar eine Lüge, wollte man diesen Eindruck erwecken. Und doch ist es genau das, was die meisten von uns fordern. Wir haben so wenig Vertrauen in die Gezeiten des Lebens, der Liebe, der Beziehungen. Wir jubeln der steigenden Flut entgegen und wehren uns erschrocken gegen die Ebbe. Wir haben Angst, sie würde nie zurückkehren. Wir verlangen Beständigkeit, Haltbarkeit und Fortdauer; und die einzige mögliche Fortdauer des Lebens wie der Liebe liegt im Wachstum, im täglichen Auf und Ab – in der Freiheit; einer Freiheit im Sinne von Tänzern, die sich kaum berühren und doch Partner in der gleichen Bewegung sind. Die einzige wirkliche Sicherheit liegt nicht im Soll oder Haben, im Fordern oder Erwarten, nicht einmal im Hoffen. Die Sicherheit einer Beziehung besteht weder in sehnsuchtsvollem Verlangen nach dem, was einmal war, noch in angstvollem Bangen vor dem, was kommen könnte, sondern allein im lebendigen Bekenntnis zum Augenblick. Denn auch eine Beziehung muß wie eine Insel sein. Man muß sie nehmen, wie sie ist, in ihrer Begrenzung – eine Insel, umgeben von der wechselvollen Unbeständigkeit des Meeres, immerwährend vom Steigen und Fallen der Gezeiten berührt. Man muß die Sicherheit des beschwingten Lebens anerkennen, seiner Ebbe, seiner Flut und seiner Unbeständigkeit.

Unbeständigkeit – das ist etwas, was menschliche Wesen nicht lernen können. Wie kann man lernen, die Ebben seines Daseins zu überleben? Wie kann man lernen, das Wellental zu akzeptieren? Hier am Strand versteht man vieles leichter, hier, wo die atemlose Stille der Ebbe ein anderes Leben enthüllt als dasjenige, welches für gewöhnliche Sterbliche sichtbar ist. In diesem kristallklaren Schwebezustand erhält man plötzlich Einsicht in das verborgene Reich der Meerestiefe. In diesen seichten Untiefen, deren warme Strömungen man durchwatet, findet man seltsame Muscheln, gebleichte Kiesel, im Sand vergrabene flachgeschliffene Marmorstücke; und unzählige farbenfrohe Muscheln schimmern aus dem Schaum und öffnen und schließen ihre Schalen wie Schmetterlingsflügel. Die stille Stunde, in der sich das Meer zurückzieht, ist so schön wie die Stunde seiner Wiederkehr, in der die anstürmenden Wogen über den Strand donnern, den dunklen zerzausten Ketten aus Tang entgegendrängen, welche die Flutgrenze markieren.

Vielleicht ist das die wichtigste Erfahrung und die wesentlichste Erkenntnis, die ich von meinem Strandleben mit nach Hause nehme: die Erinnerung, daß jede Phase der Welle gültig ist; daß jede Phase einer Beziehung gültig ist. Und meine Muscheln? Ich kann sie alle in meine Tasche stecken. Die Muscheln dienen nur dazu, mich daran zu erinnern, daß das Meer ewig verebbt und flutet.

## *VII Eine Handvoll Muscheln*

Heute ist mein letzter Inseltag. Was habe ich bei meinen Bemühungen, meinem Suchen am Strand gewonnen? Welche Antworten und Lösungen habe ich für mein Leben gefunden? In meiner Tasche habe ich ein paar Muscheln, ein paar Hinweise. Nur ein paar.

Wenn ich an meinen ersten Inseltag zurückdenke, wird mir klar, wie begierig ich gesammelt habe. Meine Taschen waren mit nassen Muscheln vollgestopft, an denen noch feuchter Sand haftete. Der Strand war mit wundervollen Muscheln übersät, und ich brachte es nicht über mich, sie unbeachtet zu lassen. Ich konnte beim Gehen nicht einmal den Kopf heben und auf das Meer hinausschauen, aus Angst, ich könnte etwas Kostbares zu meinen Füßen übersehen. Der Sammler geht mit Scheuklappen durch die Welt; er sieht nichts als den Schatz, nach dem er jagt. Besitzinstinkt ist mit echtem Schönheitssinn nicht vereinbar. Aber als all meine Taschen ausgebeult und feucht, die Bücherregale angefüllt und die Fensterbretter übersät waren, verlor sich allmählich meine Sammlerwut. Ich fing an, meine Reichtümer zu sichten, eine Auswahl zu treffen.

Man kann nicht alle schönen Muscheln am Strand sammeln. Man kann nur einige sammeln, und sie sind um so schöner, je weniger es sind. Eine Mondmuschel ist eindrucksvoller als drei. Der Himmel besitzt auch nur einen Mond. Ein zweifacher Sonnenaufgang ist ein Erlebnis; sechs sind eine Wiederholung wie die sechs Tage einer Schulwoche. Allmählich sortiert man aus

und behält nur vollkommene Exemplare; es muß nicht einmal eine seltene Muschel sein, aber eine, die in ihrer Art vollkommen ist. Die stellt man gesondert auf, inmitten eines freien Raumes – wie eine Insel.
Denn Schönheit entfaltet sich nur im freien Raum. Nur im freien Raum sind Ereignisse, Gegenstände und Menschen unwiederholbar und unersetzlich und bedeutungsvoll – und deshalb auch schön. Ein Baum wird bedeutungsvoll, wenn man ihn vor der leeren Fläche des Himmels betrachtet. Ein Ton in einem Musikstück gewinnt an Bedeutung, wenn er zwischen zwei tonlosen Pausen steht. Eine Kerzenflamme blüht im Raum der Nacht. Selbst geringe und alltägliche Dinge gewinnen, wenn der Raum sie umspült, eine Bedeutung, wie ein paar hingehauchte Gräser, die auf einer asiatischen Malerei in der Ecke eines leeren Blattes stehen.
Ich begreife allmählich, daß meinem Leben in Connecticut diese bedeutsame Eigenschaft und daher auch die Schönheit mangelt; denn in diesem Leben ist zu wenig freier Raum. Der Raum ist beschrieben, die Zeit angefüllt. Mein Terminkalender hat so wenig freie Seiten, mein Tag so wenig freie Stunden, mein Leben so wenig freie Räume, in denen ich allein sein kann, um zu mir selbst zu finden. Zu viele Aufgaben, Menschen, Dinge. Zuviel wichtige Aufgaben, wertvolle Dinge, interessante Menschen. Denn unser Leben ist nicht nur mit Trivialitäten überhäuft, sondern auch mit Wesentlichem. Wir können durch ein Übermaß an Kostbarkeiten erdrückt werden – von einem Zuviel an Muscheln, wo doch nur eine oder zwei bedeutungsvoll wären.

Hier, auf dieser Insel, hatte ich Raum. Auf dieser begrenzten Fläche war mir der Raum paradoxerweise aufgezwungen. Die örtliche Begrenztheit, die physischen Umstände, die Schwierigkeiten einer Verbindung mit der Außenwelt haben zwangsläufig eine natürliche Auslese bewirkt. Es gibt nicht zuviel Tätigkeiten der Dinge oder Menschen, und jede einzelne Insel wird dadurch bedeutungsvoll; denn man sieht sie in einem angemessenen räumlichen und zeitlichen Rahmen. Hier hat man Zeit: Zeit zur Besinnung; Zeit, in Muße zu arbeiten; Zeit, um nachzudenken; Zeit, dem Reiher zuzusehen, wie er regungslos auf seine Beute wartet; Zeit, zu den Sternen aufzusehen oder eine Muschel zu betrachten; Zeit, seine Freunde zu sehen, zu schwatzen, zu lachen, sich zu unterhalten – ja, sogar Zeit, sich nicht zu unterhalten. Wenn ich mich zu Hause mit meinen Freunden treffe, dann erscheint mir die Zeit in diesen ausgesparten Minuten so kostbar, daß man das Gefühl hat, man müsse jeden möglichen Augenblick mit Gesprächen vollstopfen. Wir können uns den Luxus des Schweigens nicht leisten. Hier, auf der Insel, entdecke ich, daß ich schweigend neben einem Freund sitzen kann und mit ihm den letzten Streifen des Tages teile, der silbriggrün am Horizont glänzt, oder die Ornamente einer kleinen, weißen Muschel oder die dunkle Narbe, die ein fallender Stern auf dem strahlenden Antlitz der Nacht hinterläßt. Dann wird die Mitteilung zum Teilhaftigwerden, und man empfängt einen Reichtum, den Worte niemals geben können.

Das Inselleben macht mich wählerisch. Aber diese

Auswahl ist natürlich und nicht künstlich. Man kann auf dieser Insel viele Arten von Erfahrungen sammeln, aber nicht zu viele; viele Arten von Menschen kennenlernen, aber nicht zu viele. Die Einfachheit des Lebens hier zwingt mich nicht nur zu geistiger oder gesellschaftlicher, sondern auch zu körperlicher Tätigkeit. Ich habe keinen Wagen und muß also meine Einkäufe und meine Post mit dem Rad besorgen. Wenn es kalt ist, sammle ich Treibholz für meinen Kamin und hacke es auch klein. Statt heiße Bäder zu nehmen, schwimme ich. Meinen Müll vergrabe ich, er wird nicht von einem Müllwagen geholt. Und wenn mir ein Gedicht nicht gelingt, backe ich Brot und bin genauso glücklich. Die meisten dieser körperlichen Arbeiten wären zu Hause eine Belastung; denn mein Leben ist eingeteilt und die Termine sind knapp bemessen. Dort habe ich ein Haus voll Kinder und bin für das Leben vieler Menschen verantwortlich. Hier, wo ich Zeit und Raum habe, sind mir die körperlichen Arbeiten eine willkommene Abwechslung. Sie bilden einen Ausgleich in meinem Leben, der mich erfrischt und den ich zu Hause nur selten erfrischend finde. Bettenmachen oder mit dem Auto zum Einkaufen fahren erfrischt nicht so wie Schwimmen oder Radfahren oder Mülleingraben. Ich kann daheim nicht den Müll eingraben, aber ich kann den Garten umgraben, kann mit dem Rad zu meinem Arbeitsplatz fahren und mir vornehmen, an schlechten Tagen Brot zu backen.

Auch unter den Menschen trifft meine Insel eine Auslese. Ihre begrenzte Fläche kann nicht zu viele Menschen aufnehmen. Ich sehe hier Menschen, die ich zu Hause nicht sehen würde, Menschen, die mir wegen ihres Alters oder ihres Berufs fernstehen. Wir in den Vororten der großen Städte sehen meist nur Menschen, die in unserem Alter sind und unsere Interessen teilen. Wir haben ja den Vorort gewählt, weil wir ähnliche Interessen und Ziele verfolgen. Meine Insel wählt Menschen für mich, die sehr verschieden von mir sind – den Fremdling, von dem sich jedesmal herausstellt, daß er interessant und anregend ist, wenn man ihn in einem Rahmen von genügend Raum und Zeit sieht. Ich habe hier erfahren, was jedermann auf einer Seereise oder einer langen Bahnfahrt oder einer zeitweiligen Isoliertheit in einem kleinen Dorf erfährt. Aus der Fülle des Lebens wählt uns der Zufall der zeitweiligen Verbannung aus einem begrenzten Kreis einige Menschen. Wir selbst hätten diese Nachbarn nie gewählt. Aber wenn wir auf dieser Lebensinsel zusammengewürfelt werden, dann bemühen wir uns um gegenseitiges Verstehen und werden durch dieses Bemühen angeregt. Die Schwierigkeit des Stadtlebens besteht darin, daß wir beim Auswählen – und das müssen wir tun, um unter solch hektischen Bedingungen leben, atmen und arbeiten zu können – dazu neigen, Menschen unserer Art zu wählen. Und das ist eine sehr eintönige Diät. Nur Hors d'œuvres und kein Fleisch, nur Süßigkeiten und kein Gemüse – es hängt von unserem Geschmack ab. Wie verschieden unsere Diät auch sein mag, eins ist gewiß: Wir wählen im allgemeinen das, was wir kennen, selten das, was uns fremd ist. Wir neigen dazu, nicht das Unbekannte zu wählen, das vielleicht einen Schock verursacht oder eine Enttäuschung auslöst oder einfach etwas schwierig zu verarbeiten ist. Und dabei ist es doch das Unbekannte mit all seinen Enttäuschungen und Überraschungen, was uns am meisten bereichert.

Diese Insel wählt in vieler Hinsicht besser für mich, als ich für mich zu Hause wähle. Werde ich, wenn ich zurück bin, wieder von meinen zentrifugalen tausendfüßlerischen Betätigungen erdrückt werden? Nicht nur von den Zerstreuungen, sondern auch von den zu vielen Möglichkeiten? Nicht nur von den langweiligen Menschen, sondern auch von zu vielen interessanten? Die Mannigfaltigkeit der Welt wird wieder mit ihren falschen Wertbegriffen über mir zusammenschlagen – Quantität statt Qualität, Tempo statt Ruhe, Lärm statt Stille, Worte statt Gedanken, Besitz statt Schönheit. Wie werde ich dem Ansturm widerstehen? Wie bleibe ich gesammelt gegen den Druck und das Zerren der »Zerrissenheit«?

Denn ich muß die natürliche Auslese der Insel durch eine bewußte, auf anderen Wertmaßen basierende Auslese ersetzen – Wertmaßen, deren ich mir hier deutlicher bewußt geworden bin. Insel-Richtlinien könnte man sie nennen, Wegweiser zu einem neuen Leben, wenn sie zu definieren wären; weitgehende Vereinfachung des Lebens, um ein echtes Lebensgefühl zu wahren; Gleichgewicht des physischen, intellektuellen und seelischen Lebens; Arbeit ohne Druck; Raum für Wesentliches und Schönes; Zeit für Einsamkeit und Gemeinsamkeit; Naturverbundenheit, um das Verständnis und den Glauben an die Wechselwirkungen des Lebens zu stärken: das Leben der Seele, das schöpferische Leben und die Lebendigkeit der menschlichen Beziehungen. Ein paar Muscheln.

Das Inselleben war eine Linse, durch die ich mein eigenes Leben im Norden betrachtet habe. Ich muß meine Linse mitnehmen, wenn ich fortgehe. Nach und nach wird meine Ferien-Sicht verblassen. Ich muß mir vornehmen, die Dinge weiterhin mit Insel-Augen zu sehen. Die Muscheln werden mich daran erinnern; sie müssen meine Insel-Augen sein.

## *VIII Der Strand liegt hinter mir*

Ich ergreife meinen Strandbeutel. Der Sand bietet meinen Füßen keinen Halt mehr. Die Zeit der Besinnung ist fast vorüber.

Die Suche nach äußerer Vereinfachung, nach innerer Integrität, nach einer vollständigeren Beziehung – ist das nicht ein beschränkter Ausblick? Natürlich ist es das in gewissem Sinn. Die Menschheit von heute steht völlig unvorbereitet vor der Tatsache, daß ihr Lebensraum der ganze Erdball ist. Die Welt um uns rumort in Eruptionen, die immer weitere Kreise ziehen. Die Spannungen, Konflikte und Leiden noch der äußersten Kreise berühren uns alle und schwingen in jedem von uns nach. Wir können uns diesen Erschütterungen nicht entziehen.

Aber wieweit können wir diesem planetarischen Bewußtsein Rechnung tragen? Man verlangt heute von uns, daß wir mit allen Geschöpfen der Erde Mitgefühl haben, daß wir alle Informationen, die durch die Rotationsmaschinen verbreitet werden, verstandesmäßig verarbeiten und daß wir jedem ethischen Impuls unseres Herzens und unseres Verstandes durch die Tat Ausdruck verleihen. Die Zusammenhänge im Weltgefüge verbinden uns mit mehr Menschen, als unser Herz fassen kann. Oder vielmehr – denn ich glaube, das Herz kennt keine Grenze –: Die modernen Nachrichtenmittel bürden uns mehr Probleme auf, als die menschliche Natur aushalten kann. Ich glaube, daß es unserem Herzen, unserer Seele, unserer Vorstellungskraft gut tut, wenn sie bis zum äußersten beansprucht werden; aber Körper, Nerven, Durchhaltevermögen und Lebensspanne sind nicht so elastisch. Mein Leben reicht nicht aus, all den Menschen zu helfen, die an mein Herz appellieren. Ich kann sie nicht alle heiraten, kann ihnen nicht allen Mutter sein oder für alle so sorgen, wie ich für meine Eltern sorgen würde, wenn sie alt und krank wären. Unsere Großmütter und sogar – mit einiger Anstrengung – unsere Mütter lebten in einem Kreis, der klein genug war, ihnen zu erlauben, die meisten ihrer seelischen und Herzensregungen in die Tat umzusetzen. Wir sind in einer Überlieferung erzogen worden, die wir heute nicht mehr erfüllen können; denn unser Radius weitet sich ins Unendliche.

Was können wir angesichts dieses Dilemmas tun? Wie können wir unser planetarisches Bewußtsein mit unserem puritanischen Gewissen in Einklang bringen? Wir sind zu Kompromissen gezwungen. Weil wir den vielen als Individuen nicht gerecht werden können, versuchen wir manchmal, diese vielen auf einen vereinfachten Nenner zu bringen, den wir Masse nennen. Weil wir mit der Kompliziertheit unserer Zeit nicht fertig werden, setzen wir uns oft kurzerhand darüber hinweg und flüchten uns in einen vereinfachten Zukunftstraum. Weil wir unsere eigenen häuslichen Probleme nicht lösen können, beschäftigen wir uns mit den abseitsliegenden Problemen der Welt. Die unerträgliche Last, die wir uns aufgebürdet haben, hat einen Fluchtprozeß ausgelöst. Kann man aber für einen abstrakten Begriff, den man Masse nennt, ein wirklich tiefes Gefühl aufbringen? Kann man die Zukunft zum Ersatz für die Gegenwart machen? Und was garantiert uns, daß diese Zukunft besser sein wird, wenn wir die Gegenwart vernachlässigen? Kann man Weltprobleme lösen, wenn man unfähig ist, die eigenen zu lösen? Wohin hat uns dieser Prozeß geführt? Waren wir erfolgreich, indem wir an der Peripherie gearbeitet haben statt im Zentrum?

Wenn wir uns die Zeit nehmen, darüber nachzudenken, sind dann nicht die wahren Opfer im heutigen Leben ebendiese Zentren, über die ich gesprochen habe: das Hier, das Heute, das Individuum und seine Beziehungen. Das Heute läßt man am Weg stehen bei der Jagd nach dem Morgen, das Hier wird zugunsten des Dort vernachlässigt, und das Individuum verschwindet in der Masse. Amerika, das noch immer die herrlichste

Gegenwart hat, die es heute auf der Welt gibt, hat in seiner unersättlichen Gier nach der Zukunft kaum Zeit, sie zu genießen. Vielleicht sagt der Historiker oder der Soziologe oder der Philosoph, daß wir immer noch von der Schwungkraft unseres Entdeckungstriebes beflügelt werden, immer noch unter dem Einfluß unseres Pionierdranges oder unserer puritanischen Besorgtheit stehen, die uns »den nächsten Schritt zu tun« heißt. Hingegen entwickelte Europa, von dem wir glauben, es sei der Vergangenheit hörig, nach dem letzten Krieg seltsamerweise ein neues Gegenwartsbewußtsein. Die schöne Vergangenheit ist so fern, die nahe so grauenvoll und die Zukunft so ungewiß, daß die Gegenwart Gelegenheit hat, sich zu einer goldenen Ewigkeit des Hier und Jetzt auszuweiten. Der Europäer von heute genießt die Stunde, auch wenn es sich nur um einen Spaziergang am Sonntagnachmittag oder eine Tasse schwarzen Kaffees auf einer Kaffeehausterrasse handelt.

Vielleicht erkennen wir die Werte des Hier und Jetzt immer erst dann, wenn sie, wie heute sogar in Amerika, in Gefahr sind. Und haben die Gefahren und Versuchungen, die dem einzelnen in einer Zeit drohen, wo er seine Individualität der Masse preisgibt – ob der Kriegsindustrie oder der Standardisierung von Gedanken und Handlungen –, nicht ein neues Gefühl für die Würde des einzelnen in uns geweckt? Sind wir jetzt bereit, die wahren Werte des Hier und Heute und des einzelnen wirklich zu erkennen?

Das Hier, das Heute und das Individuum lagen dem

Heiligen, dem Künstler, dem Dichter und – seit Urzeiten – der Frau immer besonders am Herzen. Im kleinen häuslichen Kreis war sie sich der besonderen Einzigartigkeit eines jeden Familienmitgliedes, der Spontaneität des Heute, der Lebendigkeit des Hier immer bewußt. Das ist die Grundsubstanz des Lebens. Das sind die individuellen Elemente, aus welchen die größeren Einheiten wie Masse, Zukunft und Welt entstehen. Wir können diese Elemente vielleicht vernachlässigen, wir können aber nicht auf sie verzichten. Sie sind die Tropfen, aus denen der Strom entsteht. Sie sind die Essenz des Lebens. Es mag unsere besondere Aufgabe sein, diese vernachlässigten Wirklichkeiten wieder zu betonen, nicht um uns größeren Verantwortungen zu entziehen, sondern um einen ersten Schritt zu tieferem Verständnis und einer Lösung zu tun. Wenn wir damit bei uns selbst beginnen, entdecken wir etwas Wesentliches, das bis an die Peripherie des Kreises reicht. Wir finden wieder etwas von der Freude am Heute, vom Frieden im Hier, von der Liebe in mir und dir, aus dem das Himmelreich auf Erden erschaffen ist.

Hinter mir dröhnt das Meer. Geduld – Glaube – Bereitsein. Das ist es, was das Meer uns lehrt. Einfachheit – Einsamkeit – Wechsel ... Aber es gibt noch andere Gestade zu erforschen. Es gilt, noch mehr Muscheln zu finden. Dies ist nur ein Anfang.

# *Wind*
# *an vielen Küsten*

## *»Horch! Der Wind erhebt sich«*

Horch! Der Wind erhebt sich,
Jagt bunte Blätter durchs Land ...

Mitten am Nachmittag lag ich im Haus des Gouverneurs auf meinem Bett und lernte Gedichte auswendig. Etwas anderes gab es nicht zu tun, denn alles war schon vorbereitet. Charles war eingeschlafen. Das Flugzeug war bereit. Wir hatten gepackt, waren reisefertig. Und ich ruhte mich aus. Wir brauchten die Ruhe, denn am Abend wollten wir unseren letzten Versuch unternehmen, von Bathurst aus nun endlich nach Südamerika zu fliegen.

»Könnten wir auch morgen abend noch abfliegen?« hatte ich meinen Mann am Morgen gefragt.

»Ja«, hatte er zögernd geantwortet, »aber das wäre auch schon der letzte Termin.«

»Oder du könntest auch morgen früh starten, nicht wahr?« hatte ich mich weiter erkundigt.

»Nein, das nicht, denn, siehst du, der Mond geht jetzt von Abend zu Abend später auf. Wenn wir morgen bei Tagesanbruch abflögen, hätten wir bei unserer Ankunft in Südamerika überhaupt keinen Mond.«

Vor meiner letzten Frage hatte ich gezaudert. »Könntest du auch ... ganz ohne Wind hochkommen?«

»Kaum ... vielleicht«, hatte er geantwortet.

Also bleibt es bei heute nacht, dachte ich ... nein, besser nicht daran denken. Ruhen; schlafen; Gedichte auswendig lernen. Ich öffnete mein Notizbuch.

Horch! Der Wind erhebt sich,
Jagt bunte Blätter durchs Land ...

Ich hatte diese Verszeilen abgeschrieben, als wir im Oktober England verlassen hatten; damals, als die letzten Dahlien ihre schweren goldenen Köpfe über die schon schwarz gewordenen Stengel hinabhängen ließen; als Blätter jäh flammend gen Himmel wirbelten, so daß es war, als fliege vor unseren Augen ein ganzer Baum empor. Ulmen und Eichen und Buchen, meine Gedanken an sie ließen ein wenig von dem Frieden des englischen Herbstes in mir lebendig werden.

Wir hatten unseren Sommer ...

(Weite englische Wiesen, bis in die Unendlichkeit reichend. Es gab einem Kraft, sie nahe zu wissen.)

Noch ehe der Herbst uns fand!

Vielleicht würden auch diese Verse mir Kraft geben. Kraft, die ich heute nacht brauchen würde, wenn ich unter den Sternen schaukelnd oder vielleicht auch unter einem dunklen Himmel über dunklem Meer dahinjagen würde ... falls wir hochkämen ...

Die Buchen beugen die Häupter
Und stehen kahl und leer ...

(Kupferrot glänzende Blätter, wie Feuer unter meinen Füßen.)

Und stehen kahl und leer ...

Das war genug. Der Rest war nicht für uns bestimmt.

Komm, setz dich zu mir ans Feuer
Und wende den Blick vom Meer ...

---

Nein, das durften wir nicht ... jedenfalls jetzt noch nicht. Wir hatten noch Arbeit zu leisten.

Auf dem die Schiffe der Jugend
Eilen dahin vor dem Wind ...

Oh, wenn wir nur solch einen Wind hätten! Einen Wind, gegen den man hart ankämpfen konnte, so als ob man in einem schiefliegenden Boot säße; steif bläht sich das Segel; hart drückt die Ruderpinne gegen deinen schon schmerzenden Arm; deine Wangen glühen, aber der Wind streicht kühlend, köstlich frisch darüber hin. Und unter dir rauscht, braust, jagt das Wasser.

Auf dem die Schiffe der Jugend
Eilen dahin vor dem Wind,
In lockende Abenteuer ...

Aber das war ja die Küste von Maine, an die ich jetzt dachte. Hier aber war Afrika. Das Moskitonetz über meinem Kopf ... das weiße, stickige Zimmer. Bald würden wir Tee trinken. Und dann zu dem Kap hinausfahren, und dann das Abendessen, und dann ...

Horch! Der Wind erhebt sich ...

Ich stand auf, zog mich an, und ging zum Tee hinunter. Mein Mann machte sich auf den Weg zum Hafen.
»Gibt es draußen noch etwas zu tun?« fragte ich.
»Nein«, antwortete er, »ich möchte nur ein bißchen hinbummeln und mir die Maschine nochmal ansehen.«
Ich wußte, was in ihm vorging ... nur irgendwie den Nachmittag ausfüllen.
Die Frau des Gouverneurs fuhr mit mir zu dem Park, in dem wir schon neulich gewesen waren. (Dort auf dem Kap wenigstens würde es Wind geben!) Wir stiegen aus

und spazierten im Schatten der Bäume. (»Die Buchen beugen die Häupter ...«) Die Bäume hier aber waren keine Buchen. Es waren Kasuarinen, deren lange, wie Peitschen geformte Zweige sich über uns breiteten. Und Stechpalmen gab es und fremdartige graublättrige Bäume, deren Namen ich nicht kannte. Der trockene Rasen knisterte unter unseren Füßen. Stachlige Kakteen ragten wie Speere in den Sonnenschein. Nicht einmal hier gab es heute einen Windhauch. Die gelben Blüten der Schlinggewächse hingen reglos in der stillen Luft. Insektenlaut durchschwirrte die Luft wie die Stimme einer Säge. Und winzige, metallisch glänzende Vögel flitzten bunt von einem Oleanderstrauch zum anderen, das einzig Lebendige in diesem leblosen Park.
Ich sah die Vögel, die Oleandersträucher mit ihren lanzettenförmigen Blättern, die von Schlinggewächsen wie mit Stricken gefesselten Bäume kaum. Wie in einer Liebenden alle Schönheit der Natur, alles, was sie sieht, nur den einen Gedanken weckt, »aber er ist nicht hier, um das zu sehen«, konnte ich immer nur das eine denken: »Aber es weht kein Wind, nicht einmal hier.« Nur eines erkannte ich deutlich ... daß die Schlingpflanzen regungslos von den Ästen der Bäume herabhingen, daß nicht ein Hauch durch die Farne zitterte.
Wir bestiegen wieder das Auto und machten uns auf den Rückweg zum Regierungsgebäude. Selbst der durch die Geschwindigkeit unseres Fahrens künstlich hervorgerufene Luftzug war mir eine Erleichterung, obgleich er natürlich gar nichts bedeutete. Durch das Wagenfenster betrachtete ich die Wipfel der Palmen,

und als wir einen Fluß überquerten, die kleinen Boote (»... eilen dahin vor dem Wind ...«).
Aber diese Boote eilten nicht vor dem Winde daher. Die Segel hingen schlaff und müde herab; die Boote kamen nicht von der Stelle. Es gab keinen Wind. Alles beobachtete ich daraufhin, den Staub auf der Straße, den Rauch ferner Hütten, die Oberfläche eines Tümpels. Und schließlich blickte ich auf die schlaff um die Fahnenstange vor dem Regierungsgebäude gewickelte Fahne. Wir waren wieder in der Stadt.
Schließlich brach ich mein Schweigen, wie ein Kranker, der endlich mit jemandem über das Leiden sprechen muß, das ihn bedrückt.
»Heute abend scheint es leider fast keinen Wind zu geben«, sagte ich gepreßt.
»Oh, von hier aus kann man das nicht beurteilen«, sagte die Frau des Gouverneurs besorgt. »Kommen Sie mit zur Mole hinunter; überzeugen wir uns selbst.«
Wir eilten zum Hafen hinunter und gingen die Mole entlang. Es war kühler hier, aber das Meer war spiegelglatt. Ich hielt die Hand hoch.
»Nein, nicht einmal ein Hauch«, sagte ich.
»Doch, ein bißchen Wind spüre ich«, meinte meine Begleiterin, »aber ich weiß nicht, aus welcher Richtung.« Sie stand nun dem offenen Meer zugewandt.
Ich zog mein Taschentuch heraus. »Gleich werden wir sehen«, sagte ich, »ob es etwas Wind gibt ...« Das Taschentuch hing schlaff herab, baumelte leicht in meiner Hand hin und her. »Nein, nicht einmal genug, um ein Taschentuch zu heben.« Und mit einem Male schien es

mir, als sei solch ein Tüchlein etwas schrecklich Schweres!
Wir gingen zum Regierungsgebäude zurück.
»Sie müssen verstehen, heute nacht ist für uns die letzte Chance«, erklärte ich, »morgen scheint der Mond nicht mehr hell genug. Wenn wir heute abend nicht starten können ... nun, dann müssen wir unsere Pläne ändern.«
»Aber jetzt kann man noch nichts Bestimmtes sagen«, ermutigte sie mich, »der Wind kann auch noch nach Sonnenuntergang aufkommen.«
»Ja, gewiß«, nickte ich, aber ich hatte nicht viel Hoffnung. Ich ging in mein Zimmer hinauf und versuchte zu schreiben, zu lesen, zu ruhen.

Horch! Der Wind erhebt sich,
Jagt bunte ...

Doch nein, der Wind erhob sich nicht. Er war vollkommen tot. Warum hatte ich gerade dieses Gedicht gelernt? Jetzt konnte ich es nicht mehr aus dem Kopf bringen. Den ganzen Abend würde es mich verfolgen, ganz sinnlos immer wieder aufs neue in mir aufklingen. Ruhig, ruhig. Ich mußte etwas anderes, Beruhigendes lernen. Also wieder das Notizbuch herausgenommen ...

Ihr tapfren Blumen, wäre ich so schön
Und auch bescheiden so wie ihr!
Von weither kommt ihr, harmlos, schlicht ...

Nein, das war zu schwer. Niemals würde mir das in einer schwierigen Situation einfallen. Nur die erste Zeile rauschte schön und bunt dahin:

Ihr tapfren Blumen, wäre ich so schön ...
Fünfzehn Minuten, eine halbe Stunde, drei Viertelstunden vergingen. Die Sonne war schon untergegangen. Es hielt mich nicht länger im Hause. Ich mußte wieder hinaus zur Mole. Man konnte nie wissen, manchmal ändern sich die Dinge binnen einer Sekunde, und mit einemmal geht alles, wie es gehen soll. Vielleicht war gerade dies die entscheidende Sekunde, in der der Wind ein Einsehen hatte. Jedenfalls würde es nichts schaden, einmal nachzusehen.
Leise huschte ich aus meinem Zimmer und ging starr und gerade die Treppe hinunter, durch die Gänge ... so wie man im Traum geht, wenn man einem Verfolger entrinnen will, aber nicht zu laufen wagt. Dann hinab über die Freitreppe ... durch die Einfahrt. Kein Hasten, o nein, nur flottes Gehen. Draußen auf der Straße konnte ich meine Schritte beschleunigen, es war dunkel. Und als ich die Mole erreichte, lief ich bereits. Ja, es war kühler geworden, entschieden kühler, aber ... (»Annchen, Annchen, kommt dort wer?« Alte Kinderverslein jagten durch meinen Kopf. »Buttje, Buttje in der See!«) ... gab es Wind? Ich zog mein Taschentuch heraus ... zerknittert, weiß schimmerte es im Dunkel. Es hing schlaff in meiner Hand; es bewegte sich ein wenig; es flatterte. Ein Lufthauch wehte es von mir weg. Ja, ja, jetzt war es anders. Oh ... »horch, der Wind erhebt sich, jagt ...«
Ich rannte zum Regierungsgebäude zurück und stürmte in unser Zimmer. Mein Mann war auch gerade zurückgekommen.

---

»Der Wind hat umgeschlagen«, keuchte ich, ganz außer Atem. »Ich bin gerade auf der Mole gewesen. Genug Wind, um ein Taschentuch zu bewegen!«

»Fein«, sagte Charles, »ich geh mit dir hinaus ... möchte mich selbst überzeugen.«

Seite an Seite gingen wir wieder die Straße zum Hafen hinab; ich bemühte mich, nicht hinter den langen Schritten meines Mannes zurückzubleiben. Ja, es gab Wind. Zwei Taschentücher flatterten jetzt. Nun, da sich meine Aufregung gelegt hatte, fiel mir allerdings ein, daß ein Wind, der ein Taschentuch bewegen kann, nicht unbedingt imstande sein muß, ein Flugzeug vom Wasser loszubringen. Und doch, es war ein gutes Zeichen. Eine Änderung war unverkennbar. Und wenn der Mond erst am Himmel stünde, würde der Wind vielleicht stärker werden.

Wir gingen zurück. Beim Abendessen trank der Gouverneur auf das Gelingen unseres Fluges. Nun schon zum dritten Male fragte ich mich, ob das jetzt wirklich der letzte Abschiedstoast sein würde. Wieder sagten wir unseren Gastgebern Lebewohl.

»Na, beim Frühstück sehen wir uns ja wahrscheinlich wieder«, lachten wir, in der stillen Hoffnung, daß dieses Scherzwort gerade das Gegenteil bewirken werde. Die Frau des Gouverneurs drückte meine beiden Hände.

»Kabeln Sie uns, wenn Sie drüben angekommen sind, ja?« sagte der Gouverneur.

»Ja, das werden wir, auf Wiedersehen, Dank für alles.«

Nach dem Essen spazierten wir nochmals zum Pier hinaus. Der Mond war schon aufgegangen; niedrig, rötlich, arg eingedrückt, um vieles kleiner als gestern stand er am Horizont. Wahrhaftig, schief und verbeult wie eine mißgeformte Birne! Ich war entsetzt. Wie schnell er sich veränderte. Sicher war heute die letzte Nacht, in der der Mond uns nützen konnte. Aber der Wind war etwas stärker.

Das war ein Trost.

Wir gingen zum Haus zurück. Es gab nichts mehr zu tun. Unsere Sachen, jetzt nur noch eine Handvoll, steckten klein und arm ganz unten in dem weißen Sack. Unsere übrigen Kleidungsstücke lagen oben auf dem Haufen der zurückbleibenden Gegenstände. Mein Mann begnügte sich mit dem Anzug, den er anhatte. Ich nahm außer meiner Fliegermontur nur noch ein Seidenkleid, ein Paar Strümpfe und einen Leinenhut mit, alles zusammengerollt. Im ganzen wog der Inhalt des Sackes nur etwa dreiviertel Pfund. Das war alles; wir waren reisefertig.

Aber wir konnten erst aufbrechen, wenn der Mond höher stand; für unseren Start brauchten wir möglichst viel Licht. Wir legten uns aufs Bett und warteten darauf, daß die Minuten vergingen. Im Hause war es still. Alle anderen hatten sich schon zur Ruhe begeben. Warten, warten, warten ...

Um 10 Uhr 20 klopfte Samiker, der lange Boy, an die Türe; er kam unser Gepäck holen. Gepäck? Wir hatten keins. Nur den halbleeren weißen Sack, meine Radiotasche, eine Ersatzbluse, den Sweater und die Kappen. Der Boy hob schweigend den leichten Sack auf die

Schulter und ging hinaus. Beim Haustor wartete der kleine offene Wagen. Still kletterten wir hinein; Samiker stieg gleichfalls ein. Sein Mitfahren wäre nicht unbedingt notwendig gewesen, aber ich freute mich darüber, denn ich spürte, daß er Interesse für uns hatte. Und es war angenehm, jemand bei sich zu haben, der sich für einen interessierte, selbst wenn er still und stumm dasaß. Der Wagen setzte sich in Bewegung. Radiotasche? Kappen? Eßpaket? Ja, alles da. Samiker saß, den weißen Sack auf den Knien, auf dem Vordersitz. Wir ratterten durch die schwacherleuchteten Straßen. Gerade wurden die letzten Haustore geschlossen. Jemand öffnete über uns die Jalousien, blickte hinaus, um nachzuschauen, wer da noch so spät vorbeifahre. Ach, dachte ich und blickte den Bruchteil einer Sekunde lang auf das beleuchtete Fenster, auf die dunkle Hand, die gleichgültig die Jalousie wieder zuzog, ach, wäre doch auch unser Vorhaben so einfach und so selbstverständlich!

Der Wagen hielt vor dem geschlossenen Tor des Docks. Der verschlafene Wächter kam heraus und ließ uns passieren. Wir kletterten in das etwas lecke Ruderboot. Samiker setzte sich, noch immer brav den weißen Sack haltend, hinter uns. Um unsere Füße platschte Wasser. Der Neger an den Rudern hustete trocken. Langsam bewegten wir uns auf die undeutlichen Umrisse unseres Flugzeugs zu.

Der Mond gab leidlich gutes Licht. Ich konnte den Hafenkommandanten erkennen, der in einem anderen Ruderboot nahe dem unsern saß. Hier draußen war etwas mehr Wind. Ich wandte den Kopf, um mir das Haar aus dem Gesicht wehen zu lassen.

»Wir haben gerade so viel Wind wie an dem Morgen, an dem wir zu starten versuchten, Charles«, sagte ich, als wir beim Flugzeug ankamen.

»Aber nicht so viel wie bei dem Nachtversuch?« Er kletterte aus dem Boot.

»Nein, da hatte ich meinen Sweater an.«

Wir begannen die Kojen in Ordnung zu bringen, die Schwimmer leerzupumpen, alle die kleinen Arbeiten zu verrichten, die wir schon so oft erledigt hatten. Heute nacht aber, zum letztenmal in Bathurst, erschienen sie uns unendlich wichtig. Es war, als seien sie von der Kraft und Stärke unseres Wollens durchdrungen; so klar und scharf umrissen stand jede einzelne dieser kleinen Obliegenheiten vor mir, wie die kleinen Zweige eines großen Baumes in grellem Blitzschein. Ich kniete auf der Spitze des Schwimmers und hielt die Taschenlampe hoch, während mein Mann pumpte. In regelmäßigen Abständen schoß das Wasser heraus. »So, fertig, jetzt der Ankerraum.« Auch Worte erschienen uns gewichtiger, bedeutsamer als sonst. Charles trug mit den Fingern Kitt auf die Ränder der Luke auf. »Damit kein Wasser eindringt.« Der Lichtkreis folgte seinen geschickt längs der Ränder hin- und hergleitenden Fingern.

Es war sehr still. Ich trommelte mit den Fingernägeln einen Marsch auf der Metallfläche unter mir. Rhythmisch drang das Geräusch durch die Stille ... ping, ping, ping; ping, ping, ping ... aber ... war da nicht

noch ein anderer Laut? Horch, horch ... der Wind erhebt sich ...
Mein Mann blickte von seiner Arbeit auf. »Der Wind hat jetzt sicher seine acht Kilometer Geschwindigkeit«, rief er über das Wasser.
Der Hafenkommandant hielt im fahlen Mondlicht die Hand hoch. »Ihr Flieger seht das offenbar ganz anders an«, brummte er gemütlich zu uns herüber.
»Warum, wie würden Sie das nennen?« Wir lauschten gespannt.
»Fast vollständige Windstille!«
Wir lachten und nahmen die unterbrochene Arbeit an den Schwimmern wieder auf. Ping, ping, ping. Ping, ping, ping. Wieder trommelten meine Fingerspitzen auf dem Metall.
Es ist aber *doch* mehr Wind, dachte ich, als ich in meine Koje kletterte. So viel sogar, daß ich ganz gut meinen Sweater brauchen konnte. »Ich ziehe meinen Sweater an, Charles, so stark ist der Wind!« Aber er hörte mich nicht. Er machte gerade die Laterne, dann das Flugzeug selbst los.
»Wenn wir zurückkommen, brauchen wir die Sachen«, rief er, »sonst ...« Das Ende seines Satzes verlor sich im Mondlicht wie die Ufer, wie die Bäume.
Er stand auf, um Lebewohl zu winken. »Na, versuchen wir's noch einmal.« Er schwang sich in seinen Pilotensitz. Er ließ den Motor an.
Ich tastete nach unten, um mich zu überzeugen, daß alles in Ordnung sei; ja, die Kontrolldrähte waren frei. Ich setzte mich auf meine Ersatzbluse, stopfte die Eß-

waren in die Aluminiumdose, stellte die Radiotasche neben mich auf den Sitz. So, jetzt den Gurt festgeschnallt. Fertig.
Wir glitten in die Bucht hinaus. Die Welt um uns war heute nacht nicht mehr so seltsam. Wir waren schon einmal hier gewesen. Ich grüßte mir schon Vertrautes. Dort waren die Lichter der Stadt. Dort drüben der Strahl des Mondes.
Wenn nur ein rechter Wind dagewesen wäre! Er war hier draußen in der Bucht stärker, aber er blies noch immer nicht so kräftig wie in der anderen Nacht. Immerhin war unsere Belastung um fast zweihundert Pfund geringer. Behutsam fuhren wir unsere Startbahn ab. Wir probierten den Motor aus; wir drosselten die Benzinzufuhr; wir drehten in den Wind. Wieder die Atempause. Der letzte Ausblick: die undeutlich sichtbaren Umrisse der Palmen über der Stadt, der Mondschein, ein heller Pfad vor uns; und der Wind ... der Wind erhob sich ...
»Fertig?«
»Fertig.«
Jetzt geht's los. Festhalten. Das Brüllen des Motors. Sprühwasser über den Tragflächen. Auf die Uhr sehen. Nur noch zwei Minuten. Dann wisssen wir's schon. Zwei Minuten kannst du's noch erwarten. Sieh auf die Uhr. Das ist deine Arbeit. Horch ... horch ... kein Wasser umbraust uns mehr. Wir jagen dahin. Wir sind »auf der Stufe« ... schneller, schneller ... oh, viel schneller als das letzte Mal. Funken stieben aus dem Auspuff. Wir werden hochkommen! Aber wie lange das dauert. Tack, tack ... sind wir los? Noch nicht ...

tack ... fast. Der Motor geht unregelmäßig ... setzt er aus? O Gott ... das ist das Ende. Nein ... Charles sitzt ganz ruhig da ... nichts geschehen. Wir haben abgehoben ... kein Knattern mehr. Aber jetzt ... dieses Zischen. Was ist geschehen? Will er wenden? Wollen wir landen? Die Pumpe? Benzin? Geht dich nichts an ... die Uhr ... das ist deine Arbeit. Genau zwei, Greenwich. Ja ... wir sind los ... wir steigen. Aber warum starten, wenn der Motor nicht richtig funktioniert?
Doch jetzt klingt er leise, gleichmäßig ... wie ein langer Seufzer ... wie ein Mensch, der leicht und frei atmet. Wir sind schon weit von den Lichtern der Stadt; wir brausen hoch über der Erde dahin. Unsere Maschine ist jetzt übermütig, beinahe frech. Wir haben es geschafft, wir haben es geschafft! Wir sind oben, über euch. Gerade noch waren wir von euch abhängig, waren Gefangene, die schmeichelnd um eure Gunst buhlten, Wind und Licht erbettelten. Jetzt aber sind wir frei; wir sind hoch; wir sind los. Wir brauchen euch nicht mehr, ihr dort unten, die ihr nur ein paar Lichter seid in der großen, dunklen, schweigenden Welt, unserer Welt. Wir sind oben!

## *Wie ein Vogel im Nest*

In der Kanzel flammten die Lichter auf; ich sah jetzt Kopf und Schultern meines Mannes scharf umrissen vor mir. Gleich darauf wurde es wieder dunkel. Charles hatte einen Blick auf die Karte geworfen. Wir drehten, flogen niedrig über dunkles Land. Ich griff nach oben und zog das verschiebbare Verdeck zu; mit einemmal waren Lärm und Wind ausgesperrt. Die Papiere in meinem Schoß hörten auf, wild zu flattern. Ich nahm meinen großen Schreibblock heraus. Noch immer ganz erregt, schrieb ich beim Licht des Mondes: »Bathurst gestartet, 2.00 GMT.« Als ich nun die ungleichmäßig auf das oberste Blatt weißen Papieres gekritzelten Worte durchlas, ermahnte ich mich streng: »Eigentlich hättest du dich wirklich nicht jetzt schon aufregen dürfen ... schließlich liegt der ganze lange Flug noch vor uns. Der liebe Himmel weiß, ob wir je drüben ankommen.« Und doch hatte ich, ob ich wollte oder nicht, das Gefühl, als sei nun, da wir hochgekommen waren, das Schlimmste überstanden, als sei alles, was uns noch bevorstand, leicht.

Jedenfalls war es am besten, sich jetzt praktischen Dingen zuzuwenden. Es war keine Zeit für Angst oder Begeisterung, für Grübeleien oder Zweifel. Die windstille Bucht, die Docks, die Lichter, die Palmen, alles war hinter uns versunken. Mit all dem hatte ich nichts mehr zu tun. Ebensowenig ging mich die große dunkle Welt außerhalb meiner Koje etwas an. Der Mond, die Sterne, der Wind, die formlose Strecke Landes, über die wir jetzt hinflogen, der weite Ozean, dem wir zustrebten, all das mußte ich aus meinem Denken ausschließen. Für mich war es nicht vorhanden. Alles, was es nun für mich gab, war dieser kleine Raum, der mich umgab wie das Schneckenhaus die Schnecke. Von jetzt an bis zur

Ankunft auf der anderen Seite des Ozeans mußte ich hier hocken, die Außenwelt vergessen, nur durch das schwache Piepen in den Kopfhörern und das leichte Klopfen meiner Finger mit ihr in Verbindung bleiben.

Es ist merkwürdig, wie sehr einem sein Arbeitsraum, wo immer er sich auch befinden mag, zur eigentlichen Welt wird. Ja, mehr noch bedeutet er einem eine Zuflucht und ein Heim, das einen einschließt und behütet, einem ein Gefühl der Sicherheit gibt, so gefährdet es auch in Wirklichkeit sein mag ... ja sogar, wenn man blind durch die Luft dahinsaust.

Meine kleine Kabine in unserem Flugzeug war mir mit der Zeit unendlich lieb geworden, ganz wie ein behaglich ausgestattetes Arbeitszimmer daheim. Jede Ecke, jede Ritze hatte ihre Bedeutung. Ja, sogar jeder einzelne Gegenstand bedeutete mir etwas. Nicht nur die Geräte, mit denen ich arbeitete, der Sender, der Empfänger, die Taste und die Antennendrähte; auch die ganz bedeutungslosen Dinge an der Seitenwand des Rumpfes, die kleine, schwarz abgeschirmte Lampe, deren Licht nun von mir abgewandt war, der glänzende Arm und der Griff des zweiten Gashebels, die blinkenden Schalter und Griffe, die farbigen Drähte und Kupferrohre; alles machte mir auf seltsame Art ebensoviel Freude wie die mir vertrauten Bilder und Bücher daheim. Dieses Vergnügen war vermutlich nicht ästhetischer Natur, sondern entsprang einem Gefühl der Vertrautheit, der Sicherheit, des Besitzes. Jedes einzelne dieser Dinge hatte für mich seine eigene gefühlsmäßige Bedeutung, hatte doch auch jedes einzelne mit mir so vieles durchgemacht. Aus ihnen setzte sich die gemütliche, vertraute, ordentliche, in engem Raum zusammengedrängte Welt zusammen, die die meine war.

Da waren zunächst einmal die ovalen Seitenwände des Rumpfes, die sich auf seltsam schützende Art um mich wölbten. Mir war, als umgäben sie mich wärmer, freundlicher als die geraden, starren Wände eines Zimmers; so behaglich saß ich zwischen ihnen wie ein Vogel im Nest.

Dann war da mein geschwungener Metallsitz, fest und sicher in den Boden gefügt, breit und bequem mit seinem faltigen Lederkissen. Wenn ich nicht das Flugzeug lenkte oder über den Empfänger gebeugt saß, konnte ich bequem mit heraufgezogenen Beinen dasitzen oder mich nach Herzenslust hineinkuscheln. Daneben bot er in den Ecken noch genug Platz für meine Radiotasche, einen oder zwei Sweater, ein Paket Butterbrote, Bleistifte, Schreibblöcke, Fausthandschuhe, Spulen, die ich gerade auswechselte, kurz für alles, was ich bei der Hand haben mußte. Der Sitz war der einzige sichere Ort, um Sachen wegzulegen; dort konnte ich immer alles finden und war sicher, daß nichts verloren ging oder auf den Boden fiel. Denn ich lebte in der steten Angst, daß eine Lunchdose oder eine Spule sich in den Leitungsdrähten verfangen und einen Unfall hervorrufen könnte. Um den Sitz höher oder niedriger zu stellen, brauchte ich nur an einem unter ihm befindlichen Draht zu ziehen. Am liebsten hatte ich ihn niedrig, um bequem am Empfänger arbeiten zu können. War er unten, so war ich in meiner kleinen Kabine ganz vergraben; nur der obere

Teil meines Kopfes, meine Augen und meine Nase schauten hervor. Selbstverständlich war er der Mittelpunkt meiner kleinen Welt; für mich war er viel mehr als ein gewöhnlicher Sitz. Er wurde mir mit der Zeit gerade so wichtig wie für ein Kind ein ganz bestimmter Lehnsessel oder ein Bett, das ihm sein Schiff oder sein Haus bedeutet.

Unmittelbar vor mir, zwischen meinen Beinen, befand sich die Aluminiumstange des Steuerknüppels mit ihrem Griff aus geripptem Gummi. Ich konnte sie aus ihrer Fassung herausdrehen und seitlich einhängen, wenn ich das Radio bediente, denn sie störte mich beim Schreiben. Vor dem Knüppel war der Sextantenkasten, der sich in am Boden befestigten Rillen hin- und herschieben ließ. Rechts und links vom Sextantenkasten waren die Seitensteuer. Bei meiner rechten Hand befand sich das Brett mit der glänzenden schwarzen Sendetaste und der Driftmesser, dessen Okular so angeordnet war, daß man auf die Wellen tief unten hinabschauen konnte.

Auf der rechten Seite des Raumes, etwa in Kniehöhe, war der Empfangsapparat angebracht, ein langer, schmaler, schwarzer Kasten, der auf Federn und Gummischwamm montiert war. Bei Windstille diente mir sein Deckel gelegentlich als Servierbrett, auf dem mein Mann und ich einander Mitteilungen oder belegte Brötchen hin- und herüberreichten, obgleich er ziemlich wacklig war und die daraufgelegten Sachen oft und gern auf den Boden purzelten. Wenn ich das Radio bediente, mußte ich mich, da der Kasten ziemlich niedrig war, vorbeugen, um die Skalen beobachten und einstellen zu können. Gleichzeitig mußte ich einen Notizblock auf dem Schoß balancieren, um empfangene Nachrichten aufzuschreiben. Die Arbeit am Empfänger bereitete mir noch immer ziemliche Schwierigkeiten. Mit Ausnahme von einigen häufig vorkommenden Wörtern und Ausdrücken konnte ich die empfangenen Nachrichten noch nicht im Kopf entziffern, sondern mußte sie immer Buchstaben für Buchstaben niederschreiben, so wie ich sie hörte. Eigentlich besorgte nicht mein Verstand das Übertragen, sondern mein über das Blatt hüpfender Bleistift. Erst wenn der Bleistift zu schreiben aufhörte, sah ich nach, was nun eigentlich dort geschrieben stand.

Rechts von meinem Sitz, für mich nicht sichtbar, aber leicht erreichbar, war der Kasten für die Sendespulen. Der Sender selbst, ein viereckiger, schwarzer, wie der Empfänger befestigter Kasten, befand sich links vor mir. Wenn seine Türe heruntergeklappt war, konnte ich sehr bequem die zu wechselnden Spulen darauf legen. Darunter, auf dem Boden, war die Antennenspule, deren Kupferdraht durch ein Loch im Boden lief. Wenn wir starteten, war dieser Draht stets straff aufgespult, und das Kugelgewicht am Ende hing dicht an der Außenseite der Öffnung. Waren wir aber in der Luft, so schleifte es frei hängend hinter uns her.

Immer hatte ich Angst davor, daß wir das Kugelgewicht am Ende der Antenne verlören. Es konnte bei einer plötzlichen Landung, durch eine jähe Berührung mit dem Wasser leicht abgetrennt werden, oder zu nahe an die Wellenkämme heranfliegen, ehe ich Zeit zum Aufspulen hatte. Das war mir schon einmal bei einer nächtlichen Notlandung in Alaska passiert. Ich erinnerte mich noch gut, wie ich damals mit schmerzendem Arm den Griff gedreht hatte. Aber das niedergleitende Flugzeug war schneller als ich; plötzlich spürte ich an einem verdächtigen Ruck, daß das Kugelgewicht ins Meer flog; als ich nichtsdestoweniger fortfuhr, aus Leibeskräften zu drehen, schnellte das zerrissene Ende des Drahtes ungewohnt leicht zurück. Für einen solchen Fall hatten wir immer ein Ersatzgewicht bei uns, das sich im Werkzeugkasten meines Mannes befand.

Nahe meiner linken Schulter war an der Rumpfwand das Kartenfach aus Aluminium befestigt. So merkwürdig es klingt, Flieger stehen mit den Kartenkästen immer auf schlechtem Fuße. So geräumig die Konstrukteure sie auch entwerfen mögen, immer sind sie zu klein. Entweder bekommt man nicht alle Karten hinein oder man kann sie nicht wieder herauszerren, ohne die Ränder zu zerreißen. In meinem Fall kam noch dazu, daß ich außer Karten auch noch alles mögliche andere hineinstopfte: Radiobroschüren, Verzeichnisse, Sandwiches, Bleistifte und meine Fliegerkappe. An meinem Kartenfach fehlte immer eine Schraube, und der Deckel schloß nie richtig. Die Schraube war samt anderen Schräubchen, Putzläppchen, Brotkrumen und angesammeltem Staub in ständiger Bewegung und tanzte in einer Fußbodenecke lustig umher.

In der Mitte zwischen dem Sitz meines Mannes und dem meinen war knapp über dem Fußboden der aperiodische Kompaß, das einzige Instrument, das ich deutlich sehen und nach dem ich das Flugzeug lenken konnte; ich brauchte nur beim Steuern die hin- und herschwingenden weißen Parallelstriche und Ziffern zu beobachten. Dahinter sah ich die Koje meines Mannes und auch meinen Mann selbst, das heißt eigentlich nur Teile seiner Rückseite. Über der Koje ragte sein Kopf mit der Fliegerkappe heraus, weiter unten erblickte ich seine Schultern und Arme, die glänzend-schwarze Sitzlehne, die Duraluminiumstangen, an denen der Sitz hinauf- und heruntergeschoben wurde, und die V-förmigen Gummigurten, an denen er befestigt war. Obgleich mein Mann nur ein paar Zoll von mir entfernt war, war die Verständigung nicht leicht. Ihn konnte ich verstehen, wenn er sich umdrehte und mir etwas zubrüllte, mir aber gelang es niemals, selbst wenn ich noch so laut schrie, den Lärm des Motors zu übertönen. So pflegte ich denn ein paar Worte auf ein Stückchen Papier zu kritzeln, meinen Mann mit einem Bleistift in den Rücken zu stoßen – die Stärke des Stoßes hing vom Grad meiner Aufregung ab – und ihm die Nachricht hinüberzureichen. Dabei mußte ich das Blatt Papier fest halten, sonst wäre es weggeweht worden.

Aber ich kannte meine kleine Kabine nicht nur mit den Blicken, sondern noch viel genauer durch das Abtasten. Alles befand sich für mich in Reichweite, mit Ausnahme des in einer Ecke herumwirbelnden Krimskrams. Jeder Gegenstand gehorchte meinem leisesten Druck: der im Boden eingelassene Steuerknüppel, dessen Gummiknopf unter meinen liebevoll spielenden

Händen eine ganz andere Form erhalten hatte, die Steuer, die meinen Füßen so willig folgten wie Steigbügel, vor allem aber die Radiotaste, diese kleine, flache Scheibe, die so recht eigentlich mir gehörte. Glatt wie eine polierte Tischfläche, paßte sie sich meiner Hand so völlig, so bequem an, als hielte ich einen Bleistift zwischen den Fingern; es war für mich geradezu vergnüglich, diesem Instrument spielend meinen Willen aufzuzwingen.

Auch die Form und die Windungen der kleinen Schrauben, mittels derer sich die Radiokästen öffneten, kannten meine Finger ganz genau, ohne daß ich hinzusehen brauchte. Meine Hand war völlig vertraut mit dem dikken glatten Holzgriff des Antennendrahtes und dem kalten, viereckigen Metallgriff, mit dem er befestigt wird. Sogar die Spulen konnte ich durch bloßes Abtasten auswechseln, indem ich einen Finger über die glatte Spule und die gerippte Oberfläche der straff aufgewundenen Drähte gleiten ließ; nach der Zahl der Windungen konnte ich die Wellenlänge der Spule beurteilen.

Heute nacht mußte ich mich völlig auf meinen Tastsinn verlassen. Das Mondlicht, das meinen weißen Schreibblock hell aufscheinen und die meisten Gegenstände in meinem kleinen Raum wenigstens den Umrissen nach erkennen ließ, drang nicht bis in die dunkelsten Winkel, ließ den Spulenkasten und den Antennendraht unbeleuchtet. Nun hätte ich ja die kleine Schirmlampe andrehen können – und später mußte ich das auch tun, um zu lesen –, aber solange wir noch Land überflogen, ließ ich es lieber. Der künstliche Lichtschein hätte bis zum

Führersitz reichen und meinem Mann einen Bruchteil seiner ohnehin sehr dürftigen Sicht rauben können. Er hatte mir erzählt, daß ihn während eines nächtlichen Postfluges einmal ein aus der Kabine dringendes, ganz schwaches Licht momentan völlig geblendet habe.

Ich ließ meine Finger über die Spulen gleiten, suchte und fand die richtigen, drehte sie heraus und preßte sie – sie hatten einen schwachen Schellackgeruch – in die passenden Fassungen im Sendekasten. Ich klappte den Kopfhörer an die Ohren. Ich schaltete den Empfänger ein. Die leuchtenden Skalen glänzten in der Dunkelheit auf. Ich streckte die Hand nach dem dicken Griff des Antennendrahtes aus. Ich legte meine Finger auf die glatte Taste. »Tii ti tii ti, ti tii ti . . .« Meine Arbeit hatte begonnen. Draußen jagte die Nacht vorbei. Wie angenehm war es, in seinem eigenen kleinen Raum zu sitzen, alles, was zu einem gehörte, näher an sich heranzurükken, sich zu verkriechen wie die Schnecke in ihr Haus, zu arbeiten!

## *Die Nacht*

»*CRKK CRKK* (Porto Praia) *DE KHCAL* (das Rufzeichen unseres Flugzeugs).« Es war 2.15. Ich hatte gerade noch Zeit, vor meiner regelmäßigen stündlichen und halbstündlichen Verbindung mit den *Pan-American*-Stationen an der südamerikanischen Küste Porto Praia anzurufen. Das schwere, langgezogene Summen meiner eigenen Sendung tönte mir in den Ohren. Dann Stille. Ich lauschte, drehte in der Dunkelheit an den glänzenden Skalen herum. Keine Antwort. Nur ein Krachen in meinem Kopfhörer. Ich versuchte es aufs neue. Keine Antwort. Vielleicht würde der Mann auf der Insel ohne Zeit die Sendung nie erhalten. Wie spät war es übrigens? 2.15 Greenwich; 1.15 hier. Es war ja allerdings mitten in der Nacht. Warum sollte er uns nur abhorchen? Er schlief gewiß; die Radiostation oben auf dem Hügel war sicher leer.

Ich wand den Antennendraht auf. Wechselte die Spulen. Stellte auf eine andere Wellenlänge um. Ich versuchte, die *Pan-American*-Stationen an der Küste zu bekommen; nicht, weil ich jetzt schon eine Antwort erwartete, sondern weil wir stündliche und halbstündliche Sendung vereinbart hatten. Es war jetzt 2.30.

»*PVC PVC* (Ceara) *DE KHCAL.*« Keine Antwort, nur das atmosphärische Krachen, das aus der Außenwelt kam. Denn die Kopfhörer umzuhängen und zu versuchen, Radiowellen abzufangen, bedeutet, ein Fenster zu einer anderen Welt, ein Guckloch nach außen, das heißt eigentlich ein »Hörloch«, zu öffnen. Heute nacht war diese andere Welt sehr verschieden von jener, in der ich mich befand. Hier war alles still, behaglich und wohlgeordnet. Mein Mann saß ruhig am Steuer; ich lehnte bequem in meinem Sitz. Die Kabine war in Mondlicht gebadet; die Nacht war klar; das Flugzeug zog in ruhigem Gleichmaß durch wolkenlosen Himmel dahin. Dort draußen jedoch, in jenem anderen Kosmos, stürzten – so schien es mir, wie ich so lauschend dasaß – Welten zusammen; Planeten brachen auseinander.

Ich hörte das Stoßen und Krachen, das Tosen und Bersten, den Schrecken und den Tumult in der Nacht.
Eine schrecklich geladene Atmosphäre, dachte ich, was hat das nur zu bedeuten ... Sturm?, und ich notierte auf meinen Block: »NIL HRD (nichts gehört), QRN (atmosphärische Störungen).« Nein, durch dieses Gekrache konnte ich nichts hören, aber immerhin würde es nichts schaden, die Zeit unseres Abflugs »blind« hinauszufunken. Vielleicht würde jemand die Sendung auffangen, wenn es auch recht unwahrscheinlich war. Es war ungefähr dasselbe, als würde man eine Nachricht in eine verkorkte Flasche stecken und diese in einem Unwetter ins Meer werfen.
*»PVC PVC DE KHCAL Starteten Bathurst 02.00 GMT.«*
Keine Antwort im Kopfhörer, nur der Zusammenprall dieser in unendlicher Ferne gegeneinander krachenden, irgendwo durch den Raum polternden Gestirne. Denn es ist, als könne man im Radio Entfernung und Raum hören. Geräusche teilen die Stille auf wie die Sterne das Dunkel und geben einem ein perspektivisches Raumgefühl.
Nun aber begann ich außer den kosmischen Störungen etwas anderes zu hören, ein dünnes Piepen mitten in dem Tumult, klare Markierungen in der unsauberen, rauhen Fläche des Lärms. So dünn und schwach waren sie wie das Pochen eines Zweiges gegen eine Fensterscheibe mitten im Sturm, nicht deutlicher als die Spur eines Krebses im Sand, die eine Woge halb verwischt hat, oder der Abdruck eines dürren Blattes in frischge-

fallenem Schnee. Und doch waren sie lebendig, diese Laute, und doch mußten sie von Menschen herrühren; Morsezeichen waren es, eine Botschaft in Punkten und Strichen.

Ich hielt meinen Bleistift an das Papier und ließ ihn einzelne Buchstaben aufzeichnen, die ich zwischen krachenden Schlägen zu vernehmen glaubte: »*O* – *T* – *C* – *FN* – *R* – *K* – *L*.« Dann hörte ich durch das Gewirr nicht mehr einzelne Buchstaben, sondern ein zusammenhängendes Wort, KHCAL, das Rufzeichen für unser Flugzeug. Über Ozean und Finsternis hinweg hörte ich meinen Namen! Viel erregender war das, als würde man in einem Saal voll fremder Menschen seinen Spitznamen oder in einer ausländischen Stadt seine Muttersprache hören. Jemand rief uns von jenseits des Ozeans an. Jemand hatte uns gehört, uns, die wir in einem kleinen schwankenden Kasten Tausende von Kilometern entfernt durch die dunkle Nacht flogen. Wer mochte es sein?

Ich hatte das Gefühl, als geleite uns jemand auf unserer Fahrt. Ein Weg mitten durch das Dunkel hatte sich vor uns geöffnet. Dort war unser Ziel. Bisher hatten wir dieses Ziel nicht gesehen, nicht gehört, es war rein theoretisch gewesen, ein Punkt auf dem Kompaß, ein Tüpfelchen auf der Karte, das meinem Mann etwas bedeutete, mir aber nicht annähernd so wirklich und greifbar erschien wie das schwache, aber tröstliche Blinklicht eines fernen Leuchtturms.

Während der drei nächsten Nachtstunden saß ich über meine leuchtenden Skalen gebeugt. Ein einziges Mal nur schaute ich hinaus, ein kurzer Blick zurück war es, der mich erkennen ließ, daß wir schon draußen über dem Ozean waren, denn aus dem weiten Dunkel tief unter uns blinkten die Lichter eines Schiffes zu uns herauf. Wie lange wird es dauern, bis ich ein zweites Schiff sehe, dachte ich im Vorbeifliegen, dann wandte ich mich rasch wieder meiner Arbeit zu. Die Hand auf den Knöpfen, den Kopfhörer eng an die Ohren gepreßt, saß ich da, angestrengt bemüht, durch das Krachen in der Atmosphäre hindurchzuhören. Es war zum Verrücktwerden. Man konnte fast etwas hören ... fast ... dann ein Krachen, und alles war wieder weg. Es war, als versuche man im Dunkeln etwas zu finden, indem man Zündhölzchen anzündete, die flackernd erloschen, gerade wenn man die Hand nach dem Gegenstand ausstreckte. Oder als ob man eine Muschel von einem glänzenden, glatten Sandstreifen aufheben wollte, über den soeben eine Welle geflutet war; ehe man sie erreichen konnte, brauste schon eine neue Welle darüber hin.

Ich rollte die Antenne auf und ab; ich wechselte die Spulen; ich tippte unseren Standort, zweimal, dreimal, immer aufs neue, damit der Mann jenseits des Ozeans, der sich ebenso anstrengte, etwas zu hören wie ich, meine Sendung endlich empfing.

Ich wagte nicht aufzublicken. In dieser halben Stunde könnte mir ein Flüsterlaut in der Luft entgehen. Aber an dem Mondlicht, das hereindrang, erkannte ich, daß das Wetter gut war. Bei diesem Licht mußte ich schreiben und meine Sendungen funken. Um Sendungen zu empfangen, mußte ich die Lampe andrehen, denn da handelte es sich darum, die Hieroglyphen, die mein Bleistift automatisch hingekritzelt hatte, zu entziffern. Was konnte ich diesen über das Papier gestreuten Zeichen entnehmen? Anfangs gar nichts, ein paar zusammenhanglose Worte von den Wetterberichten, die man mir bekanntzugeben versuchte: »*Mond – Wind – Nordost.*« Allmählich jedoch verstand ich mehr. Nach vielen Wiederholungen hatte ich einen brauchbaren Wetterbericht aus Rio (PVB, Bahia hatte mich an Rio »weitergegeben«). Jetzt ging es besser. Ich atmete auf, streckte mich und sah auf die Uhr. Beinahe fünf . . . drei Stunden seit dem Start . . . wir waren vierhundertachtzig Kilometer weit über dem Ozean . . . war es möglich! Mir war, als hätte ich mich gerade erst von dem Start erholt, gerade erst begriffen, daß wir weggekommen, auf dem Weg nach Südamerika waren. Während einer winzigen Ruhepause merkte ich nun auch, daß ich sehr müde war. Ich klopfte mit geschlossenen Augen auf den Taster.

Das Senden war eine Erholung. Jetzt schon schläfrig, und der morgige Tag lag noch vor mir! Aber dann war eben *Tag*. Nachts war es am schwersten. Wenn es erst hell ist, geht es ganz leicht, sagte ich mir immer und immer wieder vor.

Wir trafen auf Wolken. Ich wußte es, ohne aufzublikken, denn das Flugzeug rumpelte von Zeit zu Zeit etwas, zuerst senkte sich der eine Flügel, dann der andere. Und der Mond versteckte sich auf kurze Zeit. Dann auf längere Zeit. Ich konnte nicht mehr genug sehen, um

meine Nachrichten niederzuschreiben. Ein unbestimmtes Angstgefühl durchzuckte mich – die alte Angst vor schlechtem Wetter –, und ich blickte hinaus. Wir flogen unter Wolken dahin. Wohl sah ich noch eine Art Horizont, ein Wechseln in der Färbung, dort, wo Wasser und Wolken ineinander übergingen; das war aber auch alles. Und mir schien, als werde es immer dunkler. Gewitter? Waren das Wolken dort drüben oder war es der Himmel? Wir sahen das Meer nicht mehr. Wir flogen blind. Rasch drehte ich das Licht an, um meinem Mann das Sehen etwas zu erleichtern; dann saß ich wartend, mit angespannten Nerven da und starrte in die Nacht hinaus. Jetzt waren wir wieder draußen. Es gab Löcher, durch die man das dunkle Wasser, andere, durch die man den dunklen Himmel sehen konnte. Solange es noch Löcher gibt, ist es nicht so schlimm, fand ich.
Wieder flogen wir blind. Das ist es, was die Leute vergessen. Deshalb ist es kein Kinderspiel, bei Nacht, ohne Sicht einen Ozean zu überfliegen. Aber der Tag würde ja kommen. Bald mußte es hell werden. Ich versuchte es mir auszurechnen ... von der Greenwichzeit eine Stunde abziehen. Wann ging die Sonne auf? In einer Stunde? Noch eine Stunde durchhalten!
Wir kletterten durch Wolken. Das Zischen in der Atmosphäre zerriß mir die Ohren. Ich sah nicht genug, um zu schreiben, und hatte meine Finger nicht genügend in der Gewalt, um ruhig zu senden. Aber ich mußte die Verbindung aufrecht erhalten. »*QRX – QRX* (Bitte zu warten)«, funkte ich. »*Fliegen durch Wolken – MIN PSE* (eine Minute bitte).« Jetzt sahen wir wieder Sterne.

Meine Hand hörte auf zu zittern. »*QRX – alles in Ordnung*«, tippte ich, ohne hinzusehen. Wieder Wolken vor uns; wieder flogen wir blind; wieder stiegen wir höher. Mich schauerte. Es war kalt, das war der Grund; wir waren höher. Dafür sorgen, daß einem nicht kalt wird, wenn man Angst hat, hielt ich mir vor, sonst wird's noch schlimmer.

Ich zog eine zweite Bluse über und versuchte aufs neue zu arbeiten. Aber ich konnte in der völligen Dunkelheit meine Nachrichten nicht lesen und wagte auch nicht, die Lampe anzudrehen. Das hätte meinem Mann die Führung der Maschine erschweren können. »*QRX – QRX – alles in Ordnung.*«

Ein Stück Papier flog mir gegen die Beine. Charles hatte mir den Text einer zu sendenden Nachricht reichen wollen. Ich machte Licht.

»8/10 bedeckt«, las ich. »Zeitweise Böen ... Sicht ungefähr 5 Kilometer ... Tagesanbruch.«

Tagesanbruch! Welch ein Wunder. Ich bemerkte noch kein Anzeichen des neuen Tages, und doch mußte es bereits heller sein. Die Wolken hoben sich immer deutlicher vom Meer ab.

Tagesanbruch ... Gott sei Dank! Es war, als hätten wir in ewiger Nacht gelebt ... als sei dies die erste Sonne, die jemals aus dem Meer gestiegen war.

*»Posn 7.00 GMT* (Schon 5 Stunden unterwegs.)
*07° 25′ N*
*22° 30′ W*
*Kurs 224° genau*
*9/10 bedeckt auf 300 m  Häufige Böen*
*Sicht unbegrenzt wenn nicht böig  Meer ruhig*
*Windstärke null.«*
Bei dem Wort *unbegrenzt* blickte ich auf. Herrliches Wort! Wie ein Fenster öffnet es sich in den geraden Wänden einer Radionachricht. Wie oft hatte ich, wenn ich unter grauverhängtem Himmel auf einem feuchten Flugfeld gestanden und den Wetterberichten aus dem Westen gelauscht hatte, auf dieses Wort gewartet. »Newark – Newark – bedeckt – lokale Gewitter«, hatte die Stimme im Radio gemeldet. »Sunbury – Sunbury – Sicht drei Kilometer –« (Drüben in den Bergen.) »Bellefonte – Bewölkung nachlassend – Wolkendecke schätzungsweise auf 900 Meter.« (Klingt schon besser!) »Cleveland – Cleveland – Klarer Himmel und Sicht unbegrenzt –« (Fein ... wir konnten starten!)
*Unbegrenzt,* mein Puls schlug schneller, als ich dieses Wort hörte. Es drückt viel mehr aus als tadellose Flugverhältnisse. Es weckt Erinnerungen an weiten, sanften, wolkenlosen Himmel, an den Morgen eines endlosen Sommertages, an spiegelglattes, sich seidig bis zum Horizont spannendes Meer.
Nicht etwa, daß der Ausblick, der sich mir jetzt von meinem Sitz aus bot, mit diesen Bildern übereinge-

stimmt hätte, aber immerhin hatte sich das Wetter entschieden gebessert. Oder vielleicht war es nur die beginnende Tageshelle, die diesen Eindruck in mir hervorrief. Ich konnte nun die Wolken sehen, durch die wir gerade geflogen waren, schwarze, geballte Gewitterwolken, unter denen wir jetzt, heftig hin- und hergestoßen, dahinrasten. Sie waren ringsum; gleich einem dunklen Vorhang hingen sie schwer über uns herab. Darunter jedoch war die Sicht klar, und weiter weg sah es heller aus. Ja, es stimmte – »Sicht unbegrenzt« – nun würde alles leicht gehen.

Auch der Radioempfang war jetzt besser. Ich hörte gut genug, um nach dreifacher Sendung und vielen Wiederholungen eine Nachricht von Rio über die Landungsvorkehrungen in Natal zu empfangen. Es schien absurd, jetzt, wo uns noch mehr als ein halber Ozean von unserem Ziel trennte, ans Landen zu denken. Und doch hatte ich die Nachricht auf meinem Block. Wie sachlich und selbstverständlich das alles klang:

*»Rio Janeiro 6. Dezember Lindberghs KHCAL PAA Empfangsschiff in Natal* (Würden wir wirklich jemals hinkommen?) *Befindet sich Fluß Südwestende Stadt stop Zwischen Stadt und großem Luftposthangar stop* (Als ob es uns irgendwelche Schwierigkeiten machen würde, das Boot zu finden, wenn wir erst einmal dort wären.) *Vorsicht hohe Radiomaste beim Luftposthangar stop* (Vorsicht! Radiomaste im hellen Tageslicht ... Vorsicht nach einem solchen nächtlichen Start ...!) *Einige Ersatzteile im Empfangsschiff vorrätig.«*

»Einige Ersatzteile vorrätig.« Die Leute dort drüben erwarteten uns also anscheinend *wirklich*. Der Hinweis auf eine solche Kleinigkeit ließ förmlich das Ziel näherrücken. Natal wurde wirklich für mich; ich sah es geradezu schon vor mir liegen. Mit einem Male fühlte ich mich leicht und froh. Ich aß ein belegtes Brötchen. Ich begann, meinem Mann vergnügte Briefchen hinüberzureichen. Bis jetzt war für so etwas noch keine Zeit gewesen.

»Ich kann noch immer nicht glauben, daß wir wirklich hochgekommen sind«, schrieb ich voller Aufregung. »Was hatte eigentlich all das Gefauche des Motors zu bedeuten?«

»Unzureichende Benzinzufuhr«, kritzelte er zurück.

»Hatte geglaubt, Motordefekt beim Starten! Werden wir aus den Gewitterwolken herauskommen?« lautete meine nächste Frage.

»Nach und nach«, war die lakonische Antwort.

»Du bist doch ein großartiger Kerl«, schrieb ich ihm in plötzlicher Begeisterung.

Die einzige Antwort darauf war ein dicker Bleistiftpunkt. In der Sprache meines Mannes bedeutete das offenbar: »Hör auf mit dem Unsinn.«

Es war einfach alles wunderbar, der Start, der Tag und das Wetter. Nicht einmal die Gewitterwolken störten mich. Es machte mir geradezu Spaß, ordentlich gerüttelt zu werden, wenn wir unter den Wolken dahinflogen. Es wurde immer heller; ich funkte meine Sendungen jetzt regelmäßig.

Plötzlich, mitten in einer normalen Verbindung mit

Rio, hörte ich im Radio ein lautes Zeichen; es klang, als ob jemand mit schweren Schritten durch die Luft stapfte. Wer klopfte da an meine Tür?

»*KHCAL DE WCC.*«

WCC ... ich konnte es gar nicht glauben! WCC war viele tausend Kilometer entfernt. WCC war die große Sendestation in Massachusetts. Ich sah nach ... ja, es stimmte. Chatham, Massachusetts, rief uns.

»*Antwortet* (auf) *36 oder 54* (Meter)«, ertönte es laut im Radio.

Konnte das wirklich Chatham in den Vereinigten Staaten sein ... so laut? Das war unglaublich, geradezu unwirklich. Aber diese ganze Nacht war ja unwirklich; so antwortete ich denn aufs Geratewohl mittels der Wellenlänge, die ich gerade benutzte – 57 Meter –, ohne mir die Mühe zu nehmen, auf die kürzere Welle umzustellen.

Die Station antwortete sogleich; klar und kräftig, jedes Wort vollständig vernehmbar, kamen die Zeichen durch. Ich hätte die dreifache Sendung gar nicht gebraucht, wollte aber nicht unterbrechen. Chatham, Massachusetts, fast 6500 Kilometer entfernt ... wie aufregend!

Langsam tröpfelte die Nachricht auf das Blatt meines Schreibblocks: »*Würden Sie beantworten beantworten beantworten einige einige einige Fragen Fragen Fragen erstes Radio Interview von von von Flugzeug.*«

Also auch hier, mitten über dem Ozean, Reporter, Zeitungen ... welche Enttäuschung! Meine aufregende Verbindung mit Chatham war ein ganz gewöhnliches

Interview. Es war wie ein Traum, in dem langsam, langsam eine Türklinke niedergedrückt wird, und dann steht nur jemand mit einem dumm grinsenden Gesicht dahinter. Diese Nacht erschien mir jetzt noch viel unwirklicher als bisher.

»*Bedaure*«, klopfte ich zurück, »*zu beschäftigt müssen Wetterbericht von PVJ bekommen.*«

Hatte ich PVJ in der Aufregung verloren? Immer und immer wieder rief ich diese Station, immer und immer wieder wand ich die Antenne auf und ab und wechselte Spulen. Endlich hörte ich sie ganz schwach auf 36 Meter und funkte rasch unseren Standort.

Ja, er hatte mich gehört. Jetzt gab er Wetter aus Natal.

»*WEA* (Wetter) *Natal–*«, begann es. Der Rest der Sendung aber kam immer schwächer durch, verlor sich dann ganz. Ich preßte den Kopfhörer enger an meine Ohren; ich beugte mich über die Skalen, aber ich hörte nichts mehr. Das Blindekuh-Spiel begann aufs neue.

## *Der Tag*

Zehn Uhr ... acht Stunden hinter uns, acht vor uns; der halbe Weg. Hinter uns stand die Sonne jetzt schon hoch am Himmel. Der Tag war schön. Nur ein paar Wolken zogen in gleicher Höhe mit uns. Der Himmel hoch über uns war bedeckt, aber an vielen Stellen schimmerte es blau durch die graue Decke. Das Meer tief unten, nur leicht gekräuselt, breitete sich, so weit das Auge reichte,

still und friedlich aus. »Unbegrenzt« stimmte noch immer.
Aber ich war sehr müde, der Gedanke, daß noch ein ganzer Tag vor uns lag, kam mir wie eine unerträgliche Last vor. Ich sendete jetzt stets mit geschlossenen Augen. Wenn ich sie, weil ich schreiben mußte, wieder öffnetc, war mir, als müsse ich mich von der Müdigkeit des Tages und der Nacht zugleich befreien. Die Zeit – Stunden, Minuten, Sekunden – lastete als immer schwerer werdendes Gewicht auf meinen Lidern. Schlaf senkte sich auf mich gleich fallenden Federn. Eine einzige Feder noch, und ich würde untergehen, ertrinken in einem wohligen Meer.
Nein, du darfst nicht einschlafen, ermahnte ich mich. Wenn nun der Pilot auf seinem Führersitz einnicken würde? Du mußt wach bleiben . . . die Verbindung aufrecht halten.
Aber im Radio ging nichts vor, was mich hätte wachhalten können. Alle Geräusche waren nach und nach verstummt. Auch die Außenwelt schien in Schlaf gesunken zu sein. Selbst die atmosphärischen Nebengeräusche hatten aufgehört. Jetzt wäre ich froh gewesen, wenigstens auch nur sie zu hören. Alles wäre besser als diese tödlich stille, wie in Watte gehüllte Leere, in der ich das einzige lebende Wesen war.
Ich wechselte die Spulen. Ich spulte die Antenne auf und wieder ab. Ich funkte unsere Standorte »blind« in die Welt hinaus, in der Hoffnung, daß eine der *Pan-American*-Stationen auf der anderen Seite mich hören würde, wenn ich auch sie nicht hörte. (Später

stellte sich heraus, daß das wirklich der Fall war.) Aber keine Antwort.
Vielleicht schlafe ich wirklich, dachte ich manchmal, und kann deshalb nichts hören. Jedenfalls ging das Drehen der Skalen und das Wechseln der Spulen sehr langsam. Mein Rücken schmerzte mich von der ununterbrochen gebeugten Haltung, und die Ohren taten mir vom Druck der Kopfhörer weh. (Ich hatte meine Kappe über dem Kopfhörer ganz fest angezogen, in der Hoffnung, dadurch allen äußeren Lärm fernzuhalten und mich ganz in die Radiowelt einzuspinnen.) Auch Daumen und Zeigefinger taten weh, weil ich in meinem Eifer die Taste zu fest niederpreßte. Das wäre an und für sich nicht schlimm gewesen. Es waren lauter kleine, mit ein wenig Willenskraft leicht zu überwindende Unannehmlichkeiten. Doch wenn man sehr müde ist, ist auch der Wille müde. Er verläßt einen offenbar rascher als das Denkvermögen. Meine Gedanken waren vollkommen klar; ich wußte, was ich zu tun hatte, aber es schien mir nicht der Mühe wert, es zu tun.
So, jetzt mußt du dich aber endlich aufraffen ... etwas dagegen tun, sagte ich mir.
Sehr schön, aber was? Es half ja doch nichts. Ich mußte alle meine Kraft zusammennehmen, um nur hier sitzen zu bleiben.
Und doch mußte ich etwas versuchen, irgend etwas, auch wenn ich mir gar keine Hilfe davon versprach. Zuerst die Flasche her ... ein Schluck Wasser. Nun ein bißchen Wasser auf das Taschentuch, das Gesicht befeuchten. Und jetzt ein belegtes Brötchen.

Erstaunlicherweise half es wirklich; ich fühlte mich wacher. Das Radio aber war genauso tot wie vorher. Mitten in meinen Bemühungen erhielt ich eine Mitteilung von meinem Mann. Er wollte mit dem Sextanten einige Sonnenpositionen aufnehmen, um unseren genauen Standort zu überprüfen. Ob ich inzwischen das Flugzeug steucrn wollte?

Natürlich wollte ich. Ich legte meinen Schreibblock beiseite und drehte den Steuerknüppel vor mir in seine Fassung. Wenn schon keine Funkverbindung zu bekommen war, so konnte ich mich wenigstens auf andere Art nützlich machen. Ich reckte mich, um die Lenkstange richtig führen zu können, streckte meine Beine aus, um zu den Fußhebeln der Steuerung zu kommen, rückte sie sachte hin und her. Wie wohl tat es doch, die Stellung zu ändern, Arme und Beine kräftig zu bewegen, aktive Arbeit zu verrichten.

Es war auch angenehm, hinauszublicken. Wir flogen jetzt tief, nahe der Oberfläche des Wassers. Das Meer war nun mit Sonnenschein und dunkelpurpurnen Schatten gesprenkelt. Die graue Decke über uns hatte sich in einzelne große, weiße Wolken aufgelöst, zwischen denen sich strahlend blauer Himmel breitete. Mein Blick wanderte von den hellen Wolken zu meinem dunkel überschatteten kleinen Raum zurück, zu dem Kompaß, der vor mir auf dem Boden stand. Der schwingende Pfeil mußte parallel zu den weißen Strichen bleiben, wenn wir unseren geraden Kurs beibehalten wollten. Und die Maschine mußte sehr ruhig fliegen, während mein Mann den Sextanten ans Auge hielt. Meine Hände preßten sich enger um den Knüppel, meine Füße drückten fester auf die Seitensteuer. So versuchte ich mich bei unserem Flugzeug einzuschmeicheln: ›Jetzt sei so gut und schlage mal ein paar Minuten lang nicht aus wie ein ungebärdiges Füllen.‹

Ich behielt meinen Kopfhörer auf und ließ die Antenne nachschleifen, um während der Beobachtungen meines Mannes auch zu versuchen, Verbindung mit Funkstationen zu bekommen. Die Sonne stand jetzt hoch am Himmel und schien uns heiß auf den Rücken. Es war Mittag, und auch das Radio schien seinen Mittagsschlaf zu halten. Wieder sendete ich unseren Standort »blind« aus.

Es kam keine Antwort. »Nil hrd auf 36 – nil hrd auf 54 – nil hrd 600 bis 900«, lauteten die Aufzeichnungen auf meinem Schreibblock. Immer wieder »nil« ... nichts.

Wie stand es mit den Sonnenbeobachtungen? Ich blickte nach vorne auf meinen Mann und versuchte, in seinen Mienen zu lesen. Er sah unzufrieden aus. Machte er Berechnungen auf seinem Schreibblock? Nein, er nahm den Sextanten auseinander! Offenbar war etwas nicht in Ordnung; die Beobachtungen gaben kein richtiges Resultat. Wir waren jetzt auf halbem Weg und Radioberichte für uns lebenswichtig. Wieder mühte ich mich mit der Antenne ab.

Jetzt ... jetzt hörte ich endlich etwas. Signale ... eine Antwort.

CRKK – Porto Praia! Porto Praia, das wir längst hinter uns gelassen haben, weiter von uns entfernt als die südamerikanischen Stationen. Ist es der »Chef«, fragte ich

mich, der die Nacht oben im Funkhaus durchwacht? Natürlich konnte es auch der blasse kleine Funker sein. Aber das glaubte ich nicht. Ich war nun einmal überzeugt davon, daß es nur der »Chef« in seinem zu weiten grauen Anzug sein könne. Er hatte unser Radiogramm erhalten und »paßte auf uns auf«. »Wir passen immer auf Sie auf«, hatte er ja gefunkt. »*PSN PSE* (Bitte Standort angeben)«, bat er nun.
Das war unser eigentlicher Abschied von der Insel. Sosehr ich mich auch um 12 Uhr 45 bemühte, ich konnte die Station nicht mehr hören.

## *»Und alle Lichter sind entzündet«*

Nachdem ich um 12 Uhr 45 zweimal vergeblich versucht hatte, Verbindung mit Porto Praia zu erhalten, blieb mir in meiner Verzweiflung nichts übrig, als eine Sendung CQ »an alle« in die Welt hinauszufunken. Vielleicht würde ich Antwort von einem Schiff bekommen. Ich beschloß, die Sendung *Flugzeug Lindbergh* zu unterzeichnen, statt KHCAL. Möglicherweise würde das zu einem besseren Ergebnis führen; zuweilen half es nämlich. Stationen, die sich dem Zeichen KHCAL gegenüber als stocktaub erwiesen hatten, reagierten zuweilen überraschend schnell auf *Flugzeug Lindbergh*. Ich bediente mich dieses unsachlichen Sendezeichens nur, wenn nichts anderes mehr übrig blieb. Ich fand es etwas unsportlich, so etwa, wie wenn man lebende Köder statt der künstlichen Fliege an seinen Angelhaken steckt.

Jetzt aber war mir das ganz egal. Natürlich war es möglich, daß mich die *Pan-American*-Stationen die ganze Zeit hörten, obgleich ich sie nicht vernahm, aber ich brauchte jetzt eine Antwort, etwas, woran ich mich halten konnte.

»*CQ CQ* (An alle Stationen) *Abhören Wellen 28 bis 48 Flugzeug Lindbergh.*«

»*Lindbergh Lindbergh Lindbergh.*« Kaum hatte ich den Köder ausgeworfen, als auch schon ein Fisch anbiß!

»*DDEA SS Caparcona Richtung Rio CRK* (Ich höre Sie gut. Ihre Zeichen sind deutlich).«

Ein Schiff antwortete uns ... laute, klare Zeichen. Gott sei Dank, endlich hatte ich jemanden erwischt. Sie gaben mir ihren Standort und die Wetterlage und ersuchten uns um die gleichen Auskünfte.

»*OK*«, kam die Antwort, »*Ihr Ziel?*«

*Unser Ziel?* Nun, natürlich Natal. So tief hatte sich das Ziel, dem wir zustrebten, in mein Bewußtsein eingeprägt, daß mich eine Frage danach geradezu überraschte. Seit Wochen war dies unser Ziel. Der schon halbvergessene Flug längs der afrikanischen Küste; das lange Warten inmitten des rötlichen Staubes von Santiago; die vergeblichen Startversuche in Bathurst; der nächtliche Anlauf über die windstille Bucht; die lange Arbeitsnacht, die gerade hinter uns lag ... alles galt dem Ziele – Natal.

Und doch war es aufs neue seltsam erregend, ganz sachlich, kurz, klipp und klar die Worte *»Ziel Natal«* zu senden. Denn heute war Natal in einem anderen, einem wirklicheren Sinne unser Ziel geworden. Geradewegs rasten wir darauf los, wie ein Pfeil vom Bogen schnellt ... *»Ziel Natal«*.

Das Flugzeug schaukelte leicht hin und her. Mein Mann hatte die Lenkstange bewegt, um meine Aufmerksamkeit zu erregen. Rasch richtete ich mich auf. Was gab es? Seine rechte Hand zeigte gegen Norden. Dort war am blauen Horizont ein Schiff! Das erste, das wir seit den einsamen Lichtern unter uns, vor elf Stunden, knapp nach unserem Start von Bathurst sahen. Als winziger Fleck nur hob es sich vom Horizont ab, und doch war es tröstlich wie der erste Anblick von Land und hell wie ein Leuchtfeuer.

Seltsam, wie die geringste Spur menschlichen Lebens in der Einsamkeit eine Landschaft erhellen kann. Wenn ich die Einöden von Arizona oder New Mexico überflog, waren mir ein paar von Menschenhand aufeinandergeschichtete Steine oder ein einzelnes, einmal bebaut gewesenes Stückchen Land wie ein fernes, von Sonne überstrahltes Feld erschienen. Ein seltsamer Glanz lag darüber, der nicht von Beleuchtungs- oder Farbunterschieden herrührte, sondern ein warmes Zeichen menschlicher Gegenwart bedeutete, ein glühendes Stück Asche vom Feuer des Prometheus.

Das Schiff dort unten jedoch, das erste Schiff, dem wir auf der südamerikanischen Seite des Atlantik begegneten, war mehr als ein Stückchen glühender Asche. Es war ein Funke des Lebens selbst. Wie ein Gestirn er-

schien es uns, um das Himmel und Meer kreisen bis ins Unendliche. Ja, dieses Schiff beleuchtete den Ozean wie eine Lampe.
Wieder sah ich von meiner Arbeit am Radio auf. Was gab es nun? Wir gingen tiefer. Mein Mann wies auf etwas, das gerade vor ihm sein mußte. Von meinem Sitz aus konnte ich es nicht sehen. Doch ja ... jetzt ... dort war ein zweites Schiff, diesmal gerade in unserer Flugrichtung, ein Frachtdampfer, der langsam, eine weiße Schaumspur hinter sich herziehend, dahinfuhr. Rasch näherten wir uns ihm, immer tiefer, tiefer, tiefer ging es jetzt. (Was mochten sich die Leute auf dem Schiff wohl denken, als sie uns so plötzlich vom Himmel herab auf sich zukommen sahen? Ob sie unser Anblick wohl geradeso erregte, wie uns der ihre? Ein zweites Schiff! Wir mußten also jetzt mitten über einem Knotenpunkt verschiedener nach Südamerika führender Verkehrswege sein.) Nun waren wir schon dicht über dem Schiff; seine Masten, sein Schornstein grüßten zu uns herauf. Als wir über den Dampfer hinbrausten, gehörten wir eine Sekunde lang zu seiner Welt. Das Schiff dort unten, wir hier oben; getrennt von ihm durch mehrere Tage langsamer Wasserfahrt, die es noch vor sich hatte, hatten wir doch diese kurze Sekunde lang Zeit und Raum gemeinsam. Der blaue Stern auf seinem Schornstein, die Decks, die Ladung konnten wir erkennen ... nun auch jemand, der uns zuwinkte. Und am Schiffsrumpf konnte ich jetzt im Vorbeifliegen den Namen des Schiffes lesen: *Aldebaran.* (Aldebaran, guter, schöner Stern ... ein glückliches Vorzeichen!)

Hinauf jetzt ... hinauf ... hinauf, wir klommen wieder empor in unsere eigene Welt, unsere eigene Zeit. Die *Aldebaran* war nun schon hinter uns zurückgeblieben; mühselig zog sie ihre Spur durch das Wasser. Auch ihr Ziel war Südamerika; wie lange würde sie wohl brauchen, um hinzugelangen? Wir aber, wir würden heute abend, ja, heute nachmittag schon in Natal sein. Nur noch vier Stunden ...

»Arcturus, Aldebaran, Alpheratz«, ging es mir immer wieder durch den Kopf, als wir wieder unseren geraden Kurs fortsetzten. Vielleicht hatte der erste weiße Fleck am Horizont *Arcturus* geheißen ... vielleicht würde das nächste Schiff, dem wir begegneten, die *Alpheratz* sein.

Aber das nächste Schiff war nicht die *Alpheratz*, sondern die *Westfalen*, der deutsche Flugzeugträger, der im Atlantischen Ozean als Stützpunkt für den Überseeflugdienst stationiert war. Sie hatte Fernando de Noronha, die winzige Insel vor der brasilianischen Küste, am Morgen passiert und lag fast genau in unserer Flugrichtung. Wir waren seit etwa zwei Stunden in Funkverbindung mit ihr, hatten ihr Wetter- und Standortberichte übermittelt und sie auf einer langen Welle angepeilt. Sie gab uns die Richtung durch, und, unseren Kurs ein klein wenig ändernd, flogen wir gerade auf sie zu.

»*QRT* (Sendung unterbrechen)«, funkte uns der Radiooperateur des Schiffes plötzlich herüber, *»sehen euch auf Backbord.«*

Ich sah hinaus. Dort drüben war die *Westfalen;* das breite Schiff dampfte gerade vor uns her. Sein Flugzeug, die Startbahn und der eckige Arm des Heckkrans sahen aus dieser Entfernung wie Spielzeug aus. Wir gingen tiefer, um dem Schiff nahezukommen.
Mit einem Male erkannte ich auch die Leute auf Deck; viele nackte Arme winkten uns grüßend entgegen; Rauch der Salutschüsse stieg auf, wenn wir auch die Schüsse selbst, die der Lärm unseres Motors übertönte, nicht hören konnten.
Ich winkte begeistert, zutiefst erfüllt von dem erregenden Erlebnis dieser Begegnung. Einander begegnen, einander finden ist ja wohl das Erregendste, was es in der Welt gibt, ob man nun nur in einem Buche davon liest oder selbst das Wunder des plötzlichen Verbundenseins zweier Wesen erlebt. Das Zusammentreffen zweier verschiedener Arten von Kontakt in der gleichen Sekunde aber erregte nun in mir ein Gefühl beinahe unerträglicher Spannung. Die ganze Nacht und den ganzen Tag hindurch hatte ich mich damit abgemüht, mich durch das Radio verständlich zu machen. Ich hatte mich mit unsichtbaren Menschen nur vermittels meiner Finger und meines Gehörs verständigen können, wie ein Blinder. Nun aber konnte ich plötzlich *sehen.* Ein Schleier war herabgeglitten. Ich konnte sehen ... richtig mit den Augen. Einer jener Menschen, die mir von dort unten aus zuwinkten, mußte der Funker sein, mit dem ich gesprochen hatte. Wieder hob ich grüßend den Arm. Welch wundervolles Erlebnis!
Jetzt waren wir auch an diesem Schiff vorbei. Wir

schraubten uns wieder empor, zurück ins Reich der unsichtbaren Verbindung mit der Außenwelt.

»*Vielen Dank für die Unterstützung*«, funkte ich.

Der Funker der *Westfalen* antwortete. Er begann mit der Kursweisung auf Fernando de Noronha und Natal, ließ »*Weihnachts- und Neujahrswünsche*« folgen und unterzeichnete die Sendung »*von allen auf DDWE.*« (Jene auf Deck der *Westfalen* grüßend geschwenkten Arme.) Weihnachtsgrüße ... auf diesem tropischen Meer! Nie noch hatte ich mich so weit entfernt von Weihnachten gefühlt. Aber schließlich hatten wir ja doch Dezember. Der 6. Dezember ist heute, fiel mir ein. Wie nah das Fest schon war ...»Die Männer haben sich von Troja in Richtung Heimat eingeschifft, und alle Lichter sind entzündet.« Der Vers ging mir durch den Kopf wie stets, wenn es wieder nach Hause ging. Im Rhythmus des fahrenden Zuges war er mitgeklungen, wenn ich aus der Schule heim kam, und in den Maschinen des in den Hafen einfahrenden Dampfers hatte er gepocht. Und nun war er wieder da:

Die Männer haben sich von Troja
in Richtung Heimat eingeschifft,
und alle Lichter sind entzündet.

Ich fühlte mich sehr glücklich. Wir waren nur noch 64 Kilometer von Fernando de Noronha entfernt. Der Tag war klar und kühl. Ich war gar nicht mehr schläfrig. Bis in die Unendlichkeit hätte ich so weiterfliegen können, und doch war die Reise bald vorbei. Entlang der brasilianischen Küste ging es gen Natal. Jetzt überflogen wir Fernando de Noronha, das kahle Inselchen mit seiner

einzigen steil emporragenden Bergspitze. Schon war sie umflogen. Jetzt geradewegs Kurs auf Natal genommen. Und jetzt waren wir wieder in Verbindung mit der *Pan-American*-Station in Ceara.
*»Posn 16.45 GMT«* (Fast fünfzehn Stunden hinter uns – eine noch vor uns.)
Nur noch eine Stunde! Eine Stunde war gar nichts. Eine Stunde hatte ihr bestimmtes Maß. Als Kind mußte man sich »eine Stunde hinlegen«, und dann lag man auch wirklich eine Stunde lang brav auf dem Diwan und starrte zu den die Deckenlampe umsurrenden Fliegen empor. In der Schule dauerte es immer eine Stunde von einer Pause zur nächsten ... das Knirschen der Kreide an der Tafel während dieser Unterrichtsstunde ... die springenden Zeiger auf der Wanduhr ... der durch das Fenster hereindringende lockende Geruch brennender Blätter. Eine Stunde auch dauerte die Fahrt von Englewood nach New York. Ich stellte mir jetzt diesen Weg vor, ich befuhr in Gedanken jedes Stückchen der Straße noch einmal, und wenn ich damit fertig wäre, würden wir vielleicht schon ...
Zuerst durch den Park, dann die Kurve ... so eine schlimme Kurve, Vorsicht, langsam. Durch das Tor mit den silbernen Birken, deren jede sich vorbeugte, um mich zu begrüßen. An dem großen, jetzt unbewohnten Brinkerhoff-Besitz vorbei ... geschlossene Fensterläden, üppig wucherndes Unkraut, wo einst gepflegter Rasen gewesen war. Jetzt bergauf ... der Motor schnurrt. Der Park mit den Magnolien. Buchen nun ... Erinnerung an die Zeit, als ich Rad fuhr. An der Schule

vorbei, an unserem alten Haus, an der Kastanie ... dort die Ulme, wo wir als Kinder im Sand spielten. Es steigt weiter, an Woodland Street vorbei, wo wir zu reiten pflegten. Der Teich, auf dem wir Schlittschuhlaufen lernten, eine winzige Pfütze nur mit einer Holzbrücke, aber damals kam sie uns wie der Hudson vor. Weiter hinauf ... bis zu den Felsen dort oben gingen wir als Kinder sonntags immer spazieren. Jetzt langsam hinunter ... Vorsicht, den Fuß auf die Bremse, dann ...

Mein Mann bewegte wieder den Steuerknüppel. Ich sah auf. Die erste verschwommene Küstenlinie stieg drüben am Horizont aus dem Meere auf ... Südamerika. Der Anblick wirkte auf mich nicht so erregend wie die Begegnung mit den Schiffen. Damals spürte ich, daß wir »drüben« waren. Südamerika ... nun, das mußte ja kommen ... und jetzt war es da.

Immerhin unterbrach ich meine Autofahrt von Englewood nach New York und ließ die undeutliche Linie nicht mehr aus den Augen; ich beobachtete, wie aus einem unbeweglichen Wolkenrand ein deutlich wahrnehmbarer, unregelmäßiger Umriß wurde.

Die Männer haben sich von Troja
in Richtung Heimat eingeschifft,
und alle Lichter sind entzündet.

Jetzt würden wir im Nu dort sein. Ich wandte mich wieder dem Radio zu; abermals rief Ceara an. Die Station hatte eine Meldung für uns. Ich schrieb sie auf. Es war die gleiche, die wir vor beinahe zehn Stunden, als es noch dunkel war, aus Rio erhalten hatten ... drüben, auf der anderen Seite des Ozeans. Ich reichte sie meinem Mann hinüber. Wie seltsam es war, sie nun, da wir fast dort waren, nochmals zu lesen:

»*PAA Empfangsboot in Natal* (Die Küste von Brasilien breitete sich in dem leichten Nebel vor uns niedrig und grün aus.) *Befindet sich Fluß* (Wir näherten uns ihm jetzt sehr rasch, nur noch ein paar Minuten die Küste entlang.) *Südwestende Stadt stop* (Da war endlich Natal – die Gruppe weißer, sich den Hügel hinanziehender Häuser, die Palmen dort am Horizont.) *Zwischen Stadt und großem Luftposthangar stop* (Mein Mann drehte sich zu mir um und machte mit der Hand ein Zeichen: ›noch fünf Minuten‹.) *Vorsicht hohe Radiomaste* (Dort waren sie, ja, das war der Hangar; wir umkreisten ihn bereits!) *Einige Ersatzteile im Empfangsboot vorrätig* (Nun sah ich es bereits, ein weißer, viereckiger Leichter mit amerikanischer Flagge).«

Rasch schraubten wir uns hinunter. Ich hatte kaum Zeit, nach Ceara zu funken, daß wir landeten. Rasch die Antenne aufspulen, ehe sie aufs Wasser aufschlägt. Den Funkapparat abstellen. Den Kopfhörer von den Ohren herunter. (Endlich! Meine Ohren waren schon ganz wund von dem Druck.) So, jetzt ein bißchen sich schön machen. Wasser aufs Taschentuch. Mal rasch übers Gesicht fahren. Das Haar kämmen. Die Kappe wieder aufsetzen und den Gurt für die Landung festschnallen.

Gerade rechtzeitig fertig geworden. Wir schwebten ganz dicht über dem Wasser. Den Motor abgestellt; der

Propeller surrt leise; wir lassen uns sanft nieder wie eine müde Möwe. Jetzt ... berühren wir die Wasserfläche, hüpfen darüber hinweg wie ein vom Ufer her geschleuderter Stein. Jetzt tauchen wir ins Wasser ... langsam nun ... brausend ergießt sich Schaumflut über die Schwimmer. Die Maschine schnellt vor. Ein Luftstoß, als der Motor wieder angelassen wird ... das Flugzeug wendet schwerfällig, steuert langsam durch das Wasser dem Leichter zu. Nun ist es wieder ein Geschöpf des Wassers, kein frei durch die Luft schwebender Vogel mehr.

Ich zog meinen Schreibblock heraus und notierte, während die Maschine auf den Wogen hin und her schaukelte, mit unsicherer Hand: »Natal gelandet 17.55 GMT.«

# *Trage mich über die Flut*

*Gedichte*

## *Almosen*

Wie Vögel im Winter
Nährtest du mich.
Du wußtest, die Erde war hart.
Du wußtest,
Nie käm ich zu deiner Hand.
Du wußtest,
Du brauchtest nicht meinen Dank.

Sacht
Wie Schnee rieselt auf Schnee,
Sacht, um mich nicht zu erschrecken,
Sacht
Streutest die Krumen du aus –
Und gingst deines Wegs.

## *Die kleine Seejungfrau*

Nach dem Märchen von Hans Christian Andersen

Die kleine Seejungfrau allein nur weiß,
Um welcher Zauberkünste teuren Preis
Man Menschenliebe kauft. Jedoch um ihn
Gibt sie die sorglos heitre Freiheit hin.

Sie schleudert in des rauch'gen Kessels Schlund
Ihr Königserbe. Farbig glühn am Grund
Die raschen Wogen im zerstreuten Licht,
Das sich an durchsichtigen Mauern bricht.

Lebwohl, verwunschner Kinderzeiten Traum,
Der Blumengarten in dem Muschelzaun.
Das Seegras, das berauscht sich neigt im Tanz,
Zu unvernehmbarer Musik in Trance.

Nie wieder sie, wenn sie bei Menschen weilt,
Schaumleichtes Lachen mit den Schwestern teilt.
Aus monderhellten Nächten dort am Strand,
Einsam durchsungen, ist sie nun verbannt.

Wenn sie zur Welt der Sterblichen gehört,
Verstummt das süße Lied, das doch betört
Vielleicht des Prinzen Herz – o schlimme Wahl –
Statt goldner Stimme ew'gen Schweigens Qual.

Ihr Silberschweif, der sie so rasch entführt
Dem Octopus, ihr fühllos ungerührt
Korallenherz, das alles gibt sie drein
Für Menschensehnsucht, Menschenzweifelspein.

*Ein Blatt, eine Blume, ein Stein*

Nun, da die Worte verstummt,
Bring ich ein Blatt, eine Blume und einen Stein.

---

Ein Blatt für meinen Mund,
Der nicht mehr reden kann,
Wo dein Auge trifft
In der Adern verschlungener Schrift
Als Hieroglyphe verwebt
Den Gedanken, der tastend strebt
Und doch sicher zu deinem Grund:
Ein Blatt für meinen Mund.

Eine Blume für mein Herz,
Das keinen Sang mehr weiß.
Reiner als ein Lied
Der Duft aufwärts flieht,
Blüte um Blüte,
Empor zu dir.
Und es klingt in mir
Musik, die tiefer dringt,
Schlichter als es der Kunst gelingt:
Eine Blume für mein Herz.

Einen Stein für meine Hand,
Der schweigend sich niederläßt
Auf deiner flachen Hand,
Ein Vogel auf seinem Nest.
Spiralig er aufwärts flog,
Hört' mitten im Fluge den Schrei,
Der ihn jählings niederzog,
Erdenwärts, heimwärts wie Blei,
Von einer Schwerkraft gelenkt,
Die er selbst nicht verstand:
Einen Stein für meine Hand.

Nun sind die Worte verstummt,
Du aber weißt, wenn ich singe
Für andere, daß ich bringe
Nur dir allein
Ein Blatt, eine Blume und einen Stein.

## *Allerheiligen*

Heut hält das Leben
Den Atem an,
Es spinnt der Herbst
Sein Seidengewand.

Faden um Faden
Hüllt ein die Welt
(Novembernadel
Umstrickt das Feld).

Ins tote Laub
Kein Windhauch fährt.
Keine Blume sprengt
Die trauernde Erd'.

Kein Vogelflug
Lenkt ab die Schau
Vom glatt gefegten
Himmelsblau.

So still der Tag,
So kahl, so rein,

Gefangen in
Kristallnem Schein.

Erde harrt auf ein Wunder,
Der Mensch mit ihr –
Alle Heiligen gehen vorüber
Heute und hier.

*Zerbrochene Muschel*

Die heile Muschel suche nun nicht mehr,
Der die Vollkommenheit noch innewohnt,
Den Alabaster-Panzer, noch verschont
Vom Zahn des Sandes und vom wilden Meer.

Welch Strandgut danken wir des Weltmeers Grollen,
Welch schöneres als hier diese Skelette,
Verstreut wie Blumen unterm Himmelsbette,
Doch unverwelklich, weil sie leben wollen?

Des Schöpfungsmorgens Schrift ist eingekerbt
Am Rand und in die Wölbung unverderbt.
Der leere Rahmen bleibt, ein Testament
Des ersten Planens, auch noch als Fragment.

Schau die Spirale hier, zum Nerv entblößt
Von reinem Wachstum. Wie der Kompaß fest
Stellt sie aufs ewig Gültige sich ein,
So wie zum Preis der Schönheit silberne Schalmein.

---

## *Tages-Neige*

Noch eben Raum genug, um zwischen
Dämmrung und Abend mich zu schieben,
Noch Kraft, den Grat mir zu gewinnen
Und, keuchend, anzulangen drüben.

Noch Licht genug, mein Feld zu sehen,
Das Gras zu küssen in den Schatten;
Noch Kraft, noch Mut, noch Zeit genug,
Mir Säum'gen Einlaß zu gestatten.

O Hügel, letzter Streifen Licht,
Halt auf die Schranken noch für mich!
O schöner Tag – erbarm dich mein,
Ein Hauch von Licht nur läßt mich ein!

## *Geborgenheit*

In einer Muschel ist Zuflucht –
In einem Stern;
Aber inmitten,
Nirgendwo.

Friede ist im ganz Großen –
Oder im Kleinen;
Inmitten der beiden
Findest du keinen.

Am Himmel der Planet,
Die Muschel an dem Strand:
Obgleich die ganze Erde und

Der Weltraum dazwischen steht,
Den Frieden keiner fand
Sonst irgendwo.

O du, der da sucht
Nach einer Zuflucht,
Lerne von Frauen, die es wissen,
Den einzigen Weg, den das Leben gewiesen
Allzeit
Zur Geborgenheit,
Den Weg der Nadel – oder der Sterne;
Das Nahe – das Ferne.

Was ist gleich gut
Wie das Licht, das sich spiegelt im Fingerhut,
Es sei denn im Dunkel
Des Arkturus Gefunkel?

Das Nahe – das Ferne:
Doch ist uns der Frieden,
Irgendwo
Inmitten beschieden?

In einer Muschel ist Zuflucht –
In einem Stern;
Aber inmitten,
Nirgendwo.

*Pilger*

Dies ist ein Pfad,
Den man einsam geht.

---

Schmal ist die Spur
Und halb verweht.

Dunkel der Weg
Und schwer zu finden,
Wenn die letzten Lichter
Rückwärts entschwinden.

Niemals ein Schritt,
Der mild verheißt
Einen Gefährten –
Und doch, ich weiß,

Daß sich ein Anderer
Auch schon geschleppt hat
In gleicher Spur –
Dies ist ein Pfad.

### *Aufstieg*

Tauch tief
In den Himmel,
O Schwinge
Der Seele.

Steig hoch über jede
Prächtige Zinne
Der Rede
Ins mächtige
Blicklose Antlitz
Des Schweigens.

Schwing dich hinaus
Über der Wälder
Sturmgebraus,
Über den Staub,
Der aus der Ebene weht,
Ein trübes Braun,
Das rasch vergeht
In spurlosen Spannen
Von Raum.

Auf, überwinde
Der Angst schwindelnde Schroffen,
Die Eisgefilde des Zweifels,
Die Felsenschründe
Verlorenen Hoffens.

Erklimme die steile Leiter
Der Luft.
Dort, wo im Schraubenflug
Den Höhe-trunkenen Falken
Der Flügel ins Blaue trug,
Dort klimme weiter.

Dort, wo die Schwinge
Aufhört zu schlagen
Für ihre eigenen
Siege und Niederlagen,

Dort finde
Weit hinter
Den fahlen Wolkengründen

Des Sinnens
Die ungebrochene blinde
Helle des lauteren
Äthers.

Hier fühle wallen,
Voll, tief, kristallen
Und ohne Hast
Den unergründlichen Strom
Der Rast.

Dem Blick entrafft,
Ungesehen doch gewußt
Strömt hier der Fluß
Des Brudertums.
Hier allein darf ruhn
Die beengte Brust
Vom langen Flug
Der Leidenschaft.

Hier gleite
Mit mehr als Schwinge
Über der irdischen Weite;
Hier bezwinge
Die grenzenlosen Gezeiten,
Die kein Falke jemals erreicht.

Hier wende
In erzener
Geborgenheit;
Hier lerne

Dich drehen um den Nadel-Punkt –
Die Ewigkeit.

Hier endlich über der Dinge
Leerem Getriebe,
Dem Flatterflug,
Der in blinder Eile
Nach verborgenen Höhen gesucht,

O Seelen-Schwinge,
Verweile
Gelassen
Im Strome
Der Liebe.

## *Im Wellenschoß*

Im Wellenschoße schimmert eine Welt
Wie Glas vollkommen und alsbald zerschellt
In abertausend Scherben auf dem Sand
Von der Gezeiten unbarmherzger Hand.
Doch in dem Nu, da Unheil sich zusammenbraut,
Hab' ich ein fremdes schönres Land erschaut;
Blauere Luft, tiefer Lapislazuli
Im ew'gen Sonnenlicht; ein Meer, das nie
Vom Horizont beschränkt wird; fremden Strand,
Glitzernd von Muscheln, die ich nie gekannt.
Das Jetzt, sekundenkurz und spiegelklar
Zwischen des Kamms »Es wird«,
Des Schaums »Es war«.

Wie leuchtet doch von drohendem Vergehn
Die Landschaft, die wir durch Kristalle sehn!

### *Kahler Baum*

Schon bin ich jugendgrünen Laubes bar,
Vom Wind der Zeit entblättert. Nackt und wahr
Ragt Winter-Astwerk. So steh ich allein,
Nur noch Gefäß für Leben, das nicht mein,
Gerüst nur noch für eines Andren Kraft,
Nur Harfe noch für fremde Leidenschaft.

Das Muster meiner Zweige, offne Schrift,
Am Himmel hingemalt mit klarem Stift,
Gibt alles einmal tief Geheime preis,
Nun, da die Wurzel sich vermählt dem Reis.
Die regenfeuchte Ranke, sonndurchtränkter Zweig
Sind beide Eins. Gestalt und Schatten gleich.
Seit vom verletzlichen Gelaub ich mich befreit,
Braucht's keines Schirmes mehr und keiner Heimlichkeit.

Durchstürme, Leben, mich und schäl mich völlig frei,
Daß ich ganz zart und auch ganz furchtlos sei.

# *Die Erde leuchtet*

*Am Ursprung des Lebens*

Kürzlich war ich einen Monat lang in den großen Tierschutz-Reservaten in Ostafrika, im hohen Grasland von Kenia und Tansania, auf Safari. Safari: das Wort beschwört Bilder aus dem 19. Jahrhundert, von britischen Kolonialen in Tropenhelmen mit Gewehren, die durchs hohe Gras streifen, hinter sich eine Kette von eingeborenen Trägern mit der Ausrüstung auf dem Kopf. Unsere Familien-Safari war von einem Mann organisiert; wir reisten mit einem Land-Rover, mit Zelten, Bettzeug, Essen und Wasser.
Da mein Mann schon früher mit denen, die es am besten kennen, in Afrika gewesen war – mit Freunden vom Game Department und von der Verwaltung der Nationalparks –, nahmen wir keinen Führer. Wir wollten nicht jagen, sondern wollten die wilden Tiere in ihrer natürlichen Umgebung sehen. Wir fanden das Großwild-Gebiet mit seinen wie Trommelwirbel tönenden Namen – Serengeti, Manyara, Kilimandscharo, Kimana, Olduwai, Amboseli und Ngorongoro – so romantisch wie eine Jägersafari.
Bei der Rückkehr zu den grauen Himmeln und der nüchternen Landschaft von Neu-England fühlte ich ganz stark eine Verarmung. Ich kam mir merkwürdig klein vor, weniger lebendig. Ich glaube, das kam nicht bloß vom geschrumpften Horizont, auch nicht davon, daß ich die flammende Vegetation, die Bäume und Blumen vermißte. Viele Gebiete in Ost-Afrika sind so

wüst, kahl und braun wie die Ebenen im amerikanischen Westen. Was ich vor allem vermißte, war die von Leben strotzende Atmosphäre, in der wir in jenen Wochen eingetaucht waren.
Denn in diesen Teil Afrikas zu reisen bedeutet, in ein anderes Element einzutauchen. Das ist so neu und nicht zu beschreiben wie das Eintauchen in Luft – der erste Flug; oder das Eintauchen im Wasser vor Korallenriffen, wenn man meint, man streife seine Haut ab. Für kurze Zeit scheint man den Grenzen der eigenen Art zu entkommen, dem Gefangensein im menschlichen Körper, so, als hätte man eine Haut abgestreift und wäre ein anderes Geschöpf, mit anderen Sinnen und Kräften, geworden. Was ist das für ein Element? Isak Dinesen beschreibt es in ihren afrikanischen Geschichten als Luft. Für mich ist es die Intensität und Vielfalt des Lebens selbst.
Tag und Nacht waren wir in das Leben der wilden Tiere wie versunken; sie wanderten frei, furchtlos vor unseren Augen: Gazellen rupften Gras vor unserem Lager; Zebras stoben wie Gewitter über die Prärie; Löwen wanderten über die Straße; Giraffen knabberten an den Bäumen. Warum sollte ich, in Neu-England geboren und großgezogen, nun diese exotischen Tiere vermissen, die ich nie zuvor gesehen hatte? Was habe ich denn gemeinsam mit dem massigen Elefanten, mit dem gestreiften Zebra, mit dem Turm von Giraffe, mit der flüchtigen Gazelle? Was haben sie mir bedeutet?
Ich sollte meinen, nichts. Und doch bestand eine Verbindung mit diesen Tieren, die ich täglich sah. Da war

ein festes Band; nun, wo es unterbrochen ist, fühle ich mich ärmer, beraubt.

Diesem Gefühl der Armut und diesem Gefühl des Reichtums muß ich nachgehen. Denn da muß Reichtum gewesen sein, wenn ich mich jetzt arm fühle. Was gehörte mir für diesen einen Monat? Woran erinnere ich mich?

Wenn man von Europa oder Amerika nach Ost-Afrika fliegt, wacht man von blendendem Sonnenschein auf, der zum Flugzeugfenster hineinknallt – fast eine Beleidigung für das Auge. Unter einem liegen große Breiten wilden Geländes, es dehnt sich in alle Richtungen: endlose Ebenen, bewaldete Hügel, hier und da ein See, ein Rand ferner Gebirge und, sehr weit weg, ein Gipfel mit einem weißen Flaum von Schnee. Keine betonierten Straßen, keine Städte, keine Parzellierungslinien. Gelegentlich eine Spur von Menschenhand, ein aufgeforstetes Geviert oder das Blinken von Wellblechdächern. Dann, plötzlich, die grünen Bäume und weißen Türme einer modernen Stadt: Nairobi.

Beim Aussteigen auf dem Flughafen überfällt einen trockene Hochsommerhitze. Der Himmel wölbt sich hoch über den Köpfen; die Horizonte dehnen sich, so weit nur der Blick reicht. Auf allen Seiten ist die Spannweite riesenhaft. Man holt tief Luft und spürt den großen, weiten Kontinent. Mein Mann fährt uns gleich durch den Nationalpark von Nairobi, einen wilden Landstrich beim Flughafen und im Blickfeld der Hochhäuser von Nairobi. Der Park ist an drei Seiten umzäunt, zum weiten Hügelland im Süden ist er offen;

die Tiere können kommen und gehen, wie sie wollen. Wir fahren über ausgedörrte, staubige Straßen, durch trockene Ebenen voll bleichem, zitterndem Gras und verkrüppeltem Dornengesträuch. Wir rattern steinige, gewundene Täler hinunter, wo ein grüner Streifen von Akazien mit flachen Kronen einen verborgenen Fluß anzeigt. Auf den kahlen Hügeln sieht man zum ersten Mal unvertraute Silhouetten von Tieren gegen den Himmel. Giraffen zuerst – schräge, geometrische Linien, über Büsche geneigt – wie schwankende Krane am Horizont; auf einer Anhöhe den höckerigen Rücken eines Gnus; die hohen Vorderläufe einer Hirschantilope bilden, zusammen mit ihren Hinterläufen, ein abfallendes Dreieck; die runden Hinterteile von Zebras; die zierlich gehörnten Köpfe der Gazellen; Federbüsche, die, wenn sie lange Hälse recken, sich als Strauße entpuppen.

Keine andere Stadt der Welt besitzt einen solchen Zoo, in dem die Tiere, weil sie geschützt werden, wild sind und ohne Angst. Solange man im Wagen ist, bewegen sie sich kaum, wenn man vorbeifährt. Unsichtbar oder wenigstens verkleidet, ist man im Land-Rover für sie uninteressant. Sie sind so nah wie hinter Gittern. Aber es gibt keine Gitter; sie sind frei – so frei, daß sie zahm scheinen: nicht, weil sie den Menschen dienstbar gemacht wären, sondern zahm, weil sie keine Furcht kennen.

Wir drängen uns durch Gruppen von Zebras, die am Weg Gras rupfen; so nah, daß wir den rosa Flaum der feinen roten Haare über den lebhaften schwarzen und weißen Streifen sehen können. Wenn man zu nah an sie heranfährt, stellen sie sich auf die Hinterbeine und drehen sich wie plumpe Zirkusponys, alle in einer Reihe. Ihre dumpfen Hufschläge lassen goldenen Staub als Spur zurück. Hier sind Herden von Gazellen mit weißleuchtendem Bauch und Rumpf; mit Gesichtern, so fein gebaut wie Blütenkronen, aus denen sich scharfe Hörner und spitze Ohren wie Staubfäden und Stempel aufrichten. Wenn sie beim friedlichen Äsen aufschauen, stehen sie mit dicht nebeneinander gesetzten Hufen, aufgescheucht, eine Sekunde regungslos wie Glastiere. Klickt eine Autotür, sind sie, wie in einer Explosion von Hufen, Läufen, Beinen und wippenden Schwänzen, auf und davon.

Ein Stück weiter in einem Gehölz stehen Giraffen: – weich von Farbe wie Rehe, trotz der großen Höhe und der lebhaften Flecken. Ihre Gesichter sind sanft, fast menschlich, mit großen faltigen Mäulern und weiten erstaunten Augen unter einer Krone von Ohren und hornigen Buckeln. Wenn sie von oben herab, von den turmhohen Hälsen, oft über einen Baumwipfel weg, so als wollten sie sich verstecken, nach einem spähen, sehen sie eher steif, fast geziert aus – bis sie sich bewegen. Dann sind sie wie Traumtiere, die sich wie Wolfsmilch über die Landschaft ergießen, oder wie riesenhafte Insekten, die langbeinig eine Wiese überfluten und sich von Blumen nähren – nur daß die Blumen Bäume sind, groß wie Ulmen.

Es gibt Kolonien von Pavianen, die über einen Hügel stürmen, und kurzbeinige Warzenschweine, die geschäftig durch die Stoppeln trotten, die Köpfe überschwer von doppelten Stoßzähnen, die Rutenschwänze wie Fahnen in der Luft. Als wir über einen Hügel kommen, stoßen wir im Schatten von dornigen Bäumen auf ein Rudel Löwen, die sich zum Mittagsschlaf ausgestreckt haben. Drei oder vier blonde Löwinnen liegen entspannt, hingegossen wie Honig, in der Sonne. Eine erhebt sich, um sich zu strecken – die Vorderläufe auf der Erde, das Hinterteil in die Luft – wie eine Katze am Kamin. Eine andere rollt sich spielerisch auf den Rükken – ein Riesenkätzchen, Pranken in die Luft. Sie sehen satt und zufrieden aus, trunken von Schlaf und Sonne bemerken sie ihr Publikum gar nicht.

Der Löwe, der abseits auf einem nahen Abhang sitzt, hat uns bemerkt, ist aber völlig ungerührt. Ab und zu dreht er seinen Kopf mit der zottigen Mähne langsam in unsere Richtung, er zeigt weder Furcht noch Interesse. Seine Flanken glänzen in der Sonne; den Kopf erhoben, sieht er in Windrichtung, zieht verächtlich die Nüstern hoch und mustert die Welt. Gelbbraun im goldenen Gras, ist er in seinem Königreich ganz und gar am Platz, so wie jedes Tier in diesem Park an seinem rechten Platz zu sein scheint. Das einzige Ding, das fehl am Platz ist, ist unsere graue Festung, ist unser Land-Rover – und die blinkende Kapsel über uns am Himmel, das Flugzeug, das mich eben in Afrika abgesetzt hat.

Aber bald sind wir auf Safari – in der Wildnis, weit weg von Nairobi, von Flugplätzen, von aller Zivilisation. Tagsüber reisen wir auf den heißen staubigen Straßen, in der Abendkühle schlagen wir unsere Zelte auf, nachts sitzen wir vor dem Lagerfeuer, bewachen in der kühlen Dunkelheit halbverbrannte, wie Zebras gestreifte glühende Scheite.

Afrika, so wird einem immer gesagt, ist ein Land heftiger Gegensätze. Im Hochland von Kenia oder Tansania sind die Klimagegensätze selbst innerhalb eines einzigen Tages atemberaubend. Mittags flirrt die dünne Luft vor trockener Hitze. Kahle Berge brennen in kupferfarbenem Staub. Zitternde Hitzewellen laufen wie Feuer über den Horizont. Die Augen erholen sich an allem, was nur grün ist: ruhen aus auf einer Zeile von flachkronigen Akazien, die wie Wolken über den luftlosen Savannen zu schweben scheinen, oder auf den vier sanften Gipfeln der Ngong-Berge. Wenn man draußen auf der Landstraße ist, zählt man die Stunden bis Sonnenuntergang. Im Lager, im Schatten von Bäumen, hält man sein Gesicht in die schwache Brise, sitzt durchaus bequem und hört dem ständigen Vogelgezwitscher zu. Man nimmt nicht nur vertraute Laute wahr – eintönig gurrende Tauben, pfeifende Stare, quäkende Nashornvögel –, sondern auch ein dauerndes Plappern nicht vertrauter Geräusche: Vögel, deren Laute sich anhören wie aus der Flasche blubberndes Wasser oder wie klappernde Schneiderscheren und mechanisches Spielzeug; Vögel, die endlos »hic-haec-hoc« wiederholen oder häufiger nur »Ye-ye«. Man sitzt und wartet auf den Abend.

Er kommt rasch, köstlich; wie Balsam, wie Wasser auf Durst. Die Apathie fällt von einem ab; alle Energie kehrt zurück. Mittagshitze und Staub sind vergessen.

Die Luft wird klar und still: Durchblicke öffnen sich zwischen Bäumen; man könnte jeden Horizont ungehindert erreichen.
Von unserem Zeltplatz bei Kimana in Kenia aus können wir im Norden in der Ferne die Zacken eines zerklüfteten purpurfarbenen Gebirges sehen. Im Süden, den weißen Gipfel den ganzen Tag in Wolken, baut sich der Kilimandscharo auf: riesenhaft, milde und freundlich schimmernd wie der Vollmond. Die Savanne wird golden; die Schatten der Akazien liegen auf dem Gras wie dunkle Teiche. Die Gazellenherden, die in den späten Sonnenstrahlen äsen, sind weiß wie Narzissen.
Auf dem Hochplateau bricht die Nacht heftig und kühl, ja kalt ein. Sofort wechselt auch die Spannung. Man wird wacher, bewußter. Über uns fallen, wie Regen, Massen von Sternen herein. Tiefe geheimnisvolle Dunkelheit überflutet die Welt.
Mit der Dämmerung kommt eine Flut von Wahrnehmungen: was man sieht, riecht, hört, ist fremd, anders als am Tag. Die Erde tönt, der Himmel flimmert. Myriaden von Grillen antworten den Sternen. Gegen einen Vorhang von Insektengesumm hört man das Grollen von Löwen, den unheimlichen Schrei der Hyäne, scharfes Zebragebell, schreiende Gnus, kreischende Paviane und tausenderlei unerklärliches Geheul, Schnaufen und Hufschlag. Man lauscht wie ein Hund auf Wache, voll dunkler Ahnung und Furcht wie einst der primitive Mensch. Im Zelt ist man sicher; an der Firststange hängt eine Laterne, draußen flackert das Feuer; und doch – man lauscht, man lauscht.

---

Mit dem Morgengrauen kommt der liebliche Gesang von kleinen Vögeln, unschuldiges Gezwitscher in den Bäumen über uns, und verkündet der Welt, daß die Nacht vorbei, daß es wieder Tag ist, und daß die Überlebenden den strahlenden und kühlen Morgen begrüßen können. Der Berg erscheint wieder, er hat eine neue Schneemütze. Die Prärie schimmert unter einem Hauch von Tau. Zebras bewegen sich lässig zwischen Bäumen, rupfen das silberne Gras wie Tiere im Paradies.

Aber das ist nicht das Paradies, auch nicht das Reich des Friedens. Löwen haben in der vergangenen Nacht oder im Morgengrauen ihre Beute gemacht; jetzt liegen sie, vollgestopft, unter Bäumen und schlafen. Hyänen haben den Kadaver gefunden. Hoch oben kreisen Geier.

Noch ein heftiger Gegensatz, noch eine Drehung des Lebensrades, noch ein Gesicht der Wildnis. Afrika ist beides – Licht und Finsternis, Milde und Grausamkeit, das Flüchtige und das Zeitlose, das Flinke und das Schwergewichtige – Impala[1] und Elefant.

Abends, auf dem Weg zu unserem ersten Zeltplatz neben einem ausgetrockneten Flußbett, sehen wir Elefanten. Bleich und staubig biegt er rechts von uns ein – ein leuchtender Strom aus Sand, von Tierhufen über und über genarbt. Wir lassen den Land-Rover am Ufer, gehen ins trockene Flußbett. Wir sehen nach beiden Seiten, warten. Flußabwärts steht eine Klippe aus Elefanten, dunkel, riesig, reglos, die baumgroßen Beine im

[1] Schwarzfersenantilope

Sand wie angewurzelt, die Ohren weit ausgestellt; große Rüssel starren uns entgegen, weiße Stoßzähne leuchten im Halbdunkel. Jetzt schwanken sie, blasen Staub aus ihren geschwungenen Rüsseln. Riesenohren bewegen sich sanft wie Palmwedel. Sie gehen einer hinter dem anderen in einer langen Reihe am Ufer entlang, große Schatten, die mit den Bäumen verschmelzen. Sie bewegen sich gemächlich, ohne Eile, nehmen einen vermummten Fuß nach dem anderen mit lautloser Würde hoch. Schweigend stehen wir mitten im Flußbett und beobachten den Zug, wie er in feierlichem Rhythmus dahinzieht, als marschierten sie im Takt nach unhörbaren Trommeln.

Spät am Abend hören wir sie von unserem Zelt aus; sie sind am schlammigen Teich am anderen Flußufer. Sie scharren mit ihren schweren Füßen nach Wasser, stampfen im Schlamm herum und bespritzen sich gegenseitig mit ihren Rüsseln. Im Mondlicht können wir ihre klobigen Gestalten nur ganz matt sehen; wenn wir das Wasser auf ihre staubigen Häute spritzen hören, freuen wir uns mit ihnen.

Elefanten weiden zwischen Bäumen wie kleinere Tiere zwischen Büschen; sie vermitteln einem nicht nur andere Dimensionen von Körpermaßen und Raum, sondern auch eine andere Dimension von Zeit. Ihre Mammutformen reichen weit zurück, bis in die Welt der Mastodonten. Der langsame, gleichmäßige Rhythmus, mit dem sie dahinziehen, läßt einen spüren, daß sie sich nach einem anderen Zeitmaß bewegen als der Mensch. Sie kommen aus Zeitaltern, die lange vor unserer Zeit liegen, und sie gehen an einen Ort, den wir niemals erreichen werden. Grau, voller Falten, alt wie Bäume, ja, noch älter – alt wie Berge oder Felsen, aus Erde geformt und unvergänglich wie Erde. Eine Erinnerung taucht auf: an den indischen Mythos von Brahma, der die ersten Elefanten, »die Elefanten der Richtungen des Weltraums«, erschafft, damit sie das Weltall tragen.

Was mich in Afrika dauernd verfolgt, ist die Zeit, Zeit als Geschichte und Zeit als Rhythmus: beide sind vielleicht untrennbar miteinander verbunden. Auf dieser Reise erleben wir dauernd die verschiedenen Arten von Zeit: die Zeit des Elefanten und des Impala, die Zeit des Europäers und des Afrikaners – die vielen Arten von Zeit der vielen verschiedenen Afrikaner. Je mehr man reist, um so weiter scheint man in die Zeit zurückzufallen. Man reist mit dem Düsenflugzeug und landet in einer modernen Stadt, der Hauptstadt einer neuen, lebenskräftigen afrikanischen Nation, die aus der Vergangenheit einer britischen Kolonie hervorwächst. Dann, wenn man über die von wilden Tieren bevölkerten Ebenen fährt, gleitet man um hundert Jahre zurück, in die büffelreichen Prärien unseres frühen amerikanischen Westens. Und wenn man den großen, auf trockenen Hügeln grasenden Viehherden der Massai begegnet, fällt man weiter zurück, in die biblischen Zeiten Abrahams und seiner Nachkommen, die ihren Reichtum nach Kühen zählten. Hier steht ein Hirte – ein Massai-David mit seinem Stab, aufrecht in seinem erdroten Gewand, bereit, seine Herde gegen Löwen zu verteidigen.

Unten, im riesigen erloschenen Krater des Ngorongoro, geschützt durch den Kranz seiner Bergwände, steht man wie Adam in einem Garten Eden zwischen Tieren, die eben aus der Hand des Schöpfers zu kommen scheinen. Und beim Großen Graben, dieser riesigen geologischen Verwerfung, die wie ein Schnitt durch Ostafrika geht, in der Schlucht von Olduwai, wo Mary und Louis Leaky den Schädel des *Zinjanthropus* fanden, taucht man hinab zum Steinzeitmenschen. Hier sind die Felsen, aus denen er sich seine Werkzeuge schlug, die Knochen, die er zu seiner Ernährung zerbrach; hier sind die runden Steine, die er aufeinandersetzte und so vielleicht die erste von Menschen gemachte Wohnung baute.

Auch das Rhinozeros entführt uns in ein zurückliegendes Zeitalter. Wenn man seinen gewaltigen dunklen Rücken im Sumpf gegen den Himmel sieht und seine schweren schwankenden Seiten, sein wie suchend hochstehendes Horn, dann meint man, es sei eben aus vorzeitlichem Schlamm aufgetaucht. Es gibt keine Worte, das Rhinozeros zu beschreiben. Man brauchte einen spitzen Stein, um in grober Zeichensprache in den Felsen zu ritzen: »Schau, was ich heute gesehen habe, so wie das – sieh!«

Vor dem Rhinozeros, vor dem Flußpferd und vor den Büffeln bleibt einem nur das Staunen. Man wird nicht nur durch ihre Größe zum Zwerg, man wird sprachlos angesichts ihrer ganz und gar unvertrauten Gestalt, man ist von ihrer unmißverständlichen Kraft wie betäubt. Man kann nicht sagen *häßlich* oder *schön*. Nach was für Maßstäben soll man denn urteilen? Man kann nicht sagen *erstaunlich* oder *unglaublich* – sie sind ja *da*. Man kann nur sagen: Leben – Leben, auch hier; Leben, auch in dieser Form.

Im Kimana-Bezirk, wo der Game-Warden Denis Zaphiro uns – wie Jahre zuvor Hemingway – dieses idyllische kleine Reservat im Schatten des Kilimandscharo zeigt, sehen wir zum erstenmal afrikanische Büffel. Es ist ein heißer Nachmittag; der Land-Rover holpert über eine kahle vulkanische Ebene. Jedesmal, wenn wir halten, hüllt uns eine Staubwolke ein, die alles vor unseren Blicken verbirgt. Wir steuern um schwarze Findlingsblöcke herum, nähern uns einem Sumpf. Und da sind sie: schwarze Rücken, aneinandergedrängt wie große Lava-Brocken, die Köpfe gesenkt, und grasen. Sie wenden sich, um uns anzublicken; schwere, wie Lenkstangen nach unten gebogene Hörner zu beiden Seiten von schwarzen Stirnen, unheilvolle, finstere Blicke. Lange zottige Ohren, schlaff hängend, merkwürdig fehl am Platz im Rahmen ihrer argwöhnischen Gesichter. Dann, wie auf ein Zeichen, drängen sie sich dicht zusammen und bewegen sich, all die schwarzen Rücken zugleich, wie ein Lavastrom, hinein in den Morast; in wogenden Papyrus, in hohes Gras und Wasserkohl, bis sie von einem grünen Meer verdeckt, verschlungen sind. Noch ein paar dumpfe Schnaufer und Schnauber – dann wieder Stille. Nur die kleinen weißen, in der Luft schwebenden Reiher zeigen an, wo sie waren. Und

ein lächelndes Meer aus Gras verbirgt all das ungestüme Leben.
Nirgends fühlt man die Ehrfurcht vor einer unwiderstehlichen Lebenskraft stärker als im Nationalpark von Serengeti in Tansania, wenn man die Wanderzüge der Tiere beobachtet. Über die weiten Ebenen ziehen Herden von Gnus, Zebras und Gazellen mit den Jahreszeiten, auf der Suche nach besserem Weideland. In der ersten Nacht sind Zebras um unseren Zeltplatz, sie bellen unaufhörlich wie Nachbars Hunde. Auf den Rat der Parkbeamten, die diesen jahreszeitlichen Treck ständig beobachten und studieren, gehen wir am folgenden Tag, das Heer von Gnus zu suchen, das unterwegs sein soll. Die endlosen Ebenen sind, so weit unser Auge reicht, von diesen grauen Tieren mit den zottigen Mähnen übersät, die an unsere amerikanischen Büffel erinnern. In der Ferne meine ich Bäume zu sehen. Nein, nicht Bäume entdecke ich mit meinem Feldstecher: Wälder von Gnus stehen da am Rande der Welt. Wenn man die Gnus auf ihren Wanderzügen sieht, wie sie äsen, wie sie ihre zottigen Mähnen schütteln, in wiegendem Galopp immer in die gleiche Richtung preschen, als folgten sie einem nicht ergründeten Gesetz, so scheinen sie eine Urkraft der Natur zu verkörpern. Man steht vor diesem lebendigen Gewoge und staunt, überwältigt von dieser Lebenskraft, seltsam neu belebt »durch den Anblick unerschöpflicher Stärke, durch das unermeßliche, ja titanische Schauspiel«.
Mit den wandernden Gnus und Zebras halten Löwen, Hyänen und Schakale Schritt, suchen ihre Beute, grei-

fen sich die Schwachen, die Jungen, die Alten, die Unvorsichtigen als Nahrung heraus.
Am Tag sehen die Raubtiere ganz friedlich aus, schlafen, satt und faul, unter Bäumen. Ruhende Löwen jagen einem keinen Schrecken ein. Sie sehen freundlich und gelangweilt aus. Wenn ein Auto sie stört, erheben sie sich vielleicht würdevoll und gehen weg, kümmern sich aber nicht um den Ruhestörer. Sie wollten ja ohnedies weg, sie halten einen der Beachtung nicht für wert. Wenn sie ihre heißen bernsteinfarbenen Augen auf einen richten, nimmt man ein fremdes Licht wahr; es kommt aus großer Ferne, entzündet an den Feuern einer anderen Welt.
Ich erschrecke nicht einmal sehr, als ich an einem frühen Morgen dicht beim Zeltplatz einem Löwenpaar begegne. Wir hatten sie die ganze Nacht, wie fernen Donner, um uns herum grollen hören. Ich war früh aufgewacht; die Sonne war noch nicht aufgegangen. Der Kilimandscharo mit seiner flachen Schneemütze nimmt den Himmel vor mir ein, als hätte er sich eben erst aus den Ebenen erhoben. Die Prärie, von Akazienbäumen umsäumt, wirkt im milchigen Morgenlicht sanft. Vorsichtig gehe ich auf eine Baumgruppe zu und bleibe stehen, höre wieder das unverwechselbare Grollen von Löwen.
Wie in einem Traum sehe ich einen Löwen und eine Löwin geräuschlos hinter den Bäumen hervorkommen. Sie kehren mir den Rücken zu, sie schreiten hinaus in die leere Prärie. Ich halte den Atem an, schätze blitzschnell, daß ich dem Zeltplatz näher bin als ihnen;

überlege, ob sie mich gesehen haben; wenn nicht, dann werden sie mich auch nicht bemerken; und wenn, was dann wohl geschieht?
Da, auf ein Atemgeräusch hin oder eine Witterung wenden sie mir ihre beiden Häupter bedächtig zu, beide zugleich. Nichts von Unruhe oder Eile. Der Löwe und die Löwin drehen sich einfach um und sehen mich an. Ich rühre mich nicht; sie rühren sich nicht. Wir starren uns für einen langen Augenblick schweigend an. Nachdem sie mit Befriedigung festgestellt haben, daß ich weder gefährlich bin noch wert, verspeist zu werden, wenden sie sich ebenso bedächtig wieder ab und schreiten weiter über die Prärie. Ich fühle mich geehrt, daß sie mich nicht für wert genug erachteten, vor mir davon- oder auf mich zuzulaufen. Weder sie noch ich haben den morgendlichen Frieden gestört: mein Sohn kommt aus seinem Zelt, sieht gerade noch, was sich abgespielt hat. »Vater«, ruft er, mehr überrascht als erschrocken, »da draußen sind zwei Löwen, und Mutter ist bei ihnen.« Als die Löwen seine Stimme hören, geben sie ihre Würde auf und trollen davon.
Man muß einen Löwen in Aktion sehen, wenn er ein Tier reißt, um seiner Gewalt mit Schrecken gewahr zu werden. Um einen Riß zu finden, sucht man nicht in der Ebene, sondern man sucht den Himmel nach Raubvögeln ab. Ein paar dunkle Flecken am Horizont, Geier, die in der Ferne über einem Hügel kreisen, machen uns neugierig. Sie im Auge behaltend, starten wir im Land-Rover über die weglosen Ebenen in ihre Richtung. Der Strudel von Vögeln steigt und fällt wie ein

Sandsturm, bewegt sich aber nicht von der Stelle. Als wir zu einer Zeile von niederen struppigen Büschen kommen, finden wir in einem trägen Strom ein Wasserloch. Am anderen Ufer zankt sich eine Riesenansammlung von Geiern mit bleiernen Flügeln. Sie stoßen ihre Hakenschnäbel unter die gestreifte Haut eines toten Zebras. In ihrer Mitte zerrt eine gefleckte Hyäne an einem der Beine.

Da bricht plötzlich die Löwin aus den Büschen. Sie trottet langsam vorwärts, mit aufgeblähtem Magen, vollgefressen, vielleicht aus dem Schlaf aufgestört. Für eine Sekunde erstarrt jede Bewegung, nur das schwarze Ende ihres langen Schweifes zuckt unheilverkündend. Dann spannt sie die Muskeln, stürzt, den Kopf vorschießend, die Zähne mit einem Knurren entblößend, wie ein Peitschenschlag auf die Gruppe um den Kadaver. Die Hyäne flieht. Die Geier schlagen mit den Flügeln, steigen auf oder stolpern wie betrunken auseinander, bilden einen weiteren Kreis. Die Löwin ist mit ihrer Beute allein. Nicht wirklich allein, denn die Hyäne hat sich nur ein kleines Stück zurückgezogen, sie hat sich genau so weit entfernt, wie es für die Löwin noch annehmbar ist. Denn die Löwin hat das Zebra gerissen und kennt ihre Rechte. Auch die Hyäne kennt die Spielregeln und sitzt an ihrem Platz wie ein gemaßregelter Schuljunge. Sie verharrt in ihrer neuen Stellung, sie beobachtet. Auch das Gewirr der Geier hält sich zurück. Sie geben den Platz nicht auf, warten ab, bis sie wieder dran sind. Auf dem Abhang hinter dem Riß stehen weitere Zuschauer – eine Reihe von Zebras – und beobachten das Ganze aus der Ferne. Ihre dummen Köpfe sehen alle auf einen Punkt: wachsam, neugierig, aber irgendwie unbeteiligt.

Die Löwin nimmt ihr Tierpublikum wahr, unseren Land-Rover an der anderen Seite des Wasserlochs scheint sie vergessen zu haben. Ihre Hauptsorge ist, die Beute vor der Hyäne und vor den Geiern zu retten. Sie hat schon gefressen; aber es müssen noch mehr Löwen gefüttert werden, und der Kadaver reicht noch für mehrere Mahlzeiten.

Wie kann sie ihre Beute behalten? Sie fängt an, das tote Zebra zum Wasserloch hinunterzuziehen – ein schwieriges Unternehmen bei einem ausgewachsenen und noch nicht halb aufgefressenen Tier. Sie kann es jeweils nur um ein paar Zentimeter weiterbewegen. Sie packt das Zebra im Nacken, zerrt, alle Muskeln gespannt. Dann läßt sie wieder los, schnauft, und wendet ihren Kopf mit den vom Blut geröteten Kiefern, um nach ihren Konkurrenten zu schauen. Die Hyäne und die Geier rühren sich nicht. Sie stehen, reglos wie Statuen, weichen nicht und beobachten: die Reihe kommt schon noch an sie.

In dem Niemandsland zwischen der Löwin und den Geiern hüpft ein Regenpfeifer, das Gefieder makellos weiß und schwarz, im Gras auf und nieder, er pickt nach Körnern oder Insekten – das Drama läßt ihn so kalt, als spiele es sich hinter einer Glasscheibe ab. Und in dem schilfigen Tümpel zwischen uns und der Löwin – dort, wo das unvorsichtige Zebra haltgemacht haben muß, um zu trinken – gleiten zwei kleine Enten mit bronzefarbenen Flügeln übers Wasser, kräuseln kaum seine Oberfläche, unschuldig wie Vögel in einer Tapisserie.

Wenn man durch das Brennglas Afrika sieht, scheinen Leben und Tod unauflöslich miteinander verknüpft. Inmitten von solchem Lebensüberfluß wird der Tod aufgesogen und angenommen, aber niemals vergessen oder verborgen wie in zivilisierten Welten. Wohin man sich auch immer wendet – er ist da. Die weiß gewordenen Knochen alter Risse sprenkeln einen Hügel wie Margeriten. Der gebleichte Schädel eines gestürzten Impala, nackte Hörner, gebogen wie für die Leier eines Apoll, liegen da, stummes Zeugnis seines flüchtigen Lebens. Die intensive Lebensflamme wird vom scharfen Schatten des Todes begleitet. Flamme und Schatten sind nicht von einander zu trennen und sind gleich intensiv. Das Leben wird durch die ständige Gegenwart des Todes nicht entwertet; man sieht klarer als anderswo, daß Tod und Leben unauflöslich zusammengehören.

Das Leben der Löwenbrut ernährt sich vom Zebra, das das Gras gefressen hat. Der Fischadler wartet über dem Tümpel auf Fische und Frösche, die Insekten fressen. Die Störche suchen das Feld nach Heuschrecken ab, die die Ernten verschlingen. Jedes Tier, das frißt und tötet, folgt einem Gesetz des Überlebens, es trägt damit zum Jahrtausende dauernden, langsam fortschreitenden Entwicklungsprozeß des Lebens bei.

Wir fangen eben erst an, zu verstehen, wie notwendig Leben für anderes Leben ist, wie empfindlich das

Gleichgewicht und was für Unheil eine Störung mit sich bringt – auch für den Menschen. Denn auch wir sind diesem Gleichgewicht der Natur tief verhaftet und von ihren Zyklen abhängig.
Vielleicht rührt etwas von der ungeheuren Erneuerung an Energie, die man in Ostafrika erfährt, daher, daß man dort an seinen eigenen Platz im Universum zurückverwiesen wird, als ein Tier neben anderen Tieren – eines der vielen Wunder des Lebens auf Erden, nicht das einzige Wunder. Früher lehrte uns die Religion Ehrfurcht vor den geheimnisvollen Kräften, die uns umgeben; daß unseren Kräften keine Grenzen gesetzt seien – diese Illusion entstand durch den Einfluß der Naturwissenschaft auf unsere Zivilisation.
Was tragen wir für eine Verantwortung, was für eine Schuld, wenn die Dinge falsch laufen – wie es doch dauernd geschieht! Wir haben nicht mehr den Glauben, im Geiste der Quäker zu sagen: »Ob du es verstehst oder nicht, es ist kein Zweifel, daß die Welt sich so entfaltet, wie sie soll.« Wir fühlen uns unter der Last unserer angemaßten Allmacht nicht wohl, wie ein Kind, das in eine Erwachsenenrolle gezwungen wird. Intuitiv wissen wir, daß wir keine Götter, daß wir nicht allmächtig sind. »Wir sind genötigt, zu erkennen, daß wir unsere Grenzen übertreten haben«, sagte Thoreau.
Wenn wir plötzlich mit den ungebändigten Naturkräften konfrontiert werden, ist das wie ein Schock – oft ein gesunder. Er bringt sogar so etwas wie Erleichterung – wie jede Wahrheit, die man vermutet und dann entdeckt, eine Erleichterung ist. Und wie jede Wahr-

heit, so erhellt auch diese Gebiete, die außerhalb ihres eigentlichen Bereichs liegen, Gebiete, die wir vergessen hatten; andere Kraftquellen, andere Gewißheiten treten aus dem Dunkel hervor. In Stürmen oder Schneestürmen, wenn das technologische System, von dem wir abhängen, versagt, entdecken wir wieder, wie stark die Menschen aufeinander angewiesen sind. In der afrikanischen Wildnis entdeckt der Mensch seine uralte und ewige Verwandtschaft mit der Natur und den Tieren wieder. Er vernimmt wieder die Stimme, die ihm sagt: »Du bist ein Kind des Weltalls, nicht weniger als die Bäume und die Sterne. (Nicht weniger als Löwe und Impala.) Du hast ein Recht, hier zu sein.« Er gewinnt etwas vom Frieden und der Schönheit alter chinesischer Malereien zurück, in denen sich die Landschaft riesengroß über den winzigen, aber wesentlichen Gestalten von Holzfällern oder Weisen auftürmt, die über eine Streichholzbrücke gehen oder ruhig und voller Vertrauen unter einer sturmzerzausten Kiefer sitzen.

Die Rückkehr in den Stand der Unschuld ist freilich immer nur für kurze Zeit möglich. Selbst wenn wir den Lauf der Zivilisation umkehren wollten, einen jungfräulichen Kontinent oder die wilden Ebenen unseres amerikanischen Westens könnten wir nicht wiederherstellen. Auch in Afrika kann niemand die Uhr anhalten. Die neuen afrikanischen Nationen wachsen heran, vergrößern ihre Landwirtschaft, ihre Viezucht und ihre Industrie. Wenn nicht Reservate und Naturschutzparks sie schützen, ist es unvermeidlich, daß die wilden Tiere ihre Heimat hier ebenso verlieren werden wie in

Europa und Amerika. Die Wildnis ist überall bedroht. Das Aussterben der Tiere ist nicht die einzige Gefahr; der Mensch steht in Gefahr, eine Atempause für alles, was in ihm frei und ungebunden ist, zu verlieren. Und nicht nur sein Geist, auch sein körperliches Wohlbefinden, vielleicht sogar sein Überleben wird durch das Ausrotten von anderem Leben auf unserem Planeten gefährdet.

Mein mystisches Gefühl einer Verbindung mit den Tieren in Afrika hat vielleicht einen realen Grund. Tiere sind für den Menschen nötig, obgleich der Mensch, durch seine Zivilisation isoliert, dieses Bedürfnis oft nicht mehr empfindet. Wer eben erst aus der Wildnis zurückgekehrt ist, empfindet die Verarmung stärker; man ist ausgehungert nach etwas, das für unsere Existenz lebensnotwendig ist. Seit ich aus Afrika zurück bin, beschwichtige ich diesen Hunger, indem ich den Fasanen an meinem Waldrand Mais streue, oder wenn ich über das sumpfige Seegras gehe, um den wilden Enten in der kleinen Bucht zuzusehen.

Wenn das Gefühl der Verbundenheit mit den Tieren authentisch ist, dann hat das Gefühl der Erneuerung, das man in ihrer Gegenwart empfindet, vielleicht eine tiefere Bedeutung, als wir uns vorstellen. Ins Leben der Wildnis einzutauchen, kann den zivilisierten Menschen – wie das Untertauchen im Meer – vielleicht zu einem der Grundelemente zurückbringen, aus dem er stammt und mit dem er die Verbindung verloren hat. Wenn er an diesen ursprünglichen Strom wieder angeschlossen ist, entdeckt er vielleicht, daß »Leben ebensosehr eine

Kraft im Weltall ist wie die Elektrizität oder die Anziehungskraft der Erde, und daß das Vorhandensein von Leben Leben erhält«.

Henry Beston erlebte diese »erhaltende Kraft« in den Dünen von Kap Cod. Ich erlebte sie in den Ebenen Afrikas. Aber man kann ihr überall begegnen, wo immer man stehenbleibt, um zu sehen und zu lauschen. Man kann diese Kraft auch im eigenen Lande, auch zu Hause, im eigenen Hinterhof, entwickeln. Ich habe Nachbarn in der Vorstadt, die mit den Resten von ihrem Abendbrot Waschbären mit viel Geduld dazu bringen, ihnen aus der Hand zu fressen; andere, die Wildgänse füttern; andere, die die Sümpfe als Schutzgebiete für Fasanen, Reiher und Enten bewahren. Sogar in den Städten kann man einen Hauch der Wildnis spüren, wenn man die Zugvögel in den Parks beobachtet. Ob eine Gazelle vor deinem Zelt Gras knabbert oder ob ein Vogel auf dein Fensterbrett kommt: der wesentliche Vorgang ist der gleiche, hier wie in Afrika.

In der Wildnis steigert sich dieser Vorgang zur überwältigenden Erfahrung. Man muß gar nicht nach ihr suchen. Sie überflutet einen ebenso natürlich und unverdient wie Sonnenschein – und wie Sonnenschein belebt sie einen. In einer solchen Atmosphäre gerät die Verbindung zwischen Mensch und Tier wie in einen Brennspiegel. Die Konzentration auf das Tier ist total, alle Ablenkungen verschwinden.

Es ist nicht allein die Tatsache, daß die Tiere in Nationalparks und Reservaten existieren können, sondern auch die Tatsache, daß der Mensch, der sich seiner Zivilisation vorübergehend entzogen hat, überhaupt sehen kann. Wie oft bleiben wir im gewöhnlichen Leben stehen, um einen Vogel, ein Tier, einen Baum zu betrachten? In Afrika sieht man, als wäre es das erste Mal, wie ein Kind oder ein Künstler – vielleicht versenkt man sich sogar wie ein Heiliger mit jener »absolut ungeteilten Aufmerksamkeit«, die Simone Weil dem Gebet gleichsetzt.

Im Akt des Sehens vollzieht sich etwas Schöpferisches – unsere Phantasie macht einen Sprung. Halb ist man am Leben anderer Geschöpfe beteiligt, hat an ihrem Handeln teil. Etwas in einem springt, wenn sie springen, oder ist ruhig, wenn sie ruhig äsen; oder man beobachtet gespannt und wachsam wie sie. Man wird still in ihrer Stille, die vor Leben zittert wie die Stille einer Flamme. In diesem Augenblick des Teilhabens hat man die Verbindung hergestellt – oder man wird sich ihrer plötzlich bewußt. Dieser Akt der Einfühlung ist ein Akt der Huldigung gegenüber dem Leben in einem anderen Geschöpf – Leben in einer uns nicht vertrauten, aber dennoch verwandten Gestalt. Durch diesen Akt, wie durch jeden Akt der Einfühlung, wird man reicher. Denn jeder Akt der Huldigung gegenüber dem Leben, wo immer er auch geschieht, ist seinem Wesen nach religiös.

# *Bring mir das Einhorn*

*Jahre meiner Jugend*

*Im folgenden werden durchgehend diese Abkürzungen verwendet:*

D. W. M. – Dwight Whitney Morrow (Vater von A. M. L.)
E. C. M. – Elizabeth Cutter Morrow (Mutter von A. M. L.)
E. R. M. – Elisabeth Reeve Morrow (Schwester von A. M. L.)
C. C. M. – Constance Cutter Morrow (Schwester von A. M. L.)
E. L. L. L. – Evangeline Lodge Land Lindbergh (Mutter von C. A. L.)
A. M. L. – Anne Morrow Lindbergh
C. A. L. – Charles August Lindbergh

## *Einführung*

Warum veröffentlichen Leute Tagebücher und Briefe? Wenn sie ein interessantes Leben gehabt haben, glauben sie vielleicht, sie könnten der Geschichte ihrer Zeit einen winzigen Abschnitt hinzufügen oder ein fehlendes Fragment in das Mosaik des Lebens einsetzen. Vom Standpunkt des Individuums aus gesehen, ist sicher der Wunsch vorhanden, Zeugnis abzulegen von einer Reise, die ein menschliches Wesen unternommen hat und die andere möglicherweise amüsiert, belehrt oder ihnen Klarheit über sich selbst verschafft. Jemand, der gewissermaßen unter den Augen der Öffentlichkeit gelebt hat, hegt wohl immer die Hoffnung, Licht in eine Vergangenheit zu bringen, die von Gerüchten verdunkelt und durch verzerrte Bilder entstellt ist. Und schließlich versucht der Schreiber vielleicht eine Art persönlicher Aufrechnung, um für sich selbst die wirkliche Essenz eines Lebens zu entdecken.

Als ich mein Material, Tagebücher und Briefe, im Hinblick auf eine eventuelle Verwendung wieder las, verblüffte mich am meisten, was für ein außergewöhnliches Leben diese an sich doch ganz normale Person geführt hat. Einige Aufzeichnungen, das spürte ich, waren es wert, veröffentlicht zu werden. Aber in welcher Form sollte das geschehen? Da Autobiographien immer eine meiner liebsten Lektüren waren, erwog ich natürlich, diese Form zu wählen. Eine Autobiographie zu schreiben, würde bedeuten, zu sieben, zu sortieren, auszuwählen, zu ordnen und zu kürzen und dann das Material in regelrechte Kapitel, abgeschlossene Porträts und ausgefeilte Sätze zu bringen. Vieles spricht für ein solches Vorgehen. Dadurch entsteht sicherlich ein einheitlicheres literarisches Werk. Doch es hat auch Nachteile. Was am Ende übrigbleibt, ist nur der Standpunkt eines erwachsenen Menschen. Bestenfalls – und ihr »Bestes« ist wahrhaftig sehr gut – enthüllt eine Autobiographie einen flüchtigen Blick auf ein Leben am anderen Ende eines Fernrohrs, von einem einzigen Standort aus gesehen, dem einer Frau im letzten Drittel ihres Lebens. Schlimmstenfalls kann es ein beschönigtes, retouchiertes Bild sein, mild, gefällig und vielleicht erbaulich, insgesamt aber starr.

Wenn man sich einmal auf die mühselige Reise hin zur Ehrlichkeit begeben hat, wächst mit der Zeit immer mehr der Wunsch, nichts zu beschönigen, keine Illusionen zu nähren oder fixierte Bilder zu entwerfen, soweit das menschenmöglich ist. Man möchte ein ehrlicher Zeuge des Lebens sein, das man gelebt, und des Kampfes, den man geführt hat, um zu sich und seiner Arbeit zu finden, sich anderen und der Welt mitzuteilen.

So beschloß ich, einige der Tagebücher zusammen mit Briefen zu veröffentlichen, weil das eine wahrheitsgetreuere Darstellung dieser Jahre ergibt. Selbstverständlich besteht ein Unterschied zwischen Tagebüchern und Briefen. Briefe werden gewöhnlich nicht nur geschrieben, um sich dem Empfänger mitzuteilen, sondern auch, um ihn zu unterhalten oder zu erheitern. Die Wahrheit ist hier also manchmal verschleiert oder gefärbt. Tagebücher hingegen schreibt man für sich selbst, und sie zeigen den Schreiber so, wie er für sich allein ist. Meine Tagebücher, glaube ich, wurden in erster Linie geschrieben, nicht um die Erfahrung festzuhalten, sondern um sie auszukosten, sie noch realer, sichtbarer und greifbarer zu machen als im wirklichen Leben. Denn in unserer Familie war ein Erlebnis nicht abgeschlossen, nicht wirklich erlebt, wenn man es nicht niederschrieb oder mit einem anderen teilte. Oftmals wurde es in Briefen an Familienmitglieder geteilt, hauptsächlich zwischen den Frauen. Die überwiegende Mehrheit meiner Briefe in jungen Jahren schrieb ich an meine Mutter, dann folgten meine Schwestern, Elisabeth, die zwei Jahre älter war, und Constance, die jüngere. Sehr wenige Briefe schrieb ich an meinen Vater, der als zu beschäftigt galt – und es sicher auch war –, um darauf zu antworten. Mit meinem jüngeren Bruder, Dwight, teilte ich sehr viel im Gespräch, wenn wir zusammen waren, aber nicht soviel in Briefen.

Wenn ich dieses Übergewicht an Briefen nur zwischen den Frauen einer sehr eng verbundenen Familie analysiere und fast die gleiche Erscheinung bei meiner eigenen erwachsenen Familie feststelle, komme ich zu dem Schluß, daß Briefe – selbst gute Briefe – sich oft mit dem häuslichen Kleinkram des Alltags befassen, einem Bereich, der, zu Recht oder zu Unrecht, traditionell den Frauen vorbehalten scheint. Briefe von Vätern haben meist einen besonderen Anlaß, sie sind gewichtig durch

Ratschläge, Glückwünsche oder eine Mitteilung. Umgekehrt sind Briefe an Väter oft Bitten um Rat, Zustimmung oder Hilfe in irgendeiner Form. Die Befangenheit macht beide Seiten der Korrespondenz leicht steif, während Briefe zwischen Mutter und Tochter oder zwischen Schwestern dahinplätschern, trivial vielleicht, aber vollkommen unbefangen.

Andererseits haben Tagebücher, selbst ehrliche, auch ihre Schattenseiten. Manche meiner frühen – geschrieben von einem Mädchen, das in der protestantischen Tradition aufwuchs, ohne die Wohltat der Beichte und noch vor der Fähigkeit zur Analyse – waren ein Versuch, die Schnitzer und Schwierigkeiten der Schreiberin sowohl zu verstehen als auch zu entschuldigen. Insbesondere die Tagebücher aus der späteren Jugend sind zu meiner Verwirrung oft befangen und egozentrisch, unreif und sentimental. Aber zumindest sind sie spontan, ehrlich, lebendig und bewegend. Wichtiger ist jedoch, daß ich selbst schon in den jugendlichen Gefühlsergüssen (viel davon wurde gekürzt, um es dem Leser zu ersparen) die beginnende Suche nach Ehrlichkeit und das frühe Ringen mit Illusionen, Konventionen und Bedingtheiten entdecke.

In den späteren Tagebüchern kommt glücklicherweise weniger Selbstanalyse vor und dafür mehr objektive Beschreibung der Menschen und Ereignisse rund um mich. Doch um dieses »außergewöhnliche« Leben zu begreifen, das auf eine gewöhnliche Kindheit und Jugend folgte, muß man erst etwas über den Hintergrund wissen. Hier sind Autobiographien im Vorteil.

Ein Hinweis gebührt vielleicht der Kleinstadtatmosphäre. Englewood in New Jersey, wo ich zur Welt kam und aufwuchs, war damals eine Stadt, nicht ein Vorort, mit einem großzügigen Leben im Garten hinter dem Haus und Nachbarskindern, die Pfade durch dürre Ligusterhecken traten. Wichtig zum Verständnis sind auch die engen Familienbande, die über die unmittelbare Familie hinaus zur vorhergehenden Generation reichten. Die Mutter meiner Mutter, »Grandma Cutter«, war eine bedeutsame Gestalt in unserer Jugend, sie kam häufig zu Besuch und beaufsichtigte uns – ziemlich streng, erinnere ich mich – in der Abwesenheit unserer Mutter. Sie war eine rechtschaffene, fromme und gütige alte Dame mit einem unstillbaren Lebenshunger und erlebte es noch, mit »Oberst« Lindbergh erstmals über Mexiko City zu fliegen sowie Urgroßmutter einiger meiner Kinder zu werden. Meine Mutter hatte zu ihren beiden Schwestern, Annie, die unverheiratet blieb und zusammen mit meiner Großmutter in Cleveland lebte, und Edith, die Sheldon Yates heiratete und ihr Heim nahe bei uns in Englewood aufschlug, eine ungewöhnlich enge schwesterliche Beziehung. Beide, »Tante Annie« mit ihrem Witz und ihrem Wissen über Kinderbücher (sie war Leiterin der Kinderabteilung in der Cleveland Public Library) und Tante Edith, vierzehn Jahre jünger als meine Mutter, mit einer warmen Spontaneität und Lebendigkeit, die die Generationen überbrückte, brachten Munterkeit und Fröhlichkeit in unser Leben.

Was die Seite meines Vaters angeht, so brachte meine

Mutter mit echt matriarchalischer Beharrlichkeit den großen Clan der Morrows aus Pittsburgh in den weiteren Familienkreis ein und hielt ihn zusammen. Mein Großvater Morrow starb, bevor ich zur Welt kam, aber ich erinnere mich noch sehr gut an meine lustige und nicht unterzukriegende kleine Großmutter Morrow und sah oft den ältesten Bruder meines Vaters, Jay, und seine drei Schwestern, Alice, Agnes und Hilda (die wir, ihrer ausladenden Formen wegen, respektlos »Die breiteren Tanten« nannten, im Gegensatz zu den kleinen, wie Vögel anmutenden »Cutter-Tanten«).

Die Sommer waren eine Zeit der Familienzusammenkünfte, zuerst in absonderlich verbauten Häusern, die wir auf Cape Cod mieteten, und später in unserem eigenen weißen Schalbretthaus auf der stillen, von Felsen umgebenen Insel North Haven in Maine. Außerdem waren Familienfeiern am Thanksgiving Day, an Weihnachten und Neujahr nicht vollständig ohne den weiteren Familienkreis der Tanten, Onkel und Cousins, die sich an unseren manchmal sehr geräuschvollen Familienspäßen, Gesängen und Tischspielen beteiligten. Diese Bräuche, die ich in einem solchen Maße bei anderen Familien nie erlebt habe, weder damals noch später, erscheinen mir nun rührend kindisch und etwas unerklärlich für eine Familie, deren Benehmen sonst ruhig und gesetzt war. Hatte diese lärmenden Riten mit Händehalten und Singen (von nichts Berauschenderem angeregt als Truthahn, einem Gefühl der Verbundenheit und süßem Apfelwein) mein Vater oder meine Mutter eingeführt? Und waren sie ein Ersatz für das Gespräch, vielleicht mühsam zwischen Brüdern und Schwestern, die über eine frühere Beziehung hinausgewachsen waren? Oder waren sie ein sichtbarer und greifbarer Ausdruck von Familiensolidarität und ein notwendiges Ventil für den sonst üblichen Ernst einer Generation von Menschen, die dazu erzogen waren, gewissenhafte, pflichtbewußte, hart arbeitende Bürger zu sein, wobei viel Nachdruck auf hohe Moral, gutes Benehmen und Selbstbeherrschung gelegt wurde?

Die starke moralische Ader bei beiden Eltern beruhte auf ihrer gleichartigen Herkunft aus dem Mittleren Westen. Beide Familien waren als Presbyterianer regelmäßige Kirchgänger, und bei beiden stand Bildung in hohem Ansehen, während das Geld dafür äußerst knapp bemessen war. Meine Mutter war eine Pionierin in ihrem leidenschaftlichen Wunsch nach College-Erziehung. Die Jahre im Smith College unter Präsident Seelye vermittelten ihr eine reiche und befreiende Erfahrung, die ihr Leben prägte und damit wiederum unseres. Mein Vater, viertes Kind in der großen Familie eines Mathematikprofessors, schlug sich mühsam durch das College, indem er Privatunterricht gab und Geld von einem älteren Bruder und einer älteren Schwester borgte. Besonders für ihn waren nach den beengenden Jahren in Pittsburgh das Amherst College und die Schönheit des ländlichen Connecticut-Tales erholsam für Geist und Seele und ein Ansporn für seinen Ehrgeiz. In einer Zeit der amerikanischen Geschichte, da Ehrgeiz als eine Tugend galt und der Mythos »Junge-aus-der-Kleinstadt-hat-Erfolg« neu und gültig war, legten beide Eltern unverhohlenen Ehrgeiz an den Tag und hatten auch genügend Energie, ihre Wünsche zu verwirklichen. Ich muß oft an eine Bemerkung denken, die Edward Sheldon, der Dramatiker, viele Jahre später machte: »Das Wunderbare an den Puritanern«, sagte er, »war ihre Energie.« Unsere Eltern besaßen offensichtlich ein Übermaß an puritanischer Energie.

Vielleicht lag es an dieser puritanischen Energie, daß sie, sowohl aus Veranlagung als auch aus Tradition, Lehrer wurden. Mein Vater sagte immer, er sei der Sohn eines Lehrers, der Bruder eines Lehrers (Alice Morrow), mit einer Lehrerin verheiratet und Vater einer Lehrerin. (Meine Schwester Elisabeth eröffnete später einen Kindergarten in Englewood.) Meine Mutter unterrichtete vor ihrer Heirat tatsächlich mehrere Jahre, während mein Vater, abgesehen von Privatstunden, nie den Lehrberuf ausübte. Statt dessen wandte er sich mit dem Ehrgeiz eines armen jungen Mannes zuerst der Jurisprudenz zu, wechselte dann, nach erfolgreichen Jahren in einer Anwaltskanzlei, in das Bankfach und das internationale Finanzwesen über und schließlich in die Diplomatie, als Botschafter in Mexiko (1927–1929). Als er 1931 starb, war er Senator von New Jersey. Doch während seiner ganzen Laufbahn in der Welt der Geschäfte, der Finanzen und der Diplomatie sehnte er sich wehmütig nach dem akademischen Leben, nicht im Bereich der Mathematik, obwohl er einen Mathematikergeist hatte, sondern als Geschichtsprofessor. Eigentlich war er, wie Harold Nicolson in der Biographie meines Vaters darlegte, in jeder Situation ständig und unverbesserlich ein Lehrer der Erwachsenen. Auch das Gegenteil traf für ihn zu, wie das so häufig der Fall ist. Er war ein neugieriger, wissenshungriger und unermüdlicher Lernender, ein eingeschworener Leser von geschichtlichen, philosophischen und wirtschaftlichen Werken (Herodot, Plutarchs Leben und Plato standen neben Froude, Bagehot und Prescott).

Bei einer solchen Neigung für das Lehrfach nimmt es nicht wunder, daß auf unsere Erziehung, die moralische ebenso wie die geistige, sehr viel Nachdruck gelegt wurde. Sie begann schon früh zu Hause mit Nachtgebeten und dem abendlichen Vorlesen meiner Mutter aus der gekünstelten *Heidi,* dem *Book of Saints and Friendly Beasts* und den *Little Women,* bis hin zu den griechischen Mythen und Klassikern. Am Sonntagabend fanden Bibellesungen statt und manchmal Predigten auf dem grünen Sofa in ihrem Schlafzimmer. (Diese Stunde war eine Zugabe zu den Gebeten am frühen Morgen, wo wir in einer Reihe vor dem großen Bett unserer Eltern knieten, und dem anschließenden Gottesdienst in der Kirche.) Gelegentlich las uns auch unser Vater aus *The Just So Stories* und dem *Dschungelbuch* vor. Doch war sein Unterricht keine reine Unterhaltung für uns. Das Frühstück wurde uns manchmal zur Qual durch das allgemeine Üben unserer Multiplikationstabellen oder Fragen in Addition und Subtraktion, die vom Kopf des Tisches auf uns zugeschossen kamen. Noch heute ist alles in mir ausgelöscht wie in dem vor

Panik erstarrten Kinderverstand, wenn jemand mich plötzlich fragt: »Wieviel ist 7 mal 8?«

Nach diesen schon durchaus ernsthaften Anstrengungen besuchten wir Schulen am Ort, bis wir, als mein Vater Teilhaber von J. P. Morgan & Co. wurde, eine Wohnung in New York bezogen. Ich verbrachte vier Jahre unter dem gestrengen, aber vortrefflichen Auge von Miss Chapin und wechselte dann über zum Smith College, wo ich unter dem Wissen, dem Witz, der Weisheit und moralischen Größe von Präsident Neilson heranwuchs.

Natürlich gab es auch Ferien, aber unserem Geist wurde kein Müßiggang gestattet. Wenn wir den Sommer in Neu-England verbrachten, hatten wir immer unsere Lektürelisten und Koffer voller Bücher dabei. Das gemeinschaftliche Vorlesen in der Familie nahm im Sommer einen etwas heitereren Ton an, der besser zu Korbsesseln und schattigen Veranden paßte. Ich erinnere mich, daß wir Trollope und Jane Austen lasen oder gar etwas so Unterhaltsames wie Mark Twain oder O'Henry.

Selbst unsere Reisen ins Ausland, die wir häufig unternahmen, nachdem mein Vater der Firma J. P. Morgan & Co. angehörte, wurden für unsere Bildung genutzt. Zweifellos hatten diese Reisen für unseren Vater einen geschäftlichen Charakter, und in Drehscheiben wie Paris, London oder Genf fanden mit Partnern der Firma Morgan sicherlich entscheidende Gespräche über Finanzen und Anleihen, Kriegsschulden und Reparationen statt. Anstatt allein und ungestört zu reisen, was unsere Eltern durchaus hätten tun können (ich denke heute mit staunender Bewunderung an ihre Energie und ihren Enthusiasmus zurück), zogen sie es vor, eine Familie von vier munteren Kindern über den ganzen europäischen Kontinent mitzuschleppen. Reisen galten als Teil unserer Erziehung, und, wie gewöhnlich, waren sie auch hier sehr gründlich. Wir reisten langsam und absichtlich mit dem Schiff und einem kopflastigen Wagen, der mit Bergen von Gepäck beladen war: Koffern, Stadtköfferchen, Hutschachteln, Bücherkisten und Kartentaschen. Schiffskoffer begleiteten uns auf dem Dampfer, wurden aber in Paris oder London zurückgelassen. Unsere Reisen waren genauestens geplant und vorbereitet, und obwohl in erster Linie belehrend, wurden sie aufgeheitert von der durch nichts einzudämmenden guten Ferienlaune unseres Vaters und ausgeschmückt durch die für uns neuen Wonnen des europäischen Lebens. Wir stiegen in bezaubernden kleinen Gasthäusern ab und nahmen uns immer Zeit für gemächliche Mittagessen mit dem örtlichen *plat du jour* und *vin du pays*. Dank der Leidenschaft meines Vaters für Geschichte fuhren wir auf Römerstraßen durch Frankreich. »Schau, Anne«, pflegte mein Vater zu sagen, indem er sich aufgeregt hinausbeugte und auf eine lange Reihe Pappeln zeigte, »schau, wie gerade das ist – eine schöne alte Römerstraße!« So ratterten wir dahin, um die Mauern von Aigues-Mortes zu sehen oder das Maison Carrée in Nîmes oder das Aquädukt nahe Avignon. Wir pilgerten durch die französischen Schlösser, wobei unser Vater die entsprechenden Stellen aus Henry James' *A Little Tour in France* vorlas. Wir besuchten die französischen und englischen Kathedralen, unser Vater mit Henry Adams' unhandlichem Werk *Mont-Saint-Michel and Chartres* unter dem Arm.

In Paris war es unsere Mutter, die mit Begeisterung die Führung übernahm, denn vor ihrer Heirat hatte sie dort ein Jahr mit ihrer Familie verbracht. Und in England besuchten wir, geleitet von der Liebe unserer Mutter zur Poesie, das Lake Country, um Wordsworths Haus in Grasmere zu sehen, machten eigens Umwege nach Tintern Abbey und den Trossachs, die das Thema von Lieblingsgedichten waren. Selbst die jüngeren Mitglieder der Familie ermutigte man zu sagen, welche literarischen Heiligtümer sie gern besuchen würden. Auf einer frühen Reise nach Schottland wollte ich unbedingt sehen, wo »die schwarze Agnes von Dunbar« ihr Schloß gegen den englischen Angriff verteidigte. Und meine jüngere Schwester begehrte am Grab von »Greyfriar's Bobby« zu trauern.

Wir Kinder erhielten sicherlich die beste Erziehung, die es gab. Aber der Bildungseifer meiner Eltern reichte weit über ihre eigene Familie hinaus. Meine Mutter amtierte lange Zeit als Kuratorin am Smith College. Sie war die erste Aufsichtsratsvorsitzende und kurze Zeit sogar interimistisch Präsidentin des College. Mein Vater opferte in seiner Sorge um die Bildung viele Arbeitsstunden als Kurator und Mitglied des Finanz- und Direktionsausschusses am Amherst College. Trotz seiner Verflechtung mit der Geschäftswelt genoß er im Bildungswesen ein so hohes Ansehen, daß man ihm den Posten des Präsidenten der Yale Universität anbot – eine Ehre, die ausgeschlagen zu haben er manches Mal bedauerte. Durch den Kreuzzug meiner Mutter für Frauenerziehung, die Verehrung meines Vaters für Amherst und die Pioniertaten meiner Schwester für Kindergärten wurde unsere Bildungsbeflissenheit fast so etwas wie ein Gespött am Ort. Ein möglicherweise künftiger Schwiegersohn, der im Zug mit einem Fremden plauderte und ihm von seinem bevorstehenden Besuch bei der Familie Morrow erzählte, wurde mit der freimütigen Bemerkung verschreckt: »Das ist eine nette Familie, aber sie hat einen Bildungstick.«

Wie ist bei all dieser Bildung und den vielen Reisen der Nebel der Abgeschiedenheit zu erklären, der sich über unsere frühen Jahre breitete, unser undefinierbares Gefühl der Isolierung von der wirklichen Welt? Selbstverständlich waren wir, was immer wir lasen und wohin wir auch reisten, eingeschlossen in den Familienkreis, eingeschränkt, allerdings auch bereichert, durch die starken Familienbande und die genau abgegrenzten Rollen zwischen Kindern und Eltern. Die großen Planierraupen der Gesellschaft des zwanzigsten Jahrhunderts: Freud, Marx, Henry Ford und – ich darf vielleicht hinzufügen – Charles Lindbergh, hatten sich noch nicht den Weg durch die Dornenhecken gebahnt, die die schlafenden Prinzessinnen umgaben. Erst im College merkte ich allmählich, wie sehr ich der »behüteten Emelye« in Chaucers Knight's Tale glich, die in einem ummauerten Garten lebte.

---

Aber die Welt – oder zumindest die Welt einer amerikanischen Durchschnittsfamilie zu Beginn des 20. Jahrhunderts – war einem ummauerten Garten nicht unähnlich. Der Erste Weltkrieg rollte vorbei, doch für Kinder, die damals aufwuchsen, beschränkte er sich im wesentlichen auf populäre Lieder (»Over There« und »Pack Up Your Troubles in Your Old Kit Bag«) und patriotische Rekrutierungsplakate (»Uncle Sam Needs YOU«), Fahrten um Kriegssparmarken, gemeinschaftliches Aufwickeln von Verbandsrollen und Bilder im Tiefdruckteil der Zeitungen. Allerdings diente mein Vater während des Krieges unter General Pershing in London beim Alliierten Maritime Shipping Council zusamen mit Sir Arthur Salter, Jean Monnet und Professor B. D. Attolico. Meine Mutter sammelte Geld für die Freiwillige Schwesterneinheit des Smith College und besuchte sie in Grécourt in Frankreich. In unserem stillen Leben waren das ungewöhnliche Unterbrechungen, die uns einen Hauch von der Welt draußen hereinwehten und einen flüchtigen Blick auf das freigaben, was »da drüben« vor sich ging. Später folgten die häufigen Auslandsreisen, aber immer abgeschirmt von der Phalanx der Familie.
Die drohende Wolke der Atombombe hatte noch nicht unsere Himmel verdüstert. Und wir hatten noch nichts von Konzentrationslagern, Pogromen, Völkermord oder Massengemetzeln gehört. Wenn es so etwas gab (und irgendwo oder in irgendeiner Form gab es das immer), dann gehörte es der unzivilisierten Vergangenheit oder dem barbarischen Hinterland an. Es wurde

uns nicht zum täglichen Verzehr vorgesetzt, zusammen mit unserem Orangensaft und Haferbrei. Radio und Fernsehen hatten das Leid der Welt noch nicht in unsere Wohnzimmer getragen. In meiner Jugend arbeitete mein Vater neben seinem normalen Beruf mit der ihm eigenen Intensität für die Gefängnisreform in New Jersey und meine Mutter für den Y.W.C.A. (Christlicher Verein Junger Frauen). Aber obgleich wir uns gewisser vernachlässigter Gebiete in unserem sozialen Gefüge bewußt waren, herrschte doch eine allgemeine Zuversicht, daß diese Flecken auf unserem nationalen Ansehen bald getilgt sein würden.

Tatsächlich erfüllte große Hoffnung die Welt, als wir aufwuchsen. Die Menschen waren aufgerüttelt durch Woodrow Wilsons optimistisches Versprechen, dies sei »ein Krieg, um den Krieg zu beenden«, und die Pläne für einen Völkerbund mit all den Hoffnungen auf nationale Selbstbestimmung und die friedliche Beilegung von Streitigkeiten, mit »offenen Vereinbarungen, die in offenen Verhandlungen getroffen werden«. Sogar über »das russische Experiment« diskutierten meine Eltern und ihre Freunde mit Interesse und einiger Erregung. Mein Vater schrieb ein Buch mit dem Titel *The Society of Free States* über die Geschichte der internationalen Zusammenarbeit und die dazu führenden Schritte. Meine Mutter engagierte sich in einem Feldzug für gleiche Erziehung der Frauen. »Gute Taten« zu vollbringen, war für alle die Regel. Niemand stellte ihren Wert oder den unvermeidlichen Fortschritt zum Goldenen Zeitalter in Frage. Es war die Ära von Coué: »Jeden

Tag (wurden wir) in jeder Weise besser und besser.« Das war selbstverständlich die Welt der »Erwachsenen«. Ich bin erstaunt – diese frühen Tagebücher beweisen es –, wie lange die jüngeren Mitglieder unserer Familie als Kinder angesehen wurden und sich selbst dafür hielten. Solange ich mich erinnern kann, saßen wir Kinder immer mit unseren Eltern und ihren Freunden am Tisch. (Und solchen Freunden wie Chester und Amery Aldrich, den Vernon Munroes, Dekan Woodbridge, Richter Hand, Jean Monnet, Ernest Barker, den Thomas Lamonts usw.) Aber man erwartete nicht von uns, daß wir sprachen, nur daß wir zuhörten. »Gesehen und nicht gehört« zu werden, war noch immer die Regel oder zumindest die Sitte, selbst dann noch, als ich schon verheiratet war.

Unser enger Familienkreis und unser Verhalten waren vielleicht ungewöhnlich für die damalige Zeit. Die Jahre nach dem Ersten Weltkrieg bezeichnete man romantisch als eine Zeit »flammender Jugend«. Es waren die Tage der Prohibition, der nicht lizensierten Kneipen, der freien Liebe (oder, in milderer Form, des »nekking«), der Flapper (Backfische), des Charleston und geschmuggelter Bände von Elinor Glyns *It.* Die Woge dieser berauschenden Möglichkeiten schwappte nie über das Ufer unserer stillen, ehrbaren Insel. Meine Mutter blieb nachts auf, um auf meine Schwester und mich zu warten, wenn wir zum Tanzen gingen (stets nur mit den wohlerzogenen Söhnen alter Freunde der Familie), und wir hatten peinigende Gewissensbisse, wenn wir später als Mitternacht nach Hause kamen.

Ich kann sehr gut die Bemerkung verstehen, die eine weltgewandte Chilenin zu mir machte, nachdem wir uns ein paar Minuten bei einem Tee-Empfang in der Botschaft von Mexiko City unterhalten hatten (ich kam damals gerade aus dem College und trug mich mit ernsten Heiratsabsichten):
»Sie haben eine Schwester, die *jünger* ist als *Sie*?« sagte sie mit unterdrückter Heiterkeit. »Das ist doch nicht möglich!«
Es war nicht möglich, die Bemerkung traf ins Schwarze, und ich erkannte sofort, daß sie stimmte. Ich war das jüngste, scheueste, befangenste junge Mädchen, das es je gegeben hat, glaube ich. Außerdem, muß ich gestehen, dauerte meine Jugend phänomenal lange. Ob ich es wohl wagen kann zu sagen, daß ich jetzt aus dieser Periode herausgewachsen bin?
Aber wenn man die Adoleszenz aus dem Leben und den Akten streicht, wieviel geht dabei verloren: Jugend, Hoffnung, Träume, nie zu verwirklichende Ideale, das sich Verlieben in zahllose »nicht unmögliche Er's«, grundlos ausbrechende Fröhlichkeit, Verzweiflung, die am nächsten Morgen vorbei ist, und ein Vorgeschmack auf die unvermeidlichen Tragödien des Lebens, zusammen mit den eigenen wirren Versuchen, sie zu verstehen oder kennenzulernen.
Ohne einen Einblick in den ummauerten Garten zu geben, wie kann man da die nicht ummauerte Welt verstehen, in die diese »behütete Emelye« eintrat? Wie kann man begreifen, um mein Tagebuch von damals zu zitieren, was für eine »Bombe« »Oberst Lindbergh« in

unsere »im College herangezüchtete, ewig bücherlesende, nach innen gekehrte Familie« warf?
Nicht zuletzt habe ich einen gewissen Respekt vor den frühen Anstrengungen dieses strampelnden jungen Mädchens, das nun so viele Leben von seinem heutigen Ich entfernt zu sein scheint. Ich kann über es lachen, und oft verwirrt es mich, aber ich möchte es nicht verraten. Es soll selbst zu Wort kommen.

## 1922

*Tagebuch* Sonntag, 17. September 1922
Englewood, N. J.

Der letzte Sonntag, an dem wir alle beisammen sind. Elisabeth geht ins College zurück und Dwight zum erstenmal nach Groton.
Wir gingen alle gemeinsam zur Kirche. Die Predigt handelte davon, »die Brücken hinter sich abzubrechen, um einem Traum zu folgen«. Das sollte man wagen! Mutter hatte uns alle auf dem grünen Sofa in ihrem Zimmer versammelt und sprach mit uns, sie weinte fast und sagte uns immer wieder, wir sollten nicht vergessen, wo wir auf der Welt auch seien: »Was immer deiner Hand zu tun gegeben, tu es mit deiner ganzen Kraft.«

*

[Northampton, Smith College, 28. September 1924] Sonntag

Liebste Mutter,

ich würde Dir gern Seiten über Seiten schreiben, aber ich kann es einfach nicht. Ich habe noch nie so etwas wie die Hetze im College erlebt. Es ist einfach entsetzlich. Jeden Augenblick, in dem ich *nicht* hetze, meine ich zu vergeuden, ich habe immer das Gefühl, ich müßte in eine Klasse hetzen oder sonst wohin oder lernen. Am Anfang war das Ganze zu fürchterlich, um es in Worte zu fassen – das gilt sowohl für die Gesellschaft wie für die Arbeit – aber vor allem die Arbeit. Nicht untertags, aber in der Nacht hing sie wie ein regelrechter Dämon über mir. Ich geriet ziemlich in Panik, doch allmählich wird es besser, obwohl es mir immer noch neu und sehr seltsam erscheint und ich mich sehr schüchtern, jung und unfähig fühle.

Elisabeth und ich gingen heute zur Vesper. Es war einfach herrlich. Präsident Neilson sprach wundervoll über die glückliche Gelegenheit und die Verantwortung, die darin liegt. Der Text war aus dem Buch der Könige, großartig, ich muß ihn suchen, etwas wie: »Ich will dir zweitausend Pferde geben, wenn du für dein Teil Männer darauf setzt, die sie reiten.«

Dies ist so in Eile geschrieben. Du wirst es nicht lesen können. Die Leute sind alle furchtbar nett, und ich komme auch immer besser zurecht. Je mehr ich darüber nachdenke, desto stärker wird mir bewußt, was Du mir Wunderbares gegeben hast. Ich frage mich nur, ob ich die zweitausend Pferde reiten kann!

---

[Northampton, 18. Mai 1926]

Liebste Mutter,
Hier eine Entdeckung, die ich gemacht habe. Die Menschen wollen gar nicht verstanden werden – ich meine nicht restlos. Das ist zu vernichtend für sie. Dann bleibt ihnen nichts mehr übrig. Sie wollen kein vollständiges Mitgefühl oder Verständnis. Sehr oft wollen sie gleichgültig behandelt und so genommen werden, wie sie sind. Es gäbe noch mehr darüber zu sagen, aber ich habe es nicht erschöpfend durchdacht.

*

*Tagebuch* [Schiffsreise nach Europa, August 1926]
Freitag, 13. August

New York und die Docks sind still, verlassen, heiß, aber unruhig still, wie ein Krankenzimmer, in dem Fieber wütet.
Es erscheint mir alles unwirklich. Schon seit wir North Haven verlassen haben. Heute nacht fühlte ich mich (erschöpft, benommen, unruhig) wie vor Jahren als kleines Kind, wenn man mich halb im Schlaf und unter Protest mitten in der Nacht von einem Bett in ein anderes trug.
Die »Suite« – vollgestopft mit ausgefallenen und nutzlosen Körben, Schachteln, Elisabeths Geschenken usw. – stieß mich geradezu ab, insbesondere auch

Banks, der salbungsvoll die Aufsicht führte (ungerecht – ungerecht, *garstig*).
Nicht halb so viele Leute wie letztes Mal – heiß und ausgestorben.
P. schickte uns ein Telegramm – lieb!
Fahren ab.
Lichter durch den Nebel und über dem Wasser, kein Laut, nur ab und zu geradezu menschlich klingende, unverschämte Hornsignale von Schleppern. Diese Lichter, Pfade über dem Wasser. Die langsame, gemessene Würde unseres fahrenden Schiffs. Elisabeth ist wehmütig, schaut zurück.

Samstag, 21.

Heute morgen standen wir sehr früh auf und stellten fest, daß wir bei kaltem, nebligem Regen in Cherbourg angelangt waren. Gingen sehr rasch von Bord. Die Felder waren erregend grün, von Hecken in dunklerem Grün zerstückelt. Dann die Küste, gesäumt mit massiven alten Steinhäusern, Mansardendächer, eine unregelmäßige Linie von anheimelnden alten Gebäuden – keine steifen, farblich eintönigen Wolkenkratzer. Ich hielt nach den kleinen Booten mit den roten Segeln Ausschau, die Con und ich letztes Jahr gesehen hatten, aber sie schaukelten mit eingerollten Segeln in einem der kleinen Häfen. Wir beobachteten die *Homeric*, die in die Ferne hinausdampfte. Nahe der Mole sahen wir Léon [den Chauffeur] und winkten wild.

Montag, 23.

Am Morgen bummelten wir an den glitzernden Läden in der Nähe des Hotels vorüber, nicht um einzukaufen, nur um hineinzuschauen.

Am Abend rief Chester an und lud Elisabeth und mich zum Essen in ein Restaurant ein (er hatte einen jungen Freund mit). *Wahnsinnig* nett von ihm. Wir fühlten uns sehr geschmeichelt. Viel Aufregung wegen der Garderobe. Schließlich ging Elisabeth in einem geblümten Chiffonkleid von Mutter und ihrem großen beigen Hut mit Samtband. (Ich liebe sie in diesem Hut.) Ich trug das »Rosenblätter- und Rahm-Kleid« und meinen neuen großen schwarzen Samthut, von dem Dwight sagt, er sähe aus wie ein dunkler Schatten über meinem Leben, aus dem mein Gesicht heraus*lugt*. Der »junge Mann« von Chester erwies sich als ein sehr gewinnender Neuseeländer, Musiker von Beruf. Er sagte sofort, er hätte mich schon früher einmal bei einem Tanzfest getroffen. Natürlich erinnerte ich mich an den Ball, aber an ihn hatte ich nur eine sehr verschwommene Erinnerung. Nach und nach fiel mir immer mehr ein, als sich herausstellte, daß er Musiker und Neuseeländer war. Er schien sehr gut gelaunt und führte uns in ein Lokal namens »Maisonnete Russe«, ein kleiner Raum, dunstig vor Rauch und schummrig beleuchtet, in *Chauve-Souris-Manier* bemalt, scharlachrot und leuchtend blau; und eine Decke »ohne Anfang und Ende«, kein Vorn und Hinten. Die orangefarbenen Lampenschirme mit kleinen schwarzen Masken bemalt. Wir saßen in einer Ecke; ein paar Russen hinter uns gaben beständig ein lautes, undeutliches Gemurmel von sich (viel klirrendes Porzellan). Es war zum Brechen voll. Sie spielten einen sündigen Tango, als wir hereinkamen: »Noch ein wenig, und das Herz setzt einen Schlag lang aus.« Der schwarze Samt paßte genau, ich hätte auch rauchen können, aber nein. »Rosenblätter und Rahm« – und dazu *rauchen*? – Nein. Mein Herz zuckte mit der Flamme, und der ganze Zauber aller verzauberten Augenblicke kehrte wieder.

Wir sprachen miteinander, doch ich erinnere mich an kein einziges Wort. Es war die zuckende Musik, die sprach, die Lichter, das Geklapper von Gabeln gegen Teller, Rauch und Finger, die tanzten, und Augen.

Kaviar.

Dann eine Fahrt im Taxi durch die finsteren, stillen Straßen – nach Hause, wo ich die ganze Nacht aufsaß und an P. schrieb – *idiot, mille fois idiot!* Diese Stimmung kann man nicht festhalten und in einem mitternächtlichen Brief mit Feder und Papier über den Ozean vermitteln. Sie kühlt ab und wird ihm abwegig und langweilig erscheinen. Und ich zahlte die Zeche dafür am nächsten Tag.

Sonntag, 29.

Aus Paris abgereist. Bin froh, daß wir fort sind. Diese ganze Woche war eine einzige anekelnde Zeitvergeudung, angefüllt mit betäubender Künstlichkeit – alles wurde für uns getan, eine unüberwindliche Mauer von Ritz-»Service«.

---

Ich möchte in den Feldern von North Haven liegen, Milch trinken und Wind spüren.

»If ever I said, in grief or pride,
I tired of honest things, I lied.«[1]
[Edna St. Vincent Millay]

Nach Auxerre. Der Teil der Fahrt in der Dämmerung war himmlisch. Ich denke an ein Gedicht, in dem irgendwo die Zeile vorkommt »Ich trage dich in der Dämmerung meines Herzens«. Rotbraune Dächer; alte Straßenlaternen in Auxerre.
Nach Dijon; fuhren an Flüssen entlang, viele Weiden, Hügel, Pappeln – liebliche Landschaft. Morgens nach Genf. Hinter dem Berg – Genf und der See im Dunst weit, weit unter uns. Zuletzt war es kühl und sehr frisch, die Luft war einfach ... jungfräulich.
Abschied von Elisabeth mit vielen Küssen.[2]

Samstag, 4. September [Genf]

Gingen zur Reformations-Statue, prachtvolles, bewegendes Denkmal. Schlicht und streng, großartig. Ich glaube nicht, daß diese Bewegung, wie Daddy sagt, für das Gegenteil dessen eintrat, was jetzt der Völkerbund beabsichtigt. Separatismus war nicht ihr Ziel, sondern nur der notwendige Weg, bedingt durch die damalige

[1] »Wenn ich je gesagt habe, sei es aus Kummer oder Stolz, / ich sei einfacher Dinge überdrüssig, dann log ich.«
[2] Elisabeth Morrow blieb mit einer Freundin in Frankreich zurück, um an der Universität Grenoble ein Semester Französisch zu studieren.

Zeit, um ein Ziel zu erreichen, das seiner ganzen Natur nach nicht die Teilung war. Ich habe jedenfalls das Gefühl, daß das Pendel zuerst zum Separatismus hin ausschlagen mußte, um dann zu einem umfassenderen Internationalismus zu gelangen.

Montag, 6. September

Gingen heute morgen zur Eröffnungssitzung des Völkerbunds. Mutter und ich saßen nebeneinander in den hinteren Reihen einer riesigen Halle. Unten waren nur drei oder vier Reihen für Zuhörer reserviert, auf den drei Rängen drängten sich die Menschen, vorn eine Bühne und drei oder vier Sitzreihen. Benesch sprach – oder las – auf französisch. Die Sitze vor uns waren voll mit Delegierten. Man erledigte ein wenig vom geschäftlichen Teil. Es war zum Ersticken heiß und eng. Dann war alles vorbei. Menschenmassen draußen und drinnen. Paderewski saß direkt vor uns. Mutter stellte mich ihm vor. Ein großer, gütig aussehender, struppiger Mann.

Mittagessen im Internationalen Club. Nicht mehr als dreißig Leute insgesamt – Mr. Austen Chamberlain und Manley Hudson an einem Ende. Austen Chamberlain begann über Locarno zu sprechen. Ein grauhaariger, vornehm aussehender Mann mit trockenem Lächeln und einem Monokel. Er sprach ganz persönlich, einfach, amüsant, auch über die charmanten, lebendigen Details, die sich unbemerkt am Rand großer Ereignisse abspielen. Er sprach, als wäre der ganze Raum voller Frauen – als wäre er selbst eine Frau –, und den-

noch wurde seine Unterhaltung nicht trivial und klatschhaft. Irgendwie wurde die große Bedeutung von Locarno greifbarer, lebendiger, eingerahmt in die Frische der kleinen, menschlichen Zwischenfälle. Er war ein vollendeter Künstler – Takt, Grazie, Gewandtheit, Charme. Er schilderte ausführlich Einzelheiten: Wie er seine Karte im Quartier der Deutschen abgab, sich nach einem runden Tisch umsah, wie der Raum ausschaute, in dem sie saßen, wie sie von Tag zu Tag weiter kamen. Die Behutsamkeit, mit der sie vorgingen – seine Gespräche mit Briand, Scherze, charmante witzige Bemerkungen und Zwischenfälle.
Dennoch gab er uns durch alle diese Belanglosigkeiten ein Gefühl von dem, was er den »Geist von Locarno« nannte. Er fesselte unsere Aufmerksamkeit, atemlos.

Mittwoch, 8. September

Abgereist nach London.
Sehr müde, wir fuhren durch die erleuchteten Londoner Straßen zum Berkeley.

Donnerstag, 16. September

Heute durchstreiften wir London auf den Spuren der Elisabethanischen Zeit: Chancery Lane, Holborn und Fleet Street. Aus der Hast von Autos, Trambahnen, Gedränge, eiligen Männern und Geschäft hinein in Lincolns Inn: ein Hof, ein Stadtkern – fast ein College. Alte Steinbauten, Plätze, Steinwege, Gärten, mit Stille überwachsen wie mit Moos.

Freitag, 17. September

Ein reiner Einkaufstag – vornehmlich bei Franks an der Camomile Street, wo ich durch Räume voller Staub und Idole wanderte, die in einem fremdartigen, hochmütigen Frieden vor sich hinträumten. Kunstvoll, glatt, blasiert. Ich wollte, ich hätte mir eines gekauft, um es immer bei mir zu haben. Auch Steine gab es dort und bemalte Figuren und Schalen – fremde, klare Farben, aber alt, so alt, als kämen sie vom Grund des Meeres. Morgen geht unser Schiff!

Sonntag, 19. September

Ein riesiges Schiff, aber nicht luxuriös, nicht aggressiv marmorgefliest-badezimmerhaft.

*

*An E. C. M.* [Northampton], 12. November 1926

Elisabeth, meine Liebste,
das Studium am College (um das gleich vorwegzunehmen) ist jetzt insgesamt leichter, zumindest was die Arbeit betrifft. Alles, außer dem Schreiben. Ich fühle mich (diesbezüglich sowohl im Kurs von Miss Kirstein als auch beim *Monthly* [1]) so wie die Kuh, die man zuerst hoffnungsvoll »Daisy« taufte und später aus einleuchtenden Gründen in »Sahara« umbenannte.
Aber, liebste Elisabeth, was die persönliche Seite an-

[1] Literarisches Magazin des Smith-College

geht, so ist es noch immer sehr schlimm. Ich sehe wirklich niemanden, und dann wiederum sehe ich eigentlich mehr Leute als je zuvor, weil ich so viel freier bin – aber das geht nicht sehr tief.
Es ist ein ganz neues, seltsames Gefühl – ich komme oberflächlich mit so vielen Leuten (viel mehr als früher) in Berührung, und doch kommt niemand mit mir in Berührung. Die Einsamkeit ist sehr schön und sehr wünschenswert hier – ich habe sie wirklich gern –, alles außer einer Art körperlicher Einsamkeit, die ich bisher noch nie empfunden habe. Früher verstand ich nie dieses verrückte (so schien es mir) Verlangen gewisser Leute, einfach nur Menschen – irgendwelche Menschen – um sich zu haben. *Geistige* Einsamkeit ist kaum möglich, und ich konnte nie begreifen, daß es noch eine andere, vollkommen vernünftige Art von Einsamkeit gibt, obwohl ich sie nicht sehr stark empfinde.

## 1927

*An E.R.M.* [Northampton, März 1927]

Mein liebster Schatz,
ich habe Dir noch nicht von Groton und unserem *lieben* Dwight erzählt. Er war süß und lieb und so lustig. Ich ging zum Washington-Geburtstagstanz. Ich übernachtete bei Mrs. Tuttle. Sie ist jung und charmant und hat ein bezauberndes Haus – Unmengen von Sachen und Blumen und viele, viele schöne, seltene Bücher – *und*

ein Baby, ein hinreißendes Baby! Sie ist so glücklich und so hübsch. Wünschst Du Dir nicht auch oft, daß Du diese Heiraterei schon hinter Dir hättest? Ich wäre bereit, das Verliebtsein und die Flitterwochen usw. zu opfern, wenn ich einfach in ein Alltagsleben wie das ihrige hineinspringen könnte. Ein Heim, ein netter Mann (wenn nötig) und ein Kind – alles geregelt und alltäglich, keine Romanze, sondern eine Art göttliche Eintönigkeit.

Was Dwight betrifft – er war die Höflichkeit in Person, ziemlich stolz und ein bißchen verwirrt (»Durrie«), weil ich da war. Seine Ballkarte war restlos ausgefüllt. A. H. hatte seine sogenannte »Passionsblume« zum Ball herkommen lassen. Sie hat rosa Backen und lispelt. A. H. schickte ihr ein Sträußchen aus sechs Gardenien!!! Alle Jungen waren süß – ein bißchen schüchtern, *sehr höflich* und *darauf bedacht zu gefallen.* Mr. Jacomb kam strahlend zu mir her, und »dem Rektor« gefiel mein Kleid, so war ich für den Abend festgelegt – mit dem Billigungsstempel dieser Veteranen auf mir. Ich mag Jungen in diesem Alter sehr gern, und die Atmosphäre in einem Jungen-College ist – es gibt *nichts* damit Vergleichbares. Sie hat (lache nicht) etwas Jungfräuliches an sich. Sie ist frisch, gesund und sehr vergänglich. Der einzige Fehler des Abends war, daß A. P. mich kaum beachtete. Das ärgerte mich, weil ich mich so anstrengte, ihn nicht zu beachten: 1. weil er schändlich gut aussieht; 2. weil er ein Verehrer von L. ist; 3. weil Dwight, A. H. usw. mir immer erzählen, daß er ein Herzensbrecher ist.

---

Alle mögen Dwight – alle –, ich war über alle Maßen stolz und glücklich. Alle Lehrer. Und *alle* Jungen. Er ist beliebt und geachtet. Dwight brachte ganze Massen von Jungen herauf, stellte sie mir vor (es war ein Kartenball) und sagte nachher kindlich: »Ich habe Dir niemanden vorgestellt, der mich nicht darum bat!« Zuerst kam die Vorstellung – reihenweise süße, ernste kleine Jungen, die dann wieder rückwärts hinausmarschierten. Viele vernarrte Mütter und ein Haufen alter Boston-Groton-Peabody-Lawrence-Verwandter, die sich über die Brüstung beugten. (Was für eine Familienverschwörung Groton doch ist!)
Bei Halbzeit des Balles spielten sie ein paar alte Walzer. Wer kam zur Tanzfläche? Mr. und Mrs. Peadbody, und sie »gaben den Takt an«, genau wie der alte »Fuzziwig« – erinnerst Du Dich? Ich habe sie sehr gern.

*

*Tagebuch* [North Haven], Dienstag, 12. Juli 1927

Trüber, blasiger Tag, wie wenn eine dünne, fast durchsichtige Schicht weißer Farbe über allem läge.
Die Möwen sind oben grau, ihre Flügel an den Spitzen weiß. Ihre kleinen Körper sind weiß, die Schnäbel rot. Sie schlagen mehrmals mit den Flügeln, ehe sie zu segeln beginnen. Ihre Schwingen sind nicht gerade: sie biegen sich durch, sogar beim Segeln.
Der heutige Tag war positiv – eine sich behauptende Realität – in allem: ich selbst, das Rascheln der Blätter,

das Tuckern von Motorbooten, Möwen, Bäume, die sich vor dem Himmel abhoben, Butterblumen.

Mittwoch, 13. Juli

Kapuzinerkresse – lebhafte, feurige Farben, so daß man sich beinahe die Hände daran wärmen kann. Wenn man die Augen schließt, sieht man überall flammende Flecken, als hätte man in die Sonne geschaut. Sehr eigenartig, so ein unbewegliches, kühles Leuchten: ruhige, einzelne Flämmchen an ihren glatten grünen Stengeln – ein grünes Weiß. Auch die Blätter mag ich gern – platt, von der Mitte ausstrahlende Rippen. Sie würden auf dem Wasser dahintreiben – ganz platt.

*

North Haven
[Sommer 1927]

Lieber Corliss,
die Schmetterlinge sind wunderschön – besonders ein kleiner, leuchtendblauer in der zweiten oder dritten Gruppe. Aber sie sind doch nicht so schön wie die in der Natur herumflatternden, die Sommer und Muße bedeuten. Kennst Du das Gedicht von (W. H.) Davies, in dem die Zeile vorkommt:

»What is this life if, full of care,
We have no time to stand and stare.« [1]

Oh, ich hatte Dir soviel zu sagen, und nun steht zwischen uns eine Art Mauer aus Papier und Feder und ih-

[1] »Was ist dieses Leben, wenn wir, voller Sorgen, / keine Zeit haben, stillzustehen und zu staunen.«

rem Rascheln; eine Mauer zwischen meinen Gedanken und Wünschen und ihrem Ausdruck. Vielleicht ist es das, was »Zélide« (oder Geoffrey Scott) mit der »Spannung der Korrespondenz« meinte. Ich hätte Dir schon früher geschrieben, aber ich mußte Pflichtbriefe erledigen. Stell Dir vor, *einundzwanzig* absolut notwendige! Bis jetzt habe ich zehn, elf sind noch übrig. Ich schreibe etwa zwei »unangenehme« Briefe pro Tag, und was das für ein Kampf ist! Natürlich würde ich sie fast alle auf einmal schaffen, wenn ich den *ganzen* Tag darauf verwenden könnte. Aber da ist Dein philosophisches Buch, das ich noch kaum begonnen habe – und dann so viele andere Dinge, die ich mir aufgespart habe –, eine Menge unbekannterer Memoiren und anderer Dinge aus dem 18. Jahrhundert, eine Biographie von Rousseau, eine Denkschrift, einige französische, einige moderne Schriftsteller (die »Bewußtseinsstrom«-Schriftsteller oder wie sie heißen, die mit Proust usw. begannen). Einige russische Erzählungen von Tschechow, *Die Brüder,* usw. usw. Es ist so qualvoll. Ich kann nicht schnell genug lesen. Dann ist das Wetter so schön. Ich muß einfach eine Weile draußen verbringen. Die Wiesen sind wirklich weiß vor Gänseblümchen. Es gibt so viele hübsche weiße Sachen, Wolken und Möwen und Gänseblümchen und die weißen Kronen der Wogen – ich sah sie alle von Eurem Garten aus.

Eigentlich wollte ich Dir über meine Lektüre berichten, aber ich fürchte, dazu bin ich zu müde – ich habe die Einführung von Royce gelesen. Ich finde sie sehr gut und klar. Besonders gut gefiel mir die Stelle, wo er den

Philosophen als einen »professionellen Musiker mit nachdenklichem Sinn« beschreibt – das alles ist sehr schön. Es gab mir ein sehr anregendes und aufschlußreiches Bild von dem, was Du tun und sein willst (ich meine, in gewisser Weise begriff ich ein *wenig* von Deinem Standpunkt), so aufschlußreich und erleuchtend wie ein Sonett von Santayana, das Du mir einmal gegeben hast und das, glaube ich, so begann: »Denke nicht, weil du mich siehst ...« usw. Dann las ich die *Apologie* und *Kriton*. Sie erweckten ein sehr komisches Gefühl in mir, denn ich hatte sie beide in Griechisch bis ins Detail mühsam durchgearbeitet und den Sinn überhaupt nicht begriffen. Dennoch war mir alles bis ins kleinste vertraut. Ich las es mit einer Art erregter Bewunderung, die ich nie zuvor verspürt habe – überwältigt von seinem Schwung und seiner Großartigkeit – besonders bei der *Apologie*. *Phaidon* werde ich morgen lesen. Hab vielen Dank dafür, Corliss.

*

*Tagebuch* Samstag, 16. Juli

Abendessen an Bord der *Corsair*.[1] Ich fühlte mich plötzlich wie nach Paris oder Biarritz versetzt. Eine unbeschreiblich romantische Welt. Das verhieß Abende, an denen alles auf einmal zu glitzern beginnt, und Gesellschaften mit allem Drum und Dran gleich um die Ecke: Musik in der Ferne, Lichter, Kerzen, Lichterglanz auf Tellern und Gläsern, Rauch, das leise Gemurmel

[1] Yacht von J. P. Morgan

und Lachen von Männerstimmen. Die Freude, fast unsichtbar hier zu sein in dieser funkelnden Welt, die brillantesten, charmantesten Männer der Welt beobachten und ihnen zuhören zu können, und ein Eindruck von höchstem, märchenhaftem Luxus – alles in erregendem, prunkvollem Stil, alles viel großartiger als bei einer Party junger Leute. Ich fühlte mich wie damals als Kind, wenn ich all die langschwänzigen schwarzen Fracks und steifen Hemdbrüste, all die funkelnden, glitzernden Damen im Abendkleid beobachtete, denen Puder und Lachen und edelsteinbesetzte Handtäschchen ein strahlendes Aussehen verliehen – wie wenn man plötzlich vom Zuschauerplatz an der Garderobentür erlöst wird und selbst mit hineindarf in den Speisesaal, unsichtbar, aber gegenwärtig. Und es war um so vieles komfortabler als eine Einladung junger Leute, so viel mehr *gesichert* – man konnte ganz ruhig in seinem Schneckenhaus bleiben; man brauchte nicht zu sprechen, nur zu lächeln und zu schauen. Dann die Speisen; die Freude an den vielen fremden, ausgefallenen, gewürzten Gerichten – seltsame Formen, Farben, Geschmackseindrücke, Gebilde: Burgen aus Schlagsahne, Torten, Toast an allen Ecken und Enden – und all diese Gläser, niedrige und hohe, voller geschmolzener Edelsteine, die man nicht zu kosten wagte.

Das war die Welt, in die wir wieder zurückkamen. Man brachte uns sehr geschwind in einem geschlossenen Motorboot zu dem großen Dampfschiff hinüber – Backbordlampen sandten flackernde Lichtstrahlen aus. Wir gingen hinaus auf die Stufen, den Laufsteg, und oben stand Mr. Morgan – groß, wuchtig, herzlich, immer mit seiner »prächtigen« Art, breites Lächeln, weit ausholende Gebärden, ein offenes, herzliches »How do you do« – mit seiner vollen, runden Stimme, englischer Akzent.

*

[Northampton, 28. September 1927]
[Beginn des letzten Studienjahres]

Liebste Mutter,
selbst nach dem zweiten Tag bin ich noch zu müde, um Dir alles zu schreiben, was ich möchte. Aber ich fühle mich wohl *und* sehr glücklich, deshalb wollte ich Dir nur flüchtig etwas zu Papier bringen.

Ich fand Deinen lieben Brief und weidete mich daran (ungeöffnet) den ganzen Abend. Ich las ihn, mit Blick auf den Garten, in der Kühle des ersten Morgens.

Liebste Mutter, ich habe sehr an Dich gedacht in der Kapelle, als wir den erhebenden Choral sangen »Von Hand zu Hand geht der Gruß«. Du warst so wunderbar in dem allem (Mexiko) [1], wirklich, ich glaube, wir Kinder haben mehr von Dir als von Daddy geredet. Ich kann jetzt nicht mehr dazu sagen, ich bin einfach zu müde.

Wenn ich die Wege unter diesen schönen Bäumen entlanggehe, denke ich immer an Dich. Ich bin so froh, daß ich hier bin, wo Du warst.

*

[1] Im Juli 1927 bat Präsident Coolidge Dwight Morrow, den Botschafterposten in Mexiko zu übernehmen.

[Northampton] 23. Oktober 1927

Der heutige Tag war himmlisch – nicht nur wegen der äußerlichen, sichtbaren Schönheit. Ein ruhiger, klarer Herbsttag. Die Bäume, die Hügel in flammendem Gold – rostrot –, und alles unbeweglich, vom Frost erfaßt, jederzeit in Gefahr, zu fallen und weggeblasen, davongewirbelt zu werden, aber nun für kurze Zeit in einem Zauber gefangen.

Doch es war noch mehr. Der Tag hatte einen zusätzlichen göttlichen »Hauch«, wie ihn leuchtende Früchte manchmal besitzen.

Ein stiller Tag mit einem Wind hoch in den Lüften – ein rasender Wind irgendwo in der Höhe, so daß man die ganze Zeit ein fernes Brausen vernimmt. Als wären wir in einem tiefen Meer versunken, und über unsere Köpfe führen langsam große Schiffe hinweg.

[Im Zug nach Mexiko, 19. Dezember 1927, begleitet von E.R.M.]

Wir fahren schon den ganzen Tag durch dieses eintönige Land. Heute morgen Laredo: so weit das Auge reicht, nichts als dieser graue, grünlich-braune Sand, Beifuß und Kakteen (eine niedrige Art), hier und da einer jener grotesk deformierten Kaktusbäume, die bizarr aus dem Beifuß ragen. Es ist kalt – eine durchdringende, feuchte Kälte. Wir halten an ganz kleinen Stationen; Lehmhütten, Stangen und Steine; davor ein Mann, dunkelhäutig, mit wildem Blick, in eine Decke gehüllt, die auch Nase und Mund bedeckt und nur diese finsteren, schwarzen Augen freiläßt. Schweine und dürre Hunde mit hängenden Schwänzen laufen in seine Hütte und wieder heraus. Eine Frau steht in der Tür – auch sie in eine große Decke gehüllt, so daß nur die Augen sichtbar sind. Es ist bitter kalt.

Nirgends ist irgendeine Farbe zu sehen. Alles gleich, dieses monotone graue Grün: der Sand, die Büsche, sogar der Himmel – kalt und bewölkt – schien mit derselben Farbe getüncht; kein Rot, kein Gelb oder Braun, nur dieses kalte, alles einhüllende, trockene Grau. Es ist schrecklich deprimierend. Wir haben seit drei Tagen nichts Hübsches mehr gesehen: zuerst flache Felder, Maisstrünke, dann Baumwolle, und heute *nichts* als diese grauen Kakteen. Es sieht aus wie ein einziger endloser Mehltau.

Es wäre schrecklich, wenn etwas passierte und man hier in dieser trostlosen Öde zurückbleiben müßte. An den Stationen ist es noch schlimmer. Solange man bloß durchfährt, erscheint es nicht wirklich – der Zug rattert dahin und überzeugt einen, daß er (der Zug) die einzige Realität ist, aber wenn er hält, und es ist einen Augenblick lang still und man schaut hinaus, hört ein Schwein im Dreck scharren, dann erschüttert einen dieses bißchen Bewegung, dieses Geräusch, weil einem schaudernd bewußt wird, daß dieser Ort wirklich ist! Daß er existiert, daß er schon da war, ehe man hier angedampft kam, und (trostloser Gedanke) daß er *immer noch da sein wird, wenn man schon längst wieder weit weg ist.* Dieses Schwein, das vor der Lehmhütte scharrte ...

---

Heute abend kamen wir an einer »Hacienda« vorbei. An der Hauswand rankte sich eine leuchtende, purpurrote Bougainvillea empor! Ich schrie regelrecht auf vor Freude, nur weil ich dieses bißchen strahlende Farbe sah.
Heute nacht fühlte ich mich wie in *Outward Bound*[1], wir alle miteinander eingeschlossen, unser ganzes früheres Leben unwiederbringlich vorbei, vergangen, unerreichbar. Keine Lichter draußen, nur Leere. Wir rasen dahin – draußen nichts als nackte Finsternis.
Woher kommen wir? Wohin gehen wir?
Es ist wie der Tod.

[20. Dezember]

Jetzt weiß ich, wie den Kindern Israels zumute war, als sie in das »Gelobte Land« kamen. Ich wachte heute morgen auf und sah grüne Bäume – richtige Bäume –, an denen Trauben roter Beeren hingen und Schluchten, durch die sich ein brauner, sandiger Fluß wand. Auch Hügel, bedeckt mit Kakteen, aber wenigstens Hügel. Und Kornfelder. Kleine Lehmhütten, vor denen Frauen in bunten Röcken auf gelbem Stroh knieten. Rote Ziegel auf den Dächern und rote Blumen an den Wänden. Die Häuser sind gestrichen, als hätte ein Kind sie bemalt. Blau mit roten Streifen um Türen und Fenster, oder Weiß mit Rot.
Plötzlich, als wir aus der Schlucht und auf den Hügeln

[1] Theaterstück von Sutton Vane (1923), in dem die Passagiere eines Schiffs plötzlich merken, daß sie gestorben und nun dem Himmel oder der Hölle geweiht sind.

waren, löste sich der Nebel auf. Strahlende Sonne. Auf einem Bahnhof stiegen wir aus dem Zug. Eine Frau hielt uns einen Korb mit Orangen und Zitronen entgegen, die in der Sonne glänzten. Es war warm – köstlich, unglaublich warm; dieser herrliche Nassau-Geruch nach Lehmwegen, die nach einem Nachtregen trocknen. Man konnte den Mantel ausziehen, die Sonne durchwärmte einen bis ins Mark.

Wir sind jetzt in einer neuen Landschaft: weite Ebenen, noch immer mit Kakteen und jahrhundertealten Pflanzen bewachsen, aber sie gehen in einen riesigen, abwechslungsreichen Himmel über, Berge – phantastisch und unwirklich –, darauf Schatten von Wolken.

Männer mit ihren großen Strohhüten und dunklen Augen beobachten uns reglos.

Kleine Esel ziehen Karren über die Felder, das Korn und die Kakteen wachsen ihnen fast über den Kopf.

[Mexico City]

Eigentlich wollte ich ein objektives Tagebuch schreiben. Doch das hört hier auf. Es ist mir gleich, ob ich ins Schwärmen gerate, wenn ich nur ein wenig den Eindruck von dem festhalten kann, was letzte Woche geschehen ist. Ich wünschte sehnlichst, ich hätte alles gleich unmittelbar danach niedergeschrieben, aber dazu war ich zu bewegt – und zu beschämt über meine Gefühlswallung. Dennoch, es muß niedergeschrieben werden. Ich muß die Erinnerung daran bewahren. Das Dumme ist nur, daß ich es zum erstenmal in meinem Leben gar nicht niederschreiben wollte – ich habe mich noch nie so vollständig unfähig gefühlt, mich auszudrücken. So oft hatte ich das Gefühl: ich kann diese schwierige Sache nicht in Worte fassen, meine Instrumente sind zu plump und zu stumpf. Doch alles, was ich jetzt fühle, ist: meine Instrumente sind viel zu gering, zu untauglich, ich habe *nichts,* um das hier auszudrücken, kein Mittel, um damit wirklich fertig zu werden.

Das Beste, was ich tun kann, ist, mühselig die kleinen, oberflächlichen Einzelheiten aneinanderzustückeln, alles – alles, woran ich mich erinnern kann, alles, gleichgültig, wie geringfügig es ist – und ziemlich blind zu hoffen, daß ein Wunder geschehen wird, daß diese zusammengewürfelte und -geflickte Sammlung von Fragmenten sich irgendwie entzündet – zumindest für mich –, und daß ein Funke dieses unbeschreiblichen Gefühls in mir wieder aufglüht.

Mittwoch [21. Dezember]

Nach einem Tag durch Ebenen und breite geschwungene Täler – gewaltige Berge. Es war dunkel. Plötzlich tauchten Lichter auf, enge Straßen, und im Nu glitten wir in den Bahnhof. Alles geschah unbeschreiblich rasch, wir standen auf einmal auf der hinteren Plattform, Con sprang hinter einem anderen Wagen über die Geleise, und dann lagen wir uns in den Armen. Daddy mußte mit einem Sekretär fort, wir zwängten uns in ein anderes Auto, fuhren durch erleuchtete, von Mauern gesäumte Straßen wie in Frankreich. Abgehacktes Gespräch: Hatten wir alles? Wie sie sich freuten, uns wiederzusehen! Wie war der erste Eindruck? Waren wir gesund und wohlbehalten? Waren wir wirklich da? Sie hatten sich so einsam gefühlt am Anfang. Wie sie die Zimmer einrichteten.

»Oberst Lindbergh ist da[1] – ein sehr netter junger Mann, sehr nett, aber Daddy muß heute abend mit ihm ausgehen.« Wir nahmen das kaum zur Kenntnis oder fanden es vielmehr ein bißchen lästig, daß all dieses Getue um einen öffentlichen Helden in unser Familienzusammentreffen hereinplatzte. Was erwartete ich? Einen der üblichen Zeitungshelden, einen Baseballspieler-Typ – einen netten Mann vielleicht, aber nicht im geringsten »intellektuell« und nicht aus meiner Welt, also nicht interessant für mich. Ich würde »Lindy« (dieser gräßliche Name) ganz sicherlich nicht anbeten. Wir fuhren durch die Straßen und hupten laut vor einem Eisengitter mit Adlern; die Tore öffneten sich; wir fuhren hinauf. Eine mit Geranien bedeckte Wand zu unserer Rechten, eine große Tür und eine Treppe wie im Film zu unserer Linken, Steinstufen, ein roter »Samt«-Teppich, wie bei einer Hochzeit, der sich zwischen Palmen vor uns aufrollte. Offiziere standen salutierend auf den Stufen. Wir taumelten betäubt aus dem Wagen und schauten die roten Plüschtreppen zwischen den Offiziersreihen hinauf. Was für ein Theater! Wie lächerlich,

[1] Oberst Lindbergh hatte die *Spirit of St. Louis* nonstop von Washington D.C. nach Mexico City geflogen, und zwar am 13.–14. Dezember 1927. Der Flug wurde aufgrund einer Anregung von Botschafter Morrow geplant und dank einer Einladung von Präsident Calles durchgeführt.

war alles, was ich sagen konnte. Elisabeth setzte sich erschöpft auf die Stufen nieder.
Oben eine weitere Reihe von Berühmtheiten. Elisabeth ging voraus. Mutter eilte ihr nach: »Oberst Lindbergh, das ist meine älteste Tochter, Elisabeth.« Ich sah vor einer mächtigen Steinsäule – wiederum auf rotem Plüsch – einen großen, schlanken, jungen Mann im Abendanzug stehen – viel schlanker, viel größer, viel gesetzter, als ich erwartet hatte. Ein sehr feines Gesicht, ganz und gar nicht wie diese grinsenden »Lindy«-Bilder – ein entschlossener Mund, klare, offene, blaue Augen, blondes Haar, gesunde Farbe. Dann ging ich die Reihe entlang weiter, verwirrt und überwältigt. Er hatte nicht gelächelt – nur sich verbeugt und die Hand gereicht.
Ein loderndes Feuer im Kamin, große Kallas auf dem steinernen Kaminsims, rote Gobelins an den Steinwänden, prächtige Priestergewänder und ein unbestimmbarer berauschender Duft. Chinesische Lilien, Gardenien? Es waren Tuberosen.
Alles erschien mir unwirklich.
Abendessen in einer regelrechten Schloßhalle: Säulen aus Stein, Kaminsims aus Stein usw.
Wir erkundeten die Räume – hohe Decken, wie in Nassau. Ich fühlte mich wie in Nassau oder Panama. Ich mußte alle Daumenlang zu Mutter hineinlaufen, um mich zu vergewissern, daß das kein Traum war. Daddy, das merkte ich, gehörte jetzt vielen Leuten. Ich war aufs höchste verwirrt. Später kam Daddy mit Oberst L. nach Hause. Daddy ließ ausrichten, wir sollten in das kleine Wohnzimmer kommen. »Ist irgendwer da?«

(Mit *großem* Stolz, verhalten.) »Oh, nein, nur Oberst Lindbergh.« Elisabeth und ich gingen hinüber. Oberst L. stand linkisch am Schreibtisch und trat von einem Fuß auf den andern. Elisabeth unterhielt sich mit ihm.

Er ist sehr, sehr jung und furchtbar schüchtern – schaute immer geradeaus und sprach in kurzen, direkten Sätzen, die rasch und schneidend herauskamen. Man fand keinen Punkt zum Einhaken bei seinen Sätzen: sie waren Feststellungen von Tatsachen, mit verblüffend ehrlicher Direktheit vorgetragen, nicht darauf angelegt zu gefallen, einfach nackt, schlichte Antworten und Feststellungen ohne den Versuch, einer Unterhaltung weiterzuhelfen. Es war verblüffend – atemberaubend. Ich konnte nicht sprechen. Was für eine Art von Mann war das?

»Wie hat Ihnen der Stierkampf gefallen?« Er wurde ein wenig rot und veränderte seine Fußstellung. »Ich habe Dinge gesehen, die mir besser gefielen«, platzte er unvermittelt heraus. »Ob er uns wohl die Capa und den mexikanischen Hut zeigen würde, die man ihm geschenkt hatte?« »Mit großem Vergnügen«, und schon stürmte er aus dem Zimmer (offensichtlich erleichtert), kehrte mit einer reich bestickten Capa und einem Sombrero zurück, die er mit gelangweilter Unpersönlichkeit herumreichte. Das alles berührte ihn nicht, auch wir nicht. Es brachte ihn in Verlegenheit, daß er mit uns sprechen mußte. Er wurde über die Menschenmassen hier und in London gefragt. Sie seien nicht halb so schlimm hier wie in Paris oder London, sagte er mit ei-

nem trockenen, eine simple Tatsache feststellenden Satz. Plötzlich tauchte das Bild jener verrückten Menschenmenge vor mir auf, jener ganzen *Nation*, die sich in Paris um sein Flugzeug gedrängt hatte. Das also war dieser *Junge* – dieser schüchterne, kühle Junge, und er beschreibt jene ungeheuerliche, verrückte Szene mit ein paar trockenen Worten. Du meine Güte!
Dann sagte Daddy, wir müßten ins Bett. Abrupt verkündete der Oberst: »Also, da der Herr Botschafter es befiehlt, sage ich gute Nacht«, und damit gab er uns schnell die Hand, ohne uns (Mädchen) anzusehen, und stürmte hinaus, eine völlig verblüffte Stille in mir hinterlassend.

Nach dem Mittagessen sprangen wir in die Botschaftswagen und rasten mit Motorrädern als Vorhut durch die Straßen von Mexico City (voller Stände an den Straßen – ein ständiger Straßenmarkt) zum Flugplatz. Mrs. Lindbergh sollte mit dem Ford-Flugzeug von San Antonio kommen. Oberst Lindbergh war ihr entgegengeflogen, um sie und die fünf Begleitflugzeuge zu empfangen.
Großes Gedränge bei den Hangars. Wir gingen neben Daddy her und ließen uns photographieren – schwer, dabei zu reden, aufgeregt –, dann das Surren, der Motor eines Flugzeugs. Die fünf Begleitflugzeuge – wie Vögel hoch oben, wie Wildgänse im V-Flug –, dahinter das große Ford-Flugzeug. Sie kamen näher und tiefer – welch eine Spannung, welch ungeheure Erregung, als ginge ein elektrischer Stromstoß durch einen hindurch,

wenn das Dröhnen ihrer Motoren auf einen prallt. Ich fühlte mich wahnsinnig erregt und verstand zum erstenmal die Begeisterung der Menschen. Die Flugzeuge schossen knapp über unsere Köpfe weg. Ich hatte ein Gefühl, als könnte ich – fast – dafür sterben. Soll mir gleich sein, ob mir der Kopf wegrasiert wird, wenn es für diese Sache ist!

Das große Ford-Flugzeug war unten – kein Vogel mehr, sondern eine riesige, monströse Libelle. Sie berührte den Boden, wirbelte Staub auf und fuhr rasend auf uns zu (Con und »Sandy« rannten weg, um Aufnahmen zu machen). Dann hielt sie. Die Menge drängte sich wie verrückt um das Flugzeug, wir wurden halb zerquetscht, die Leute stießen und schoben sich, um hineinzukommen. Kommandant Hamilton trieb sie weg. Die Tür des Flugzeugs öffnete sich, und heraus kam eine kleine, scheue Frau mit einem lieben Gesicht – Mrs. Lindbergh. Sie wandte sich Mutter, Daddy und Elisabeth zu, worauf sie sich gemeinsam durch die Menge einen Weg zum Auto bahnten. Sie versuchten, einen Riesenweihnachtsstern mit ihr hineinzuzwängen!

Oberst L. war noch in der Luft – er fürchtete Menschenmassen bei der Landung.

Wir fuhren zurück.

Ich sah die schneebehüteten Berge »Schlafende Dame«[1] und Popocatepetl.

Noch immer das Surren von Flugzeugen im Ohr. – Zurück zur Botschaft. Traf Mrs. Lindbergh und Beglei-

[1] Ixtacihuatl, ein Vulkan

tung – Mr. und Mrs. Stout (*genau* wie Tante Em und Onkel Henry in *Wizard of Oz*!). Elisabeth bat mit wundervoller Sicherheit zum Tee, schenkte ein und ging von einem zum anderen wie eine First Lady im Weißen Haus. Massen von ungestümen Reportern, Photographen kunterbunt draußen auf der Veranda. Schließlich sprach Mrs. Lindbergh zu ihnen. Dann kam Cito und sagte, der Oberst sei an der Tür. Sie sprang auf und Elisabeth mit ihr. Ich sah nicht, wie sie sich begegneten. Dann gingen sie in die kleine Bibliothek. Ich sollte mit Tee für sie nachkommen. Ich stolperte hinein. »Entschuldigen Sie bitte, daß ich störe, aber meine Schwester schickt Ihnen das –« und damit reichte ich ihnen den Tee, wobei mir der Löffel auf den Boden fiel. Sie waren ganz reizend, und er dankte mir mit seinem entwaffnenden Lächeln – bei dem sich Falten von den Augen weit nach hinten zogen.

Dann gingen wir hinaus. Ich murmelte ihm naiv zu (idiotisch, ich vergaß die Menschenmassen in Paris und London!), ich dächte, das sei doch beängstigend für ihn, aber er schaute gar nicht auf, errötete nur ein wenig und wandte sich ab. Eine Abordnung von zwölf Studenten erschien an der Tür. Sie sahen so klein aus vor ihm. Einer sprach – eine lange, sorgfältig vorbereitete, blumige Rede. Er hörte ungekünstelt, höflich zu, indem er sich ein wenig nach vorn beugte und ihnen ehrerbietig die würdevollste Aufmerksamkeit zollte – eine Aufmerksamkeit, die sie ehrte –, am Ende trat er, ohne ein Wort zu sagen, sofort und unvermittelt vor und schüttelte allen die Hände. Es war gar nichts – ein ande-

rer Mann hätte vielleicht eine Rede gehalten, überschwenglich seinen Dank ausgedrückt –, und doch war es königlich, wie er es machte. Die Studenten strahlten vor Stolz.
Dann ging er zum Fenster – wir alle. Unter uns auf den Straßen waren Menschenmassen, die riefen, sich schoben, sich drängten – nach oben blickende Gesichter, seltsam erleuchtet von den Straßenlaternen – fremdartige Kleidung, bewundernde Frauen, schubsende Männer – Gesang; ein merkwürdiges, monotones, barbarisches Lied, das irgendwo gesungen wurde, immer wieder. Jungen kletterten die Bäume hoch, um näher an ihn heranzukommen. Er trat ans Fenster – ein einziger großer Aufschrei, Freudengekreisch: »Viva Lindbergh!« Mrs. Lindbergh ging zu ihm. Ein paar Jungen erklommen die Mauer, um seine Hand zu schütteln.
Für mich war das einfach furchterregend. Ich hatte so etwas noch nie erlebt, immer nur darüber gelesen. Aber was konnte eine solche Menschenmenge alles anstellen, wenn sie zornig oder wütend war? Mir blieb die Luft weg, wenn ich daran dachte. Diese Massen! Wer vor ihm hat die Menschen auf diese Weise bewegt – nicht mit einer Rede, nicht absichtlich, nicht in dem Wunsch, sie mit allen Mitteln zu bewegen, bloß indem er dasteht, bloß indem er existiert? Was denkt er wohl darüber? Warum bewegt er sie so? Wie erklärt er es sich selbst? Wie erklärt er diese verrückte Popularität? Denkt er, versteigt er sich zu dem Gedanken, daß sein Flug über den Ozean das bewirkt hat? Doch das haben vor ihm schon andere getan und werden noch andere tun. Oder

nimmt er an, daß das *Fliegen* die Welt im Sturm erobert hat? Nein, das kann er nicht – er hat einen zu klaren Kopf, um sich so zum Narren halten zu lassen. Aber wie erklärt er es sich? Er muß schrecklich verwirrt sein (denn er bemerkt überhaupt nichts Seltsames in bezug auf seine Person), oder aber er umgeht das Problem ganz, stellt keine Fragen, nimmt es einfach hin.
Ich war völlig erschlagen von dem allem – so verblüfft über solch eine Offenbarung, daß ich weder sprechen noch denken, nur mich wundern konnte.

Samstag, Weihnachtsabend

Am Abend Weihnachtsfeier für die Botschaftsangehörigen: Korvettenkapitän Hamilton und Frau, sie strahlend und rot, funkelnd; Hauptmann Winslow und Frau, sie groß und blond, grün und kühl wie Gurkensandwiches, erfrischend. Der Baum wird angezündet; Hauptmann Winslow kniet auf dem Sofa und neckt Rosamund Winslow. Elisabeth spricht mit Oberst L. Sie sieht bezaubernd aus in ihrem lavendelblauen Abendkleid.
Beim Dinner saß ich zwischen Oberst MacNab und Korvettenkapitän Hamilton. Oberst MacNab erzählte mir Geschichten über die Wüste. Der Tisch war fröhlich und rot – Kerzen und Blumen. Elisabeth und ich verteilten nach einer Weile rosarote Kappen an die Damen und Pappzylinder an die Herren. Jemand hielt eine wunderschöne Rede auf Daddy. Mutter las Telegramme vor.
Dann in den Raum, wo der Weihnachtsbaum stand.

Mr. Schoenfeld als weltmännischer, gescheiter, beherzter Nikolaus; Bescherung. Bonbons für Oberst L. den Ersten. Mrs. Lindbergh war sehr verwirrt über die Geschenke.

Dann Tanz. Mir gefiel das, ganz gegen mein Wesen, und ich fühlte mich für eine Weile unbefangen – glücklicherweise. Das bewirken Musik und Tanz. Es ist so himmlisch, ich strahlte vor Freude. Korvettenkapitän Hamilton tanzte göttlich. *Er* tanzte nicht, sondern stand abseits und beobachtete – nicht neidvoll, sondern mit einer Art verwirrtem Vergnügen. Vielleicht dankbar, daß er kurze Zeit stiller Zuschauer sein konnte. Aber ziemlich verwirrt. Ich schaute nicht zu ihm hin, wußte aber immer, wo er war, hinter dem Sofa, die Hände in den Taschen, über einen Tisch gebeugt.

Die Musik war lustig – spanisch. Sie klang wie der Gesang von Raquel, die Melodie trällerte.

Sonntag, Weihnachtstag

Gemeinsames Frühstück im großen Speisesaal. Ich gewöhnte mich allmählich daran, alles durch Zeichen zu bekommen, und an die geläufigen Sätze »*Más café para la señorita*«, »*crema – poco*«, oder Croissants – »*caliente*«.

Wir gingen in einer Schlange, die Hände auf die Schultern des Vordermannes gelegt, von der hinteren Halle zu Daddys Zimmer. Keine Socken, kein Kamin. Selbst die mit Geschenken überhäuften Stühle verursachten mir ein ziemlich elendes Gefühl – wie ein zu üppiges Essen an Thanksgiving. Weihnachten erschien so willkürlich – ein willkürlich angesetztes Datum mit sehr wenig Bedeutung.

Der letzte Funke kindlicher Erregung beim Auspacken der Weihnachtsgeschenke war erloschen. Obwohl Mutter mir wunderschöne spanische Ohrringe, eine Platte aus Lowestoft-Porzellan und einen Ring von Cartier schenkte; Con bekam eine Lowestoft-Tasse mit Unterteller; Elisabeth herrliche Bücher und eine illustrierte Seite aus den Schriften des hl. Franziskus über die *Höflichkeit*.

Mrs. Lindbergh schenkte sowohl Elisabeth als auch mir einen Fächer, auf der Karte Oberst L.s Unterschrift.

Vor dem Abendessen saßen wir alle auf der Veranda in der Sonne, an dem langen Tisch. Er und seine Mutter kamen heraus. Elisabeth ging zu ihm hin, dann Con und dann ich, um ihm zu danken.

Wir standen furchtsam um ihn herum, warfen hie und da ein Wort ein, in der Hoffnung, daß er es hören und lächeln würde.

Das war der erste gute Schritt. Hinein zum Abendessen. Ich saß neben ihm und Daddy. Ich vermochte nicht zu sprechen – was konnte ich diesem Mann sagen?

Dann machten wir ein Gesellschaftsspiel. Das war lustig und fröhlich – es brach das Eis.

Elisabeth ist großartig und ganz natürlich mit ihm. Das zeigt, daß man nicht an sich selber denkt, wenn man so etwas kann. Sie ist ihm viel ähnlicher als ich. Ich glaube nicht, daß er *je* an sich denkt. Auch Con ist großartig. Sie ist stark, intelligent, ruhig, ausgeglichen und gescheit, ihm von uns allen am ähnlichsten.

Nach dem Essen waren wir draußen im Garten in der Sonne und lachten. Wieviel leichter das alles macht!
Wir sprachen davon, daß wir alle nach Xochimilco[1] fahren wollten – ob er wohl mitkäme? Er wollte es gern, aber dann sagte er, er fürchte, uns den Tag zu »verderben« – weil sich bestimmt eine Menschenmenge ansammeln würde. Es war ziemlich mitleiderregend, denn er wollte wirklich mitkommen.
Und schon waren wir unterwegs! Das Ganze hatte etwas von der erregenden Stimmung eines Fluchturlaubes. Wir rannten fort, und er entschlüpfte seinen Verfolgern wie ein Prinz inkognito. Es war der Geist des Abenteuerlichen, der alles auflockerte.
Mutter, Oberst L. und Mrs. Lindbergh auf dem Rücksitz. Elisabeth, Con und ich auf den kleinen Sitzen vorn. Dwight vorn oben. Die Fahrt war himmlisch. Die Worte sprudelten heraus in der ersten schüchternen Freude darüber, daß man sich wohlfühlte. Das Eis war gebrochen. Was für eine ungeheure Erleichterung! Die Anspannung war weg, wir lachten und scherzten und sangen, ein wenig immer noch befürchtend, daß es enden könnte. Er ließ die Bonbons von Con herumgehen, zeigte seiner Mutter die Berge und Orte und erzählte von ihrer Geschichte. Wir disputierten über die Aussprache des Wortes Popocatepetl. Er beharrte eigensinnig auf seiner Meinung, aber was machte das schon – wir mußten alle darüber lachen!

[1] Eine Stadt unweit von Mexico City, berühmt wegen ihrer schwimmenden Gärten

Nur zweimal rief uns im Vorüberfahren jemand zu: »Viva Lindbergh.« Wir hielten an den Kanälen; sehr wenige Amerikaner. Er stieg aus, jemand erkannte ihn, Leute drehten sich um, einer nach dem anderen, und strebten merkwürdig zu ihm hin, stoßend, schubsend, die Hälse reckend. Es war widerwärtig. Er ging weg, hinter das Auto. Wir bestiegen ein niedriges, überdachtes Boot. Auf dem Wasser wimmelte es davon, eine Art kleine Kanus, hochbeladen mit Bergen von Nelken, Veilchen, Kallalilien. Sie kamen auf uns zu, gestakt von Mexikanerinnen, die uns Veilchen entgegenstreckten. Dickie Bissell – der einzige von uns, der so groß war wie der Oberst – wurde für diesen gehalten. Ein massiger Mexikaner versperrte uns mit ausgebreiteten Armen den Weg: »Vergötterter Held, ich kann Sie nicht ziehen lassen, ohne Sie zu umarmen!« Das amüsierte uns alle köstlich. Wir stießen lachend ab, hinaus in den Fluß, den Pappeln säumten, durch Lagunen, an deren Ufern Kallas wuchsen. Der Mexikaner mit dem breitkrempigen Hut stieß seine Stake ins Wasser und flitzte auf halber Höhe neben unserem Boot her. Zwei Blumenverkäufer kletterten an Bord.

Beim Abendessen saßen Con und ich wieder neben ihm, Elisabeth genau gegenüber. Wir sprachen *alle* über das Fliegen, wie lange die Vorbereitungen gedauert hatten: 25 Jahre, halb so lang wie für das Auto, und der dabei erzielte Fortschritt war größer. Es war ziemlich aufregend. Aber wieder fast genauso schlimm wie beim Mittagessen. Elisabeth sprach mit ihm über den Tisch hinweg. Er hörte aufmerksam zu (selbst wenn ich versuch-

te, etwas zu sagen). Dann eine Diskussion über Zivilisation – daß unserer westlichen Zivilisation etwas fehlte, was die chinesische hatte, daß diese geistig, kulturell höher stand. Er sagte, man könne keine hohe Kultur haben unter schlechten sozialen und physischen Bedingungen. Er argumentierte entschieden, direkt, den Blick auf Elisabeth gerichtet.
Sie fand gute Argumente, aber keine Antwort. Ich, ganz wirr im Kopf, versuchte tolpatschig zu klären, was man unter »geistig« verstehe. Doch er hörte mir nicht zu – Gott sei Dank –, er lauschte Elisabeth. Es war sehr interessant, und das Abendessen ging gut vorüber. (Aber ich war krank – elend – im Herzen gebrochen vor Neid – meinem abscheulichen Neid auf Elisabeth, auf ihr Selbstvertrauen, ihren bezwingenden Charme, ihre Schlagfertigkeit, die Beachtung, die sie fand. Ich dachte, ich hätte es überwunden. Ich hatte doch so lange dagegen angekämpft.)
Dann, vor dem Zubettgehen, sagte er in der Halle zu Elisabeth, die bei Dwight stand: »Sie sind also morgen gegen elf auf dem Flugplatz?«
Elisabeth brachte ihre Aufregung und Dankbarkeit zum Ausdruck und fragte: »Wirklich?«
»Ja, ich steige ohnehin auf jeden Fall auf. Ich würde mich freuen, Sie mitzunehmen – und (mit einem Lächeln und einem Nicken zu Con und mir) *das schließt alle ein.*«
Dann wünschten wir uns gute Nacht.
Es ist so himmlisch hier – morgens aufzuwachen und diesen berauschenden Klang von Flugzeugmotoren zu

hören, ein Schwirren in der Ferne und dann ein immer lauteres Dröhnen. Beim Aufwachen merke ich, daß ich davon träume.

Heute morgen fuhren wir zum Flugplatz; erregte Gesichter, hinaufgereckt zu den bereits gestarteten Flugzeugen. Ich sagte die ganze Zeit immer wieder zu mir selber: »Gott, laß mich das *bewußt* erleben! Mach, daß mir das Bewußtsein dieses Ereignisses nicht (wie so oft) zu spät kommt und ich das Erlebnis halb versäume.

Menschengedränge rings um die Hangars. Das Ford-Flugzeug glänzte silbrig auf dem heißen Feld – rundum Menschen. Wir gingen hinüber und stiegen ein. Mutter, Tante Alice, Elisabeth, Con und ich (und Mr. Stout). Innen sah es aus wie in einem Zug: Korbsitze, nur in einem furchterregenden Winkel nach hinten gekippt. Das Flugzeug stand mit der Nase nach oben da. Das erste und einzige Mal hatte ich Angstgefühle. Ich schaute zum Fenster hinaus, unter der Tragfläche hindurch, da sah ich die Menschenmenge und Dwight und die Jungen (so weit von uns), die Aufnahmen machten. Mr. Stout grinste und filmte uns der Reihe nach.

Dann erschien er, kam zusammen mit Hauptmann Winslow von den Hangars herüber. Er war ganz leger in seinem Straßenanzug und dem grauen Filzhut, die Hand in der Tasche, den Kopf ein wenig vorgeneigt, wobei er mit Hauptmann Winslow sprach und den Blicken der Menge auswich. Als er sich dem Flugzeug näherte, schaute er rasch hoch, sah uns und lächelte mit einem Kopfnicken. Dann stieg er herein, gebückt, um sich den Kopf nicht anzustoßen. Mutter sagte »Guten

Morgen«. »Guten Morgen, guten Morgen«, entgegnete er und ging eilig nach vorn zum Pilotensitz.
Der Motor lief an. Es war nicht so furchtbar laut, wie ich dachte, aber es durchbebte einen. In mir jubelte es. Er schaute unentwegt aus dem Fenster auf die Motoren.
Die Maschinen surrten; ganz leicht begannen wir zu rollen – schneller, immer schneller. Ich sah nicht hinaus – ich war zu erregt, zu verzückt, um auf die Räder zu schauen. Alles ging so schnell vor sich. Dinge flitzten vorbei – Bäume, die Hangars – ich merkte nicht, wann wir vom Boden abhoben. Jo schrie durch das Brüllen der Motoren etwas zu mir herüber.
Con, Elisabeth und ich gingen nach vorn und setzten uns auf die Sitze unmittelbar hinter dem Oberst und Hauptmann W. (die vom übrigen Raum getrennt waren). Erst jetzt waren wir restlos glücklich – hingerissen und ekstatisch glücklich, allein und doch beisammen und in die Lage versetzt, ihn zu beobachten. Plötzlich empfand ich wirklich das Gefühl des Aufsteigens – ein starker Auftrieb, vogelgleich, wie die Träume vom Fliegen – wir segelten in Luftschichten. Dieser Auftrieb, der einem den Atem nahm – hier war er wieder! Ich hatte das wirkliche und intensive Bewußtsein des Fliegens. Ich war außer mir vor Freude. Nun schaute ich zum erstenmal nach unten. Wir waren hoch über den Feldern, und da, weit, weit unten sah ich den kleinen Schatten eines großen Vogels, der an den sauber markierten Feldern entlangschoß. Es gab mir einen furchtbaren Schock, als ich auf einmal merkte, mit welcher

entsetzlichen Geschwindigkeit wir flogen und daß dieser Schatten, daß das wir waren – wie in einem Spiegel! Wir befanden uns nun über der Stadt; sie sah wie ein Puppenmodell aus. Die Sonne blitzte auf den goldenen Flügeln der großen Statue auf dem Hauptplatz. Wie winzig alles aussah! Die kleinen Schattentropfen rings um die Heuhaufen auf den Feldern. Die Felder sahen wie mit Litzen eingefaßter Stoff aus.

Wir glitten jetzt sehr weich und gleichmäßig dahin. Ein Knall, als das Fenster aufging, und ein Luftstoß zischte wie ein scharfes Messer herein, das Gefühl der Geschwindigkeit war wieder da.

Hier vorn schlossen wir die Welt aus. Wir waren dem Himmel nahe – wir flogen!

Er war hier so vollkommen heimisch – alle seine Bewegungen mechanisch. Er saß gelöst und ruhig da, nicht steif, sondern entspannt und dennoch wach. Eine Hand am Steuerrad – nur eine Hand! Er hatte riesenhafte Pranken. Ich sehe ihn noch vor mir, wie er zupackte, das starke Gelenk, der Griff des Daumens, während er sich mit der anderen Hand die Nase rieb! Klar und gelassen nach vorn blickend, jede Bewegung ruhig, geordnet, gelöst – und *völlig* harmonisch. Ich weiß nicht, wieso ich das sagen kann, wirklich nicht, denn er bewegte sich so wenig, und doch spürte man die Harmonie.

Elisabeth öffnete die Tür und fragte, wo die Botschaft sei. Hauptmann Winslow deutete mit dem Finger darauf.

Da war sie: der kleine grasbewachsene Hof, die Stufen und ihre Schatten deutlich ausgeprägt (Schatten sind

sehr klar zu sehen aus der Luft). Einmal drehte er sich um und lächelte uns an.
Wir hielten auf die Berge zu – die Berge, die er später überqueren würde.
Wir sahen einen See, wie aus Quecksilber; einen Hügel (mit einer Reklame darauf), wie ein Maulwurfshaufen. Oh, ginge es doch immer so weiter – über die Berge! Jetzt verstehe ich, warum die Leute das Fliegen nie mehr aufgeben können.
Kühe und Schafe erschienen wie Pünktchen: unser Schatten schoß über sie hinweg, Bauern schauten auf – sogar die Hangars wirkten wie Pappschachteln.
Die Berge – die Berge blickten uns entgegen!
Die Sonne auf den Lamettaflügeln der Streichholz-Statue, die winzigen fahrenden Autos – so klein, so klein –, das Fleckchen Grün, der Hof der Botschaft, wo am Nachmittag die Gartenparty stattfinden und er dastehen und Tausenden von jenen schwarzen Pünktchen auf den Straßen da unten die Hände schütteln würde.
Wir kehrten um. Er gab uns ein Zeichen, nach hinten zu gehen. Kurz darauf drehten wir ab, »legten uns schief«, in einem beängstigenden Winkel über eine Tragfläche gekippt.
Ich schaute nicht hinunter, bis wir fast am Boden waren. Ich erwartete einen fürchterlichen Aufprall. Ich sah zu den Rädern hinab: sie schürften den Boden auf, eine Wolke von Staub, dann ein fast unmerkliches, ballonartiges Aufsetzen; wir waren gelandet, rollten mit einer entsetzlichen Geschwindigkeit dahin und hielten schließlich.

---

Wir stiegen aus, benommen. Con und ich beobachteten den Kopf von Oberst L. im Fenster der Kanzel, der sich drehte und wendete und zum Motor hinausschaute.

[28. Dezember 1927]

Am nächsten Morgen – finster – fuhren wir um halb sechs durch schwarze, leere Straßen zum Flugplatz, eskortiert von Motorrädern.
In der Dämmerung standen die beiden Flugzeuge mit den Nasen in gleicher Richtung, zum Abflug bereit, wie große Ungeheuer, feuerspuckend und brüllend.
Das Dröhnen der Motoren, das den Körper durchbebte.
Plötzlich schüttelte ein großer, ernster, behelmter Mann unsere Hände: Abschied.
Die Maschine brüllte auf, eine Wolke von Staub und nackte graue Dunkelheit, dann über unseren Köpfen Flügel, die sich zum Gruß neigten.
Dann auf und fort – schwarze Flügel gegen das Grau des Morgens, gegen diesen hellen Stern und die Berge!
Aber dies sind nur die oberflächlichen Äußerlichkeiten.
Vom anderen kann ich nichts erzählen.
Der Eindruck von diesem klaren, direkten, geraden jungen Mann – wie hat er alle anderen aus meinem Blickfeld gejagt, die ich je kannte, all die Pseudointellektuellen, die weltmännisch Kultivierten, die in Posen Erstarrten – all die »gewollt künstlerischen« Leute. Mein ganzes Leben, ja meine ganze Welt – meine kleine gestickte und mit Borten eingefaßte Welt ist zerschlagen.

»But gathering as we stray, a sense
*Of Life, so lovely and intense,*
It lingers when we wander hence,
That those who follow feel behind
Their backs, when all before is blind,
Our Joy, a rampart to the mind ...«[1]
[JOHN MASEFIELD]

Was für ein Gefühl jauchzender Freude, daß es so jemanden auf der Welt gibt. Ich werde ihn nie wiedersehen, und er hat mich nicht beachtet, würde mich nie beachten, aber daß so ein Mensch lebt, daß es so ein Leben gibt, und ich hier auf dieser Erde bin, in dieser Zeit, es kennengelernt habe!

»... When first I met
Your glance and knew
That life had found me –
– And Death too ...«[2]

»In youth my wings were strong and tireless
But I did not know the mountains.
In age I knew the mountains

[1]»Aber wenn wir uns, umherschweifend, sammeln, / Umgibt uns, wandern wir von dannen / Ein Lebensgefühl, so lieblich und so stark / Daß jene, die folgen, spüren hinter / Ihren Rücken, ist vorn auch alles blind / Unsere Freude, ein Wall um die Seele.«
[2] »... Als ich zuerst / Deinem Blick begegnete und wußte, / daß das Leben mich gefunden hatte / – und der Tod auch ...«

But my weary wings could not follow my vision.
Genius is wisdom and youth.«[1]

[Edgar Lee Masters]

Ich werde nie wieder Vögel sehen können, ohne daß mir das Herz hüpft, ohne eine schärfere Wachsamkeit meines Geistes und meiner Augen – allein der Anblick ihrer Flügel, ihre Form, während sie den Körper zu verlassen scheinen, wie sie schweben und gleiten, die Flügel ausgebreitet, und abdrehen – »kippen« wie ein Flugzeug.

Ich habe noch nie so viel zum Himmel hinaufgeschaut, all die Wolken – lang am Horizont hingezogene und neblig verschwommene und rund gehäufte, die sich auftürmen, und eine Wolkendecke aus kleinen, grauen Daunenfedern.

Wolken, Sterne und Vögel – ich muß zwanzig Jahre lang mit gesenktem Kopf durchs Leben gegangen sein, den Blick auf Pfützen geheftet.

[1] »In der Jugend waren meine Flügel stark und unermüdlich / Aber ich kannte die Berge nicht. / Im Alter kannte ich die Berge / Aber meine müden Flügel konnten meinem Weitblick nicht folgen. / Genie ist Weisheit und Jugend.«

*Tagebuch* [Northampton, Januar 1928]

Ich habe ein unheimliches Bedürfnis, die Leute über Oberst Lindbergh aufzuklären – sie vom Vorurteil aus den Zeitungen zu befreien.
Wie kann ich es ihnen am besten sagen, sie am besten erreichen – wie es erklären? Welche Argumente kann ich anführen?
Er verschwendet nichts – weder Worte, Zeit, Gedanken noch Gefühl. *Sachlichkeit.*
Seine ungeheure Macht über Menschen – unbewußt, nicht gewollt –
Jede Handlung aufrichtig, spontan, direkt, sinnvoll.
Seine Wirkung, wenn er in einen Raum kommt, ihn verläßt. Seine Wirkung auf Menschen – im Leben stehende, zynische, welterfahrene Menschen.
Würde –
Die Harmonie aller seiner Bewegungen im Flugzeug –
Seine Jugend –
Die Wendigkeit und Treffsicherheit seines Denkens und Handelns.
Seine Bescheidenheit ist im wesentlichen nicht nur Bescheidenheit – sie ist noch selbstloser –, er denkt nie an die eigene Person.
Tolerant, gutgelaunt –
Wie sein Lächeln sein Gesicht völlig verändert –
Seine Haltung des »kleinen Jungen mit der Hand in der Hosentasche, der einen offen und gerade anschaut«.

---

[Northampton, 15. Januar 1928] Sonntag

Oh, liebste Mutter –
ich kann Dir nicht schreiben, und doch muß ich. Du wirst es natürlich inzwischen längst wissen – Frances Smith [1]. Ich wollte, ich könnte Deine Hand spüren. Oh, Mutter, das ist so entsetzlich, ich kann es einfach nicht begreifen. Ich kann nicht verstehen, wie es zu einer solchen Tragödie kommt. Wir fühlen uns betäubt, völlig betäubt, wenn wir darüber nachdenken.

Oh, diese unglücklichen, unglücklichen Eltern! *Warum* müssen Menschen solche Qualen ausstehen? Ich kann das nicht begreifen, Mutter, das nimmt einem den Glauben an das Gute auf der Welt.

Mutter, denke nicht, daß dieser Brief ein Ausdruck völliger Schwäche ist – ich bin nicht zusammengebrochen und werde nicht zusammenbrechen. Ich bin stark und wohlauf und klarsichtig. Ich kann arbeiten und will alle meine Prüfungen bestehen.

Ich will alles versuchen, mich als Deine würdige Tochter zu zeigen, und Joy sowie Mr. und Mrs. Smith helfen, wenn ich das in irgendeiner Weise kann.

Eigentlich wollte ich Dir schon früher schreiben, einen glücklichen Brief, um Dir zu sagen, daß ich mir sehnlichst wünsche, zu Ostern wieder hinüberzukommen und Dich zu sehen.

Vielleicht ist sie schon gefunden, wenn Du diesen Brief erhältst.

[1] F. S., eine Freundin von Anne, Studentin im ersten Jahr am Smith-College, verschwand im Januar 1928. Ihr Leichnam wurde nach Monaten im Connecticut River entdeckt.

Die ganz dünne, scharf umrissene Sichel des Neumonds verblüffte mich heute abend durch ihre zarte Schönheit. Ich empfand ein merkwürdiges, reines Gefühl der Offenbarung (ich dachte an Frances – einmal traf ich sie, als sie diesen Hügel neben der Trauerweide heraufkam. Es war Neumond, und ich fragte sie, ob sie mit mir zum Abendessen käme), ein Gefühl der Versöhnung. Plötzlich hörte ich mich zu mir selbst sagen: »Sieh da, hier sind sie beisammen, wie seltsam, daß ich sie hier zusammen sehe.« Ich konnte an sie denken und gleichzeitig diese Schönheit sehen, und empfand nicht mehr den gräßlichen Stich im Herzen über ihren wahnwitzigen Tod.
Und dennoch konnte ich nicht den Hügel hinab an der Weide vorbeigehen. Ich nahm den anderen Weg.

1. März

Ein verrückter Tag – einfach entsetzlich: einer jener Tage, die man sich selbst und anderen vollständig und restlos verdirbt.
Schwänzte alle meine Vorlesungen, um die Buchbesprechung fertig zu machen, stolperte den ganzen Morgen über abgedroschene Ausdrücke, *wand* mich und *litt* unter meiner Schreibunfähigkeit, war vollkommen ausgelaugt und in einer Verfassung, in der ich kein anständiges Englisch mehr schreiben konnte, die Bedeutung der Worte nicht mehr wußte.
Während der ganzen Zeit ein unaufhörlicher, hartnäk-

kiger Wind, der immerzu jammerte, heulte, mich aufdrehte bis zu einem Stadium qualvoller Spannung, daß ich fast einen Schmerz in meiner Kehle spürte.

Verbrachte den Nachmittag völlig erschöpft (in dem Zustand, wo man nicht weiß, ob man krank oder hungrig ist!), versuchte dies und das zu tun, auszuruhen – und las Flecker[1].

Ein tosender Sturm heute nacht. Die Sterne und der Mond flitzen über den Himmel, die ganze Welt steht Kopf.

Ich wollte, wir könnten mehr Zeit unbewußt vorübergehen lassen, um die restliche wirklich bewußt zu erleben – die entscheidenden Perioden. Aber dieses halbbewußte Stadium! Wenn ich nur von jetzt bis zum Frühling durchschlafen könnte, damit ich nichts höre, vor allem nicht den Wind –, um dann wieder erstarkt zum Leben zu erwachen.

Vielleicht bin ich in meinem Innern ein Bär oder ein anderes Tier, das Winterschlaf hält, weil der Instinkt, den ganzen Winter zu dösen, in mir so ausgeprägt ist.

Oberst Lindbergh sagt sich in Englewood an.

Er kommt nach North Haven. Ich glaube nicht, daß ich das durchstehe. Ich bin zwar nicht eifersüchtig. Ich kann die Lage klar beurteilen. Es macht mir nichts aus, daß da ein Mensch ist, mit dem ich nichts gemeinsam habe, dem ich geradezu entgegengesetzt bin, von dem ich so weit entfernt bin – jemand, mit dem ich nicht re-

[1] James Elroy Flecker, 1884–1915, englischer Dichter und Dramatiker

den und dem ich nichts geben kann; jemand, der mich eher ablehnt als mag. Jemand, der *natürlich* Elisabeth gern hat und gern sieht und mir lieber aus dem Weg geht.

Oh, ich weiß ganz genau, wie es sein wird. So war es schon einmal. Ich sehe es vor mir: Er wird kommen. Er wird sich ganz natürlich E. zuwenden, die er gern hat und mit der er sich wohlfühlt. Ich werde mich mehr und mehr zurückziehen, dumm, nutzlos vorkommen und (im Grunde meines eitlen Herzens) hoffen, daß das vielleicht ein Irrtum ist und ich vermißt werde. Aber man vermißt mich nicht. Sie bemerken mich nie, interessieren sich immer mehr füreinander, und du mußt immer sorgloser und glücklicher erscheinen, obwohl du jede Kleinigkeit bemerkst und lange Kämpfe mit dir ausfichtst, um die Eifersucht niederzutreten, dir selbst einzureden, daß das alles nur recht und billig ist. Du erhebst dich mühsam für eine kurze Weile auf ein Podest kühler, geistiger Ruhe und großmütiger Selbstlosigkeit – und dann bei Tisch, etwas ganz Geringfügiges, und du bist wieder tief im Schlamassel, und dieser Brocken würgt dich in der Kehle, und alles um und über dir schlägt zusammen: die Stimmung ist zu drückend, dein Gesicht und deine Gefühle sind zu nackt. Du möchtest hinaus, aber du mußt bleiben und so tun, als fühltest du dich wohl, glücklich, sorglos.

Dann kommt schließlich der Tag, da du merkst, daß du dich ganz ausgeschlossen hast, und *die anderen merken es auch.*

Natürlich wird es nicht genauso vor sich gehen – ich

denke nur zurück. Denn es spielt sich ja nicht auf dieser Grundlage ab, der Grundlage des Sichverliebens – und es ist absurd, so darüber zu sprechen. Aber selbst auf der Grundlage der Freundschaft stellt es mich auf eine furchtbar harte Probe.
Könnte ich doch nur ein entkörperlichtes Wesen sein, das zuschaut, dann bliebe mir vieles erspart.
Oh, ich weiß nicht, wie ich das durchstehen und nochmals durchfechten soll. Ich fürchte mich vor diesem Sommer.

[26. März 1928]

Durch Texas.
Pfirsichblüte (Farbe von Himbeereis) und weiße, schneeweiße Kirschzweige. Warme, feuchte Luft – die Bäume jetzt grün. Sonne. Ich saß da und sang im Rhythmus des Zuges.
Mittag, furchtbar heiß.
Der Abend kühl – roch wie ein Garten nach dem Regen.
Sah zwei Falken – einfach schön – drei- oder viermal mit ihren großen Flügeln schlagen und dann ruhig dahinsegeln. Ihre zerzausten Schwingen sind sehr groß im Verhältnis zu ihrem Körper. Es war sehr aufregend, wie sie sich so leicht, so langsam und regelmäßig bewegten, die großen Flügel gerade ausgebreitet.
Sah das erste Flugzeug seit damals in Mexiko. Mein Herz hüpfte vor Erregung. Nahe Austin.
*Wüste.*
Ganz anders als im Dezember. Die Wüste jetzt nicht grau – grün –, und sogar die Kakteen haben große, bü-

schelige weiße Blüten. Stachelige weiße Mohnblumen mit gelben Herzen.
Wir wurden in einem glühendheißen, luftdichten Wagen durch den Raum geschossen, an einem endlosen Tag über eine endlose Wüste.
Sengend und trocken, blendendes Weiß draußen. Doch ich ziehe das der betäubenden Kälte vor. Es ist dem Denken förderlicher! Man ißt wenig, fühlt sich dünn.
Es scheint mir – ein ganz einfacher Gedanke, der mir aber eben erst gekommen ist –, daß man am nützlichsten ist, sein Bestes gibt, von höchstem persönlichen Wert ist, wenn man *das* tut, was man wirklich aufrichtig und leidenschaftlich tun will (von ganzem Herzen, mit dem ganzen Einsatz seines ehrlichsten Ichs). Ich bin sicher, Oberst Lindbergh hat nie herumgegrübelt oder einen Gedanken daran verschwendet, wo er am nützlichsten sein oder am meisten geben kann. Er ging einfach ans Werk und machte das, was er am liebsten tat – was sein ganzes Ich aufrichtig und in einer Art selbstloser Leidenschaft wollte.
Noch ein ganz einfacher Gedanke! Wenn Menschen sich Freunde erwählen, die irgendwo einen großen Kummer haben, so tun sie das nicht so sehr, um sie abzulenken oder ihre Herzen zu erleichtern, indem sie sie unterhalten und erfreuen, oder um sie gar vergessen zu lassen, sondern um ihnen eine Art Frieden zu geben, den die sich bewahren können, während das andere ihnen noch anhaftet, einen Frieden (eine Resignation vielleicht), der darauf beruht, daß man die Weite des menschlichen Lebens und Leidens sieht.

Dein eigener Kummer wird darin geschluckt, wird ein Teil davon, und du kannst ihn hinnehmen in dem Wissen, daß so viele Menschen ihn mit dir hinnehmen.

Ich scheine Mutter nicht nahezukommen. Wir sind seit drei Tagen hier zusammen. Es ist meine Schuld. Sie hat diesen Winter soviel mitgemacht: jede Bemerkung, die ich dazu abgeben kann, ist banal, dennoch empfinde ich ihr gegenüber ein stärkeres Mitgefühl und Verständnis als je zuvor, ich weiß ihre Kraft, Vitalität, Selbstlosigkeit, ihr vielseitiges Verständnis noch mehr zu schätzen.

Wenn sie mit anderen Leuten im Zimmer ist, trete ich vor ihrer erstaunlichen Persönlichkeit in den Hintergrund und bewundere sie, aber ich bin eher ein hilfloses Zubehör von ihr, unnütz und unselbständig.

Ich bin noch immer nur ihr Kind.

Warum komme ich Menschen in Briefen näher? Vielleicht werfe ich in Briefen etwas von dem Ballast ab, den ich mit mir herumschleppe.

[Mexiko City]

Die einzige Möglichkeit, diesen Besuch in Maine [North Haven] richtig einzuschätzen, ist, ihn ganz nüchtern und hart zu betrachten. Oberst L. trennen Meilen von uns. Er gehört einer anderen Welt an, vertritt eine andere Richtung von Idealen. Wir können unmöglich wie er sein, oder überhaupt Zugang zu dieser Welt finden, sie verstehen. Wir müssen an den Wert unserer eigenen Welt glauben – ihren *individuellen* Wert. Andererseits dürfen wir *nicht* versuchen, ihn in die unsere hereinzuziehen. Das ist ganz unmöglich und würde nur alles verderben. Wenn *wir bloß die Unterschiede erkennen und im Gedächtnis behalten* ...

Es ist Abend. Ich sitze auf der langen, säulengeschmückten Botschaftsveranda und schaue zu den Büros hinüber. Das Gras des Gartens ist goldgrün. Kein Lüftchen regt sich, auch die Bäume nicht, keine Sonne. Ein Duft nach Erde und Rosen, rote Geranien an der Mauer und Bougainvillea – Vögel singen und auf der Straße draußen die Schreie von Straßenverkäufern. Dort ist es lärmend – das Geratter von Karren, Hupgeräusche, heimwärtseilende Menschen – hier drinnen aber still und kühl.

Nun, nach einem langen Tag, fühle ich mich ruhig, gelassen, beherrscht, über mir stehend. Ich kann abseits sitzen und die Dinge in Ruhe an mich herankommen lassen.

Warum ist das so? Wie ist es möglich, daß ich am Mittag so außer mir und unglücklich war?

Ich habe mich noch nie in meinem Leben so rastlos, so unzufrieden mit mir und meinem Leben gefühlt.

Ich möchte aufhören zu lesen und nachzudenken – ich möchte ein Jahr lang nur meine Hände üben und gebrauchen. Ich würde gern an einem Strand entlanglaufen, reiten und schwimmen und die übrige Zeit Klavierspielen, kleine Tongefäße formen, einen Garten umgraben, malen. Schlafen, viel baden, von Gemüse und Obst leben.

Ich fühlte mich so glücklich und ruhig und in Frieden

mit mir selbst – als wäre ich aus einem langen, tiefen Schlaf erwacht.
Wir gingen heim durch die ruhigen, stillen Straßen – in denen die ersten Laternen angezündet wurden. Die Leute hier sind freundlich und lächeln einen an. Sie sitzen in ihren Türen, halten ihre süßen Kinder im Arm, und manchmal singen sie.

[Rückfahrt von Mexiko, 5. April 1928]
Erster Tag im Zug, allein

Zuerst ein etwas beunruhigendes Gefühl, wenn man die Sprache nicht spricht und sich mit dem Geld nicht auskennt.
Aber zumindest ist das echt. Die Erfahrungen, die man alleine macht, sind erfreulich unverfälscht.
Wenn mich nur Mrs. Schoenfeld nicht diesem Mann vorgestellt hätte! Er hat eine laute Stimme und forschende Augen, ist gutmütig, robust und begierig. Er kennt schon alle mexikanischen Mädchen im Zug. Ich aß mit ihm zu Mittag und versuchte, höflich zu sein. Er war sechs Tage in Mexico, spricht fließend darüber, möchte es verwerten. Hat eine Menge mannigfaltiger Informationen und ist von größter Überheblichkeit. Als ich ihn fragte, wie er in so kurzer Zeit soviel erfahren konnte, lachte er sein lautes Lachen (jene Art, die immer lauter und länger wird, als man erwartet – unkontrollierbar) und sagte: »Oh, ich war ein nervenaufreibender Quälgeist (das kann ich mir gut vorstellen!), ich habe alle mit meinen Fragen ausgequetscht.«

Die beiden kleinen Schaffner (Mexikaner), denen Mutter auftrug, nach mir zu sehen, beäugen ihn argwöhnisch – halten ihn für einen schlechten Menschen, der mich vom rechten Weg abbringen will. Als der kleine Salonschaffner sah, wie er mir eine Zitrone gab, flüsterte er mir zu: »Essen Sie sie nicht! Sie ist grün!«

Ich versuchte darum herumzukommen, mit ihm abendessen zu müssen, aber ... Wir zogen das Rouleau hinauf, da hing der Mond vor uns, ruhig, vollkommen reglos und weiß über ein paar Wolken. Wir schnappten beide ein wenig nach Luft. Er sagte »Er sieht aus, als ob er dort hingemalt wäre – nicht?«

Nun, das war eben sein Eindruck, was soll's!

Jeder Ort ist am Abend hübsch.

Ich las *Flieger und Flugzeug* bis spät in die Nacht hinein zur Beruhigung! Das alles ist für mich jetzt eine Art Stabilisator. In erster Linie natürlich, weil Oberst L. *»le seul saint devant qui je brûle ma chandelle«* [1] (wie ungereimt) – der letzte der Götter. Er ist unglaublich, und an das Unglaubliche zu glauben, wirkt auf mich äußerst anregend. Und dann, weil diese ganze Welt für mich so ungeheuerlich, neu und fremd ist, da ich nicht über meinen Schatten springen und in sie eindringen konnte.

Sie ist so unbegreiflich, daß mich ein gewaltiger Schauder überrinnt, wenn ich nur den kleinsten Schimmer von ihr verstehe.

[1] »Der einzige Heilige, vor dem ich eine Kerze anzünde.«

Freilich ist es auch zum Lachen – und ziemlich traurig –, die Voraussetzungen für einen Flieger zu lesen. Sie sind amüsanterweise genau das Gegenteil von all dem, was ich zu bieten habe:

*»Augenblickliche Koordinierung zwischen Muskeln und Gedanken*

Gute Augen

Die Fähigkeit, große körperliche und geistige Belastungen auszuhalten

*Bei unvorhergesehenen Schwierigkeiten nie in Panik geraten*

Völlige Furchtlosigkeit, während man in der Luft ist

Die Bereitschaft, Risiken einzugehen, wenn sie notwendig sind

*jedoch stets ruhig und ausgeglichen«*

! ! ! ! ! *Dieu!*

Bei all dem kann ich nur seufzen *»Rien à faire«*. Gute Augen sind meine einzige Qualifikation!

*»Voilà qui laisse de l'espoir!«*

[3.–11.30 h in Laredo]

Furchtbar heiß, mir war sehr übel.

»Philadelphia« klopfte an meine Tür und zeigte mir Laredo. Es war kühl und still und angenehm. Ich konnte nicht sprechen, aber er war *unsagbar* liebenswürdig. Ich nehme alle meine Äußerungen über ihn zurück. Trotzdem war es sehr komisch, wie wir durch die Straßen von Laredo fuhren und er mir unbedingt beweisen wollte, daß Texas landwirtschaftlich viel besser genutzt sei als Mexiko. Er sog mit triumphierender Wonne den

Geruch von Zwiebelfeldern ein. Ich fühlte mich meilenweit entfernt und ziemlich resigniert und hilflos.

Mittagessen *allein*!
Wir gelangen jetzt sehr schnell nach Norden. Ich bin noch nie auf diese Weise in den Frühling gekommen. Aber es ist wirklich fast genauso aufmunternd, den Wechsel aus heißer Sommerdürre in frisches Frühlingsgrün zu sehen wie umgekehrt den Wechsel aus Winteröde in Frühlingsgrün.
Was für eine kühle, süße Frische.
Obstbaumblüten und junge grüne Blätter.
Und diese weißen – atemberaubend weißen – Hartriegelbüsche.
Ich beurteile die Menschen immer falsch. »Philadelphia« besitzt sehr viel Vitalität, Verstandesschärfe, Feingefühl (das würde man nicht vermuten bei seinem Lachen), Freundlichkeit, Güte, Idealismus.
Aber das Verblüffendste ist sein Feingefühl. Er hat doch tatsächlich gespürt, daß er mir auf die Nerven gehen könnte, *daß ich gern allein war*. Ich glaube fast, er kam nicht zum Mittagessen, damit ich allein sein konnte!
Diese Art von Feingefühl reiht ihn unter die Engel ein (bei mir).
Heute abend merkte ich, daß ich mit ihm ziemlich offen, ehrlich und objektiv sprach, *über alles*!
Ich kann mich nicht jemandem gegenüber reserviert verhalten, der mich ganz aufgelöst erlebt hat – mit einer Magenverstimmung oder nachdem mir beim Tanzen schlecht wurde.

Aber ich war so beleidigend zu ihm gewesen. Ich merke, daß er überhaupt nicht zuhört, wenn ich etwas sage, er beobachtet mich bloß mit seinen kleinen forschenden Augen und lächelt. Dann lacht er auf einmal und sagt: »Sie sind einfach köstlich!« Herr im Himmel!

Ostern [8. April]

Nein! Das ist die Lösung. Sag nicht kleinmütig und verzagt: »Ich habe nichts mit Oberst L. gemeinsam«, sondern sag schnippisch und überheblich: »Oberst L. hat nichts mit *mir* gemeinsam!«

»Philadelphia« saß im gleichen Wagen wie ich auf der Fahrt von St. Louis nach N. Y. Er ließ mir am Bahnhof Blumen bringen!

Ich war wirklich gerührt – und fühlte mich unbehaglich. Ich war vollkommen natürlich und offen mit ihm, weil ich mich so sicher glaubte, daß er mich nicht mit den Augen eines Liebhabers sieht – und schau an, was passiert? Er will nach Northampton herüberkommen. Oh, du meine Güte, ich mag nicht garstig sein, denn er war so lieb und ist wirklich ziemlich ungewöhnlich. Er erfaßt alles, aber er drückt es so unmöglich aus, wie seine Bemerkungen über den Mond und diese Blumen zu Ostern, die ein reizender Gedanke waren. Aber er kauft *weiße* Nelken und stellt sie in eine abscheuliche Vase mit einem Haken daran, so daß man sie aufhängen kann (brauchbar und verläßlich – genau wie er)! Es ist etwas so rührend Komisches an der Art, wie sein Rock kokett hinter ihm herflattert, wenn er mir auf dem Weg zum Abendessen vorauseilt, um die Türen aufzumachen, wie ein Hund, der mit dem Schwanz wedelt. Trotzdem ist es ein großes Vergnügen, mit ihm zu sprechen – ein scharfer, wacher, rasch begreifender Geist, und sehr vernünftig.

Wir fuhren durch Lancaster, Pa., als wir frühstückten. »Wohlhabendste Gegend der Welt«, sagt »Philadelphia«. (Er redet ganz wie ein Prospekt.) »Prächtige große Landsitze, lauter Beweise des Wohlstandes.«
»Sind Sie und Ihr Bruder gute Kameraden?«

12 Uhr, North Philadelphia

Es ist kalt. Die Straßen sind grau. Menschen betreten Banken, verlassen sie wieder; unzählige rußige Dächer, so weit man schauen kann, Taxis, Tankstellen. »Philadelphia« ist weg. Er sagt, er habe heute sehr viel Arbeit. (»Wir besitzen Lager in allen Städten bis hinauf nach Laredo!«)
Ich sah seine kleine gedrungene Gestalt mit elastischen Schritten die Straße hinab verschwinden, sein Rock flatterte.
Nun ist er weg, einfach so. Merkwürdig. Wir rauschten aus dem Bahnhof, und ich beobachtete zwei Spatzen, die auf dem Kies neben den Schienen auf und ab hüpften. Eine Sekunde später waren sie verschwunden, gerade wie er. Er ist zurückgekehrt (meiner Meinung nach) in eine Welt der Alltäglichkeiten und der Statistiken. Seine Persönlichkeit hat sich in Allgemeinheiten aufgelöst.

April, Northampton, nach den
[Oster-] Ferien 1928

Ich versuche an eine Gebärde zu denken – eine zarte Gebärde, schön, graziös und so leicht wie ein Seufzer oder ein Hauch, eine Gebärde, mit der man die empfindsame, atemberaubende Grazie dieser schlanken Ulmenzweige, die so sanft in der Luft schweben, beschreiben oder auch vergleichen könnte. Vielleicht die Gebärde einer schönen hoheitsvollen Frau.

Ich liebe *The Book of the Duchesse;* es wirkt wie Frühling im Vergleich zum reichen Sommer der *Canterbury Tales*. Frisches, blasses Grün-Gold der Frühlingsgräser und Blätter. Etwa wie Elisabeth:

»Therwith hir liste so wel to live,
That dulnesse was of hir a-drad.
...
That she was lyk to torche bright,
That every man may take of light
Ynogh, and hit hath never the lesse.
...
Me thoghte the felawship as naked
Withouten hir, that I saw ones,
As a coroune withoute stones.« [1]

Mir gefallen die fast aperçuhaften Formulierungen. Und dabei bedeuten sie weit mehr – ein Lichtschein durch Spitzenpapier.

[1] »Zugleich gefiel es ihr so gut zu leben / Daß Langeweile sie mied ... Daß sie war wie eine leuchtende Fackel, / Von der jedermann nähme Lichts / Genug, und sie hat dennoch nicht weniger ...
Mich dünkte die Gesellschaft so nackt / Ohne sie, die ich einmal sah, / Wie eine Krone ohne Steine.«

Merkwürdig: Ich glaube (die Verständigung ist leichter, die Berührungspunkte sind zahlreicher), ich stehe dem Mann, der Gräben aushebt, dem Zeitungsverkäufer, dem Mann im Obstgeschäft, meiner italienischen Schneiderin oder »Philadelphia«, den beiden letzten mit Sicherheit, näher, *weit* näher als Oberst L.
Ich habe mehr gemein mit – irgendwem ja, dem Fernstehendsten aller Fernstehenden – als mit ihm. Ist das nicht komisch? Ja, selbst das Nachdenken über einen so andersgearteten Menschen fällt schwer, dessen ganze Weltanschauung, Art zu denken, zu sehen, auf Dinge zu reagieren so ausgesprochen und restlos im Gegensatz zu meiner steht – nicht einmal so nah, daß man von *Gegensatz* reden könnte – auf einer anderen Ebene, von der ich kaum glauben kann, daß es sie gibt.
Narzissen und Hyazinthen am ganzen Ufer entlang, wo die schrägen Strahlen der Nachmittagssonne sie treffen, blickt man zurück.

[Nach einer Lesung im Smith College]

Robert Frost. Er ist ein Genie der Vereinfachung. Es war prachtvoll heute abend, als ginge man durch einen Wald und sähe die Straße, der man folgt, schon im voraus offen daliegen, auch dort, wo sie vorher noch nicht zu sehen war.
Wenn ich ihn nur häufig sehen könnte! Diesen Blick herab von der Höhe eines Berggipfels hat man öfter nötig als nur hie und da.

Chaucer beschreibt seinen ersten Flug (in den Krallen eines Adlers, hoch über dem Erdball):

»And therwith I
Gan for to wondren in my minde.
›O God,‹ thoughte I, ›that madest kinde,
Shal I non other weyes dye?‹« [1]

Lebte wie im Traum – einem Alptraum – seit Tagen schon.
Kämpfe mit *The trembling Veil*[2]; der Versuch, eine Buchbesprechung zu schreiben, kostete mich Tage. Konnte nichts klären, nichts in Form bringen; fühlte meinen Geist mich verlassen. Habe keine Kontrolle über meine Gedanken – kann nicht analysieren, nicht die Spreu vom Weizen sondern, kann nichts im Ganzen sehen, keinen logischen Gedanken entwickeln.
Habe alles zerrissen, wieder von vorne angefangen.
Die Worte sagten nichts. Entdeckte nur Fehler.
Kann nicht schreiben.
Die Todesqual des Versuchens.
Während des »Kampfes« eine Phase, die ein Lichtblick war. Muß sie nachher aufzeichnen:
Was ich tun kann – Wo meine Welt sich mit der anderen trifft.

1 »Und unterdes / Begann ich mich in meinem Sinn zu fragen. / ›O Gott‹, dachte ich, ›der du das Menschengeschlecht erschufst / Soll ich auf keine andere Weise sterben?‹«
2 William Butler Yeats, *The Trembling of the Veil.*

April – noch immer

Nach Mrs. Curtiss' Unterricht im Wagen durch die Gegend gefahren – irgendwohin –, nur um herauszukommen. Wir hielten am Flugplatz, stiegen aus. Mann im Überzieher damit beschäftigt, Streben? oder Drähte? an einem Flugzeug mit Bändern! aneinanderzuknoten. Gingen über grünes nasses Feld. Flugzeuge (zwei blaue) stiegen auf. Der Himmel blau. Mann im Überzieher weiterhin beschäftigt, Flugzeug aneinander zu befestigen. Ich begann Fragen zu stellen – alle technischen Fragen, die mir einfielen: Herstellung der Flugzeuge? Gleitflug-Winkel? Neigung der Flügel? Beschaffenheit des Flugzeuges – der Flügel? Stromlinie? Kommerzielle Luftfahrt? etc. etc. etc. Er hielt mich für verrückt, aber er war freundlich und fuhr fort, seine Bänder zu verknoten. Er wirkte erfreut und sagte uns, wir könnten uns ins vordere Cockpit setzen. Ich betätigte die Steuerung und stellte Fragen! Komischer, sanftäugiger, kleiner Mann im braunen Überzieher, dabei, Drähte mit Bändern zu befestigen. Leuchtend blauer kleiner offener Doppeldecker. F. D. [Florence Dorothy Bill] und ich quetschten uns ins Vorder-Cockpit, kamen uns vor wie »Die Motorboot-Mädchen beim Spiel« oder auch wie die Titelseite irgendeiner »Populären Luftfahrt«-Zeitschrift. Dabei war ich so aufgeregt, so stolz (insgeheim), daß ich Interesse gezeigt hatte, daß ihm klar war, daß ich interessiert war. Es war so nah und packend, und er sprach so ruhig darüber. Ich war so närrisch, kindisch stolz, mit diesen technischen Ausdrücken protzen zu können, die ich vor Oberst L.

niemals über die Lippen gebracht hätte (und auch gar nicht wirklich wußte).
Aber es war ganz so, wie wenn ein Kind große Schwerter oder Gewehre handhabt, die es zwar nicht benutzen kann, dabei aber genau weiß, daß es eine große, scheinbar magische Kraft – einen ungeheuer starken, gefährlichen Sprengkörper – in Händen hält.

Ich bin zu der Ansicht gelangt, daß man allein auskommen kann – ich meine: ohne nähere Verbindung zu einer bestimmten Person. Das hat mich ziemlich erschüttert, aber ich glaube, es ist wahr. Man braucht *Gesellschaft,* aber wohin man auch geht, in welche neue Umgebung auch immer, man wird Menschen treffen, die zu einem großen Teil den Platz derjenigen einnehmen, die man eben verließ. Das heißt, man findet ebenso viele Kontakte, Leute, die zu einem ebenso wesentlichen Teil des eigenen Lebens werden können, wie es frühere Freunde waren.
Und wenn man ohne Freunde auskommt, ist dann alles vorüber, nachdem man sich von einem Menschen getrennt hat? Ich glaube kaum, denn sieht man sich wieder oder schreibt sich, kehrt alles zurück. Man kann sich treffen, Gespräche führen mit der gleichen Eindringlichkeit wie ehedem; die Verbindung behält ihre Gültigkeit, auch bei geringerem Kontakt.
Abgesehen davon glaube ich, daß menschliche Gesellschaft ein sachlicher, feststehender Bestandteil ist; erreichbar für jeden und mit jedem, dabei aber relativ gleichbleibend, während Freundschaft subjektiv und

vielgestaltig ist. Freundschaften sind so verschiedenartig (bei mir wenigstens) wie die Freunde selbst. Die innige Vertrautheit hört, glaube ich, auf, wenn man sich von einem Freund trennt, aber die Freundschaft bleibt. Es ist dies eine jeder Beziehung innewohnende Möglichkeit, die, einmal zugestanden, nun eben da ist.

1. Mai

Es ist wunderbar, wieder blauen Himmel zu sehen: Sonnenschein nach zwei Wochen Kälte und Regen. Es lastete auf einem wie eine schwere Decke und drückte einen nieder. Und nun dieses *Blau* – ich wandere in ihm herum! Blaue und weiße Wolken. Es ist zu schön, um wahr zu sein – ich muß immer wieder hinschauen, einfach aus Freude darüber. Ich habe das Gefühl, als hätte ich es übergezogen.

Ein prachtvoller Sturm – riesenhafte Regenschleifen, Güsse, rennende Menschen. Sein harter Rhythmus und der herzerfrischende Hauch frischer Kühle, wenn er für einen Augenblick nachläßt.

Ein Regenbogen gegen den schwarzen Himmel (die Sonne im Rücken betrachtete ich ihn). Auf der weißen Birke in Mr. Schintz's Garten schimmerte die Sonne. Hinter der weißen Birke der Regenbogen, die blauen Hügel und schwarzer Himmel.

Das Gras, ein einziges, *lebendiges, in Bewegung geratenes* Grün, ein unglaubliches Grün.

Elendes Getue wegen meines Aufsatzes für den Jordan-Preis. Oh, diese Kämpfe, diese lächerlichen moralischen Maulwurfshügel, über die ich stolpere.

Einer davon: daß mich natürlich nichts glücklicher machen würde als dieser Preis, und gleichzeitig ist mir vollkommen klar, daß ich ihn nicht nur *nicht* bekommen *kann,* sondern auch *nicht* bekommen *sollte.* Ich habe in gar keiner Weise das, was man als »eigene Handschrift« bezeichnet –, ich weiß, ich bin nicht im geringsten »schöpferisch«. Meine Sachen sind nie »gut erfunden«.

Also ändert sich gar nichts, wenn ich ihn *nicht* bekomme. Alles bleibt beim alten. Und doch, hier sitze ich...

Joy und ich pflückten Blutwurzeln, süß und frisch anzusehende kleine Blumen, becherförmig wie Anemonen, mit behaarten Stielen. Unschuldig und reizend, wenn man sie anschaut – weiße Blütenbecher mit gelben Herzen. Aber wehe, wenn man sie pflückt. Sie haben Pfahlwurzeln, rostroter Saft tropft herab, und ihr Geruch ist *widerlich* – einfach ekelhaft, Joy sagt, sie riechen wie Eisenspäne.

Sie stoßen mich jetzt ab. Ich bin auch richtig gekränkt und ärgerlich über einen solchen Betrug.

Hexen-Blumen.

3. Mai

Ein warmer, stiller, sich entfaltender Tag; viele Schleierwolken, und die Zweige der Ulme hingen schwer herunter. Ich schlug F. D. vor – *Fliegen wir!* Am Nachmittag! Wir fuhren um drei Uhr hinaus zum Flugfeld. Die beiden Flugzeuge da, aber kein Mensch zur Bedienung; zwei wartende Jungen. Wir fragten sie; *nichts.* Schließlich fragten wir den Mann in der Tankstelle. Der

Pilot käme gewöhnlich um fünf und *war* mit Passagieren geflogen!
Um fünf Uhr wieder dort (nach einem Nachmittag voller Spannung). Maschine weg, Leute standen herum. Wo war er? Eben tauchte er über den Bergen auf. Herunter. Er stieg aus, sah so komisch in seiner Fliegermontur aus.
Er sagte, er *nähme* Passagiere mit und – wir holten tief Luft (es schien so einfach und selbstverständlich, als wir uns das vorstellten und voller Spannung so lange darauf gewartet hatten) – *würde uns mitnehmen.*
Er startete die Maschine (erst wendete er das Flugzeug – es ist *so* klein), warf den Propeller rasch an, und ein gewaltiger Wind wirbelte auf. Er half uns hinein. Meinte, unsere Tücher würden davonfliegen, sagte, es sei »holperig« über den Bergen, sagte, es sei schrecklich windig »dort oben«.
Die Maschine lärmte. Wir stiegen ein. Ein schwerer Gürtel schnappte über uns zusammen. Der Pilot erklärte uns, daß wir uns an der Stange festhalten sollten – es sei holperig, über das Feld zu rollen. F. D. sagte kleinlaut, fast kläglich: »Ich glaube, ich möchte doch lieber nicht angeschnallt sein, damit ich springen *kann*, wenn etwas passiert.«
Der Wind vom Propeller fauchte wütend. Wir starteten (er saß hinter uns). F. D.: »Ist es besser, *nicht* zu schauen?« Mir war ganz übel vor Aufregung.
Es ging los, wir holperten sehr schnell über das Feld, hielten uns an der Stange fest, waren ganz schrecklich aufgeregt und nervös; nahmen uns aber zusammen und

lachten, wie man eben lacht, wenn man großen Spannungen ausgesetzt ist.

Wir waren sehr rasch oben, wie vorher nutzte er die großen berauschenden Auftriebe. Ich war wie irre. Plötzlich unter uns Mrs. Curtiss' kleiner grauer Sportwagen auf der Landstraße! Und dann der Fluß – wie Quecksilber. Der Wind blies sehr stark, und der Krach war fürchterlich. Wir stiegen höher und höher. Dann unten abgegrenzte Felder, wie Tuchstücke – Tweed –, Obstgärten, die aussahen wie die »Rittergüter«, die wir früher mit Reihen von Zweigen im Sandkasten absteckten. Die Hügel verflachten. Wie ein Tonmodell im Geologie-Unterricht sah das aus, man konnte Flußbiegungen sehen und gekrümmte Weiher, Wasser in »Lachen« über das ebene Tal verteilt. Paradise Pond wie ein Spielzeugteich mit einem winzigen Zweig darauf – einem Kanu. Das Observatorium. Die Studentenheime, wie Puppenhäuser, zierlich geformt. Winzige Autos bewegten sich *ganz* langsam auf einem weißen Band. Die Sonne auf dem Quecksilberfluß und all die kleinen Tümpel – Städte am Fluß entlang.

Wir überflogen die Holyoke Hügelkette, den Mount Tom. Sahen beide Seiten gleichzeitig. Diese Hügel – *so* verkleinert, dabei schien man gar nicht weit von ihnen entfernt. Alles ganz deutlich: die abgegrenzten Felder, grün und braun, gestreift, der Quecksilberfluß, Spielzeughäuser, Bänderstraßen. Wir überflogen eine Fabrik, wie ein Ameisenhügel-Sandberg (wahrscheinlich eine Riesenmenge Sand für einen Bau). Der Pilot rief uns die Höhen zu, lachte und wies auf Einzelheiten:

den Schatten des Flugzeugs. Ich sah ein Regenbogenglitzern, das der glänzende Flügel auf einem See verursachte. Ein enormer Stoß Baumstämme sah aus wie ein Haufen Zündhölzer.
Der ganze Landstrich gleißte, lag wunderbar ausgebreitet, plötzlich und einfach so, unter unseren Füßen, und ich dachte: Wie einfach! *So* sieht das Tal *wirklich* aus, *so* ist es. Jetzt sehe ich es ganz – wie klar, wie einfach! Ein so kleiner Fleck, eine so kleine Welt, und dabei so säuberlich und ordentlich aufgestellt. Ich kann alles auf einmal sehen. Und ich fühlte mich wie Gott.
Ich beobachtete die Flügel – wir schienen kaum vorwärts zu kommen – doch dieser fürchterliche Wind ...
Eine intensive Freude und so *wirklich, ganz wirklich,* weil ich sie *alleine* hatte, auf meine eigene Verantwortung. Sie war mir nicht auf einem silbernen Tablett dargeboten und als selbstverständlich hingenommen worden. Ich hatte *mich bemüht,* sie zu erlangen, und so war sie *mein – meine ureigenste Erfahrung.*
Wir gingen plötzlich herunter, und bei der Landung gab es einen Stoß – keinen großen, aber immerhin. Die Haare wirr, hingerissen. Er fragte uns, *wie es uns gefallen habe,* freute sich über unsere Antworten, half beim Aussteigen und *wollte kein Geld annehmen!*
»Nein, Sie haben ein echtes Interesse, und die Leute, die wirklich interessiert sind – nehme ich gern mit!« Er lächelte – der Engel.
Wir hatten ihm eine Freude gemacht – ich war so glücklich. Wir waren ganz närrisch und gingen mit weichen Knien davon. Ein neues Gefühl erfüllte uns – eine fünfte

Dimension, der Schock einer Offenbarung, als sähe man die Welt plötzlich auf den Kopf gestellt. Er wird nie etwas von der Freude ahnen und von dem Leben, das sie mir gab. Ich konnte ihm *nicht* dankbar *genug* sein.

Die Kirschbäume sind ein einziger rosa Nebelschleier, und die Magnolienknospen weiß wie Sahne vor dem sanften Blau – dieser »*douce*« Frühlingshimmel.

Heute war ein erfreulicher Tag. Gestern abend bin ich früh schlafen gegangen, und heute war alles so erfreulich – erfüllt und reich. Ich habe alles deutlich wahrgenommen, alle Empfindungen und Eindrücke waren klar und wirklich, ungetrübt durch meine persönlichen, subjektiven Kümmernisse, die zurückzuführen sind auf Depressionen oder Müdigkeit.

Morgen ist wieder mein freier Tag. Werde ich *niemals* zur Ruhe kommen? Ist das *nur* eine Frage des Schlafes?

Ich weiß, es ist oberflächlich und töricht, aber an diesen Frühlingsabenden und an den langen, milden Nachmittagen habe ich keine Lust zu komplizierten und überlegten Gesprächen mit Y. Ich wünsche mir weiter nichts als hübsch auszusehen, für hübsch gehalten zu werden und mit einem sehr gutaussehenden Jungen spazierenzugehen und zu lachen und sentimentale Melodien zu summen, die lauter Lügen sind – und am liebsten jeden Abend mit einem anderen »gutaussehenden Jungen«!

Die Flugzeuge und Kirschbäume und diese langen Abende stören ständig mein Gleichgewicht!

Zwei Tage mit Jay. Schön. Aber er hat sich verändert: sein ganzer herausfordernder Trotz ist von ihm abgeglitten und hat ihn ziemlich schutzlos und still und abhängig zurückgelassen. Bestimmt ist es am besten so, aber sehr traurig – ich war die ganze Zeit über schrecklich traurig. Ich konnte es nicht im einzelnen erklären, aber in meinem Innersten war eine unfaßbare, hoffnungslose Traurigkeit.

Jay – müde, ein bißchen alt geworden, resigniert, abhängig. Und könnte ich ihm helfen? Ja, wenn ich mehr Zeit für ihn hätte.

Und das gerade jetzt nicht. Oh, ich hätte ihn nicht so glücklich machen sollen – an diesem Wochenende. Es war etwas Verkehrtes daran, daß er so glücklich war, einfach nur mit mir zusammen zu sein. Ich war glücklich mit ihm und darüber, daß sich die alte Vertrautheit unseres gegenseitigen Verstehens gleich wieder eingestellt hatte, aber ich war auch glücklich über die Sonne, den Schimmer auf dem Gras, wenn der Wind es niederbog, und über die guten Straßen und das Summen des Motors und über das Singen und über die leicht blauen Felder mit ihrem Anflug von Veilchen – *nicht nur* über ihn.

Und unter allem diese Traurigkeit – daß ich ihm nicht *mehr* helfen konnte, daß dies nur vorübergehend war, daß ich morgen schon wieder glücklich – ganz brutal glücklich – über Gras und Veilchen sein würde – ohne mich um irgendwen zu kümmern. Nicht, daß er nicht ohne mich zurecht käme oder auch ohne andere Menschen, das kann er wohl – sogar eher besser als bisher, da er nun gelernt hat, ruhig zu sein und Kompromisse zu schließen.

Aber er ist betrogen worden – durch seinen eigenen unnachgiebigen, trefflichen, liebenswerten und närrischen herausfordernden Trotz – um das, was ihm zustand: Liebe und Menschen, die ihn lieben sollten, lauter Bindungen und ein Zuhause. Aber hauptsächlich Liebe.

Und da rechnet er nun mit mir, doch ich bin – eigensüchtigerweise – nicht bereit, sie ihm ganz zu schenken. Ich gebe etwas, aber nicht so viel, wie er braucht – *alles*, was einer an Liebe aufbringen kann. Ich verstehe ihn. Ich könnte es ihm geben, wenn ich nur wollte – aber kann ich tatsächlich?

Oh, ich fand mich so eigensüchtig, so brutal. Ich kann ihn nicht ansehen, nicht an sein Leben denken, ohne traurig zu sein.

Und ich fuhr von Springfield zurück, voll unbekümmerter Wonne über diesen schnellen, zuverlässigen, starkmotorigen Wagen, den Kopf hoch, sang auf dem ganzen Weg.

Wieso das? Warum?

Zu viel – zu viel. Das Leben ist im Augenblick überreich. Bin heute morgen geritten. Die Freude an der körperlichen Bewegung – rasches Herantraben, Kopf erhoben, Wind im Gesicht.

Die Wonne, ohne Mantel gehen zu können, auf dem Rücken die Sonne zu spüren, leichter Wind bauscht das Seidenkleid um die Knie und umschmeichelt den bloßen Hals.

Ganze Wälder voll zarter, winziger Birken – zum Fressen süß.

Heute abend Picknick. Ringsum Apfelbäume überladen, überschäumend, rosa-weißes Blütengeriesel. Der Mai hat ihnen zuviel Schönheit geschenkt, hat sie mit Rosa-Weiß überschüttet.
Es heißt: »Mein Becher ist zum Überlaufen gefüllt.«
Die Fliederbüsche zeigten die ersten Knospen.

»O Spring, grow slowly,
Exquisite, holy...
By little skips, by little steps,
Like a lamb or a child.«[1]
[ALICE MEYNELL]

Männer pflügen die Felder, legen Kartoffeln und Zwiebeln in die Furchen. Als wir über die Hügel kamen, lagen vor uns die Bauernhöfe hingebreitet im Grün, der Fluß regungslos, ruhig und flach in den grünen Wiesen. Gefiederte Bäume am Ufer entlang im Wasser verdoppelt – so still, daß man keinen Unterschied sah.
Apfelblüten scheinen aus Licht und Wasser zu bestehen. Sie haben eine runde Fülle, wie Wassertropfen; und sie schillern ebenso in allen Regenbogenfarben. Sind in ihren gebogenen rosa Blütenblättern Wassertropfen?
Weißer Hartriegel wie ein Spuk in allen Wäldern, und Kirschen, weiß, weiße Birken mit zartem grünem Laub. Wir lagerten unter einer Klippe und blickten benom-

[1] »O Frühling, wachs' langsam, / Köstlich, heilig ... / In kleinen Sprüngen, kleinen Schritten / Wie ein Lamm oder ein Kind.«

men hinauf in die weißen gefiederten Birken am Rand der Klippe, die in den sanften, blauen, wolligen Himmel ragten.
Erdbeeren mit Sahne, und wir lachten über alles und jedes.
»Mein Becher ist gefüllt bis an den Rand!«
*»Wäre es nicht himmlisch, wenn ich mich über Oberst L. getäuscht hätte – wenn er mich gern hätte.«*
*Gegenargument:* Verrückt, verrückt, verrückt. Du bist das genaue Gegenteil von ihm. Du hast nichts mit ihm gemeinsam. Wenn du ehrlich bist, machst du dir gar nichts aus seiner Welt, keinen Deut. Du bist einfach nur von der Stärke seiner Persönlichkeit hingerissen.
Er hat dich gar nicht angesehen – dir immer den Rükken gekehrt, wenn du mit ihm gesprochen hast. Du warst einfach nur eines jener albernen, bewundernden Schulmädchen, von denen er sich abwendet und wegläuft.
Wenn du zu viel darüber nachdenkst, wirst du diesen Sommer vor lauter Verwirrung überhaupt nicht mit ihm reden können. Vergiß das nicht.
(Also gut, ich denke an etwas anderes – Angenehmes. An das Schreiben – vielleicht ist das mehr meine Welt.)
*»Wäre es nicht herrlich, wenn ich den Jordan-Preis bekäme!«*
*Ad infinitum!*
Es hat eine Woche lang geregnet. Die Blätter hängen schwer, grün, schlaff vor meinem Fenster. Trüber Himmel, der alles ringsum einnebelt. Ich fühlte mich wie eine Fliege in einer grünen Flasche.

Die Kastanienkerzen sind offen, aber ich habe sie noch nicht bei Sonne gesehen.
Ich möchte über die verwirrende *Vielfalt* und Intensität der menschlichen Beziehungen schreiben – die vielen Arten, die feinen Unterschiede, ihre Unendlichkeit, ihren Reichtum, ihren Reiz.
Ich würde gerne darüber schreiben ..., daß es möglich ist, gewissermaßen *objektiv zu lieben* – das heißt einen Menschen zu lieben – auch wenn man ihn nicht sieht, es sich gar nicht besonders wünscht, gar nichts von ihm will – einfach nur zu wissen, daß er *da ist* und im Geist zu ihm zu gehen, wie man zu einem Hügel oder Feld oder blühenden Baum geht, um zu bewundern und Frieden zu finden. Ich sage »lieben«, weil darin eine ganz andere Stärke und Göttlichkeit liegt als in der Freundschaft.

Elizabeth Montagu-Preis [1] für Mme d'Houdetot.[2]
Jordan-Preis ... *Dieu!*
Ich fühlte mich wie eine zitternde Braut, als ich den langen Gang hinaufwankte, um die Medaille entgegenzunehmen.

[North Haven, Juni 1928]

Heute nachmittag kam die Sonne heraus. Con und ich machten einen Spaziergang über einen Hügel – wir schauten zurück und sahen gelbe Margeriten in den

[1] Jährlich verliehener Preis für den besten Aufsatz über Frauen des 18. Jahrhunderts oder Frauen, die in der Literatur dieses Jahrhunderts beschrieben werden.
[2] Ein Aufsatz von A.M.L.

Himmel ragen, Margeritenköpfe, die vor dem Himmel hin und her wippten. Con und ich sprachen miteinander. Wenn ich in meinem Leben nie mehr jemand anderem begegnete, so bin ich doch glücklicher als alle, die je lebten, daß ich sie kenne. So muß es sein, wenn man verliebt ist. Ich bin nie neidisch auf sie – ihr Schreiben, ihre Musik, auf nichts. Ich weiß, wie großartig sie ist. Nichts ist zu gut für sie: großer Ruhm als Schriftstellerin, großes Können, Fliegen, Oberst L. zum Mann – nichts ist zu gut!

Mein Herz ist leicht und voller Freude. Ich möchte singen und immerzu singen.

Con sagte: »Was für eine Ironie des Schicksals, daß Erdbeerblätter rot sind!«

Ich wollte, ich könnte malen. Ich versuchte, die Farben einzuteilen: knallrote Mohnblumen, rostrote Flaschenzüge und gelbe Kisten auf den Kais, die sich im Wasser spiegelten. Die Kais und die Häuschen darauf waren schmutzig grün. Der Rauch aus irgendeiner Maschine hatte eine dreckige Erdfarbe. Ich versuchte herauszufinden, was dieses Bild so unsagbar lieblich machte. Natürlich, es spiegelte sich alles im Wasser.

Die Heiterkeit der Bucht, das blaue Wasser, weiße Boote, weiße Möwen, Kisten, Flaschenzüge, vom grünen Rasen aus und durch die schwarzen (im Gegenlicht) Stämme der Ulmen am Straßenrand gesehen.

Heimkehr bei Sonnenuntergang. Um diese Zeit wird das Meer zum Himmel – so glatt – und taubenhalsfarben (wie der Federflaum um ihre Hälse – schillerndes Rosa, Grün, Blau, Perlgrau).

---

Die weißen Flanken der weißen Schiffe sind um diese Zeit das Hellste weit und breit.
Segeln: dieses köstliche Geräusch – sanft, beruhigend, langsam –, wenn das Boot durch das Wasser gleitet. Es sind vielerlei Sommergeräusche zusammen. Die herabfallende Gischt klingt wie Wind in den Bäumen.

Einmal nachts ein Mondscheinpicknick, starker Wind und stürmische See, ein seltsames blaues Licht auf den Wellenkämmen, zwei rote, funkensprühende Feuer, und auf der Bucht die Mondspäne, fast blau.
Ich ging ins Haus zurück, um etwas zu holen, und als ich den Weg zurück zum Strand, zu den Feuern, den Menschen zu finden versuchte, verirrte ich mich. Ich hörte nichts außer dem langen Atem der See und des Windes. Das Mondlicht zeichnete seltsame Schatten von den Pinien. Ich watete durch den morastigen Grund, hinter mir tapste Daffin her, ein kleiner weißer Geist. Ich hatte plötzlich das Gefühl, dies alles sei vielleicht ein Traum und ich wandle im Schlaf, das Picknick – rote Feuer, Funken, Leute mit halb beleuchteten Gesichtern über Körbe gebeugt, Ginger-Ale-Flaschen, Gelächter, Gesangsfetzen, Bratpfannen, Treibholz – das alles existiere nur in meiner Vorstellung. Oder daß ich wie Rip van Winkle hundert Jahre lang geschlafen hätte und das Picknick Ewigkeiten zurückläge.
Dann hinter einer Biegung der beruhigende rote Schimmer von Funken zwischen den Bäumen.
Gesang rund um das Feuer, heulender Wind.
Duncan (der Bootsmann) nicht auf dem Kai, um Bunny

über den Thoroughfare zu bringen. Ich fror. Der Mond schien blau über das kabbelige Wasser, die Boote hüpften auf und ab. Kein Mensch weit und breit.
»*Rudere* hinüber!«
Mir war nicht danach zumute, aber ich versuchte fröhlich zu erscheinen. Wir fuhren los. Das Boot wippte auf und ab, der Wind blies, wir sangen. Es war sehr erheiternd. Das harte Rudern: der Wind gegen das Gesicht klatschend, Mondlicht in den Augen. Man konnte alles klar sehen in dem hellen Licht des Mondes – schaukelnde Boote, da und dort ein rotes Licht am Mast, die dunkle, in Schatten gehüllte Küste auf der anderen Seite und ein paar Lichter. Bitta sang die Oberstimme vom Lied der Wolgaschiffer.
Wir kamen nicht um die Spitze herum, und so beschlossen wir, das Boot festzumachen und auf der Straße zu den Lockes hinaufzugehen. Wir ließen das Boot gegen eine Kaimauer schlagend und scheuernd zurück und stahlen uns leise die Laufplanke hinauf, über jemands Rasen, silbernes Gras, Schatten um einen Apfelbaum und ein weißes Haus still und hell, das Licht auf allen Blättern schimmernd – eine lange Grasmulde hinauf, die Bäume seltsame blaue Schatten.
»Hexensabbat!« Bunnys Mantel flatterte.
Den Waldweg hinauf – das Geräusch unserer auf den Dreck stampfenden Füße. Leuchtende, helle weiße Birken, hohe weiße Blumen am Straßenrand, die glänzenden Blätter bebend, glitzernd, sich umbiegend, und eigenartige blaue Schatten von vertrauten Dingen. Die Bäume, eine Wetterfahne, über uns sich auftürmendes

Unkraut (wir schienen viel kleiner zu sein) und bebendes Silber – und dieser ferne lange Atem der See und des Windes (wir waren nun weiter landeinwärts). Alles mit angehaltenem Atem, lauschend, und auch wir lauschten – kein Laut, keine Lichter, nur dieser dumpfe Klang unserer die Straße entlangdonnernden (so schien es) Füße.

Ein Obstduft, während wir an einer Gruppe aneinandergeschmiegter Apfelbäume vorübergingen. Als wir die Grasmulde wieder heraufkamen, vorbei an dem glitzernden, silbrigen Apfelbaum, an dem kleine Äpfel schimmerten, und dem leuchtend weißen Haus, hatte ich ein Gefühl, als könnte ich nicht meine Hand ausstrecken, so schön war es. Ich wollte die glänzenden kleinen Äpfel berühren, und doch fürchtete ich mich davor – als würde das den Zauber brechen, als würde alles rings um mich zusammenfallen, wenn ich es täte – alle diese »Dinge«, die ihren Atem anhielten, um mich vorbeizulassen.

Aber ich tat es! Ich hatte das Gefühl – das ich seit meiner Kindheit nicht mehr empfand – einer großen Ekstase beim Anblick von etwas so Schönem, so schön, daß es einem den Atem nahm, als könnte man es nicht ertragen. Es war zu viel für diese Nacht.

Als wir sicher zum Feuer zurückkamen, fühlte ich mich, als sei ich Jahre fort gewesen – in einer anderen Welt, auf einer Reise über den Ozean.

Und ich dachte, daß es entsetzlich ist, wie nahe man an solchen Offenbarungen vorbeigeht, sie versäumt. Sich vorzustellen, daß dieser Abgrund von Schönheit so

nahe war und ich furchtsam und auf Sicherheit bedacht nur an seinen Rand getreten wäre. Ich wollte nicht gehen.
Es ist seltsam, aber oft begegnet man ihnen auf diese Weise: ein mißlicher Zwischenfall, und dann die Wirklichkeit, so schön, so selten.
Ich erinnere mich, wie einmal das Auto weitab von Northampton steckenblieb, und dann ging ein großer, gelber Mond auf.

[Englewood] Mittwochmorgen

Oberst L. rief mich an.
Er wollte Mutter, Daddy oder Elisabeth sprechen. Aber Jo sagte (wie eine Stiefmutter, die voller List und Tücke für ihre Tochter, die ein häßliches Entlein ist, ihre Ränke schmiedet): »Miss Morrow ist im Ausland, aber Miss *Anne* Morrow ist hier.«
Er nahm diese Nachricht gnädig auf und fragte daraufhin nach mir.
Jo sagt: »Rate mal, wer gestern anrief?«
A.: »?«
J.: »*Charles* Augustus L.«
. . . . . . . . . .
J.: »Er wird heute um 10.00 wieder anrufen.«
Jo (macht die Türe zu und bemerkt mit fester, ruhiger Stimme, als wolle sie mir zu verstehen geben: »Nun sieh zu, wie du damit fertig wirst«): »Da ist er – für Miss Anne Morrow.«
A. (außer sich): »Jo, ich *kann nicht* – ich *kann* einfach *nicht* – ich *kann nicht* mit *ihm* sprechen.«

J.: »Du mußt, Anne. Mach schon – es wird ja nicht lange dauern.«
A. (sitzt vor dem Telefon, starrt darauf, gelähmt, schluckend, als stünde sie vor einem Glas Rizinusöl, und fragte sich, wie sie *je* diesen Abgrund überbrücken und es einnehmen könne. Nimmt dann den Hörer auf, sehr schwächlich und fragend): »Hallo-o?«
Aus weiter Ferne eine tiefe, rauhe Stimme, schroff und fast schüchtern, die Worte wie abgehackt. »Hallo. Hier spricht ... Lindbergh persönlich.«
A. (sehr schwach und verschreckt): »Guten – guten Tag.«
(Ein durchaus vernehmbares Grinsen und ein kleines Auflachen am anderen Ende der Leitung.)
L. (läßt einen Wortschwall los – einen wohlüberlegten – er hatte etwas vorzubringen, *und er brachte es vor* und ging dabei direkt auf sein Ziel los): »Als ich letztes Jahr bei Ihnen im Süden war, habe ich Ihnen versprochen, Sie auf einen Flug mitzunehmen, wenn ich wieder hier im Osten bin. Jetzt rufe ich an, weil ich sehr gern einen Flug arrangieren würde, wenn Sie Lust dazu haben ...«
A. (lange »fassungslose« Pause): »Ich – ich fände es herrlich ...«
L.: »Also gut – um zehn Uhr am kommenden Mittwoch?« (*Typisch!* Ganz er!)
A.: »Das wäre sehr schön ...« (Pause. Jetzt *muß* mir etwas über die Familie einfallen. Er spricht ja eigentlich mit *allen anderen,* nicht mit mir. *Verzweifelt.*) »Mein Vater ... wird sich sehr freuen, daß wir mit-

einander telefoniert haben – ich werde ihm davon erzählen.«

»Also gut – dann bis nächsten Mittwoch um zehn.«

A.: »Haben Sie vielen Dank, Oberst Lindbergh.«

[New York, 8. Oktober 1928] Abends

Die Telefonklingel übt eine ausgesprochen lähmende Wirkung aus, wenn man darauf wartet, daß jemand Aufregender anruft. Es ist ganz so, als hätte einen eine riesige Biene gestochen – man spürt den bohrenden Schmerz, und schließlich breitet sich eine Wolke der Gefühllosigkeit über einen aus. Oberst L. rief um 7 Uhr an, nachdem er es um 10 Uhr morgens schon einmal versucht hatte. Und wirklich hörte ich Emily sagen: »Ja, Sir – ja« – und mir drehte es den Magen um, alles tat mir weh, und ich war nahe daran, ohnmächtig zu werden. Oben angekommen, riß ich das Fenster auf – frische Luft – mir war, als müßte ich ersticken. Mein Blick fiel auf das »Rizinusöl«, ich schluckte und nahm es!

»Hallo – hallo.«

»Hallo, hier Lindbergh.«

Und dann sprudelte ich hervor: »O Oberst Lindbergh, es tut mir ja so leid, wegen heute morgen.« Er lachte sehr freundlich und gutmütig: »Aber Sie brauchen sich doch nicht zu entschuldigen!«

A.: »Wissen Sie, ich bin erst heute nachmittag nach Hause gekommen. Ich hinterließ meine Telefonnummer für Sie. Ich wollte nicht unhöflich sein.«

L. (sehr freundlich und ein wenig verlegen lachend): »Ich rufe an, um zu hören, ob Sie nun mitfliegen wollen...«
Und plötzlich merkte ich, daß er »zu uns herauskommen wollte, um über ein paar Einzelheiten zu sprechen«. Ein Überfall, aber das sah ihm so ähnlich. Es verwirrt mich, mit jemandem zu tun zu haben, der *so* präzise ist.
L.: »Nun, um wieviel Uhr kann ich kommen?«
A.: »Morgen?«
L.: »Morgen – wann?«
A.: »Morgen, ach (ich *hasse* es, so festgenagelt zu werden) *jederzeit* – ich bin den ganzen Tag über hier. Es geht immer morgen nachmittag...«
L. (mit vernehmlichem Grinsen): »Schön, *wann* morgen nachmittag? Mir ist jede Zeit recht, die Sie vorschlagen.«
A. (in die Enge getrieben, fast schon geschlagen, aber noch mit einem gewissen Widerstand!): »Also so nach drei Uhr?«
L.: »Schön, sagen wir morgen nachmittag um vier?«
A.: »Das paßt gut.«
L.: »Bis auf morgen also.«
(Der Tag war eindeutig festgelegt! Nach einem derartigen Bombardement konnten sich weder Zweifel noch Fragen der Selbstachtung regen.)
Für den Rest des Abends war ich aus der Fassung gebracht, schrecklich aufgeregt. Inzwischen ist alles wieder ganz komisch; ich bin die ausgeglichene »Dame von Welt« (!), die sich lachend über seine naive Direkt-

heit amüsiert, über sein hartnäckiges Bestehen auf Tatsachen – Tatsachen – Tatsachen. Diese Kleine-Buben-Einfalt. So wie er die Dinge sieht, reicht man einem braven kleinen Mädchen, dessen Vater man einiges verdankt, einen Apfel. Und wie bei einem kleinen Jungen folgt die Tat, die man sich vornahm, in Windeseile der Überlegung auf dem Fuße nach. Schwierigkeiten gibt es da nicht. »Herrliches Fischwetter.« Auf geht's! Presto! Einfach ab.

Ich kann mich darüber lustig machen – aber was ist mit mir los, wenn er anruft oder hier persönlich auftaucht – dann bin ich der angeschwollene Bienenstich.

Also morgen um vier Uhr eine geschäftliche Verabredung mit Oberst L. wegen des Flugs. Er wird die fraglichen Punkte herunterrasseln, mir die Hand schütteln, wieder davonstürzen. (Wie einfach doch das Leben für den kleinen Jungen ist.)

Und ich – fassungslos, krank vor Aufregung, schüchtern, unbeholfen, bewundernd – versuche Berührungspunkte in seiner und meiner Welt zu finden, obwohl es doch nichts Gemeinsames gibt außer unserer Jugend.

Das ist überstanden. Oberst L. war hier. Ich war so gelassen, wie man nur sein kann. Er kam ganz offensichtlich aus Pflichtgefühl, das war demütigend. Er tut mir leid, aber ich verehre ihn nicht.

*

*An* C. C. M. Englewood [12. Oktober 1928]

Mein Liebes,

ich werde Dir alles genau erzählen.

Oberst L. kam an – war herausgefahren worden, und ich trat gerade aus dem Gebüsch und traf auf den Chauffeur, der sich nach dem Haus von Mr. D. Morrow erkundigen wollte; da sprang Er aus dem Wagen und war verdattert, mich so direkt und sichtlich wartend vor sich zu haben. Oh, es war *furchtbar*. Ich war seltsamerweise gar nicht verlegen, sondern ganz gefaßt und gelassen, nur *sehr* unglücklich. Wir wechselten also einige Höflichkeiten und Entschuldigungen und so weiter und gingen dann ins Haus. Mein Gott, ist er groß!! – ich hatte das ganz vergessen – und so dünn und so *blond*, ganz jung sieht er aus, gar nicht streng, sondern sonnig. (Das klingt seltsam, aber Du weißt, was ich meine – sein Gesicht ist sonnengebräunt, aber nicht verbrannt. Er wird häufig rot, sein Haar ist so hell, und er lächelt ganz oft.)

Das erste, was er sagte (schroff, knapp und ohne Umschweife – als sei es ein Vorwurf gegen mich, weil ich vorlaut war – als wollte er sagen, »glaub nur ja nicht, daß ich mir auch nur das Geringste aus dir oder irgendwelchen anderen jungen Mädchen mache«), als er zur Tür hereinkam, war: »Ist Mrs. Graeme hier? Ich möchte ihr gerne guten Tag sagen.« Ich sagte ihm, daß sie gleich hier unten sein würde. Dann schlenderte er in dem langen Gang umher – eine Hand in der Tasche, setzte sich schließlich in den Morris-Stuhl beim Kamin – und begann, glaube ich, damit, wohin ich gerne fliegen wollte – was ich nicht wußte –, was für ein Flugzeug wir nehmen sollten –, und ich sagte »ein offenes!«, und er meinte. »Also gut, ein offenes Flugzeug.« Als wir überlegten, wo wir uns treffen sollten, platzte er heraus: »Wir können uns unmöglich auf einem der üblichen Flugplätze treffen, ohne daß man uns nicht am nächsten Tag als Verlobte bezeichnet.« Ein verlegenes Lachen, bei dem er die Augen zukniff und ein bißchen rot wurde. Ich erschrak und lachte und errötete (glaube ich), *sah ihm aber direkt ins Gesicht* (das ist nämlich das Beste, wenn man verlegen ist) und betrachtete ihn mit dem »Es-tut-mir-so-leid-Blick«.

A.: »Oh, ich weiß – das tut mir wirklich leid. Das wäre schlimm!«

(Ich machte dabei auch ein ganz langes Gesicht! Ich wollte taktvoll sein.) Dann wurde er wieder ein bißchen rot und sagte mit beinahe trockenem Humor: »Ich war innerhalb einer Woche mit zwei Mädchen verlobt – gesehen habe ich keine von beiden.«

A.: »Das tut mir leid – wie schrecklich. Also machen Sie sich wegen mir keine Gedanken – ich treffe mich mit Ihnen, wo Sie wollen.«

Da meinte er dann, wir könnten einen Flugplatz in der Nähe der Guggenheims benutzen.

Er wollte eine Menge über E. wissen, nannte sie »Elisabeth«, fragte, wann sie zurückkäme, wann sie nach Mexiko führe, ob sie den ganzen Winter über dort sein würde. Ich glaube, Con – wirklich – unsere verrückten Träume, damals nachts, waren gar nicht so absurd!

---

Dann wurde er unruhig, sagte, er müsse zu einem Abendessen um 7.15 Uhr zurück sein. (Sein Rock paßt ihm keineswegs besser – die Armbanduhr ist weit oben am Handgelenk zu sehen.)
Er erhob sich ungeschickt, um zu gehen. Zu mir gewandt: »Es war schön, Sie wiederzusehen.« Dann ging er leicht verlegen hinaus, winkte uns beiden, wie wir da standen, Jo vor mir, von der Türschwelle aus zu, halb grüßend, halb salutierend. Also wenn Du jetzt glaubst, daß das Ganze auch nur in irgendeiner Weise schön war, dann kennst du nur die halbe Wahrheit, mein Liebes.
Ich kann Dir gar nicht klarmachen, wie scheußlich mir zumute war. Gott, dieser Mann ist ein Eisberg – er ist der abweisendste Mann, dem ich je begegnet bin. Ich war schrecklich unglücklich darüber, daß mir dieser »Flug« mit ihm bevorstand. Es war so offensichtlich, daß er irritiert war, gelangweilt, daß er große Mühe hatte, den Flug vorzubereiten – alles aus *Pflichtgefühl*. Anfangs hatte er mich ja auch gar nicht gemeint. Er hatte Elisabeth angerufen. Diese ewige Habacht-Stellung. (»Glauben Sie ja nicht, daß ich mir etwas aus Ihnen mache. Es ist eine Pflichtaufgabe.«)
Es tut mir wirklich leid für ihn, daß er mit mir vorlieb nehmen muß – andererseits bin ich aber auch gekränkt: Ich bin es nicht gewöhnt, behandelt zu werden, als sei ich ein Löffel Medizin, der geschluckt werden muß!
Mein einziger Trost war, daß ich mich ganz in der Gewalt hatte: das war befriedigend. Ich fühlte mich ganz

gelassen und durchaus wie immer und konnte ganz natürlich reden. Ich stotterte nicht, wurde nicht rot, es schnürte mir nicht den Hals zu, wie es mir in Mexiko ständig passiert war. Alles verlief viel besser als in Mexiko. Aber warum, warum, warum nur behandelte er mich wie einen häßlichen Meeresparasiten, der seine Fangarme nach ihm ausstreckt?

Erinnerst Du Dich an einen Ausspruch Katherine Mansfields in einem ihrer Briefe: »Warum behandeln Sie mich, als sei ich in anderen Umständen und führe vor Ihrem Hauptportal vor, damit Sie eine anständige Frau aus mir machen?« *Ich* will ihn nicht heiraten – Gott behüte.

Ich will nicht einmal in dieses Flugzeug steigen. Ich kann die Leute nicht leiden, die meinetwegen große Geschichten machen – nur aus Pflichtgefühl. Ich *mag* so etwas nun einmal nicht.

Ich wollte, er hätte so getan, als wäre ich am Fliegen *interessiert.* Ich traue mich nicht zu zeigen, wie sehr es mich interessiert, aus Angst davor, daß er gleich wieder jene *Fangarme* sieht.

Gerne würde ich von ihm etwas mehr über das Fliegen erfahren. Das interessiert mich am meisten an ihm, nicht seine Person, die von den Menschen so geschätzt wird.

O Gott – eine reizende Fahrt nach Long Island wird das am Montagnachmittag werden.

*An C.C.M.* Westbury Hotel, New York [16. Oktober]
Wir flogen – jetzt ist es Abend

Ich bin wie betäubt und weiß nicht, ob ich vernünftig schreiben kann. Zwei Eindrücke stehen mir ganz klar vor Augen:
I. Fliegen ist *praktisch* möglich für Dich, Elisabeth und mich!!!
II. Oberst L. ist der netteste Mensch auf Erden *und* durchaus zugänglich, und wir werden ihn gelegentlich wiedersehen, ganz sicher sogar *bald.* Er mag uns wirklich!
Das alles ist so unvorstellbar, daß es mir wie ein Traum vorkommt. Ich versuche zu rekapitulieren:
Ich habe ihn also um 11.30 in der Wohnung von Mr. und Mrs. Bliss getroffen, trug *Deine* Hosen, Mutters Wollbluse, meinen Hut und meine Straßenschuhe, in denen Daddys Golfsocken steckten, die die Schuhe fast bersten ließen. Meinen roten Ledermantel hatte ich auch mit. Himmel, ich muß wie eine Vogelscheuche ausgesehen haben. Ich hatte mir vorgestellt, daß Stiefel zu plump seien, und so hatte ich nur Schuhe mit hohen Absätzen, die ich über diese scheußlichen grauen Socken anziehen konnte. Auf dem Arm den Ledermantel (nicht angezogen). An hatte ich Mutters blauen Burberry, um darunter alles verschwinden zu lassen. Mir war ganz schlecht, so bänglich und elend war mir zumute.
Er erschien und lachte schallend, als ich ihm zeigte, daß ich keine Stiefel, sondern Schuhe mit hohen Absätzen anhatte. Er meinte, Stiefel hätten mich rascher zur Erde

sinken lassen, für den Fall, daß wir abspringen müßten. »Aber ich hoffe, daß uns das erspart bleibt!« grinste er. Zu Jo gewandt: »Ich bringe sie wieder heim.«
A. (sehr ernsthaft): »Nein, wirklich nicht, bitte machen Sie meinetwegen nicht so viele Umstände.«
Wir stiegen in sein Auto, eine neue Franklin-Limousine mit einem kleinen Löwen (einem kleinen Silberlöwen, nicht einem aus dem Bronx Zoo!) auf dem Kühler. Er fuhr. Er setzte seinen Hut auf, der vorne in die Stirn hing. Sein Schlips war wunderbar leuchtend blau. (Im Lift hatte ich ihm gesagt, wie herrlich ich es fände, etwas zu unternehmen, das ich mir sosehr gewünscht hatte. Und nun waren wir soweit. Ich erzählte von meinem Start in Northampton. Er lächelte und meinte, dieses Mal flöge ich hoffentlich nicht ohne Erlaubnis!)
Er sagte, daß wir in einer kleinen »De Havilland Moth« aufsteigen würden. Das ist der Flugzeugtyp, den eine Lady X für ihren Flug nach Afrika benützt hatte.
Ich erzählte dann von Dir, Deinem Vortrag, daß Du tatsächlich fliegen lernen wolltest, und fragte ihn, ob er glaube, daß wir das auch könnten. Er sagte zwar leise zweifelnd, aber *überaus* angetan (wie ein Mann, dessen geliebte Promenadenmischung man streichelt): »Sie wollen fliegen lernen?«
A.: »Ja, wir alle wollen das. Con hat es vor, sie hat einen klaren Kopf und ist sehr sicher, Elisabeth möchte es auch, und sie hat Nerven.«
L. (trocken): »Und Sie haben keine?«
A. (ein bißchen unsicher – *niemals* sagt er gerade das,

was man von ihm erwartet): »Ich weiß nicht recht – ich habe es nie ausprobiert.« (Und im stillen war ich ihm dankbar, daß er so etwas Nettes, Unerwartetes gesagt hatte.) Dann gerieten wir in eine lange Diskussion über das erforderliche technische Verständnis. Er war ein *Schatz* und sagte, man müsse keineswegs alles über die Motoren wissen. Ich erwähnte auch, daß mir das Amateurfliegen mißfalle (und ich der Meinung sei, daß man es nicht wie das Autofahren betreiben könne – sich so einfach alle sechs Wochen einmal in den Wagen setzen und losfahren.) Mir erschiene es wichtig, häufig zu fliegen, um Sicherheit und Routine zu bekommen. Er gab mir mehr oder weniger recht.

Ich sagte weiter, daß ich nicht glaube, daß die Flugzeuge bereits so konstruiert seien, daß jeder beliebige alte Narr sie steuern könne.

L. (verschmitzt): »Das muß ja auch nicht sein.«

Wir hatten noch eine Menge Themen, was mich außerordentlich beruhigte.

Ich gestand ihm, daß ich einige Verstöße gegen die Collegeordnung auf dem Gewissen habe. Wieder lachte er. »Collegeordnungen werden aufgestellt, damit man gegen sie verstößt. Haben Sie die Schule hinter sich?«

»Ja, und ich bin froh darüber.«

»Das kann ich mir denken.«

Jetzt waren wir soweit gekommen, daß wir über meine Berufsmöglichkeiten sprachen, darüber, daß ich vielleicht unterrichten wolle, aber Zweifel habe, ob ich dafür geeignet sei.

»Und warum das?«

»Also einmal glaube ich, daß ich nicht fix genug bin dafür, und außerdem scheint mir, daß so viel Unnötiges gelehrt wird. Ich glaube, daß ich eine Menge lernen mußte, was nicht nötig gewesen wäre.«
»Wahrscheinlich. Das ging mir genauso.«
»Ich würde den Gedanken nicht los: Warum soll *ich* hier oben sitzen und Vorschriften machen? Weiß ich es besser als sie? Kinder haben oft recht treffende Ansichten.«
Er lächelte.
Er kam auf den Zeppelin zu sprechen: seiner Meinung nach hatte man die Bekanntmachungen falsch lanciert – so als offeriere man eine endgültige Lösung –, man hätte sich damit zufriedengeben sollen, es als Versuch anzusehen. Transatlantikflugverkehr wird noch lange nicht praktikabel sein.
Ich fragte, ob es nicht auch der Fliegerei schade.
L.: »Nein, das glaube ich nicht. Aber ich denke darüber anders als die meisten. Ich glaube nicht, daß man die Menschen, die wirklich fliegen wollen, daran hindern kann. Wenn jemand anderer dabei draufgeht, wird sie das nicht abhalten. Und nichts fördert das Fliegen mehr als seine eigene Entwicklung.«
Ich protestierte ein bißchen – aber nicht sehr. Dann erklärte ich ihm, was ich um alles in der Welt schon längst gerne gesagt hätte: Daß ich glaubte, daß noch immer sehr viele Menschen eine ähnliche Einstellung zum Fliegen hätten wie wir – »Elisabeth, Con und ich« – vor Weihnachten, und dann gab ich *ganz offen* unsere Gedanken preis. Es lag mir sosehr daran, alles zu erklären,

und ich schoß los damit: daß wir uns nie für das Fliegen, niemals für Naturwissenschaften interessiert hätten, nie mit etwas so Modernem in Berührung gekommen waren. Wir hatten Flugzeuge zwar gesehen, deren praktische Bedeutung aber nie realisiert.
»Sie sind nie geflogen?«
»Nein«, und ich fuhr fort, daß es uns aufregend und ungeheuerlich vorkam, je mehr wir in diese Welt der ankommenden und startenden Flugzeuge gerieten – in die Gespräche darüber, die geplanten Ausführungen etc. etc. – Verstehst Du, ich wollte ihm klarmachen, daß *wir* uns wahnsinnig für die *Möglichkeiten des Fliegens* interessierten und nicht nur dumme Gänse waren, die *ihn* aufregend fanden, und darum Weihnachten so überwältigt waren, weil sich uns eine neue Welt gezeigt hatte. Es lag mir daran, ihm unsere Begeisterung klarzumachen und ihn dabei nicht in Verlegenheit zu bringen. Er verstand mich *tatsächlich*. Ich weiß nicht mehr, was er antwortete, aber er nickte zustimmend und zufrieden. Ich war dankbar und erleichtert. *Endlich* war mir das gelungen! Die Brücke war geschlagen und sie hielt stand: Er versteht, und wir brauchen nicht mehr zu befürchten, daß er unsere Begeisterung mißdeutet!
Das Fliegen ist unbeschreiblich – es war hinreißend. Nur war ich zu verschreckt, um nach unten zu schauen in dem Moment, als er beide Hände ausstreckte, doch als ich merkte, daß die Geschichte funktionierte, hatte ich plötzlich keine Angst mehr. Komisch war, daß ich das Flugzeug nicht auf geradem Kurs halten konnte. In der Luft existieren ungeheure Kräfte, das macht man

sich gar nicht klar. Die Clusare Motte wurde zum schwerfälligen, störrischen Elefanten. Ich wollte nach links und bediente das *rechte* Seitenruder (allerdings nur leicht!), »Nein, nein, nein.« Ich setzte mich damit auseinander. »So darfst du nicht vorgehen.« Dann: »Also gut – wenn's sein muß, fliegen wir jetzt in dieser Richtung weiter.« Auf diese Weise kämpften wir miteinander. Ich versuchte, an der Küste entlangzufliegen (ausgesprochen windstill dort!). Ich versuchte, die Ost-West-Strömungen zu vermeiden, und fand dabei heraus, daß das Ding, wenn man es einmal in eine bestimmte Richtung dirigiert hatte, ganz ergeben und gar nicht mehr störrisch war und ruhig seine Kreise zog. Ich war ganz hysterisch, alles war so komisch – die Angst vorbei. Abgesehen davon hatte er natürlich den Steuerknüppel zwischen seinen Knien und konnte die Seitenruder mit seinen Füßen bedienen. Er war ein Schatz und nickte zustimmend bei allem, was ich tat (als habe ich es absichtlich getan!), und zeigte immer dann nach unten, wenn ich senkrecht aufsteigen wollte. Ich war so ein Trottel. Ich dachte dabei an Dich: wie ruhig und besonnen Du diese Situation gemeistert hättest.
Ich war erleichtert, als er sich lachend umwandte und mit der Hand an seinen Helm tippte. (Krach und Wind waren natürlich gewaltig.) Wir segelten über einen Zaun und landeten in einem Getreidefeld. Ich war sehr kleinlaut, verwirrt und zugleich belustigt. Er fragte mit spöttischem Grinsen: »Haben Sie die Seitenruder überhaupt betätigt?« (Da hast Du's! Seine Stellungnahme zu meinen Flugkünsten! »Haben Sie die Steuerung auch

nur angerührt!« – darauf lief seine Frage hinaus.) Es war einigermaßen schwierig, aus dem Feld wieder herauszukommen. Er gab Erklärungen ab, während er uns herausmanövrierte: er mußte *unter* Drähten durchfliegen und *über* einen Zaun. Kurz bevor wir aufstiegen, drehte er sich zu mir um und sagte mit breitem Lächeln: »Diesmal werde *ich* starten!«

Wir machten einen Looping und eine »enge Spirale« ... und mich zerriß es beinahe. Ein übles Gefühl. Ich probierte die Steuerung von neuem, und es ging schon etwas besser. Es *geht* also. Ich habe alle diese Knöpfe mit meinen eigenen Händen bedient, ich weiß, daß es *geht*, und bin sicher, daß wir es alle lernen *können*.

Schwärmerei irritiert ihn keineswegs – ich meine natürlich Flugzeug-Schwärmerei –, und es ging so leicht, sich mit ihm zu unterhalten. Er sprach auch über »publicity« und erwähnte, daß er sich an keinen Ort im ganzen Land begeben könne, ohne Aufsehen zu erregen, und schloß nach meinem »Wie ekelhaft«: »Damit muß man sich abfinden. Bis das vorbei ist, muß ich damit leben.«

A.: »Müssen Sie dadurch auf vieles verzichten?«

L.: »Auf nichts, was mich wirklich freut – das tue ich in jedem Fall. Ich glaube nicht daran, daß allein, weil man bekannt ist, man sich eine andere Lebensweise aufzwingen lassen muß.« (Hättest Du geglaubt, daß er so darüber denkt – so einfach darüber spricht?!) Und wiederum zu seinem Thema sagte er lachend: »Geraten Sie jemals in ein Gedränge, in dem man Sie verhackstücken will, treten Sie die Leute einfach gegen die Schienbeine, keiner wird merken, wer es wirklich gewesen ist.«

---

Ich sprach darüber, wie mich die Menschenmengen in Mexiko in Furcht versetzt hatten, und er meinte (ganz wie wir – das überraschte mich): »Oh, sie waren nicht so schlimm, aber man überlegte sich im stillen, wie sie wohl reagieren würden, wenn sie *aufgebracht* wären.«
A. (aufgeregt): »*Genau!* Genau das meine ich!« (Stell Dir vor, es gelang mir, das in dieser Form zu Oberst L. zu sagen – beinahe ein »touché«.) Und weiter – über die schwierigen Lebensbedingungen in Mexiko, über Mädchen im Berufsleben, über Studenten (er machte *sehr* kluge Bemerkungen zu den Themen) und darüber, daß ich das Fliegen nicht als Beruf ergreifen können würde, da Bücher, Lesen, Schreiben, Lehren so viel mehr meine Welt bedeuteten.
Wie war das alles komisch. Er sagte augenzwinkernd: »Was wird *Ihr Vater* dazu sagen, daß ich Ihnen die Führung des Flugzeuges überlassen habe? Ich lege meine Verteidigung ganz und gar in Ihre Hand.«
A.: »Ich bin gar nicht sicher, ob ich es erzählen werde. Jedenfalls (beiläufig) glaube ich, daß er denkt, daß Sie ziemlich vernünftig sind.«
»Danke schön!« sagte er sehr amüsiert – in spöttisch-beleidigtem Ton.
Verstehst Du nun, wie lustig es war und weiterhin sein wird! Wir werden ihn wiedersehen, und er ist genau wie jeder andere Junge, nur netter, kein bißchen furchteinflößend, nicht besonders aufregend, einfach *nett*, man kann sich gut mit ihm unterhalten, ganz natürlich, freundlich – und er ist ein Schatz.

Liebe Con,
wieder ist so viel passiert, seit ich diesen Brief begonnen habe. Jo und ich waren heute nachmittag auf dem Teterboro-Flughafen, in der Nähe von Paterson. Wir flogen nach Lakewood und zurück – einfach himmlisch. Ich kann es gar nicht beschreiben. Allein das Fliegen. Keine Gespräche selbstverständlich. Ich bin zu müde, um mehr zu berichten. Irgendwie ist doch etwas durchgesickert, und ich fürchte, morgen wird etwas über mich in den Zeitungen stehen. Ich komme mir wie Diana vor, total niedergeschmettert und wütend. Das bedeutet ein einstweiliges Ende für uns alle, in jeder Hinsicht, denn Daddy erlaubt nicht, daß wir ihn weiterhin sehen, wenn wir damit ins Scheinwerferlicht geraten – das jedenfalls hat Mutter gestern am Telefon zu mir gesagt. Die *Times* hat hier schon angerufen. Ist das nicht *widerwärtig*? Ich bin wütend, bitterböse und müde. Ich fürchte mich vor dem morgigen Tag. Und ich komme mir so schäbig vor, weil ich Euch alles verdorben habe. *Ihm* macht die »publicity« nichts aus. Er sagte lachend: »Machen Sie sich keine Sorgen darüber, wenn *ich* in den Schlagzeilen erwähnt werde. Das passiert sowieso. Ich muß das hinnehmen, aber ich möchte nicht, daß Ihnen deswegen Unannehmlichkeiten entstehen.« Aber Daddy ist wütend und erlaubt nicht, daß Oberst L. uns nochmals mitnimmt, wenn das öffentliches Aufsehen erregt. Wie erbärmlich unfair, wenn Du und Elisabeth dadurch um das Fliegen gebracht werden. Oh, diese *Ungeheuer*. Wie können Menschen nur solche Ungeheuer sein!

[Cuernavaca, 19. November 1928]

Con, mein Liebes,
wir sind wieder in Cuernavaca – die letzte Woche scheint eine Ewigkeit her zu sein – Großmutter und Tante Annie und Robert Boyd [1] sind da. Von Mutter weiß ich, daß sie Dir über seine Ankunft und die Begrüßung geschrieben hat. Wie *sehr* haben wir Dich in dem Moment vermißt. Ich weiß nicht genau, wieviel ich erzählen darf – ich werde mich bei Mutter erkundigen, bevor ich diesen Brief absende. Sie [2] telegraphierten uns, daß sie spätestens um sechs Uhr ankommen würden, und genau um sechs hörten wir das Geräusch des Motors und liefen nach draußen: ein Doppeldecker kreiste ganz niedrig über der Botschaft und machte einen gewaltigen Lärm. Wir standen, ganz schwach vor Aufregung, auf den Treppenstufen im Freien, er flog zum Flugplatz. Nach ungefähr einer halben Stunde hörte ich die Rufe von der Straße herauf. Mutter ging hinaus, um sie zu begrüßen. Ich blieb in meinem Zimmer, bis man nach mir schickte. Sandy Mac Nab und er sahen ausgesprochen schmutzig aus, und man sah ihnen an, daß sie gezeltet hatten, er wirkte sehr vergnügt.
Er ging mit mir und Allan zu der abendlichen Tanzerei bei den Becks. Scharenweise umschwirrten ihn

[1] »Robert Boyd« wurde als Deckname für C.A.L. benutzt auf Grund einer Geschichte in der *Saturday Evening Post*, deren Held, Robert Boyd, offensichtlich Lindberghs Züge trug.
[2] Oberst Lindbergh und MacNab waren im nördlichen Mexiko auf der Jagd gewesen.

fünfzehn- und sechzehnjährige Verehrerinnen, und zwischendurch geriet er auch immer mal wieder in die Fänge eines einzelnen recht energiegeladenen Vamps.
Ich saß genau gegenüber, sprach mit einem sehr klugen, kultivierten, reizenden Herrn und konnte (während des Tanzens) beobachten, wie es ihr die Sprache verschlug und sie sich verzweifelt zur Statue eines Cupido mit Pfeil und Bogen hinwandte und Erläuterungen dazu abgab oder zu einer alten mexikanischen Silberplatte. Allan und ich bildeten dann eine Verteidigungsliga, bekamen einige Herren dazu, zu ihm hinzugehen, oder aber ich unterhielt mich einen Augenblick mit ihm, und in der Zwischenzeit schnappte sich einer der Herren den Vamp und tanzte mit ihm davon. Er harrte sehr geduldig bis um zwölf Uhr aus. Ich genoß endlich einmal den Abend – in meinem neuen roten Raquel-Kleid mit dem Blattmuster – mit Allan, dem ich von Elisabeth erzählte. Auch mit Fred Hibbard, der mich ergötzt, dann mit einem kleinen Engländer mit veilchenblauen Augen, der Schuhe fabriziert, wie ein Gott tanzt und nicht ein Jota Grips im Kopf hat; und unterhalten habe ich mich mit einem schrecklich netten Schotten, von der Sorte rauh, aber herzlich.
Am nächsten Morgen ging es nach Cuernavaca. Auf dem Weg hinaus sprachen er und Papa ununterbrochen über Kühe, Landwirtschaft und Wasserversorgung, und ich saß in der Mitte, drehte den Kopf mal zum einen, mal zum anderen – wie ein kleiner Hund, mit hängenden Ohren, und kapierte nichts.

---

Schreibe mir bald. Ich liebe Deine Briefe. Es gibt für mich auf der Welt keine schöneren. Ich saß in der Sonne und las das hier durch, auf den Stufen vor der Botschaft – Daffin ist neben mir.

Botschaft der Vereinigten Staaten
von Amerika
[Mexico City, 30. November 1928]

Liebste Elisabeth,
am Thanksgiving Day haben wir innig an Dich gedacht. (Du weißt ja, letztes Jahr an Thanksgiving waren wir in Amherst, und es regnete entsetzlich, und wir probierten eine Kirche nach der anderen aus, aßen dann abends in meinem Zimmer, wohin wir auch Dwight die Treppen hinaufgeschmuggelt hatten.)
Wir sind in einer kleinen Unions-Kirche im Gottesdienst gewesen.
Ein Chor von Main-Street-Jungfern sang abscheulich und so weiter.
Dann hielt Daddy seine Rede. Er war großartig. Er erklärte Thanksgiving Day, begann mit der persönlichen, häuslichen Familienfeier und dem dazugehörigen Erntedank-Festmahl und kam dann auf alte »Danksagungen« zu sprechen und führte aus, daß Menschen nach der Art und Weise ihrer Danksagung beurteilt würden. Ein Mann habe für viele Generationen Schande über seinen Namen gebracht wegen seiner *Danksagung* – nämlich der Pharisäer (»Gott, ich danke dir, daß ich nicht bin wie diese hier«). Dann führte er schließlich aus, was unser Thanksgiving Day in einem fremden

Land bedeuten solle: »Gott, wir danken Dir, daß wir *so wie* die anderen Menschen sind.« Dabei wirkte das keineswegs moralisierend oder aufdringlich, sondern war feinsinnig und eindrucksvoll; Daddy mit seinen schmalen, kaum geöffneten Lippen, seinem ernsten, in die Ferne gerichteten Blick neigte sich vor, um das voller Überzeugung auszusprechen, was ihn innerlich bewegte.

An dem Abend hatten wir eine lange Tafel mit Kürbissen dekoriert: ein Essen für das Botschaftspersonal. Ich saß neben einem Mr. Withney (einem Freund von Sandy), der Boyd gut kennt. Ich verbrachte einen himmlischen Abend, indem ich so tat, als kenne ich ihn *nicht*, und brachte Mr. Withney durch meine geringschätzigen Äußerungen dazu, Boyd zu rühmen – z. B. »Die Leute sagen, daß ... etc.«

Adios, Liebste. Morgen in einer Woche sind wir zu Hause!

[Undatiert]

Lieber Corliss,

ich hatte vor, Dir von New York aus zu schreiben, um Dir für die Philosophischen Dichter zu danken. Elisabeth und ich hatten uns so gefreut, und es schmeichelte uns, daß Du und Margaret annahmt, daß wir sie auch wirklich verstehen könnten! Wenn ich nach Mexiko komme, habe ich mir vorgenommen, mich irgendwohin völlig zurückzuziehen und sie zu lesen (und wenn es sein muß, werde ich mich in ein Badezimmer einsperren, um dazu zu kommen).

Corliss, es war wirklich schön, Dich wiederzusehen. Ich hätte mich so gerne ausführlich mit Dir unterhalten, und ich täte es auch jetzt gern. Allem Anschein nach werde ich Charles Lindbergh heiraten. Das muß Dir wahnsinnig komisch vorkommen, wie mir selber, wenn ich an meine Vorstellungen über das Heiraten denke. »Eine sichere Ehe«, »gemeinsame Interessen«, »gleicher Geschmack«, »ein ruhiges Leben«, etc. etc. Lauter Dinge, von denen ganz offensichtlich das genaue Gegenteil auf mich zukommt. Aber sie scheinen ihren Sinn verloren zu haben, oder sie gewannen eine andere Bedeutung. Ist das nicht seltsam – *warum* heiratet man überhaupt? Ich hatte so etwas weder erwartet noch wollte ich es. Und ich glaube, wahrscheinlich genau da war der Haken. Es muß verhängnisvoll sein, sich für einen Mann der Art, den man *nicht* heiraten will, und für ein Leben der Art, wie man es *nicht* führen möchte, zu entscheiden. Ganz entschlossen kehrt man ihm den Rücken zu – macht sich in entgegengesetzter Richtung auf den Weg – und prallt ab und landet wieder am Ausgangspunkt, in echter *Alice-im-Spiegel*-Weise. Und da steht er nun – verflixt nochmal – dieser große, kräftige, offenherzige Mann aus dem Westen – und ein Leben unbarmherziger, ständiger Aktivität erwartet Dich. Aber was sollte ich schließlich dagegen tun? Da ist er nun mal, und ich muß mit. Ich wollte, ich könnte alles beschleunigen, damit es bald überstanden ist. Diese schreckliche, alberne, phantastische Publicity, und Tausende von Menschen, die mir versichern, was für ein Glück ich habe und wie glücklich ich sein werde.

---

Corliss, wehe, Du schreibst mir einen Brief, in dem Du mir ganz konventionell gratulierst – *niemals* werde ich Dir das verzeihen. Wünsch mir kein Glück – ich erwarte gar keines, irgendwie ist ein Stadium erreicht, in dem man das hinter sich gelassen hat. Wünsch mir Mut und Kraft und Sinn für Humor – ich werde sie brauchen.
Komisch, daß ich Dir so schreibe, aber einen der üblichen »Er-ist-einfach-nett«-Briefe konnte ich an Dich nicht zu Papier bringen. Dafür kenne ich Dich zu gut. Corliss, Du zeigst das niemandem und erwähnst auch nichts, bestimmt nicht? Es wäre entsetzlich, würde etwas davon in die Zeitungen geraten – dort scheint einfach alles zu landen. Ich habe nichts dagegen, wenn Du es Margaret erzählst, denn ich vertraue ihr und habe sie gern.
Es sollte nicht bei dieser ausgesprochen nichtssagenden Beschreibung von ihm bleiben. Es steckt soviel mehr in ihm. Aber fast immer ist die Aussage über einen Menschen unzulänglich. Halte mit Deiner Meinung zurück, Corliss, bis Du ihn siehst. Die Zeitungsberichte, die Ansichten zufälliger Bekannter, freundliche Artikel über ihn, alle sind sie absolut falsch.
Er hat Weitblick, Sinn für Humor und außerordentlich schöne Augen!
Mehr gibt es dazu jetzt nicht zu sagen.

# *Stunden von Gold*
# *Stunden von Blei*

## *Jahre der Prüfung*

# *Stunden von Gold*

## *Einführung*

In Biographien und Autobiographien gibt es stets einen Wendepunkt im Leben, wenn der junge Mensch den Mutterboden seiner Herkunft verläßt. Wie streift der Heranwachsende die schützende Hülle von Elternhaus und Eltern ab, die ihn während der verwundbaren Jahre abschirmte, aber letzten Endes seiner Entwicklung Grenzen setzte? Wie löst er die Fesseln? Welche Tore stößt er auf, um Entdeckungen zu machen, um zur Selbstentdeckung zu gelangen? Denn es ist die Selbstentdeckung, die ihn schließlich befähigt, seine eigene Form zu finden und seine Maßstäbe zu setzen, wobei er stets einiges Überkommene bewahrt, dies aber seinem eigenen Leben und seinem Charakter anpaßt. Welche Zufälle, welche Wünsche, welche Kräfte, das möchte man wissen, lassen ihn frei werden?

Natürlich ist die ganz große Liebe eine ungeheuer befreiende Kraft und wohl die am weitesten verbreitete, die jungen Leuten die Freiheit – oder die vermeintliche Freiheit – verschafft. Der Geliebte ist der Befreier. Im Idealfall ermöglichen beide Partner eines Liebespaares einander die Freiheit zum Aufbruch in neue, fremdartige Welten. Ich machte keine Ausnahme von der allgemeinen Regel. Allein die schlichte Tatsache, daß ich geliebt wurde, war so unglaublich, daß sie mein Weltbild, meine Einstellung zum Leben und zu mir selber veränderte. Sie schenkte mir Vertrauen und Stärke, und ich fühlte mich fast wie ein neuer Mensch. Der Mann, den ich heiraten wollte, glaubte wirklich an mich und meine Fähigkeiten, folglich entdeckte ich, daß ich nun mehr tun konnte, als ich für möglich gehalten hätte, sogar in jener geheimnisvollen äußeren Welt, die mich faszinierte und mir so fremd und unerreichbar schien. Er öffnete das Tor zum »wahren Leben«, das mich zugleich ängstigte und lockte. Ich mußte hinaus, ich mußte mich bewähren.

Romantik war durchaus nicht der entscheidende Faktor. Der schimmernde Theaterglanz, der über unserer Werbung lag, machte mich in meinen Gefühlen eher unsicher. Eine Romanze war es, was die Welt in unserer Verlobung sah und mit Beifall bedachte. Anders als bei den meisten Bräuten, wurde *mir* gratuliert, nicht ihm. Hatte ich nicht den Helden des Tages gefunden und erobert? Und so sang eine muntere Botschaftsangehörige: »Sie war nur eines Botschafters Töchterlein, er aber war der Prinz der Lüfte.«

Ich sah in meinem zukünftigen Ehemann keinen Prinzen, aber, wenn das auch nie zur Sprache kam, in meiner Vorstellung glich er eher einem Ritter in schimmernder Wehr, und meine Rolle war die des ergebenen Pagen. Die Pagenrolle war mir ganz selbstverständlich. Jahrelang war ich die bewundernde Ersatzdarstellerin meiner älteren Schwester gewesen. Und von früh an hatte man mir in Schulaufführungen immer wieder die Pagenrolle gegeben, was ich zweifellos meiner kleinen Statur und meinen begrenzten schauspielerischen Fä-

higkeiten zu verdanken hatte. (»He da, Mundschenk!« – »Jawohl, ich komme.«)
War das eine gute Grundlage für eine Ehe? Wohl kaum. Doch möglicherweise der erste Schritt in einer sich festigenden Beziehung. Es war eine Rolle, die ich beibehalten konnte, bis ich ihr entwachsen würde. Ich ging in die Lehre bei jemandem, der in einer mir fremden Welt, die ich nur zu gerne erforschen wollte, mehr Erfahrung besaß. Ich folgte willig, ordnete mich unter, lernte. Ich stützte mich so lange auf die Kraft des anderen, bis ich meine eigene entdeckte. Das war kein schlechter Anfang.
Aber es gab noch andere Tore, die in die Befreiung führten. Fliegen war eine äußerst handgreifliche Freiheit. Damals war es reizvoll, abenteuerlich, eine Entdeckung – der Inbegriff des Aufbruchs in neue Welten. Bisher war ich der Erde verhaftet, mein Gesichtskreis war begrenzt gewesen, nun öffneten sich mir unendliche Horizonte. Aus der Klosterluft der Bücher, des Schreibens, der Betrachtungen trat ich hinaus in die Welt des Handelns. Die faktische Aufgabe, fliegen zu lernen, Bordfunker und Navigator zu sein, meinen eigenen Fallschirm zu tragen und mein eigenes »Gewicht« als Besatzungsmitglied auf den Flügen stärkte mein Selbstvertrauen ungeheuer. Erstmals hatte ich das Gefühl, in der »realen Welt« des Lebens und Handelns von Nutzen zu sein. Wie ein Vogel, den man aus dem Nest geschubst hat, stellte ich mit Erstaunen fest, daß ich fliegen konnte, wenn ich nur kräftig genug mit den Flügeln schlug. Lauter Akte der Befreiung.

Aber totale Freiheit ist niemals so, wie man sie sich erwartet, und tatsächlich gibt es sie kaum. Es ist ein ziemlicher Schock, wenn man erkennen muß, daß man im Leben zumeist bloß ein System von Beschränkungen gegen ein anderes tauscht. Wenn auch das neue, da selbstgewählt, leichter hingenommen wird.

Die erste Beschränkung, der ich mich gegenübersah, war, im Blickpunkt der Öffentlichkeit zu stehen. Aus dem schöpferischen Dunkel der Anonymität eines behüteten Familienlebens und dem mir vertrauten Umgang war ich plötzlich hinausgestoßen worden in das grelle Scheinwerferlicht einer leeren Bühne. Sogar in den Tagen unseres ersten Verliebtseins blieb uns die Freiheit der privaten Zurückgezogenheit verwehrt. Dadurch, daß wir der Öffentlichkeit derart erbarmungslos ausgeliefert waren, war es mir kaum möglich, diesen Fremdling gut genug kennenzulernen, um mir sicher zu sein, daß ich ihn heiraten wollte. Die Anormalität unseres Lebens erklärt viele meiner Zweifel während der Verlobungszeit.

Es ist kaum zu glauben und kaum vorstellbar, wie selten wir unbeobachtet waren, wie hart wir darum kämpfen mußten, miteinander allein zu sein. Andere, die im Scheinwerferlicht standen, haben Gleiches und zum Teil noch Ärgeres erleben müssen, aber für mich waren diese qualvollen Erfahrungen etwas Neues. In Mexico City warteten die Reporter mit startbereiten Autos und gezückten Fotoapparaten an den Toren der Botschaft auf uns, um jederzeit die Verfolgung aufnehmen zu können. In Cuernavaca, wo meine Eltern ein Wochenendhaus besaßen, kletterten waghalsige Fotografen auf nahegelegene Dächer und Ausgucke, um uns in unserem Garten aufzunehmen. Verkleidet schlichen wir uns zu Hintertüren hinaus, fuhren zu Häusern von Freunden, wechselten die Autos und flohen in die öden Landstriche Mexikos, was wegen Räubern damals als gefährlich galt. Wir unternahmen Flüge. Auf denen konnte man uns wenigstens nicht folgen. Hatten wir das Sperrfeuer der Kameras auf dem Flugfeld erst einmal passiert, konnten wir abfliegen, die Menge hinter uns lassen, irgendwo landen und picknicken – endlich allein.

Aber totale Isolation ist ebensowenig normales Leben, wie wenn man der Öffentlichkeit total ausgesetzt ist. Wie Verbrecher oder wie Liebende, deren Liebe verboten war, vermieden wir es, uns gemeinsam sehen zu lassen, und wir mußten auf die alltäglichen Freuden verzichten, in den Straßen herumzuschlendern, einzukaufen, spazierenzufahren, zum Essen auszugehen oder an öffentlichen Veranstaltungen gemeinsam teilzunehmen. Selbst bei den gesellschaftlichen Ereignissen in der Botschaft oder im Hause meiner Eltern in Englewood, New Jersey, wurden wir gestört. Man versuchte, Dienstboten zu bestechen, Briefe wurden gestohlen, oft wurden Telegrammtexte weiterverbreitet, Reporter sprachen mit arglosen Gästen oder Freunden und druckten dann völlig verdrehte Anekdoten über unser Privatleben, oder sie erfanden ganz einfach Geschichten über uns, wenn ihnen das Nachrichtenmaterial zu dürftig erschien.

---

Die größte Beschränkung jedoch bedeutete die Ermahnung meines zukünftigen Ehemanns, der ein ausgesprochener Privatmensch war und sich fest vorgenommen hatte, diese persönlichste aller Beziehungen so unangefochten wie irgend möglich zu erhalten: »Erwähne nie etwas, das die Spatzen morgen nicht von allen Dächern pfeifen dürfen, schreibe nie ein Wort, das du ungern auf der ersten Seite einer Zeitung wiederfinden würdest.« Diese Vorhaltungen verfehlten ihre Wirkung nicht – meine Kehle war wie zugeschnürt. Die Vorsicht gebot mir, das Visier herabzulassen, damit mir nur ja keine unbedachte Äußerung entschlüpfte. Ich war davon überzeugt, daß ich ihn und mich vor Einmischung in unser Privatleben bewahren mußte. Doch was für ein Opfer, nie mehr aufrichtig und ehrlich zu sprechen und zu schreiben! Das mir – für die ein Erlebnis nicht abgeschlossen war, bis es dann zu Papier gebracht oder in einem Gespräch mitgeteilt war. Das mir, die ich im College gesagt hatte, das Aufregendste im Leben sei das Sichmitteilen.

Natürlich konnte ich, sobald wir verheiratet waren, mit meinem Mann offen sprechen, aber auch nur in der Abgeschiedenheit eines Flugzeugs, einer Wildnis oder eines Schlafzimmers. Schon in einem Hotelzimmer hatte ich mich zu vergewissern, daß die Fenster und das Oberlicht zur Halle hin gegen Lauscher verschlossen waren. Außerdem gilt für das Sichmitteilen ebenso wie für die Liebe, daß es »weht, wo es will«, und es auf eine Person, einen Ort oder eine bestimmte Zeit zu beschränken, hieß einen wilden Vogel anzubinden und zu erwarten, er würde fliegen. So wie mein Innenleben beschaffen war, konnte die lähmende Wirkung nicht ausbleiben. Drei Jahre lang gab ich es vollständig auf, Tagebuch zu führen, und da sogar Briefe unsicher waren, versuchte ich mich vorsichtig oder in der Familiensprache und scherzhaften Wendungen auszudrücken.

Unsere Hochzeit, die am 27. Mai 1929 in dem Hause meiner Eltern in Englewood, New Jersey, stattfand, wurde geheimgehalten. Mein Brautkleid war von der Näherin des Ortes angefertigt und mein Brautbukett von meiner Schwester Elisabeth im Garten gepflückt. Selbst den wenigen Freunden und Verwandten, die anwesend waren, hatte man bis zu dem nämlichen Vormittag nichts gesagt. Fotos wurden keine gemacht. Wir entkamen in einem geliehenen Wagen. Ich erinnere mich noch schwach daran, daß ich am Boden lag, als wir die Menge der Reporter am Gartentor passierten. Bei Freunden wechselten wir das Auto, fuhren nach Long Island und ruderten zu einem Motorboot mit Kajüte, das nahe der Küste vor Anker lag und dort auf uns wartete. Wir glitten nachts durch den Long Island Sound und nahmen Kurs entlang der Küste in Richtung Maine.

Nach zwei Tagen wurden wir beim Auftanken in Block Island erkannt. Für den Rest unserer Hochzeitsreise wurden wir von Reportern und Fotografen in Booten und Flugzeugen verfolgt. Ein Mann in einem offenen Motorboot umkreiste uns im Hafen sieben volle Stunden lang, wir schaukelten ständig in seinem Kielwasser, während er laut forderte, wir sollten an Deck kommen und uns für ihn in Positur stellen. Schließlich nahmen wir Kurs auf das offene Meer und schleiften dabei unseren Anker hinterher. Ich erinnere mich an die Nacht, die wir in einem der Fischgründe verbrachten, kein Land in Sicht, die Dosen rollten durch den Laderaum, und Porzellan ging in Scherben, während unser Boot in den Wogen schlingerte.

Ich war auf diese Räuber- und Gendarmverfolgung ganz und gar nicht vorbereitet – und doch war sie durchaus üblich, wenn es sich um Menschen handelte, denen das Interesse der Öffentlichkeit galt. Ich kam mir vor wie ein entsprungener Zuchthäusler. Freiheit war das nicht.

Als wir das »normale Leben« wieder aufnahmen – die Arbeit meines Mannes war, für transkontinentale und interkontinentale Luftverkehrslinien Land zu vermessen und sie einzurichten –, wurde es annehmbarer. Ein Privatleben hatten wir nicht – nur Leben in der Öffentlichkeit. Die Einrichtung von Passagier-Fluglinien, so erkannten wir, fand ein berechtigtes Publikumsinteresse. Wir reisten immer zusammen; wir posierten für Fotos, und mein Mann redete mit Zeitungsleuten.

Ein Zuhause hatten wir nicht; wir lebten in Hotels, Flugzeugen oder anderer Leute Häusern. Wir reisten ständig durch die Vereinigten Staaten, um die neue Passagierroute der Transcontinental Air Transport zwischen New York und Los Angeles zu planen oder neue Routen der Pan American Airways nach Mittel- und Südamerika einzuweihen. Wir wohnten in Harvey Häusern, Privathäusern, Botschaften und Gesandtschaften. Ich war jenen Freunden oder Unbekannten dankbar, die uns ihre Häuser öffneten, denn es war mir klar, daß wir eine Belastung für sie bedeuteten: zusätzliche Telefonanrufe, Einladungen, hartnäckige Presseleute und neugierige Schaulustige. Meine Tagebücher und Briefe bekunden die Großzügigkeit der Guggenheims in New York, der Bixbys, Knights und Robertsons in Saint Louis, der Eastlands in San Francisco, der Madduxes in Los Angeles und zahlloser anderer Menschen uns gegenüber auf unseren Flügen rund um das Karibische Meer, in der Arktis und im Fernen Osten; sie alle nahmen uns auf, schenkten uns das Gefühl der Geborgenheit und unschätzbare Kostproben von Privatleben.

Es dauerte nur wenige Monate, bis ich, mit meinem leidenschaftlichen Wunsch nach dem »wirklichen Leben«, begriffen hatte, daß ich lediglich den einen Ausnahmezustand mit dem anderen vertauscht hatte, nämlich den der konventionellen Erziehung, des engen Familienkreises und einer klösterlichen Bücherexistenz, gegen den des Ruhmes, der Publicity und des ständigen Herumreisens.

»Ruhm ist eine Art Tod«, bemerkte Jahre später eine College-Freundin mir gegenüber und widersprach damit der üblichen Ansicht, Ruhm sei Unsterblichkeit. Ruhm ist eine Art Tod, weil er das Leben um die Person des öffentlichen Interesses erstarren läßt. Wenn man überall erkannt wird, kommt man sich schließlich wie Medusa vor. Die Menschen geben ihr normales Leben und ihre Tätigkeiten auf und werden zu gaffenden Gliederpuppen. »Nie gelingt es uns, Menschen oder das Leben unverhofft zu überraschen«, schrieb ich in einem Ausbruch der Enttäuschung an meine Mutter. »Immer sind die Blicke auf uns gerichtet.«

Das soll aber nicht heißen, daß ich unglücklich war. Die Briefe offenbaren mein Glück – unser Glück. Ich war sehr verliebt, und es lag (um einen Brief zu zitieren) »eine Art schimmernder goldener ›Hauch‹ über allem; vielleicht weil uns so zumute ist – C. und mir –, wenn wir uns allein zusammen davonmachen können. Alles übergoldet –« ich war offensichtlich hingerissen vom Fliegen. Es hieß Freiheit und Schönheit und ließ uns den Menschenmassen entrinnen. Es hieß auch Ungestörtsein. In den offenen Flugzeugen war damals viel zuviel Krach, als daß man sich hätte unterhalten können, aber wir konnten uns Zettel schreiben. Das Fliegen verschaffte einem auch Zeit, Ruhe, um in sich gehen zu können, nachzudenken, Gedichte zu lernen. (In jenen frühen Tagen gab es niemanden, der einen mit Zeitschriften, Imbissen oder Kissen traktierte.)

Für mich war das Fliegen im Strudel unseres Reiselebens und unserer Geschäftigkeit ein Kraftquell. Über den Kontinent hin- und herzufliegen, auf kleinen Flugplätzen Station zu machen, der Landbevölkerung zu begegnen, vermittelte mir ein neues Gefühl für die Weite und Schönheit Amerikas und für die Herzlichkeit und Lebendigkeit von Menschen, denen ich in meiner Neu-England-Jugend nie begegnet war. Zu meiner Überraschung – denn ich bin ein schüchternes Mädchen gewesen – entdeckte ich, daß es mir Freude machte, mit Menschen zusammenzukommen: mit den Piloten und ihren Frauen, mit dem Flugpersonal auf den Flughäfen – das waren oft Freunde meines Mannes – und sogar mit den Unbekannten, die wir auf Flügen mitnahmen oder auf Dienstreisen trafen. Mit ihnen zu sprechen, fand ich, war viel einfacher, als auf den gesellschaftlichen Veranstaltungen der Botschaft Konversation machen zu müssen. Als verheiratete Frau hatte ich meinen Mann an meiner Seite und entwickelte ein neues Selbstbewußtsein. »Es stärkt mir immer den Rücken, wenn er hinter mir ist.«

Aber wie gerne hätte ich mit meiner Familie über die neuen Eindrücke und Menschen gesprochen. Zwar zeigt sich meine Reaktion in den Briefen, doch in den ersten Jahren sind sie irgendwie zurückhaltend und unnatürlich. Ich hatte Angst, indiskret zu sein. Ich sehnte mich danach, meine Familie zu sehen und mit ihr zu reden, wie ich es früher immer getan hatte.

Mein Heimweh nach meiner Familie scheint mir jetzt unglaublich naiv für eine jungverheiratete Frau und ziemlich hart für einen jungen Ehemann. Die Briefe bestätigen es – es fiel mir schwer, zu glauben, daß ich verheiratet war. Ich war glücklich in dem neuen Leben, vermißte aber meine Familie schrecklich. Wie weit ist das symptomatisch für jedes erste Ehejahr, und wie weit war es mein ureigenstes Problem, daß mir die Freiheit, mit meinen Schwestern zu schwatzen und Eindrücke mit ihnen auszutauschen, genommen war?

Nach einjährigem Wanderleben, ständigem Reisen, dabei stets auf der Hut, persönliche Fragen umgehend und stets nur zurückhaltende Banalitäten äußernd, sehnte ich mich nach Geborgenheit, einem Zuhause, einem ganz gewöhnlichen Zuhause. Jeder andere, so dachte ich neiderfüllt, hat seine eigenen vier Wände, ein Familien- und Privatleben, ein Baby.

Der Winter 1929, in dem ich mein erstes Baby erwartete, war nicht unbedingt normal. Unser Leben spielte sich wieder in der Luft ab. Wir flogen an die Westküste, um den Bau eines Flugzeugs, mit dem mein Mann seine Landvermessungen für Flugrouten fortführen wollte, zu überwachen. Wir machten Testflüge. Wir flogen die Küste hinauf und hinunter. Wir machten Versuche mit Gleitflügen. Ich hatte bereits einige Schulflüge in einem Bird-Doppeldecker unternommen. Nach einem Unterrichtstag machte ich meinen Segelflugschein und war Pilotin. Wir flogen in unserem neuen Flugzeug über Land nach Osten, brachen den transkontinentalen Geschwindigkeitsrekord – zwei Monate, bevor das Baby geboren wurde.

Rückblickend, mit der in vierzig Jahren gewonnenen Einsicht, möchte ich bezweifeln, daß diese meine Heldentaten besonders klug waren. Sicher, da ich nur schwer glauben konnte, verheiratet zu sein, konnte ich mir kaum vorstellen, daß ich ein Baby erwartete. All das Herumfliegen in offenen Cockpits, im Segelflugzeug von Berggipfeln zu starten und einen transkontinentalen Rekordflug, in was damals als große Höhe galt, (ohne Sauerstoffmasken) zu unternehmen, war, so meine ich heute, ein Herausfordern des Schicksals. Aber ich fühlte mich jung und stark und unverwundbar.

Die Briefe, in denen ich über diese Abenteuer nach Hause berichtete, waren nicht ganz wahrheitsgetreu. Die Berichte wurden frisiert, um die Ängste meiner Mutter oder Schwiegermutter, die, wie ich merkte, beständig und selbstverständlicherweise wegen der Heldentaten ihres Sohnes in Sorge war, zu beschwichtigen. In Wirklichkeit fürchtete ich mich zu Tode, wenn ich allein in meinem Segelflugzeug saß und es losging – den Berg hinunter –, aber Angst konnte ich meinem Ritter nicht gestehen. Doch war ich erst einmal in der Luft, geriet ich in Ekstase – eine Erfahrung, die ich nie vergessen oder bereut habe. Der transkontinentale Flug nach Osten wiederum war anstrengend. In den letzten vier Stunden des vierzehnstündigen Fluges war mir schlecht, und ich hatte Schmerzen. (Da ich nie luftkrank gewesen war, lag das wahrscheinlich an den Benzinabgasen und meinem »Zustand«.) Ich konnte nicht unterbrechen und den Rekordflug verpatzen, auch wollte ich nicht, daß die Zeitungen von meinen Ängsten und Nöten erführen und eine Story daraus machten, die sich schädlich auf die Fliegerei auswirken würde, deren Fortschritt ich nach dem Vorbild meines Mannes zu meinem Anliegen gemacht hatte.

Die ersten Monate der Mutterschaft waren völlig normal, froh und befriedigend, und es wäre mir recht gewesen, zu Hause zu bleiben und nichts weiter zu tun, als für das Baby zu sorgen. Das war »wahres Leben« in seiner ursprünglichsten Form. Doch da gab es diese Vermessungsflüge, die uns zu neuen Abenteuern lockten. Stolz ging ich mit und nahm meinen Platz als Mitglied der Besatzung ein. Die Schönheit und das Geheimnis des Fliegens verloren nie ihren Reiz, und ich war ganz erfüllt von meiner Aufgabe als Funker. Aber eine noch größere Bereicherung für mich war das Erlebnis, mit den Leuten zu sprechen, die wir auf den nördlichen Außenposten, auf unserem Flug in den Fernen Osten über Kanada, Alaska und Sibirien trafen. (Wieder das Sichmitteilen!) Ich war entzückt von unserem Besuch in Japan und zutiefst beeindruckt von unserem kurzen Blick auf China.

Ich schrieb zahllose Briefe an meine Familie. Zumeist waren es Reiseberichte, und die waren abgeschwächt. Mein innerer Zensor war am Werk, warf gestrenge Blicke auf das, was ich schrieb. Und mein Beschützerinstinkt für meine Familie ließ mich Zurückhaltung üben, wo es um gewagtere Episoden ging. Unter anderem wollte ich mit meinen Briefen auch beruhigend wirken. Ich streifte Gefahren nur leicht, solange wir nicht sicher wieder zu Hause angelangt waren. Ein ausführlicher Bericht über den Vermessungsflug von 1931 findet sich in *North to the Orient,* dem Buch, das ich ein oder zwei Jahre danach schrieb.

Wenn ich hier die ungleichmäßige Verteilung des Materials in einigen meiner Lebensabschnitte erkläre, habe ich es mit einem echten Nachteil gegenüber einer auf Briefen und Tagebüchern basierenden Autobiographie zu tun. Wenn man am aktivsten ist und mitten in den Ereignissen steht – zumeist gerade den interessantesten und farbigsten –, findet sich wenig Zeit zum Schreiben. Demzufolge tauchen Lücken in den Aufzeichnungen dieser ersten Ehejahre auf. Nicht erwähnt wird in den Monaten vor unserem Vermessungsflug meine Lehrzeit als Funker, die ein wochenlanges Studium der Theorie des Funkens und der Praxis im Morse-Code erforderte. (Damals stand noch kein verwendbares Fernsprechfunkgerät zur Verfügung.)

Kaum Erwähnung finden auch die Flugunterrichtsstunden, die mein Mann mir in einem Bird-Doppeldekker gab. Selbst wenn ich sie damals beschrieben hätte, hätte ich nie zugegeben, wie erregt, ängstlich und besessen ich bemüht war, meinen strengen Ausbilder zufriedenzustellen. Ich erinnere mich daran, daß ich immer und immer wieder den Flugplatz allein in dem Flugzeug umkreiste und eine scheußliche holprige Landung nach der anderen machte. Ich selber war jedesmal unendlich erleichtert, wenn ich auf dem Boden aufsetzte, ganz gleich wie hart, daß ich lebendig unten angekommen war. Aber er bestand darauf, daß ich eine weitere Runde fliegen mußte, bis ich eine anständige Landung machte. Und dann fehlt auch nach dieser ganzen schweren Arbeit die Beschreibung des uneingeschränkten Jubels über meinen ersten Alleinflug, der nicht auf einem Flughafen stattfand, vom Long Island Aviation Country Club über die Türme von New York City zum Teterboro-Flughafen – mein Jungmädchentraum war Wirklichkeit geworden.

Schließlich muß ich zugeben, daß ich, wenn ich die Briefe der letzten Monate des Jahres 1931 nochmals lese, mir wohl bewußt bin, daß ich sie überfliege (oder überstürzt sich das Leben selber?). Sie erscheinen unwirklich. Als ob ich, wenn ich mein Leben betrachtete, einen rasch dahinziehenden Strom beobachtete, dessen Oberfläche glatt wie Samt ist und der dabei unaufhaltsam dem Katarakt der Tragödie entgegenstürzt. Bezeichnend ist, daß der Brief, der sich in diesem Sommer der Briefe am deutlichsten heraushebt, derjenige nach dem Tode meines Vaters ist, von dem ich an Bord des britischen Flugzeugträgers *Hermes,* unterwegs von Hankow nach Schanghai, erfuhr. In meinem Antwortbrief ließ ich mich von meinem innersten Gefühl leiten. Die Macht der Trauer befreite mich von der Macht des Zensors. Es gab noch andere Werte, das lernte ich allmählich, und sie waren wichtiger als Diskretion oder sogar Privatleben. So sah ich im darauffolgenden Frühjahr, in den tiefsten Tiefen der Tragödie, ein, daß ich unbedingt zurückfinden mußte zu einer stärkeren Zuflucht. Ich mußte aufrichtig schreiben. So kann man vielleicht sagen, daß auch der Kummer sein Teil dazu beitrug, mich frei werden zu lassen. Aber das ist eine andere Geschichte. Der erste Teil dieses Buches und diese Einführung behandeln die Stunden von Gold.

*An C. C. M.* Bei Großmutter[1]
[Cleveland, 8. Februar]

Nach einem Tag überstürzter Vorbereitungen und zwei oder drei vollständig über den Haufen geworfener Pläne befinde ich mich in Cleveland und breche morgen früh um 4.30 Uhr nach St. Louis auf (vor der Bekanntmachung), ohne all meine Kleider und Koffer! Ich habe den ganzen Nachmittag geschrieben – »Liebe –, ich möchte Dir sagen, bevor es alle wissen, daß ich heiraten werde –« Es ist alles so unwirklich, aber ich bin glücklicher – und trotzdem, wenn jetzt jemand über mich herfallen und mich fragen würde, weswegen ich ihn heirate, würde ich sagen: »Augen –« Ich bin unfähig, ihm in die Augen zu sehen und etwas anderes zu tun. Ich glaube an seine Augen und an das, was ich dahinter vermute, auch wenn es sich im Gespräch nicht immer zeigt. Also, weg sind wir!
Halte mir ja die Daumen. Diese schrecklichen Abgründe der Angst und des Zweifels – »Laß sie keine Macht über mich haben.«
Mir graut vor den Glückwünschen der Botschaft.

[1] Mrs. Charles Long Cutter, Mutter von E.C.M.

*An C. C. M.* [Mexico City, 12. Februar]

Liebling –
wir sind da – mit einer Nacht und einem halben Tag Verspätung.
Hat Mutter Dir von dem [verschlüsselten] Telegramm, das an Boyd [1] geschickt wurde, geschrieben: »Dringend Ihr Telegramm verlorengegangenen Bekanntgabe der Pläne bei Ankunft Lincolns Geburtstag außer das paßt nicht in Ihren Terminplan wie aus Zeitung zu schließen. Major R. M. Kirk«? Also, ich habe nie mit einer Antwort gerechnet, aber Mutter fragte Daddy, ob ein Telegramm für Kirk da sei. *Hier ist es. Ich bin verrückt vor Freude.* An Daddy: »Kenne Major Kirk seit mehreren Jahren stop. Er besitzt ausgezeichnete technische Kenntnisse und ist zuverlässig stop. Ich stimme vorgeschlagenem Plan zu. Charles« – etc.! Ist das nicht herrlich? Ein Meisterstück. Es beglückt mein Herz irgendwie – das *Spielerische* daran. Wenn er *das* kann ...! Und dabei war es *unnötig*, und er hat es trotzdem getan. Er sei gepriesen.
Und dazu noch auf diese Weise direkt von ihm zu hören ... Es ist beruhigend und herzerquickend. Insgeheim war ich ihm so *unendlich* lange schon verbunden, und *jetzt* ... Oh, ich bin viel glücklicher.

[1] Deckname von C.A.L.–A.M.L. hatte mit C.A.L. ein verschlüsseltes Telegramm abgesprochen, in dem der Tag genannt werden sollte, an dem die US-Botschaft in Mexico City die Verlobung bekanntgeben würde.

[Mexico City, 14. (?) Februar]

Lieber Charles –

sehr große Hoffnung mache ich mir nicht, daß Du dies hier bekommst, aber vielleicht bist Du ein oder zwei Tage in Washington und fährst dann nach New York. Es macht mich ganz krank, daß ich nicht dort bin. Es tut mir leid, daß sich alles so verzögerte. Mutter verspätete sich um einen Tag mit der Abreise, dann der Aufenthalt in Cleveland, und dann das Unglück auf der Strecke – mit dem Zug vor uns –, alles wie verschworen, um die Bekanntgabe hinauszuschieben.[1]

All das war nicht so schlimm, wie ich befürchtete. Jeder ist so besonders nett gewesen – geradezu überwältigend. Dabei ist alles gräßlich und unwirklich. Es ist schwer, das Gefühl für die Wirklichkeit nicht zu verlieren (der Wirklichkeit jeglicher Glückseligkeit), wenn einem *so viele* Menschen sagen, wie *außerordentlich* glücklich man sein müsse! Es ist unwirklich. Ich fühle nichts, denn man hat zu oft ein und dieselbe Stelle bei mir berührt. Ich wünschte, Du wärst hier. Doch ich will versuchen, geduldig zu sein. Allein bin ich so ein Hasenfuß. Es gibt einige sehr schöne Dinge zu erzählen und einige furchtbar komische und dann natürlich einen Augenblick *reinster Freude* – ein Telegramm über Major R. M. etc., das mir mehrere Tage lang Auftrieb gab – prächtig. Und das wird anhalten.

Oh, wenn ich doch nur immerzu schreiben könnte, na-

[1] Die Verlobung wurde der Presse am 12. Februar 1929 bekanntgegeben.

türlich schreiben, so wie an Con [1]. Aber Du würdest die Zeit zum Lesen und auch zum Schreiben nicht finden, deshalb schreibe ich so viele kurze Briefe.
Es ist mir klar, daß ich Dich endlos lange nicht sehe. Ich will Geduld haben – ich weiß, Du hast Verpflichtungen und Arbeit. Bitte – ich habe Verständnis. Es macht nichts. Es gibt ja die Berge, das Reiten und Singen, und die Kirschen blühen, und stets sind ein paar Zeilen zu schreiben, es gibt Diners und die Zeitungen, in denen steht, wo Du gewesen bist.
Ich hoffe, im Norden und im Westen herrscht eine außergewöhnliche Warmwetterperiode. Es kommt mir ungerecht vor, daß ich die Kirschblüten für mich habe.

Anne

Cuernavaca – Sonntag [8. März]

Liebste Con –
Wahrscheinlich wüßtest Du gern etwas über die Episode »Flieger-As und Verlobte zu Bruch gegangen«. Ich wollte, ich hätte früher geschrieben, denn die Zeitungen konnten kaum etwas darüber wissen und schilderten die Sache so, daß sie ziemlich schlimm klang. Übrigens war alles psychologisch derart interessant, daß ich gerne ...[2]

[1] A.M.L.s jüngere Schwester Constance.
[2] Hier fehlt eine Seite im Originalbrief. Geschehen war folgendes: Nach dem Start vom Valbueno-Flugplatz, Mexico City, landeten C.A.L. und A.M.L. in einer Prärie, wo sie picknickten. Beim neuerlichen Abflug warf C.A.L. einen Blick aus der Kanzel und sah ein Rad,

Dieses Mal flog ich! Er verstaute mich auf den Rücksitz mit der großen Flugmontur und einem Kissen vor mir sowie einem anderen, das ich halten und vor meinen Kopf tun sollte, wenn wir uns überschlagen würden. Er sagte mir, ich solle die Fenster öffnen, damit wir hinaus könnten, wenn wir uns überschlagen würden. Ich war froh, daß ich nicht mit Sicherheit wußte, daß wir uns *wirklich* überschlagen würden, denn dann hätte ich ziemliche Angst gehabt. Aber als ich zu ihm sagte: »Ich kann mir nicht vorstellen, wie du unverletzt bleiben willst«, meinte er, er glaube nicht, daß es eine so schlimme Landung würde. Dann flogen wir über den Flugplatz. Das werde ich nie vergessen – eine Gruppe von Leuten, die zufällig zusammenstanden, neugierig

das sich eben von seiner Achse gelöst hatte, auf dem Boden neben dem Flugzeug entlangrollen. Ihm war klar, daß ihnen eine schwierige Landung bevorstand, weil das Flugzeug eine sehr breite Spurweite hatte und die Achse sich in die Erde bohren würde, wodurch sich das Flugzeug wahrscheinlich überschlagen würde. Dazu kam eine weitere Schwierigkeit: dieses geliehene Flugzeug war nicht mit Sicherheitsgurten ausgestattet, so daß C.A.L. und A.M.L., falls das Flugzeug sich überschlug, an die Decke der Kabine geschleudert worden wären. Nach einer Besprechung mit A.M.L. entschloß sich C.A.L. dazu, mehrere Stunden herumzufliegen, um das Benzin aufzubrauchen und die Gefahr einer Tankexplosion und eines Brandes beim Aufprall so weit wie möglich auszuschalten. Dann umpolsterte er A.M.L. mit Sitzkissen und wies sie an, sich unten am Sitz festzuhalten. Er selbst hatte vor, bei der Landung das Flugzeug mit einer Hand zu steuern und sich mit der anderen an einem Rohr des Gestänges am Flugzeugrumpf festzuhalten. Er landete auf einem Rad, die radlose Achse war hoch oben, aber als das Flugzeug an Geschwindigkeit verlor, sackte die Tragfläche ab, der Stumpf der Achse bohrte sich in den Boden, und das Flugzeug stand auf dem Kopf.

warteten und nach uns Ausschau hielten und *plötzlich* in lähmendem Entsetzen erstarrten, als sie den Stumpf sahen und *kein* Rad – alle Hände deuteten darauf, jeder rannte vom Platz, winkte, schrie, signalisierte uns (wie es schien), daß wir *nicht landen* sollten – diese kleinen Ameisen dort unter uns, hin und her laufend, wie verrückt winkend und völlig unfähig, uns zu helfen.
Es war wirklich dramatisch. Wir sahen einander an und lachten und umkreisten den Platz noch einmal. Wir gingen langsam herunter (er ließ den Motor abkühlen), und einen schrecklichen Augenblick lang war ich in Panik: »Das ist nun der Test. Angenommen, du stehst ihn nicht durch. Du bist in seinen Augen dann einfach erledigt. Angenommen, ich schaffe es nicht. Angenommen, ich *schaffe es nicht.*« Dann setzten wir in Schräglage auf einem Rad auf, dann ein Schwanken des Flügels, ein Stoß – und ich erinnere mich an nichts mehr, bis mein Rücken an die Decke stieß und mir klar wurde, daß wir uns überschlagen hatten und daß das gar kein Test war, ich hatte nichts überwinden müssen. Es war gar nicht so schlimm, etwa so, wie wenn man sich unten am Grunde einer Sprungschanze befindet, ohne gesprungen zu sein.
Ich war durch das Fenster herausgekommen und fragte: »Wie geht es dir?« Er war auch draußen. »Gut, und dir?« Er hielt sich die Hand. Wir sahen einander an und lächelten; er atmete schwer; ein Lastwagen kam. C. sprach ruhig, aber mit Anstrengung auf eine verrückte Menschenansammlung ein, er erklärte ihnen, daß er sich die Schulter ausgerenkt hatte, und bat sie, auf das

Flugzeug aufzupassen, damit niemand Souvenirs mitnähme.

»Souvenirs!« Ein Mexikaner lachte laut auf und blickte voller Staunen auf einen Mann, der mit ausgerenkter Schulter aus einem zerschmetterten Flugzeug gekommen war und sich Gedanken darüber machte, daß Leute *Souvenirs* einsammeln könnten. Ich kann nichts weiter schreiben. Ich fuhr durch den Verkehr nach Hause. Es war schrecklich, jemanden so leiden zu sehen, und ich konnte überhaupt nichts tun. Ich wollte, ich wäre ein bißchen verletzt gewesen. Ich hatte nichts –

[Mexico City, 14. März]

Liebste Con –

nun etwas streng Vertrauliches. Laß nichts darüber verlauten und deute es niemandem an. Man glaubt, daß wir *hier* oder in *Englewood* heiraten werden, und wir *lassen sie* einfach in dem Glauben – wenn sie denken, daß unsere Hochzeit nächsten Herbst ist, desto besser –, wir werden aber alle nach North Haven [1] fahren und dort heiraten (ich meine diejenigen von uns, die wollen!) und das etwa drei Tage vorher ankündigen, ungefähr in der dritten Juniwoche – vielleicht. Im Augenblick zerbrechen wir uns den Kopf, wen wir einladen sollen. Das ist ein schrecklich schwieriges Problem, denn es *soll* ein kleiner Kreis sein, und dabei mag ich viele Menschen, und Daddy und Mutter geht es ebenso.

[1] Das Sommerhaus der Morrows, Deacon Brown's Point, auf der Insel North Haven in Maine.

Bitte, Liebling, sei vorsichtig mit diesen Briefen – vielleicht habe ich zu unverblümt geschrieben. Es fällt mir so schwer zu lernen, meine Gefühle zu unterdrücken – besonders Dir gegenüber.

Freitagabend [Mexico City, 15. März]

Lieber Charles –
anscheinend bist Du gestern morgen abgereist – ungefähr vor zwei Wochen. Mir kommt es so vor, als wäre ich wieder in der Schule und müßte eine Unmenge Hausaufgaben machen – all diese Stöße von Briefen –, und ich bin aus der Übung. *Einen* Brief habe ich heute geschrieben und hatte das Gefühl: »Was bin ich doch für ein braves Mädchen!«
Cream Puff [1] hatte heute morgen einen rückblickenden, träumerischen Ausdruck in den Augen, einen »Vorbei-sind-die-Tage«-Blick, und Sandy [2] (der gestern abend zurückkam) machte die Bemerkung, es werde ihm »fehlen, den Jungen um sich zu haben«, und ich finde es (mit Lolitas Worten) »abschoi-liech«. Trotzdem glaube ich, daß ich sehr glücklich sein werde, sobald ich einige der Erlebnisse der letzten Wochen und Monate verdaut habe. Natürlich ist man glücklich, wenn man etwas *tut,* aber es gibt noch ein anderes Glücksgefühl, das sich einstellt, wenn einem das Getane im Nachhinein voll *bewußt* wird: das Gefühl »stil-

[1] Das Pferd, das Oberst Lindbergh in Mexiko geritten hatte.
[2] Oberst Alexander MacNab, US-Militärattaché in Mexiko.

ler Erinnerung«, das sich einstellt, wenn man allein und ruhig ist und seine Erfahrungen als Ganzes sieht. Doch das nimmt geraume Zeit in Anspruch.

Gute Nacht
Anne

Samstag

Heute ritten wir hübsch ordentlich auf dem Reitweg, und ein Mann galoppierte vorbei und rief: »Nehmen Sie sich vor den Elefanten in acht!« Wie komisch, einem so etwas im Stadtpark zu sagen. Da waren sie auch schon, zwei große runzlige Tiere, die schwerfällig vor sich hin trotteten. Ihre Haut ist so runzlig, daß sie aussehen, als hätten sie schlotternde, ausgebeulte Hosen an wie die von Daddy (nicht daß Daddy wie ein Elefant aussähe, aber seine Hosen sind manchmal wirklich verbeult).

Zirkuserinnerungen wurden wach: an den Geruch von Sägemehl und Tieren und Erdnüssen und Knoblauch und Hitze und Menschen; an Damen in besonders glitzernden Gewändern und an die Kopfschmerzen, die man vom Kakaoschlürfen bekam und von dem verzweifelten Bemühen, dem großen Mann mit Zylinderhut und knallender Reitpeitsche zuzusehen *und* den tollen Schwüngen *und* dem Mann, der von einem Turm aus Stühlen herunterfiel *und* den Japanern, die an ihren Zähnen hingen, und den Clowns, die unten am Manegenrand entlangzogen und ihre Nummern vorführten, die unvermeidlich damit endeten, daß ihr Haus oder

Wagen, oder was immer sie sonst hatten, über ihrem Kopf zusammenbrach – alles auf einmal! Natürlich kennst Du das auch. Ich mochte es gerne, auch wenn mir jedesmal übel wurde. Ich mag auch immer noch Kakao. Aber ich weiß nicht, ob sie mir jetzt noch gefallen würden – die Zirkusvorstellungen.

(Wußtest Du, daß »Gott gewiß eine große Rolle in Oberst Lindberghs Karriere gespielt hat?« In der heutigen Post.)

Die Sonne schien heute morgen so hübsch durch die Marmelade (ich weiß, daß Du jetzt lachst – es *ist* albern, »aber Du *verstehst* das eben nicht«). Ich bin sicher, daß das Frühstück deshalb eine so erfreuliche Mahlzeit ist. Weißt Du, zwölf Stunden lang hast du keinen Sonnenschein erlebt, und darum bist du besonders froh, wenn du sie siehst und sonnenfarbene Sachen ißt wie goldgelben Toast und Cornflakes und Orangenmarmelade – *mir* jedenfalls geht es so, weil ich diese Sachen mag. (Die Köchin hat jetzt sogar aufgehört, diese besonders großen Korinthenbrötchen mit Zuckerguß zu backen, weil niemand sie ißt.)

Mr. Beck sagt, die Straßen um Mexico City seien gerade jetzt überaus gefährlich, weil man keine Soldaten habe, um sie ständig zu überwachen. Tatsächlich ist es *sehr* kühn, sich überhaupt aus der Stadt hinauszuwagen!

Sonntag

Oh, ich habe diesen ewigen staubigen Sonnenschein satt. Die Sonne wirkt hier nicht halb so köstlich wie an jenen letzten Märztagen in Northampton[1], als der geschmolzene Schnee die Ufer herunterriß und Du auf der Straße zwischen Pfützen herumgesprungen bist, und als die Sonne eine Minute lang durchbrach, war es hinreißend, ein *bleicher* goldener Sonnenschein (nicht rotglühend wie hier), und Du mußtest ihn beschwatzen, damit er durchs Fenster kam mit einem Topf Orangenmarmelade oder Narzissen.

Nein – was ich mir im Augenblick wünsche, ist North Haven. Wind, der alle Muffigkeit aus einem vertreibt, und einen kühlen, dichten Seenebel, der einem leicht und köstlich im Gesicht prickelt, wenn man in ihm spazierengeht – und Einsamkeit. Ich meine die Einsamkeit der *See*, nicht die Wüsteneinsamkeit, die einem hier geboten wird und die so leblos ist. Die Einsamkeit der See ist persönlich und lebendig. Sie macht einen nicht matt und niedergeschlagen, sie ist anregend.

Ich habe *Othello* gelesen, und das hilft ungeheuer. Da gibt es so wunderschöne Passagen, die einen wie eine große Woge oder wie ein Sturm mitreißen. Ich würde sie Dir gerne zitieren und kann es nicht. Erinnerst Du Dich? Aber vielleicht hast Du Othello nicht gelesen – ich las ihn letztes Jahr zum ersten Mal. An einer Stelle heißt es:

»... läßt man mich hier zurück
Als Friedensmotte, weil er zieht ins Feld ...«

[1] Das bezieht sich auf das Smith College, Northampton, Mass., wo A.M.L. im letzten Winter studiert hatte.

(Es ist scheußlich, eine Motte zu sein, die ganz nutzlos herumflattert und wegen nichts und wieder nichts ein großes Aufhebens macht – so wie ich jetzt.) Oh, da gibt es noch vieles – kann ich Dir einmal etwas davon vorlesen?

»Wenn jedem Sturm so heitre Stille folgt,
Dann blast, Orkane, bis den Tod ihr weckt!

. . . .

... Gält' es, jetzt zu sterben,
Jetzt wär' mir's höchste Wonne; denn ich fürchte,
So volles Maß der Freude füllt mein Herz,
Daß nie ein andres Glück mir, diesem gleich,
Im Schoß der Zukunft harrt.«

Lies das noch einmal – nein, jetzt nicht, Du bist vermutlich jetzt viel zu beschäftigt –, aber lies es irgendwann immer wieder. Du *kannst nicht* behaupten, daß darin keine Schönheit liegt:

»Gält' es, jetzt zu sterben,
Jetzt wär' mir's höchste Wonne ...«

Genug jetzt mit der Schreiberei und meinen Albernheiten, mehr kannst Du in einem Zuge gar nicht lesen. Entschuldige, aber ich schreibe so gern Briefe – das heißt ehrliche Briefe.

Gute Nacht
Anne

---

Auf einer Ranch in der Nähe von
Querétaro, Samstag, 20. April

Lieber Charles,
ich schreibe Dir, denn ich hatte es mir seit vorgestern so fest vorgenommen. Ich wollte Dir so schrecklich gern sagen, daß *ich seit drei Tagen* – nein, seit zwei Tagen, aber es kommt mir wie eine Woche vor – *fast wieder die Alte bin!* Ist das nicht wunderbar? Ich fühlte mich fast so sicher, wie wenn ich mit Dir zusammen bin – nicht ganz so natürlich, das wäre unmöglich. Aber ich bin viel, viel glücklicher, als ich je zuvor gewesen bin, und fühle mich sehr viel mutiger. Du warst so geduldig und verständnisvoll, daß ich Dir dafür danken wollte und Dir sagen, daß ich versuche, in Zukunft nicht verzagt und verquält zu sein.
Verzeih mir den Klagebrief aus Mexico City. Du weißt immer, was ich im Grunde meines Herzens fühle. Du wirst diesen Reizzustand – er ist nur wie die Schaumkrone auf dem Meer – verstehen und vergeben. Ich war darüber bekümmert, seit ich die Stadt verlassen hatte. Es ist seltsam, aber in dem Augenblick, als ich den Zug bestieg und abfuhr, fühlte ich mich wie ausgewechselt. Ich glaube, daß die Gefühle und Gedanken, die wahren und tiefempfundenen, deutlicher werden, wenn man Abstand gewinnt, weil sie sich von ihren schalen Verbindungen lösen: dem eigenen Schreibtisch und Zimmer und Bett und Spiegel. Sie werden klar und werden einfach sie selbst, ganz so, wie die Farben eines Sonnenunterganges oder eines Birkenhains, mit dem Kopf nach unten gesehen, klarer werden, weil die Farben von

den vertrauten Formen losgelöst sind. Verstehst Du, was ich meine?
Oh, es ist wunderschön hier. Die Luft ist nicht herb und staubig, sondern mild, und es gibt Felder über Felder mit weichem, sattgrünem, samtblättrigem Mais und regenfarbenem Weizen, der wie Wasser gleichmäßig hoch um die Stämme einzelner Bäume in den Feldern steht. Und aufgetürmte große Sommerwolken an einem blauen Himmel. Und reine Luft von den Maisfeldern. Ich fühle mich besänftigt und ausgeglichen – genauso ruhig und frisch und dankbar wie eines dieser Maisfelder. (Ich glaube, daß ein großer Friede von ebenmäßigen Dingen ausgeht, wie etwa von der gleichmäßigen Höhe des Weizens oder den Rinnen am Strand, die die Wellen gezeichnet haben, oder den Buchenreihen am Horizont.) Und ich bin glücklich, denn wir fahren über-über-über-übermorgen nach Hause. Du verzeihst mir, ja?
Ich weiß, daß er indiskret ist – dieser Brief –, aber ich mache mir nichts daraus, wenn er Dich den anderen vergessen läßt.

New York City [Anfang Mai 1929]

Liebste Mutter,
ich habe hier gesessen und nachgedacht und über Dich nachgedacht. Und ich finde nicht die richtigen Worte. Ich möchte Dir gern sagen, daß Du großartig bist. Ich sitze die meiste Zeit apathisch, egoistisch und teilnahmslos am Rande Deines ausgefüllten, wunderbaren Lebens und scheine Dich als selbstverständlich hinzu-

nehmen. Aber man ist eher überwältigt und geneigt, es zu vergessen oder es nicht zu erfassen, denn Du selber scheinst nie zu glauben, daß Du wunderbar bist! Und so dachte ich mir, ich wollte Dir einmal sagen, was jeder Dir immerzu sagen sollte – was jeder von Dir sagt, was Du aber nie hörst: daß Du einfach eine wunderbare Person bist; eine seltene, schöne, erstaunlich lebensoffene Person, so rundum für alles empfänglich, für alles aufgeschlossen.

Das ist die höchste Form von Lebensart. Das ist mir im Laufe der Zeit immer klarer geworden. Natürlich habe ich das erkannt, als unsere Interessengebiete sich erweiterten. Es war erstaunlich, denn bei jeder Phase, die wir durchmachten, bei jedem neuen Gebiet, das wir entdeckten – jeder neuen Begeisterung –, warst Du da, gingst voll warmen Verstehens auf alles ein, ganz so, als hättest Du selber es auch eben erst entdeckt. Aber so bist Du mit allen und auf tausend Gebieten. Die Schwierigkeit ist, daß keiner das so ganz schätzen kann, niemand hat die Größe, um das in vollem Umfang zu ermessen!

Ich dachte, es wäre nicht schwer, dies zu sagen, aber das stimmt nicht. Es klingt schwerfällig. Mein Liebes, Du *bist* wunderbar!

Mein Liebes –

ich gehe mit C. weg. Pläne noch unbestimmt, aber ich werde ihn bitten, mich heute irgendwann nach Englewood zu bringen. Bis heute abend. Bin glücklich!

[Am Morgen des Hochzeitstags][1]
Englewood, New Jersey

Liebe Mutter,
Du warst gestern abend großartig, und ich fühlte mich hinterher so glücklich und ganz mutig und voller Zuversicht. Danke Dir, mein Liebes. Ich liebe Dich, und es kommt mir gar nicht so vor, als verließe ich Dich. Ich habe das stete, unerschütterliche Glücksgefühl, Euch beide an der Hand zu halten, Dich und Charles.

Deine Anne

[An Bord der Mouette, 27. Mai]

Liebste Mutter –
dies läßt mich an die Briefe denken, die ich gewöhnlich im Zug schrieb, wenn ich nach Northampton zurückfuhr! Ich fühle mich auch ein bißchen so – oberflächlich –, mit einem Kloß im Hals wegen der Abreise, aber sehr glücklich und befriedigt und voll warmer Freude über das, »was wir vollbracht haben«. Oh, Mutter – es war so herrlich. Nichts hätte anders sein dürfen: der Spaziergang im alten Garten (und im neuen Garten heute morgen mit Con); das Mittagessen (obwohl ich zu aufgeregt war, um mein Leibgericht Spargel zu essen); jeder einzelne Anwesende – die ganze prächtige, herrliche Versammlung. Es war so köstlich, mit *Daddy*

[1] A.M.L. und C.A.L. heirateten am 27. Mai 1929 in Next Day Hill, Englewood, N.J., und fuhren nachher in einem 38 Fuß langen Kajütenboot, der *Mouette*, auf Hochzeitsreise.

zusammen die Treppen hinunter auf diese Gruppe zuzugehen. Ich hätte nichts tauschen mögen, nicht das Kleid, den *Schleier,* die Blumen, die Elisabeth so *schön* zusammengestellt hatte – Akelei und Rittersporn) oder sonst irgend etwas. Das Anschneiden des Hochzeitskuchens, Küsse für jeden. Es war alles perfekt. Aber Du möchtest wissen, was C. denkt: *genau dasselbe!* Er fand die Trauung wunderschön, Kleid *und* Schleier *gefielen* ihm (das hatte ich nicht angenommen, aber es war so), er war genauso überspannt, wie es nach Deinen Worten Daddy neulich war.
Aber wovon er am meisten begeistert war, das war »die Familie, die ganze Familie, nichts als die Familie«. Erzähl Elisabeth, daß C. mir zuschaut, wie ich an meinem Ringfinger herumfummele, und sagt: »Nun wird die Uhr endlich in Ruhe gelassen.«

31. Mai

Liebste Mutter –
wir sind im Hafen von Block Island. Wir legten an, um Wasser zu tanken – eine sehr gefährliche Prozedur, da wir ja nicht erkannt werden wollen! Charles hat drei Tage lang seine Verkleidung vorbereitet (er hat sich einen Bart stehen lassen, mit anderen Worten. Erzähle Con, daß er schon über den »ersten Stoppelzustand« hinaus ist). Er hat ein Paar *sehr* schmutzige Hosen an und hat eine schwarzkarierte Mütze tief in die Augen gezogen und dazu eine dunkle Brille aufgesetzt. Ich bleibe in der Kabine versteckt! Offensichtlich findet er

Anklang in dem Aufzug (soweit ich das von meinem Platz hinter den grünverhängten Fenstern aus feststellen kann): eine Ansammlung von etwa einem Dutzend Männern (Typ Maine-Fischer) starren ihn und das Boot an und stellen Fragen, zumeist über das Boot – den Preis, die Größe etc.

Sonntag – Point Judith Harbor

Es ist komisch, vor einer Woche dachte ich bei allem, was ich tat, mit einem beinahe furchtsamen Schauder vor dem Unabwendbaren: »Nächste Woche bin ich *verheiratet* ... wenn ich diese Uhr wieder aufziehe, bin ich *verheiratet.*« Das ist so komisch, weil alles so natürlich ist und in keiner Weise erschreckend, keine fürchterliche Veränderung oder auch nur befremdlich und – in vieler Hinsicht vergnüglich. Es macht mich nur ein bißchen nervös zu denken, daß Fremde uns sehen und sagen könnten: »Ein Mann und seine Frau.« Aber vielleicht kommen sie darauf gar nicht und sind eher geneigt zu sagen: »Ein Mann und sein kleines Mädchen – oder kleiner Junge!«

Es ist mir fast unmöglich, mich zurück an die ersten Eindrücke an Bord zu erinnern, und natürlich wollt Ihr darüber etwas wissen. Was die Hochzeit angeht, so bin ich froh, daß ich darüber geschrieben habe, wenn es auch nur wenig war, denn jetzt kann ich es nicht. Dazu nur noch dies: Sie kam mir furchtbar kurz vor. Ich wollte, wir wären länger geblieben, aber je länger wir warteten, desto schwerer wurde es, besonders für Euch. Findest Du, daß es scheußlich von mir war, nicht jedem einen Abschiedskuß gegeben zu haben? Es war nicht, weil es mir lästig oder sonst etwas gewesen wäre, aber ich glaubte irgendwie, daß ich es nicht durchstehen würde. Ein Gratulationskuß ist etwas ganz anderes als ein Abschiedskuß. Und diese herzliche liebe Gruppe von Menschen – sie alle, jeder von ihnen, die mir so viel bedeuten –, ich konnte nicht, ich wollte ihnen nicht auf Wiedersehen sagen.

Wir erreichten das Boot erst gegen zehn. Es war dunkel und roch nach Salz und Tang, und die Muscheln knirschten unter unseren Füßen, als wir zum Wasser hinuntergingen. Das Boot war beleuchtet. Es war wirklich märchenhaft. Keiner von uns hatte es vorher gesehen. Es hat zwei bequeme Kabinen, die durch ein geräumiges Deck voneinander getrennt sind.

Am ersten Abend waren wir zu müde, um das Geschirr für das Abendbrot auszupacken, aber ich zog Eure Messer und Gabeln hervor (die C. *sehr* bewundert – mehr als alles andere, was ich mitbrachte). Ich wollte sie unbedingt benutzen. Ich bin beim Kochen sehr ungeschickt, auch beim Büchsenöffnen etc. Ich komme mir vor wie das unpraktische Mädchen in »The Devil in the Cheese«. C. sieht mich, die Hände auf den Hüften, ernst an und sagt: »Das Waschpulver, der Zucker und die Messingpolitur gehören nicht zusammen.«

Grüße, Grüße, Grüße. Später mehr. Wir rudern aus dem Hafen hinaus.

7. Juni – Georges Island, Maine
(kurz vor Tenants Harbor)

Ich habe nicht schreiben können, weil wir entdeckt worden sind – bei Woods Hole –, und seitdem werden wir ständig gejagt – mit Flugzeugen, Wasser-Land-Flugzeugen, Motorbooten etc. So haben wir die letzten drei bis vier Tage damit zugebracht, so weit wie möglich voranzukommen, oft auch nachts, und dann gingen wir auf offener See auf Sandbänken vor Anker. Dazu haben wir das bisher übelste Wetter gehabt. Und obwohl ich bisher nicht seekrank geworden bin, ist es nicht gerade das gemütlichste Gefühl der Welt, wenn man sich kaum in der Koje halten kann und bei jeder großen Welle das Geschirr zu Bruch gehen hört.
Heute morgen fanden sie uns wieder – das schreckliche Dröhnen eines Flugzeugs, das einen jagt, und Boote. Ich bin nicht mehr wütend darüber – es ist unvermeidlich. Aber es war ein schrecklicher Schock, aus dem wonnevollen ruhigen Niemandsdasein herausgerissen zu werden, in dem man hingehen kann, wohin man will, ruhig irgendwo bleibt und die Dinge beobachtet und sich an ihnen freut, ohne daß man verfolgt, angestarrt, lautstark angeredet wird; geweckt wird von der barschen, hämischen Stimme eines Reporters eines Morgens vor unserem Fenster: »Ist das Oberst Lindberghs Boot?«

Hotel Lincoln, Indianapolis, 27. Juni

Liebste Con,

dies ist nun unser dritter Tag, und ich bin recht müde. Gestern, beim Fliegen, habe ich mir lange Briefe an Dich ausgedacht, aber jetzt weiß ich sie nicht mehr.

Am ersten Tag haben wir den Roosevelt-Flugplatz erst nach drei Uhr verlassen, und über den Tälern im westlichen New Jersey und dem östlichen Pennsylvania flogen wir durch schrecklich viel Regen und Nebelschleier. Es war eigentlich herrlich. Ein *schönes* hügeliges Ackerland. Die Felder waren so grün, und obwohl wir mehr als tausend Fuß hoch waren, konnte man die nasse Erde *riechen*. Einige der gepflügten Felder sahen aus wie rechteckige purpurrote Löschblätter.

Aber über den Alleghenies war es *schlimm*. Zu versuchen, durch sehr dicken Nebel über Berge zu fliegen, ohne etwas vor sich sehen zu können – das ist schrecklich verwirrend und versetzt einen in kalte Angst. Der Nebel ist nämlich so trügerisch: er läßt einen flüchtig einen Hügel sehen, und während man in die entgegengesetzte Richtung blickt, bedeckt er ihn schon wieder, und man ist völlig durcheinander. Wir mußten ein- oder zweimal zurück und einen Berg umfliegen. Ich fürchtete mich. Dann folgten wir im Nebel und auch unterhalb davon dem Lauf eines Flusses und das so lange, bis wir die Berge hinter uns hatten.

Wir erreichten Columbus [1] sehr spät – d. h. das Hotel,

[1] In Columbus wurden die westwärts reisenden TAT-Passagiere vom Zug zum Flugzeug gebracht, um über das Mississippital nach Waynoka, Oklahoma, zu fliegen. Die ostwärts reisenden Passagiere muß-

wo Charles wie üblich Charlemagne ist. Es ist ergötzlich und immer wieder das gleiche: dieses schwungvolle Getue, wenn sie die Tür zu den Zimmern aufreißen. Die Verbeugung und »Alles zur Zufriedenheit? Irgendwelche Wünsche?«, bevor man überhaupt einen Fuß über die Schwelle gesetzt hat. »Ja, bitte – einen Krug mit Eiswasser.« Dann das Gekicher der Telefonistinnen, wenn du etwas am Telefon verlangst.
Aber natürlich ist alles fürstlich, und ich werde verzogen werden. Auch macht es mir unglaublichen Spaß, den verschiedenen Leuten auf der Route zu begegnen. Ich hatte nie das Gefühl, irgendwelche Haltung oder Würde zu besitzen. Jetzt ist das so notwendig – eine Art Verteidigungswaffe, erstaunlich leicht einzusetzen und zu handhaben, ein echter Halt.
Tatsächlich ist dies alles viel vergnüglicher, als ich mir vorgestellt hatte.

Transcontinental Air Transport, Inc., 8. Juli

Con, mein Liebling –
ist das nicht aufregend? Dies ist der erste Flug für zahlende Passagiere. Ich muß Dir so viel erzählen. Gestern abend kamen wir in Los Angeles an. Heute morgen fliegen wir in dem großen dreimotorigen Ford-Passagier-Flugzeug nach Winslow, Arizona, zurück. Es hat so gar keine Ähnlichkeit mit der kleinen offenen Fal-

ten von ihrem Flugzeug in Waggons der Pennsylvania-Eisenbahn umsteigen, die sie in einer Nachtfahrt über die Appalachen nach New York brachten.

con. Es ist herrlich bequem und praktisch; ich fühle mich, als säße ich in einem Privatauto. Heute morgen (Du wirst in den Zeitungen alles darüber lesen und es auch *sehen*) waren *Menschenmassen* am Flugplatz – zur Flugzeugtaufe. Der Gouverneur mit seiner Frau *(sehr reizend)* und seiner Familie, Mrs. Maddux [1], sehr nett, saßen mit den TAT-Vertretern in einem kleinen Kreis unterhalb der Orchesterbühne. Reden wurden gehalten, und dann stand »Miss Mary Pickford« auf einer Leiter und zerschlug eine Flasche an der Flugzeugspitze. Das Flugzeug war wie ein Floß mit Blumen geschmückt. Dann wurden viele Aufnahmen gemacht. Ich zusammen mit Mary Pickford. Sie ist äußerst reizvoll und wunderschön. Aber es kommt mir alles *so* merkwürdig und irgendwie hysterisch komisch vor. Wer hätte in North Haven vor einem Jahr, in der Ruhe, das Bild wohl vorhergesehen? Ich hatte einen riesigen Strauß herrlicher gelber Rosen geschickt bekommen. Ich konnte sie nicht einmal tragen.
Der Druck (der Druck der Publicity natürlich) ist in Los Angeles ziemlich *furchtbar*. Ich weiß, daß Daddy über das Bild stöhnen wird. Dann betraten wir das riesige Flugzeug. Ich als die einzige Frau. Es ist innen wunderbar ausgestattet, in kühlem Graugrün gestrichen, und hat ungeheuer bequeme grüne lederbezogene Sitze, die man verstellen kann. Kleine grüne Vorhänge und Lichter mit blauen Schirmchen. Es gibt einen weiß unifor-

[1] Helen Maddux, Frau von Jack Maddux, dem Präsidenten der Maddux Airlines.

mierten Bediensteten, der mir ins Ohr brüllt, daß er mir alles besorgt, was ich nur möchte – etwas zum Lesen oder Schreibzeug. Er gab mir dies, als ich anfing, auf einem Umschlag herumzukritzeln (wie ich das gewöhnlich mache).

Jeder von uns hat ein Kuvert voller Angaben über die TAT-Organisation bekommen. Ich werde Dir etwas davon schicken. Man hat mir auch eine große faltbare Landkarte (im alten Bildkartenstil ausgeschmückt) von unserer Route überreicht. Postkarten von Orten entlang der Route. Der »Kurier« hat mir gerade einen kleinen Aluminiumtisch angeboten, auf dem ich schreiben kann; für Knie und Tisch ist genügend Platz.

An Bord ist ein Funker, der so aussieht, als spiele er Kazoo; er hat an seinem Mund eine runde Metallbüchse befestigt und *spricht* in sie hinein.

Dies ist ödes Land. Wir haben die Berge überflogen – nichts als Sand, grauer Sand und gräulichrote sandige Berge und alte Krater, eine schwarze Masse, die breit von den Bergkegeln herabrinnt. Ich kann Charles nicht sehen; er ist vorne.

Der Kurier berichtet mir, daß wir »The Devil's Playground«, das äußerste Ende von Death Valley, überfliegen. Die sandigen Strecken sehen aus wie gebacken und schwärzlich, aber uns ist kühl – viel kühler als in der Falcon, wo man die Sonne auf dem Kopf spürt und den heißen Wind im Gesicht.

Washington, 6. August

Liebste Con,
immer möchte ich Dir über Menschen schreiben. Über so viele, die erstaunlich verschieden voneinander sind, und dabei mag ich sie ungeheuer. Das Aufregendste sind die Leute, die sich von dem Typ, den ich bisher kannte, völlig unterscheiden.

Mr. und Mrs. Maddux (Luftverkehrslinien etc.) – die liebe ich einfach, alle beide, und ich habe keinen von ihnen vorher gekannt. Mr. Maddux ist einigermaßen ungeheuerlich, finde ich. Er ist sein Leben lang auf verschiedenen Gebieten ein handfester unbeirrbarer Pionier gewesen, dabei steckt nichts von einem *rücksichtslosen* Pionier in ihm. Lediglich eine enorme, ruhige furchtlose Kraft, die vorandrängt. Eine seltsame Mischung. Er hat die erstaunlichsten Erlebnisse gehabt: sah verschiedentlich dem Tod ins Auge, und dabei ist man sicher, daß er nicht durch Unbesonnenheit in solche Situationen geraten ist. Er wird sich wahrscheinlich nur langsam in Bewegung setzen, dann aber mit der Vision vor Augen, völlig gleichgültig gegen irgendwelche Hindernisse, auf sein Ziel losgehen.

Mrs. Maddux ist sehr interessiert und gescheit und rasch – wie ein Vogel. Lädt sich die Hälfte der Geschäfte auf ihre Schultern, ist amüsant, erfaßt Einzelheiten sehr schnell und durch sie die Menschen. Sie ist herzlich und warmblütig und von dieser Welt.

Ihr Haus war eine seltsame Mischung: das Neueste und Beste, soweit es Radio, Installation und Geräte etc. betraf – und Lampen in einem rotgrünen Glaspapagei;

schwere dunkle Plüschvorhänge und Sofas; Wandleuchten in Gestalt tropfenförmiger Kerzen. Verstehst Du? Lauter Dinge, die ich früher für ein wichtiges Kriterium hielt.
Nun habe ich ihnen viel zuviel Zeit eingeräumt, aber sie sind wunderbar.
Dann machten wir in Dr. Kidders[1] Ausgrabungslager, in Pecos Valley in der Nähe von Santa Fe, Station. Pecos ist ein himmlisches, hochgelegenes, kühles, grünes Tal, zwischen Bergen und den Klippen eines aufragenden Tafelberges. An der Biegung des kümmerlichen Stromes befinden sich die roten Rechtecke der ausgegrabenen Stadt, und auf dem roten Ufer gegenüber zwischen grünen Kiefern liegt Kidders Lager. Er ist kräftig, herzlich, interessant, mit deutlich Bostoner Akzent und Denkweise.
Was mich am meisten beeindruckte, war, daß er Atmosphäre und Betrieb einer Knabenschule aus der Gegend Bostons ungeteilt hierher auf den roten Boden New Mexicos übertragen hat. Die Schuldirektorshaltung: die jungen Gehilfen in ihren jeweiligen Zelten lernen, so wie ER zu sein, die Frau des Schuldirektors, die sich unermüdlich um alle jungen Gehilfen kümmert, das Speisehaus mit seinen langen Tischen (wie bei Cabots) und dem Schuldirektor am Kopfende, das Läuten zu den Mahlzeiten und zum Aufstehen (Aufstehen um sechs, Frühstück um halb sieben), Läuten zum »Fertigma-

[1] Dr. Alfred V. Kidder, Archäologe, Spezialist für Indianerzivilisation; Mitglied der Carnegie Institution in Washington.

chen« und dann ein »Vorwärts-marsch«-Läuten vor jeder Mahlzeit.
Das ist von mir nicht abträglich gemeint. Wir haben es *ungeheuer* genossen und mochten sie gern. Sie (Mr. und Mrs. Kidder) sind die Sorte Menschen, bei denen man spürt, daß sie aus sehr feinem hochwertigem Stoff gemacht sind – wunderbarer alter Eiche oder sorgsam gehärtetem Metall. Man merkt das sofort, bevor man sie ansieht oder auch ganz ungeachtet dessen, was sie gerade tun. Es ist eine angeborene *Eigenschaft.* Sie haben eine große Familie, und das ganze Lager ißt, schläft und lebt Archäologie, und wir taten das auch. Ihr kleiner Sohn, der vier oder fünf Jahre alt ist, spielt mit einer Axt, und man stolpert über Vierecke aus Felssteinen und Sand, die er gebaut hat – seine »Ruinen« –, wenn man aus seinem Zelt heraustritt. (C. hatte bei ihm großen Erfolg, da er mit den Ohren wackeln kann, und ich, weil ich meine Stirn so rasch hoch- und herunterziehen kann!)
Es überwältigt mich immer wieder, von dem einen auf eine spezialisierte Tätigkeit konzentrierten Kreis – der nichts anderes wahrnahm und die Welt nur von dieser Warte aus sah – in einen anderen auf eine andere spezialisierte Tätigkeit konzentrierten Kreis zu kommen. Bei den Madduxens ging es nur um Fluglinien und Flugzeuge und Maschinen; in Pecos um Ruinen; bei den Edisons [in New Jersey] um wissenschaftliche Erfindungen etc. Ich frage mich manchmal, ob das alles verschiedene Welten sind oder ob es die gleiche Welt ist, nur von verschiedenen Blickpunkten aus gesehen,

so etwa, wie man durch ein Fenster mit verschiedenfarbigen Scheiben schaut und dabei eine grüne Welt, eine gelbe Welt und eine rote Welt sehen kann.
Ich habe gerade eine Einladung für uns erhalten, das Wochenende bei Präsident Hoover und seiner Frau zu verbringen. C. sagt, wir müssen sie annehmen. Natürlich wollen wir das auch, und ich finde es wunderbar und aufmerksam von ihnen, daß sie uns auf ihren Privatbesitz mitnehmen wollen; auch sehr selbstlos. Denn man möchte meinen, daß sie dorthin gehen, um Gästen und Unterhaltungen zu *entfliehen.* Und dennoch stört es mich, daß wir überhaupt etwas annehmen *müssen;* es erscheint mir so unlogisch, besonders darum, weil C. und ich wegen seiner Konferenzen nach New York zurück müssen und dann wieder hierher *zurück* für das Wochenende.
Es bedrückt mich, so abhängig zu sein. Das Leben ist so voller Unruhe. Stell Dir vor, wir hätten diese Einladung für das Wochenende erhalten, das wir in North Haven mit Euch verbringen wollen. Ich zittere – Charles' Pläne sind so unvorhersehbar. Ich werde weiterhin um die kostbare gemeinsame Zeit bangen, bis ich Euch in den Armen liege.

[Washington, 13. August]

Elisabeth, Liebes –
ich schreibe aus dem Weißen Haus. Ich muß daran denken, wie aufgeregt wir waren, wenn Mutter oder Daddy uns einen Brief auf Papier des Weißen Hauses schickten.

Ich sehne mich danach, mit Dir zu sprechen. Wir haben wirklich ein herrliches Wochenende verbracht – »gemächliches« Reiten (ganz nach meinem Geschmack), Spaziergänge am Fluß und abends um eine Feuerstelle. Meinungen kann ich noch keine von mir geben. Präsident Hoover und Mrs. Hoover sind sehr liebenswürdig gewesen. Sie ist eine wirklich unermüdliche, energiegeladene Gastgeberin, jede freie Minute widmet sie ihrer riesigen Gästeschar und macht für sie Pläne. Er hat einen angenehmen, trockenen Witz. Mir gefallen Herbert Hoover jr. und seine Frau. Sehr charmant und nett.

Übrigens, das interessanteste Erlebnis war, an dem Haus eines Bergbewohners vorbeizureiten, das meilenweit von einer Stadt oder Straße abliegt. Jetzt gibt es dort einen holprigen Fuhrweg den Berghang hinauf, der für die Hoovers angelegt wurde, und der Mann will nun wegziehen – in »ruhigere Gebiete«. Er kann nicht lesen, aber ihm sind Bibelstellen überliefert worden, die er auswendig kann, ebenso wie einige überlieferte alte Lieder und Hymnen. Er wandert in den Bergen herum und predigt. Er hat acht Kinder, von denen keines in einer Schule war. Die Frau kann ein wenig lesen und unterrichtete das erste Kind, aber mit acht hat sie es dann aufgegeben.

Wir begegneten dem zwölfjährigen Buben – Zottelhaare, strahlende Augen. Er hatte ein Paar Schuhe, etwas Neues zum Anziehen und ein Taschenmesser bekommen. Er sollte dem Präsidenten seine Reverenz erweisen und übergab ihm ein Opossum, das er gefangen hatte.

Zwei kleine barfüßige Mädchen (zehn und sechs) saßen auf einem großen Felsen, beobachteten uns genau und ganz ohne Scheu. Sie waren sehr hübsch, hatten schmale Gesichter, reizende Stupsnasen und ernste Augen.

Die Zehnjährige hatte ihre blonden Haare hinten in einem Knoten hochgesteckt. Wir fragten sie, ob sie jemals in der Schule gewesen sei. Sie sah uns an, drehte sich weg und spuckte in hohem Bogen aus und antwortete höflich mit klarer, sicherer Stimme: »Nein, Fräulein, ich bin tatsächlich nie in der Schule gewesen.« Wir fragten sie, was sie gern geschenkt bekommen würde, und sie sagte rasch: »Eine Puppe.« – »Was für eine Puppe?« – »Egal, irgend 'ne Puppe, wenn's nur 'ne Puppe ist – nix weiter.«

Die haben mich wirklich ganz schön gepackt – sie setzen sich einem im Kopf fest, wie eine ruhige Insel im Strom der Gedanken und Gefühle. Man muß anhalten und sich damit beschäftigen, und man weiß nicht genau, was es einem bedeutet, aber man denkt immer wieder daran.

Ich habe ein köstliches und leicht alptraumhaftes Buch über Kinder entdeckt; das Buch überkommt und fesselt einen wie ein Kindertraum nach einem Seeräuberspiel im Vierpfostenbett, wo die Laken die Segel waren. *The Innocent Voyage* von Richard Hughes.

Wir sind auf dem Weg nach Detroit. »Off again, on again, begin again, Finnegan.«

The Berkshire, New York, 5. September 29

Liebe Mutter –
während ich Dir schreibe, habe ich das verzweifelte Gefühl, daß wir nie nach North Haven gelangen werden. Ich war deswegen von Anfang an abergläubisch, denn ich habe den ganzen Sommer über zu sehr darauf gezählt: auf die Ruhe, die Abgeschiedenheit, auf Euch alle und das Gefühl, vollkommen allein und natürlich und ich selber zu sein und nicht wie üblich voller Befangenheit wie bei allen anderen Menschen.

Aber es gab einen Aufschub nach dem anderen, und ich bin sicher, daß Charles genauso versessen darauf ist, zu Euch zu fahren wie ich. Zuerst die Flugwettbewerbe – das war ein Tag. Dann hielten ihn die Kunstflüge dort fest; er meinte, er könne nicht aufhören, wenn er nun einmal angefangen hatte.[1] Die Woche dort war ziemlich anstrengend: der Lärm, der Staub, die Geschwindigkeit, die Menschen und die Aufregung, die Publicity, die Presse auf dem Flugplatz und das Warten auf C., der jeden Nachmittag Formations-Kunstflüge ausführen mußte. Dann ist es auch in gewisser Weise einfach anstrengend, Gast zu sein. Charles war am Ende reichlich erschöpft, und ich auch. Dann sagte C. hier in New York, daß er einen Tag für geschäftliche Angelegenheiten brauche; aber wir hatten alle Pläne für heute gemacht.

[1] C.A.L. flog als Angehöriger der »High Hat«-Kunstflugmannschaft der Marine mit.

Doch der letzte und wirklich gewichtige und berechtigte Aufschub entstand durch dieses vermißte Flugzeug.[1] Ich habe schon so viel darüber nachgedacht, daß es zu einer fixen Idee geworden ist. Es scheint so schrecklich und geht mir so nah. Ich kann mir alles bildhaft vorstellen: das Flugzeug, den Flug, den Piloten, die Familien, wie sie sich von all den Passagieren verabschieden. Ist Dir aufgefallen, daß es alles einzelne Passagiere aus allen Teilen des Landes waren? Und diese schreckliche Falschmeldung und dies *scheußliche* Warten, Warten und Suchen.

Mir erscheint es als das schrecklichste Unglück in der Luftfahrtsgeschichte, weil das Beste, was in jeder Hinsicht geleistet werden kann, auf dieser Linie geleistet wird. Es ist einfach eines jener unbegreiflichen, scheußlichen Unglücke. Man hofft noch immer, aber es ist eine *öde* Gegend, und sie hatten keine Lebensmittel mit und nur wenig Wasser. Natürlich gibt es in einem Großteil jenes Gebiets Indianer (und also Wasser), und es könnte tagelang dauern, bis sie wieder in bewohnte Gegenden kämen.

Charles kann hier nichts tun. Die Suche ist organisiert – alles, was getan werden kann, wird auf der Strecke unternommen –, aber er findet, daß es reichlich gefühllos wirken würde, besonders auf die wartenden Freunde und Verwandten, wenn durch die Zeitungen publik

[1] Ein dreimotoriges Transportflugzeug der TAT ging auf dem Flug von Albuquerque nach Los Angeles am 4. September verloren. Es wurde später ohne Überlebende am Mount Williams zerschellt aufgefunden.

würde, daß er in »Urlaub« nach Maine abgereist wäre, während diese schreckliche Sache noch nicht aufgeklärt ist.
Wir haben den ganzen Tag über telefoniert und sind unruhig auf und ab gegangen (jedenfalls C.), und ich will mich jetzt anziehen und versuchen, ihn nach Englewood zum Abendbrot mit hinauszunehmen, um ihn von all dem hier wegzubringen.
Oh, Ihr Lieben, ich habe Sehnsucht nach Euch. Jeden Morgen wache ich auf und denke: »Werde ich heute abend in North Haven sein?« Und immer noch bin ich im Berkshire Hotel. Wenn wir nicht zu Euch hinaufkommen können, werde ich Euch wenigstens hier wiedersehen. Das ist auch schön – in Englewood, bei herrlichem Altweibersommerwetter.

Unterwegs nach Havanna in einer dreimotorigen Fokker[1] [20. September]

Liebste Mutter –
es ist nur der Abschied, der einem so schwer fällt – in dem Augenblick kommt man sich weiter weg vor als in jedem anderen. Seltsam, nicht wahr, daß ich Dir jetzt ganz nah bin, daß ich Dir (wahrscheinlich wird es so sein) *in Caracas näher* sein werde, als ich es bei meinem Abschiedskuß war? Komisch, nicht wahr – sollte Entfernung geistig, nicht körperlich sein? Oder ist die ge-

[1] Nach dem Besuch in North Haven. Der Anfang der Pan American Airways-Flüge über die Antillen, Süd- und Zentralamerika.

dachte Entfernung größer als die wirkliche? Oder ist es nur ein anderer Ausdruck dafür, daß das, was zählt, die Trennung von einer Person ist – nicht *das Ausmaß* der Entfernung? Übrigens habe ich mit C. weiter über die Flüge gesprochen, und alles ist reichlich unbestimmt und vielversprechend, so daß ich vielleicht darauf hoffen kann, Euch eher zu sehen, als wir annahmen; aber ich wage nicht, einen möglichen Plan anzugeben aus Angst, daß er sich ändern könnte.

Wir haben eben Florida verlassen und fliegen entlang der Keys. Das Wasser unter uns ist wie blaßblauer Satin mit rosigen Ausbuchtungen in der Nähe der sumpfigen Inseln. Es ist glatt, und seine Schattierungen erinnern an die Innenseite einer Muschel. Um den Horizont sind große, zusammengebackene Wolken aufgetürmt. Vor uns verschmilzt dieses Laken blassen blauen Satins mit dem Himmel. Unter uns ist ein Boot, das einen weißen Schlitz in das Blau geschnitten hat.

Jetzt verlassen wir das Rund der Keys und halten geradewegs über das Wasser auf Kuba zu, ungefähr ein Hundert-Meilen-Hopser über Wasser.

Zwei Reporter und ein Fotograf sind bis San Juan – morgen abend – mit im Flugzeug. Wir sind einander vorgestellt worden, und sie sind sehr rücksichtsvoll und nett, und alle Abmachungen sind dahingehend getroffen worden, daß ich sie »in keiner Weise als Reporter behandeln soll«, außer daß sie, da sie über die Reise berichten, alle zehn Minuten »Kommentare« über die Landschaft (über Funk) zurücksenden möchten. Ich komme mir wie »die kleine, dünne, rote Henne« vor,

die glücklich auf ihrer Hühnerstange sitzt, dabei aber ein bißchen schwindelig ist und jeden Moment herunterfallen könnte!
Es ist jetzt 10.45 Uhr, und wir sind um 9.51 Uhr abgeflogen. Ein Wunder...

12.45 Uhr – nach dem Verlassen von Havanna
Wir hielten in Havanna ungefähr fünfundvierzig Minuten. Oh, es sah beim Überfliegen wunderschön aus; das Land so fruchtbar und grün und das Wasser von diesem göttlichen Türkis und ein roter Frachter, der sich aus dem Hafen herausschob und eine schäumende Spur zurückließ. Ich sah Morro Castle und die Plaza gegenüber dem schmalen Eingang (zum Hafen) und das Viereck des Musikpavillons, der vor dem [Hotel] Miramar (das einmal war) und der Statue für die *Maine* steht. Der Hafen hat vier Arme, die in ihn hineinführen, und überall sind kleine Schiffe.
Wir landeten und stiegen aus und waren umgeben von einer Menge kubanischer Beamter, Blumensträuße, Offiziere und Kameras, gar nicht zu reden von einer winkenden und sich den Hals ausrenkenden Menge von Amerikanern hinter einem Zaun.
Nun gleiten wir über die Keys und Sandbänke vor der Küste Kubas dahin. Diese »Keys« bzw. Inseln sind wie Lilienkissen, die auf dieser seidigen See, die in leuchtendem Grün und Rosa gesprenkelt und gefärbt ist, entlangtreiben. In einer Hafenbucht mit weißem Strand liegen ganz ruhig kleine Fischerboote. Das Meer und auch der Himmel schimmern in allen Regenbogenfar-

ben und sind wie aus Seide. Es ist eine unwirkliche, irisierende Welt wie in einigen von Conrads Beschreibungen der Südsee. Sie ist ohne Bewegung und schön, aber eben irisierend und ganz so, als würde sie gleich erzittern und wie eine Seifenblase zerplatzen.
Endlich habe ich Flamingos gesehen, die in Schwärmen unter uns flogen, und zwar so tief unter uns, daß sie wie rosa Sandwölkchen aussahen, die über das Meer oder über die Oberfläche eines Spiegels geblasen würden. Diese Riffe sind zu schön. Einige sind wirklich rosa ringsum an ihren Küsten, ganz so, wie man sich »Korallenriffe« vorstellt, und auf anderen wieder sind Tümpel oder sie sind voller Buchten, blau und grün wie die Innenseite einer Auster.

4.15 Uhr – kurz nach Camagüey, Kuba

Camagüey ist eine kleine Stadt im Innern des Landes, die von Zuckerrohrfeldern umgeben ist. Eine ungeheuer große Menschenmenge wurde von Wachen in Schach gehalten. Eine hübsche kleine Kubanerin – die Tochter des Bürgermeisters – kam mit einem Strauß Tuberosen und rosa Rosen, der so groß wie sie selber war, auf mich zu. Ich habe versucht, die Blumen mit einer Hand so graziös wie möglich entgegenzunehmen und ihr die andere zum Gruß entgegenzustrecken. Das ist alles mit Kameras für immer festgehalten worden. Dann drängten wir uns durch ein Gewühl von Händen und Blicken, und dabei hörte ich rings um mich diese mir so fremden Menschen spontan sagen: »*La Señora! La Señora! La Señora Lindbergh.*«

---

Es war sonderbar – diese Menschen, die ich überhaupt nicht kannte, die nicht einmal meine Sprache sprechen konnten. Aber sie waren freundlich und in jeder Weise reizend. Sie waren offensichtlich neugierig und freuten sich. Aber sie hatten ganz und gar nichts Kriecherisches an sich, sie bettelten auch nicht um Gefälligkeiten.

21. September, unterwegs nach Haiti

Die gestrige Nacht war so geisterhaft und traumhaft. Wir kamen am Abend in Santiago an. Die Stadt schaut aufs Meer, und hinter ihr ragen bewachsene Berge auf. Eine enge Hafeneinfahrt (wie in Havanna), die von einer Burg bewacht wird, erweitert sich zu einer kleinen Bucht, die mit Inseln übersät ist. Es ist viel schöner als Havanna.

Wir stiegen aus, und in der üblichen Reihenfolge erwarteten uns: (1) die Nationalhymne, (2) die riesenhaften Blumensträuße, (3) die Vorstellungen, (4) die triumphale Heimkehr der Krieger-Wagenfahrt durch die Straßen. Ich habe so oft die Wochenschauen mit C. gesehen, in denen er das absolvierte – im Fond eines offenen Wagens auf amerikanischen und cubanischen Fahnen sitzend. Es war eher ergreifend, so durch die dunklen Straßen zu fahren, die von dunklen Gesichtern gesäumt waren, Pferde tänzelten neben uns, Gesichter wurden in den beleuchteten Türen und Fenstern erhellt, kleine Buben rannten neben dem Wagen her, ihr Lächeln war strahlend, und ihre Zähne blitzten, und fast gerieten sie unter die Hufe der Pferde. Dann erhob sich der Ruf: »*Muchacho! Muchacho!*« Und die ganze Zeit über folgte uns wie ein Wirbelsturm der ständige Schrei: »Ah ––– Leeendbaug! Leeendbaug! Viva Leendbaug« – Finger zeigten auf uns, und Augen waren auf uns gerichtet.

Die Stadt hat *großen* Charme und ist vom Tourismus unberührt: enge Straßen, rosa und blaue und grüne Steinhäuser wie in Nassau; Balkons, Vogelkäfige, tropische Weinreben. Wir fuhren zum Hauptplatz hinauf, der ganz eindrucksvoll ist mit zwei Glockentürmen auf der alten Kirche, und hielten vor dem Staatsgebäude oder Palast und stiegen zwischen weißuniformierten Beamten viele Stufen hinauf, dann weitere teppichbelegte Stufen hinauf bis zum Empfangskomitee, ein *riesiger* Blumenstrauß (die Nationalhymne), Vorstellungen etc.

Oh, diese Rede! Viele *»elegantes«* und viele *»gloriosos«*. Es war alles so komisch und ganz wie ein Traum, aber auch alle anderen waren erheitert, vergnügt und ganz ungezwungen, und ich verließ das Gebäude beschwingt und befriedigt – so als hätten wir »König und Königin« gespielt.

Unterwegs nach Paramaribo,
Niederländisch-Guyana, S. A. 23. September
Regierungshaus, Trinidad

Liebste Elisabeth –
ich habe Con eine Cooksche Reisebeschreibung über die Kleinen Antillen geschrieben. Weißt Du noch, daß das die Route ist, die »Oberst Lindbergh« uns mit dem

Finger in Mexiko auf der Karte gezeigt hat? Es ist die aller-, allerschönste Küsten-, beziehungsweise Inselstrekke, die ich je gesehen habe: steile grüne vulkanische Berge stürzen ins blaue Wasser hinab. Wie von Zauberhand und ganz unwirklich. Jetzt glaube ich an Drake und Hawkins und Piraten und an spanische Galeonen. Hier waren ihre Jagdgründe. Port-au-Prince, San Juan, Puerto Rico, Saint Kitts, Guadeloupe, Martinique, Trinidad.

Wir sind seit Puerto Rico in einem Wasserflugzeug unterwegs – und in allen Buchten der Kleinen Antillen – gewesen, beobachteten, wie die Farben von einem hellen Türkis am Morgen in ein tiefes Veilchenblau am Abend überwechselten, sind in Häfen mit Fischerbooten unter uns gekommen, haben nachts im Hafen geankert, die vulkanischen Berge türmten sich über uns und den Segeln der Fischerboote auf.

Wir machen drei- bis viermal am Tag in diesen Häfen Station, kreisen über den rosa und weißen und grünen Häusern und den roten Dächern und Palmen und segeln dann hinab auf das Wasser. Dann rudern tausend kleine, mit Schwarzen besetzte Boote heran, oder sie schwimmen auch zu uns heraus mit ihren schwarzen, schlanken Armen und ihren auf- und niedertauchenden Köpfen – wie Robben. Dann rudert der britische Gouverneur hinaus – er in makellosem Weiß –, und wir schütteln Hände und verbeugen uns mit riesigen Blumensträußen. (Wir können keinerlei zusätzliches Gewicht in dem Flugzeug befördern: wir sind bereits in *zwei* vollgestopften Flugzeugen. Ich bin in diesem der

einzige Passagier; die Trippes befinden sich im anderen Flugzeug. C. und der Copilot vorne, Funker und ich sind hinten.)
Wir sind jeden Morgen sehr früh aufgebrochen, um fünf Uhr schon aufgestanden und flogen, bis es dunkel wurde. Ich habe jegliches Gefühl für die Tage verloren. Es war gestern köstlich in Saint Thomas (dem schönsten von allen Häfen). Wir kamen um acht Uhr an und bereiteten uns darauf vor, zu einer der tausend kleinen Inseln der Antillen-Kette (nach Saint Kitts) weiterzufliegen, als uns der Gouverneur benachrichtigte, daß, da es Sonntag war, der Kaplan von Saint Kitts ihm telegraphiert hatte, er möge Oberst Lindbergh beschwören, doch bitte nicht vor zehn Uhr in Saint Kitts anzukommen, denn sie hätten einen Gottesdienst, und er glaubte, wir würden die Andächtigen stören. Ich kann Dir nicht sagen, wie köstlich und reizend mir das vorkam. Der arme Mann! Natürlich hatte er recht: diese winzige, kleine Insel, auf der noch niemals ein Flugzeug gelandet war (und C. war der erste, der sie vor zwei Jahren überflog), und wir mit unseren zwei dröhnenden Wasserflugzeugen über ihren säuberlichen kleinen, weißgekalkten Häusern und unbeweglichen Palmen. Und tatsächlich mußten wir die Stadt fünfmal umkreisen, bevor wir landeten. Ich konnte aus der aufrechten braunen (unsinnig) gotischen Steinkirche keinen Gesang vernehmen, aber ich schaute in ihre offene Türe und in ihre Fenster und überlegte mir, ob die Gemeinde wohl »From Greenland's icy mountains, from India's coral strand« zu singen versuchte. Auf den staubigen

Straßen – die in der Sonne ganz weiß aussahen – war nicht ein Mensch zu entdecken. Alle ließen sich am Strand schmoren; ein paar schwarze Beine (Hosen und Kleider hochgerollt) liefen im Wasser herum. Der Kai war auch voll besetzt, und zwar mit britischen Beamten, dem Gouverneur der »Leeward Islands« und einem riesenhaften *Willkommen,* das von dem Zollgebäude herabwehte.

»Bitte treffen Sie nicht vor zehn Uhr ein!« Ich kann Dir gar nicht sagen, wie seltsam das klingt. Ich hatte nicht einmal daran gedacht, daß Sonntag war. Irgendwie ist in diesen ungeheuren Räumen und Entfernungen, wenn sich die Zeit bei jedem Halt ändert und einzig und allein die ursprüngliche Zeituhr von Sonnenaufgang bis Sonnenuntergang wirklich wichtig ist, Tageslicht eben *Tageslicht,* es nimmt zu und es nimmt ab.

Wenn man einen Zeitplan hat, nur um vor Dunkelheit auf dieser Route, auf der eine Schnellverbindung eingerichtet werden soll, irgendwo einzutreffen, wenn man binnen mehrerer Stunden von einer kleinen Insel zur nächsten Nachrichten überbringt, die früher vier Tage gebraucht haben, dann kommt einem die Zeit – die gewöhnliche Uhrzeit – sehr willkürlich vor –, zehn Uhr, Sonntag, und das auf einer kleinen Insel, in Saint Kitts in den Kleinen Antillen. »Gottesdienst von acht Uhr bis zehn Uhr am Sonntag«: eine winzige Spielzeugwelt mit runden, hölzernen Bäumen und den Menschen aus Noahs Arche an runden Ständen und mit einer winzigen Kirche, die man an ihrem spitzen Turm hochheben kann!

---

Ich bin um diese Inseln eher besorgt. Ich mag sie gerne, denn sie sind so unberührt, wie es Nassau einst gewesen ist, und diese Fluglinie beschert ihnen das Schicksal Nassaus: Touristen, Drugstores, Hotels, aber auch Wohlstand, Bildung und sanitäre Einrichtungen.
*Weshalb* müssen Fortschritt und Schönheit in solchem Gegensatz zueinander stehen? Aber vielleicht stimmt das gar nicht, doch Fortschritt und *Charme* sind Gegensätze, denn Charme bedeutet (möglicherweise): »Menschen haben hier sehr lange gelebt« – Verbindung mit Menschen, traditionelle Bräuche, alte Lebensformen und Bauweisen und die Art zu gehen und zu essen und zu malen und zu kalken und zu segeln und zu fischen. Und natürlich verändern neue und bessere Lebensweisen das alles. Und ich nehme an, daß es so besser *ist*. Ich finde, daß man eine ziemlich schwere Verantwortung übernimmt, wenn man das alles hinwegwischt, ohne wirklich vorsichtig und gründlich abzuwägen, ob es im Ergebnis sowohl »besser« als auch »neuer« wird.
Aber die Menschen scheinen das auch nicht einen Augenblick in Zweifel zu ziehen; sie stolzieren mit der unbekümmerten Versicherung, daß »Fortschritt die Parole ist«, mittenhinein. *Wahrer* Fortschritt, glaube ich, *ist* – nicht Ausbeutung.
Im Hafen von Trinidad sind wir auch an den Sonntag erinnert worden. Viele kanuähnliche Boote kamen heran, sie schaukelten und waren überladen vom Gewicht der Inselbewohner; ein Boot näherte sich sehr vorsichtig, war alt und nahe am Umkippen und vollgestopft

mit lächelnden Negern, die ihre strahlend weißen Zähne zeigten, es trug den Namen »Faith in God«. Ich weiß nicht, ob es sein Sonntagsboot war oder nicht – jedenfalls war der Name passend für jedweden Tag in *diesem* Boot!

Unser Diner im Regierungshaus war ein genauer Abklatsch von dem Diner, das man uns in Nassau gegeben hatte. »Seine Exzellenz« sprach mit mir über Nigeria, in Afrika, das ist sein vorheriger Posten gewesen. Wir tranken »Meine Herren, auf das Wohl des Königs«, und nach dem Essen fand ein kleiner »Grammophon-Ball« statt.

Diplomatischer Dienst im Ausland scheint die Engländer niemals zu verändern. Ganz gleich, wieviel »Atmosphäre« ein Ort haben mag, ihnen scheint sie nie unter die Haut zu gehen. Sie alle folgen ein und demselben Modell – auf der ganzen Welt bringen sie ihre Uniformen mit sich, ihre formellen Diners, ihre Abendkleider aus Taft (oder changierender Seide) und ihre »Grammophon-Bälle«. Ich nehme an, daß das sehr angenehm für britische Untertanen ist – so etwa wie in der katholischen Kirche, überall der gleiche Gottesdienst! Sie waren selbstverständlich sehr freundlich und herzlich: sie ließen uns früh ins Bett gehen und sind sogar selber schrecklich früh aufgestanden, um uns zu verabschieden.

Drei Stunden lang sind wir über ebenen, dichten südamerikanischen Dschungel geflogen; jetzt fliegen wir an einem schlammigen Strom, der von Palmen und strohgedeckten Hütten eingesäumt wird, entlang.

Paramaribo wird Pára Mári Bo ausgesprochen. Ich finde, daß es genau wie ein Kinderreim klingt:

On a palfrey I will go
Straight to Paramaribo!

oder

Tell me, strangers, do you know
The road to Paramaribo?[1]

Washington, Sonntag, 13. Oktober

Liebste Mutter –
oh, es ist so himmlisch hier in Washington. Es ist trokken mit einem Beigeschmack von Kälte, und die Luft ist frisch und golden und ebenso die Rinnsteine, auf die die Blätter heruntergeflattert sind ... Es ist nicht das weiche tropische Gold, sondern hart und fest und gesund, als ob man die Zähne hineinschlagen könnte, wie ein krachender frischer kühler Apfel.
Mein Herz schlägt höher, und mein Blut pulsiert, und ich fühle, daß ich lebe, und ich möchte einfach herumwandern und singen. So war mir schon sehr lange nicht mehr zumute. In diesen feuchten heißen Ländern bewegt man sich nur, um sich wieder hinzusetzen, und das Leben erscheint einem hoffnungslos.
Wir haben vergeblich nach Grundstücken an der Küste

[1] Auf einem Zelter will ich / Direkt nach Paramaribo reiten!
Sagt mir, Fremdlinge, kennt ihr / Die Straße nach Paramaribo?

Ausschau gehalten und haben uns schließlich 1. auf Hügel in Virginia (im Inland), 2. auf das Inland Connecticut beschränkt. Und vielleicht noch Hügel im *Osten* der Alleghenies, in New Jersey oder Pennsylvania.[1] Und C. wünscht sich Kühe und eine Farm und möchte sie ernsthaft betreiben. Und ich könnte mir vorstellen, daß das sehr gut gehen wird, solange ich mich nicht mit den Plänen für Kuhställe befassen und auch keine Milchabrechnungen machen muß. Aber C. weiß genug darüber, um die Sache in Gang zu kriegen (er hat das früher als Junge gemacht, weißt Du). Und ich glaube, daß es für ihn wunderbar erholsam wäre – so völlig anders als seine Fliegerei.

Natürlich werden wir ganz bestimmt Schwierigkeiten mit der Publicity bekommen. Wir müssen das alles unter einem Decknamen abwickeln und den Ansturm der Publicity auf einen *falschen* Ort lenken – und der *zweite* Durchgang wird nicht mehr so arg sein. Auch können wir dann dort, falls nötig, einen Polizisten anfordern. Es besteht kein Zweifel: wenn es dort eine Straße gibt (und das muß es, um die Farm zu betreiben), dann *werden* die Leute von überallher kommen und alles unternehmen, um uns anstarren zu können, uns nachzuspionieren und über uns zu kichern. Wenn das mit dem Polizisten nicht funktioniert, dann haben wir jedenfalls alles versucht, um in den Vereinigten Staaten zu leben, und können es dann nur noch woanders probieren.

[1] Die Lindberghs suchten nach einem Grundstück, wo sie sich ein Haus bauen konnten.

Ich bin darüber inzwischen sehr verbittert. Ich habe keine Geduld, kein Verständnis und kein Wohlwollen für die Menschen, die uns angaffen und hinter uns herlaufen und über uns kichern, die Fragen stellen, uns bedrängen und über unser Privatleben etwas in Erfahrung bringen wollen. Ich denke überhaupt nicht mehr, wenn ich diesen lüsternen Blick des Erkennens auf jemandes Gesicht sehe und den Rippenstoß, der jemand anderen zum Hinsehen veranlassen soll. Ich fühle bloß ein verbittertes »ihr *Rohlinge*« und drehe mich um und starre sie so eisig und so verwundert und so beleidigend an, wie es mir möglich ist. Aber meistens berührt sie das überhaupt nicht im geringsten. Die meisten Menschen werden *gern* angestarrt.

Oh, Mutter – das ist so zermürbend. Ich frage mich, ob das jemals weniger wird? Denk an die Leute – egal, wer es sein mag, einfach an zwei Menschen, die auf anderthalb Qudratmetern am Strand in Miami oder irgendwo auf einer Parkbank allein und unabhängig sein können, und uns ist das verwehrt, sobald auch nur *irgend jemand* in der Nähe ist.

Heute wage ich mich nicht hinaus, ich mag weder durch die Straßen gehen und kleinen Mädchen beim Reifenspielen zusehen, noch mag ich durch die Freer Art Gallery schlendern, denn die Leute würden gierig gucken, sich gegenseitig anstoßen, sich die Hälse verdrehen und mir nachlaufen. Oh, das ist brutal. Nie gelingt es uns, Menschen oder das Leben unverhofft zu überraschen. Immer sind die Blicke auf uns gerichtet.

---

Es ist, als sei man ohne Nase oder mißgestaltet auf die Welt gekommen – jeder auf der Straße sieht einen einmal und dann *noch einmal* an; sieht sich immer wieder *um* – und wirft diesen zweiten, *lüsternen* Blick. Das passiert sonst niemandem. Präsident Hoover wird nicht so angesehen und Daddy auch nicht; ihnen begegnet eine würdevolle Neugierde. Aber dieser Blick, als seien wir zur öffentlichen Belustigung da, Affen im Käfig. Es gibt so wenige Menschen auf der Welt, die uns *natürlich* behandeln. Entweder zeigen sie amüsierte Neugier, oder sie schmeicheln uns und schwirren um uns herum, oder sie platzen vor Stolz und vor lauter Gönnerschaft und tragen uns wie auf einem Tablett vor sich her, als wollten sie sagen: »Seht, was wir da zu bieten haben.« Auf dieser Reise habe ich mehrere seltene Ausnahmen getroffen.

[Englewood, 30. Oktober]

Mutter, Liebste –

ich bin ganz ausgehungert nach Dir. Ich habe nicht geschrieben, weil ich mich so elend gefühlt habe und weil ich an *nichts anderes* mehr denken kann. Sag Elisabeth, daß sie nicht anfangen soll, Lätzchen mit Kaninchen drauf zu machen, bevor wir nicht ganz sicher sind!

Wir schauten uns Wohnungen an, aber nachdem wir einen Schwung angesehen hatten, war ich so müde, daß ich mich einem anderen nicht gewachsen fühlte. Und die Übelkeit scheint stärker zu werden. Wenn sie vergehen würde und Du hier wärst, wäre ich vollkommen glücklich. Ich werde auf Cuernavaca hoffen ...

7. November

Liebste Mutter –

alles geht so weiter. Ich bin heute morgen bei Dr. Foster[1] gewesen und fragte ihn, ob er meinte, daß es irgendeinen Zweifel geben könnte, und er sagte nein. Ich nehme natürlich an, daß es noch eine winzige Möglichkeit gibt, aber ich kann nicht länger damit warten, Dir zu schreiben.

An diesem Wochenende habe ich mich entschlossen, nach Milton hinaufzufahren. Dr. Foster sagte, ich würde mich überall gleich fühlen, wo auch immer ich wäre, also habe ich mich entschlossen, zu fahren und bei den Brandts[2] zu wohnen. Niemand hatte eine Ahnung davon. C. trug eine Haube und eine Schutzbrille; wir aßen Hot Dogs und hatten eine wunderbare Fahrt durch das braune Neu-England. Ich freute mich über die vielen, kleinen Birken; sie bedeuten mir sehr viel – ich finde, sie sehen wie junge Mädchen, wie Schwestern aus, denn sie scharen sich immer zusammen. Mir kam es stets so vor, als seien sie der reine, köstliche *Geist* Neu-Englands. Sie erheben sich wie ein federleichter Dunst aus den steinernen Hügeln Neu-Englands und scheinen reiner Hauch – eben Geist.

Aber dann glaube ich wieder, daß Ulmen in Wirklichkeit geistiger sind – nicht so zierlich, aber *ausgeprägter* –, geistiges Wissen und Ruhe verkörpernd. Ulmen ha-

[1] Nellis Foster, der Familienarzt der Morrows.

[2] Die Familie von Laura Brandt, einer Freundin A.M.L.s vom Smith College.

ben Würde, und Birken haben keine: sie haben einfach Anmut, eine junge schwesterliche Anmut, wie sie sich so aneinanderschmiegen. Sie treiben ihr Spiel mit einem, sie laufen neben Steinmauern entlang und verstecken sich in einem Wald hinter anderen Bäumen, lassen aber seitlich, hinter deren schwarzer Rinde, hier und dort ihre weiße Haut aufleuchten. Ich kann mir keinen *laufenden* Apfelbaum vorstellen. Findest Du nicht, daß sie wie kleine Schwestern sind?
Das ist alles töricht, aber an mehr konnte ich in der kurzen Zeit nicht denken. Wir kamen spät an. Con wartete bei den Brandts und war sehr glücklich. Wir saßen am nächsten Morgen zusammen im Bett und wackelten mit den Zehen und schwatzten. Dann folgte ein kleiner Einkaufsbummel, für den ich mich verkleidete: alles Haar unter meinem Hut, und der wiederum ganz hinten auf meinem Kopf, ich trug eine Schutzbrille und hatte ziemlich viel Lippenstift aufgelegt. Es war vollkommen. C. mit einer scheußlichen Kappe und ebenfalls mit Schutzbrille. Ich sagte zu Con: »Sie sehen uns *immer noch* an, Con.«
Con in ihrem ironischen Ton: »*Ja,* Liebling, *allerdings,* aber aus einem völlig anderen Grund. Sie fragen sich, warum dieses *nette* kleine Mädchen mit diesen beiden Bauerntrampeln herumfährt!« Wir lachten, bis uns alles weh tat.

The Berkshire, New York, Mittwoch [6. November]

Meine liebste Mutter –
gestern habe ich den Nachmittag mit Amey verbracht. Offensichtlich kann ich mit diesem Baby niemanden überraschen. Jeder nimmt es als Selbstverständlichkeit hin – fast wie: »Ich hab's dir ja gesagt.« Sogar Amey. Ich nehme an, die meisten Menschen sehen das als eine normale Folge einer Heirat, und ich ... fühle mich einfach nicht verheiratet. Wir haben kein »kleines Zimmer«, das wir himmelblau oder sonstwie überstreichen können. Ich nähe keine »winzigen Kleider«, und alles erscheint mir eher erstaunlich, unfaßbar und lächerlich. Dieser Nachmittag war für mich der glücklichste seit langem, und sie mußten mich *hinauswerfen*.
Ich bin wild darauf, mich nur *irgendwo* niederzulassen.

## *1930*

In Wichita am 2. Januar geschrieben

(Nur noch ungefähr drei Flugtage bis zur Küste!) [1]

Liebste Mutter,
wir fliegen jetzt Richtung Süden, haben den halben Weg und mehr noch hinter uns, und es ist wärmer. Ich

[1] Die Lindberghs waren auf ihrem Flug nach Kalifornien, um die Konstruktion ihres Eindeckers in seiner Endphase zu überwachen und um dieses neue Flugzeug dann zu übernehmen.

habe mich nicht erkältet, aber urgemütlich ist es auch nicht unbedingt in einem offenen Flugzeug im Winter (wie Du Dir vorstellen kannst!), selbst nicht in unserer Mammutverpackung.

Jeden Tag, wenn ich mich nach dem täglichen Flug ausruhe, lerne ich ein oder zwei Gedichte. Die unterhalten mich dann beim Fliegen, wenn es zu kalt oder zu trüb ist zum Hinausschauen. Und ich gruppiere sie in Gedanken, die traurigen und die glücklichen, unter verschiedene unbefriedigende Überschriften. Mir kommt vor, daß es eine Menge melancholischer und eine Menge heiterer Gedichte gibt, aber fast keine Zeile, die reine Freude oder reinen Kummer ausdrückt. Kaum je begegnet Dir ein Gedicht, bei dem Dir fast die Tränen kommen.

Als Ausdruck reinen Glücks würde ich Rossettis »Birthday« bezeichnen – es ist randvoll und überschäumend. Und für den Kummer kann ich nichts finden, was mich so sehr bewegt (außer einigen Zeilen aus *König Lear*) wie das Gedicht, das Sir John Beaumont auf den Tod seines Sohnes schrieb. Ich finde die ersten vier Zeilen vollkommen, wirklich geschlossen und herzzerreißend. Es ist in dem Oxford Book, also mußt Du es kennen.

Of his dear son, Gervase

»Dear Lord, receive my son, whose winning love
To me was like a friendship, far above
The course of nature or his tender age;
Whose looks could all my bitter griefs assuage:

Let his pure soul, ordain'd seven years to be
In that frail body which was part of me,
Remain my pledge in Heaven, as sent to show
How to this port at every step I go.« [1]

[Los Angeles, 13.–14. Januar]

Süße Con –

Kalifornien ist kalt – sehr, sehr kalt –, und die Häuser scheinen in dem Glauben zu sein, daß die Sonne genügend Wärme hergibt – oder daß der Ruf Südkaliforniens ausreicht, um sie zu heizen. Aber es *ist* ein Vergnügen, hier zu sein.

Der Flug hierher war nicht so schlimm, wie ich gefürchtet hatte, auch wenn einem in einer offenen Falcon nie *wirklich* warm ist. Aber C. installiert geschlossene Cockpits in die Lockheed, und sie *ist* ein tolles Flugzeug. Im Ernst, ich habe nicht gedacht, daß mir der erste Flug so einen Spaß machen würde. Es war einer jener wenigen Augenblicke im Leben, wo man von der äußeren Perfektion einer Sache ganz in Anspruch genommen und überwältigt ist, so wie wenn man einem fabelhaften Reiter zuschaut, wie er sein fabelhaftes Polo-Pony führt, oder wie wenn man die Schleusen des

[1] Über seinen lieben Sohn Gervase
»O Gott, nimm meinen Sohn auf, dessen gewinnende Liebe / Zu mir wie eine Freundschaft war, die weit / Über den Lauf der Natur und sein zartes Alter hinausreichten; / Dessen Anblick all meinen bitteren Gram zu lindern vermochte: / Laß seine reine Seele, die dazu verurteilt war, sieben Jahre / In dem zarten Körper zu sein, der Teil meiner Selbst war, / Als mein Fürbitter im Himmel bleiben, gesandt zu zeigen, / Wie ich mich mit jedem Schritt diesem Hafen nähere.«

Panamakanals sich öffnen sieht, oder wie wenn man Harold Samuel Bach spielen hört. Die Leistung, die perfekte Steuerung, die Beweglichkeit – eine Maschine, die wie geschmiert geht und empfindsam jedem Wink gehorcht. Es war für mich das erste wirklich erregende Flugerlebnis.
Charles ist glücklich und voller Tatendrang.

Englewood [25. Mai]

Liebste Con –
unser langes Schweigen am Telefon – ist es nicht zu lächerlich? Telefone sollten nur für Geschäftliches benutzt werden. Ich kann Dir am Telefon nicht sagen, daß der Flieder blüht oder daß Daffin allmählich lernt, Charles zu *dulden* und uns auf unseren Spaziergängen folgt. Hat Daffin nicht süße Locken oben auf dem Kopf? Und wie er so auf einen zukommt, lächelnd, mit weit auseinanderstehenden, ein wenig zurückgelegten Ohren, den Kopf auf einer Seite. (Aber nicht wie Peter [1], wedelnd und schmeichelnd, mit flach am Kopf anliegenden Ohren wie eine Ratte.)
Jemand hat von Daffin gesagt, daß er damit zufrieden sei, ein Hund zu sein, daß er hundertprozentig »Hund« sei – mit anderen Worten: Eichhörnchen jagt, auf Spaziergängen selbständig herumrennt und das Gelände untersucht, ziemlich ungern drinnen am Kaminfeuer sitzt, es haßt, den Schoßhund zu spielen, und immer um drei Grad schmutziger als jeder andere Hund ist. Wäh-

[1] Ein weißer West-Highland-Terrier, der E.R.M. gehörte.

rend Peter *nicht* damit zufrieden ist, ein Hund zu sein; er möchte ein menschliches Wesen sein. *Immer* verlangt er Aufmerksamkeit, wann immer man auch ins Zimmer kommt. Auf einem Spaziergang läßt er einen nie allein, sondern er stubst einen immer zwischendurch mit seiner kalten Nase an den Strumpf, um einen daran zu erinnern, daß er da ist. Wenn das nichts nutzt, bellt er lange und ungeduldig. Er hat die Zuneigung, die Eifersucht und den Besitzerinstinkt eines menschlichen Wesens. Elisabeths Kamin ist Sein Kamin, und ein »Grrrr« dem, der ihm in Seinem Privatbesitz und Seinen Rechten ins Gehege kommt.

Natürlich ist Daffin zutraulich, aber seine Zutraulichkeit ist die eines kleinen, seiner selbst noch nicht bewußten Buben mit strubbeligem Haarschopf. Es ist nicht leicht, diese Zutraulichkeit für sich zu gewinnen, aber sie ist sehr aufrichtig und beständig. Ich könnte seitenlang so weiterschreiben. Ich habe sie so gut kennengelernt. Daffin mag mich, aber er hüpft und zittert und tanzt niemals derart vor Freude über mich, so wie er es jeden Morgen tat, wenn er *Dich* zuerst aufweckte. Nein, Daffin ist nicht so einfach zu gewinnen, und er ist unerschütterlich in seinem Haß und in seiner Liebe. Ich versuche, genau in Deinem Tonfall »Schlauberger« zu ihm zu sagen, aber das ruft bei ihm nicht diese elektrischen Schwingungen der Zutraulichkeit hervor.

Heute regnete es den ganzen Morgen. Elisabeth hatte zehn Lehrerinnen zum Tennis, zum Schwimmen und zu einem Picknick am Bach hierher eingeladen. Es war zu

kalt zum Schwimmen, zu naß fürs Tennis, und so aßen sie alle in der geschlossenen Veranda am Ping-Pong-Tisch, während Daddy in seinem Kaninchenbau mit wichtigen Persönlichkeiten tagte und Charles einige Kräfte darauf verwandte, den Speicher auszuräumen. Anna Fay und die Lamonts kamen zu Besuch. Mr. Rublee wohnt für ein paar Tage hier. Ich fühle mich verwelkt. Charles versucht gerade, friedlich zu lesen. Er ist nicht friedlich – aber geduldig –, und ich möchte am liebsten an meinen Fingernägeln kauen.
Nun, »Said Tommy Snooks to Bessie Brooks
Tomorrow will be Monday!« [1]

Englewood, 23. und 24. Juni [2]

Liebe Mrs. Lindbergh –
ich bin so glücklich – Jetzt möchte ich, daß Sie kommen und den Jungen sehen und uns. Geht das? Wir (C. und ich) haben schon lange davon gesprochen, da wir beide gerne möchten, daß Sie kommen, nachdem die hektischen Tage, die den Vorwahlen glichen, vorüber sind. Ab morgen werden sich auch die Zeitungen nicht mehr wegen des Babys aufregen. Ich hoffe, man hat Sie nicht zu sehr belästigt.

[1] »Sagte Tommy Snooks zu Bessie Brooks / Morgen ist Montag!«
[2] Das Baby wurde am 22. Juni, A.M.L.s Geburtstag, geboren.

[Englewood, 30. Juli]

Meine liebste Elisabeth,

ich habe Deinen Brief zweimal gelesen und bin innerlich ganz wund vor Kummer.[1] Ich möchte Dich so schrecklich gern sehen – möchte mit Dir ein langes Gespräch führen. Ich finde, das war ein sehr tapferer Brief; es war auch nicht ein entmutigter Brief, aber mir tat er weh, weil er mich spüren ließ, daß Du eine wirklich schreckliche Entmutigung *durchgemacht* hast, entsetzlich einsam warst und vernünftig und ruhig und entschlossen daraus hervorgingst. Ich mag nicht daran denken, daß Du Dich allein durch all das hindurchkämpfen mußtest. In Deinem Brief bist Du *sehr* stark, aber gerade Deine Kraft ließ mich erkennen, was Du durchgemacht hast.

Englewood [20. August]

Liebe Mrs. Lindbergh,

wieder habe ich lange nicht geschrieben und muß Ihnen vieles berichten, aber ich bin aus dem Bett beinahe sofort in ein Flugzeug gehüpft. Sobald es mir gut ging, flogen wir wieder und kamen eben erst zurück.

Das Baby nimmt viel mehr zu als zu der Zeit, in der ich es stillte. Aber vielleicht lag das an dem Brustabszeß.

[1] E.R.M. hatte aufgrund von Rheuma, das sie sich in der Kindheit zugezogen hatte, einen Herzklappenfehler. Damals hatte sie das, was man mit »Herzgeräuschen« bezeichnete. Obgleich sie an gelegentlichem Herzversagen litt, wie in diesem Fall, und ihre Tätigkeiten sehr einschränken mußte, wurde der Ernst ihres Zustandes damals noch nicht erkannt.

Jedenfalls geht es ihm glänzend und dünn sieht er nicht aus. Außerdem verliert es seine Haare, und hellere Haare wachsen nach. Seine Augen sind sehr groß und blau. Ich glaube, sie sind nicht ganz so dunkel wie meine, haben aber auch nicht ganz das Charles-Blau. Und wenn man mit ihm spricht, verzieht es den Mund zu einem breiten Lächeln, das mich an Charles erinnert.

*An E.L.L.L.* Falaise [29. September]

Ich muß Ihnen so viel erzählen, weil in den letzten ein bis zwei Wochen so viel passiert ist.

Jetzt sind wir bei den Guggenheims, und der alte Mr. Dan Guggenheim[1] ist gerade gestorben. Er war ein großartiger Mann – kannten Sie ihn? Charles verglich ihn hinsichtlich des Formats (obwohl sie, wie er sagt, sonst sehr verschieden waren) mit [Botschafter Myron T.] Herrick. Und Mr. Guggenheim hielt große Stücke von ihm. Es war natürlich unausweichlich, aber nichtsdestoweniger sehr schwer und erschütternd, besonders da er bis zum Schluß bei *vollem* Bewußtsein war.

Ich wollte Ihnen von Princeton erzählen. Alles ist ganz überraschend passiert. Wir haben diesen Hügel mit dem kleinen Bach und den Feldern und den alten

[1] Daniel Guggenheim war eine führende Persönlichkeit im Bergbau. Er war der Gründer der Daniel Guggenheim Foundation zur Förderung der Luftschiff-Fahrt und unterstützte Robert Goddards Experimente.

Eichenwäldern gekauft! Aber C. schaut sich immer noch nach weiteren Grundstücken um, daher will er dies noch geheimhalten. Der Hügel ist neunzehn Minuten von Princeton entfernt, ist frei und offen dem ständigen Wind ausgesetzt und hat eine hügelige Aussicht. Wir haben auch noch ein kleines Bauernhaus, etwa fünf Minuten von Princeton entfernt, mit einem Feld, das groß genug ist, um darauf zu landen, *gemietet.* Und wir glauben, daß wir in ein oder zwei Wochen dorthin ziehen werden. Unser eigenes Zuhause – stellen Sie sich vor! Ich möchte – auch C. selbstverständlich –, daß Sie kommen und uns, *sobald es Ihnen möglich ist,* besuchen, wenn es Sie nicht stört, daß das Haus nicht richtig eingerichtet ist und der Haushalt noch nicht läuft.

*An E. L. L. L.* [Princeton, November]

Wir sind seit mehreren Tagen hier, wir fahren fast jeden Tag oder jeden Abend nach New York; doch nun sind wir so gut wie eingerichtet, und es ist ein liebenswertes kleines Haus.

Ich wollte Ihnen am ersten Abend schreiben, aber wir waren so müde. Ich wollte Ihnen berichten, wieviel Spaß es uns gemacht hat. Es ist ein echtes Bauernhaus, das von den Gebäuden umgeben ist, in denen früher die Kühe und Hühner etc. untergebracht waren. Als ich das Haus einräumte, war Charles lange fort. Er kam ziemlich schmutzig, aber glücklich zurück und brachte

einen Korb voller Eier und Kleiemischfutter mit und war ganz aufgeregt, weil er sechs kleine gelbe Entlein entdeckt hatte.
Das Baby ist sehr gewachsen, hat so lange Augenwimpern wie C., lacht laut auf und macht komische Geräusche. Es ist sehr wichtig für Sie, daß Sie es bald sehen können.
C. möchte, daß alles nach Bauernbrauch auf dem Tisch steht und *nicht* serviert wird, obwohl wir ein nettes einfaches Ehepaar haben, das uns hilft.
Ich weiß, daß es Ihnen gefallen würde, wenn Sie kommen könnten.

## *1931*

Princeton, Dienstag, 24. März

Liebe Mutter –
der Kleine bekam Sonntag seinen zweiten Zahn. Er ist rund und rosig. Er ist viel draußen und hat echte Apfelbacken. Er trinkt seine Milch jetzt ganz schön aus Dwights Tasse. Samstag war es schon richtig frühlingshaft. Ich schnappte mir Laura[1], und wir fuhren mit dem Auto nach Princeton hinaus. Ich schob das Baby draußen unter einen Apfelbaum, saß da, schaute ihm zu und war vollständig glücklich. Die Stevenses blieben über das Wochenende, und wir fällten am Sonntag Bäume auf dem neuen Grundstück.

[1] Laura Brandt heiratete George Stevens, einen Redakteur.

Die Ulmenknospen fangen eben an aufzugehen und sehen zerbröselt aus.
Ich führte ein herrliches Gespräch mit Laura. Sie ist sehr glücklich und hat das Gefühl, daß sie ein Alter erreicht hat, das sie gern eine Zeitlang beibehalten möchte. Für mich trifft das nicht zu: ich fühle mich älter, als ich in zehn Jahren sein werde. Ein plötzliches, übermächtiges Zeitgefühl; Menschen, die sich ändern, fortgehen und von anderen ersetzt werden. Der Zyklus beschleunigte sich, als hielte ich Rückschau. Ich nehme an, es liegt an dem Baby, daß ich so fühle.

[Englewood] 4. April

Liebe Mutter –
heute morgen, als ich hörte, daß Mrs. Lindbergh in ihren Ferien nicht kommen kann, rief ich Whateley an und ließ ihn das Baby und Betty hierherbringen. Dann kann Tante Annie es auch sehen. Und C. und ich werden über Ostern hierbleiben.
Wir hoffen, daß wir nächste Woche loskommen; der Termin hat sich wegen des Flugzeugunglücks verschoben.
Die Belastung durch dies jüngste Unglück eines Western-Air-Flugzeugs in Kansas (Western Air hat sich gerade mit TAT zusammengeschlossen) ist für C. groß gewesen. Offensichtlich (auch wenn die Berichte darüber bisher noch nicht ganz genau vorliegen) ist dieses Unglück nicht auf mangelhaftes Urteilsvermögen des Piloten, der bei schlechtem Wetter geflogen ist, zurückzuführen, sondern auf einen Sprung im Propeller, der

zerbrach und einen Holm durchtrennte, so daß ein Teil des Flügels abfiel. Das ist noch nie passiert, man hat keineswegs mit so etwas je gerechnet – eine echte Laune des Schicksals. Die aber alle Passagiere vernichtete. Das macht mich ganz *krank*.

*Englewood* [19. April]

Liebe Mutter –
wir fliegen nicht nach Kalifornien – jetzt jedenfalls nicht. Vielleicht machen wir im Frühsommer eine Reise dorthin, aber keine lange. Ich bin froh, sehr froh darüber, daß ich mit Elisabeth zusammen bin, und bleibe vorläufig in Englewood. Nassau hat ihr sehr geholfen, sie ist glücklich und hat wieder Mut, aber man muß sie vorsichtig davon abhalten, zuviel zu tun. Sie hat einen neuen Beau, was gut ist, aber auch das will taktvoll behandelt sein. Ich bin froh, daß sie den Sommer und viele Mußestunden und eine Menge Zeit vor sich hat.
Ich glaube nicht, daß das *Herumfahren* in der Bretagne für sie gut sein wird. Es ist für alle anstrengend, und Elisabeth wird sich zwingen mitzumachen. Warum könnt Ihr Euch nicht einen Ausgangspunkt suchen: in einer Stadt an der Küste bleiben und von dort in verschiedene Richtungen Abstecher in die Umgebung machen? Dann müßte Elisabeth *nicht immer* mit. Zwei von Euch könnten fahren, und einer könnte bei Elisabeth bleiben.
Der Kleine ist schön und groß: er zieht sich in seinem Bett und in seinem Ställchen hoch, lächelt und spielt sehr viel mehr mit den Menschen und winkt zum Ab-

schied, wenn man ihm zuwinkt. Seine Haare sind gelockt und haben einen goldenen Schimmer, und seine Haut ist durch diese warmen Frühlingstage gebräunt und gerötet. Er unterscheidet die Menschen sehr viel deutlicher – geht Fremden nicht entgegen, sondern hält sich ganz süß an mir oder Betty fest.

Sonntag, 10. Mai

Liebe Mrs. Lindbergh,
Charles hat mich in dieser letzten Woche draußen im Aviation Country Club, Long Island, tüchtig arbeiten – fliegen – lassen. Wir waren dort fast jeden Abend zum Essen und verbrachten manchmal dort die Nacht. Ein paar gute Tage, ein paar schlechte Tage, ein paar Rüffel etc. Sie wissen, wie das ist. Ich habe jetzt ungefähr zwei Stunden im Alleinflug gearbeitet. Acht brauche ich noch, bevor ich mich um den Privatpilotenschein bewerben kann.[1] (Wußten Sie, daß Oberst Henry Breckinridge seinen gemacht hat?) Wir sind auch in Englewood gewesen – meine Mutter und mein Vater kamen gerade nach Hause –, es war also eine ganze Menge los.

[New York, 17. Juli]

Liebste Mutter –
*Charles sagt, daß es nächste Woche losgeht!*[2] Ich nehme an, es wird Ende der Woche sein – wenn es

[1] C.A.L. gab A.M.L. auf einem Bird-Doppeldecker Flugunterricht.
[2] Im Mai, Juni und Juli wurden Vorbereitungen für den Vermessungsflug nach Fernost getroffen. A.M.L. bekam ihren Privatpilotenschein und lernte funken.

klappt. Er will es nicht bestimmt sagen, ob wir in North Haven unterbrechen können, aber er glaubt, daß es vielleicht geht. Mir würde es alles bedeuten, und ich habe ihm das auch gesagt. Wie auch immer, wir können nur abwarten.
Wir starten von dem Floß der Edo Pontoon Company am College Point (Long Island, in der Nähe von Flushing) und fliegen nach Washington. C. muß dort wohl für eine Nacht unterbrechen, bevor es endgültig losgeht. Dann werden wir vielleicht in Maine haltmachen. Ich würde so gerne das Baby mit Euch in Maine sehen.

[New York, 22. Juli]

Liebste Mutter –
wir sind kurz vor dem Aufbruch und studieren die Landkarten. C. glaubt, daß wir auf dem Weg von Washington nach Ottawa in Maine Station machen können – aber das muß ein »Staatsgeheimnis« bleiben. Er glaubt, daß wir Montag nach Washington fliegen können, Montagnacht (vielleicht auch noch Dienstagnacht) dort verbringen und dann für die *nächste Nacht* nach North Haven fliegen. Der Kleine fährt hier in der Minute los, in der wir nach Washington abfliegen. Miss Sullivan [1] hat schon vorsorglich Fahrkarten für ein Privatabteil für Montagabend, für »Betty und Mary«. Ich werde Dir telegraphieren, daß »Betty und Mary im Bar Harbor Express abgefahren« sind, und Du weißt dann, daß das der Kleine ist. Ich bin sehr darauf bedacht, daß

[1] Miss Katherine Sullivan, E.C.M.s persönliche Sekretärin.

niemand etwas erfährt, denn er soll ungestört zu Euch kommen.

Unterwegs nach Cheyenne, Wyoming, Oktober[1]

Geliebte Con,
gestern, in Victoria, bekam ich einen Packen Briefe, und sobald es hell genug war, um im Flugzeug zu lesen, machte ich mich daran: zwei schreckliche Briefe von Mutter und Elisabeth, dann einer von Dir, der mit so viel Wärme geschrieben war – ich hatte sie nötig. Aber ich wollte unbedingt die Einzelheiten wissen. Auf dem ganzen Rückweg hat mich der Gedanke gemartert, daß ich zu der Realität seines Todes (oder des Todes überhaupt) keine Beziehung herstellen kann; vielleicht werde ich das auch nie können. Ich war zwischen einer unbezwingbaren physischen Erregung, einem zeitweiligen krampfartigen Schmerz und Perioden langanhaltender Betäubung hin- und hergerissen, in denen ich alles von einer hohen Warte in Zeit und Raum zu betrachten vermochte, etwa wie wenn heute ein englischer Staatsmann, ohne ihn gekannt zu haben, den Verlust eines großen Mannes für die Welt beklagen würde,

[1] Die Lindberghs wollten ihr Flugzeug in Schanghai reparieren lassen, aber am 5. Oktober, als sie noch auf der *Hermes* waren, erhielt A.L.M. ein Telegramm von ihrer Mutter mit der Nachricht vom Tod ihres Vaters. Daraufhin beschlossen sie, per Schiff nach Hause zu fahren und ihre Maschine in die Lockheed-Flugzeugwerke zurückzuschicken, um sie dort instandsetzen zu lassen. In Vancouver erhielt A.L.M. die ersten Familienbriefe über D.W.M.s Tod. Dieser Brief, den sie unterwegs im Flugzeug schrieb, ist eine Antwort darauf.

oder wie jemand, der den Verlauf der Geschichte betrachtet, sagen könnte: »Wenn nur Dwight Morrow noch gelebt hätte, um die oder die Situation zu meistern.«
Und immer wieder schob sich zwischen mich und die Wirklichkeit entweder der Schleier des Gefühls oder ein Schleier der Zeit. Die Briefe waren eine große Hilfe, denn sie brachten es mir leidenschaftlich nahe, aber nicht vollständig – zu gefühlsmäßig.
Es nicht wahrhaben zu wollen, nicht nachzudenken hilft sehr, wenn man mit Menschen zusammen ist oder arbeitet. Aber man schiebt es in seinen Gedanken immer und immer wieder in den Hintergrund, bis es zurückprallt und einen wieder anfällt – nicht als wahres, reines, ruhiges Begreifen, denn das Pendel schlägt zu weit aus, und es ist nur ein Sich-Verkrampfen des Gefühls.
Für mich ist es durch Charles und durch fremde Menschen sehr viel einfacher gewesen, mich in eine gewisse Ruhe zu retten. Es ist mir unvorstellbar, was es für Euch und für jeden zu Hause bedeutet haben muß. Aber ich will nicht noch einmal davon anfangen, obgleich es für mich unfaßbar ist, daß Daddy, der in bezug auf den Tod am großartigsten sein würde, nicht dasein kann, um uns dessen Wirklichkeit zu erklären und aufzuzeigen. Er würde ihn ruhig, eingehend und vernünftig betrachten. Ich kann nur versuchen, ihn als eine Art großen Zyklus, der sich in der Welt bewegt, anzusehen – einen riesigen unpersönlichen Zyklus von Geburt, Leben und Tod.

---

Englewood [12. November]

Liebe Mrs. Lindbergh –
ich habe so lange nicht geschrieben, und es gibt so vieles, was ich Ihnen erzählen wollte. Vielleicht sollte ich Ihnen als erstes berichten, daß man mir in einem der ersten (verschlüsselten) Telegramme von zu Hause mitteilte, daß Sie zu dem Trauergottesdienst für meinen Vater kommen würden. Der Gottesdienst bedeutete meiner Mutter viel, und daß Sie kamen, war ihr wichtiger, als Sie sich vorstellen können. Jede Ehrung, die man ihm zollte, schätzten sie hoch – das tun wir alle. Es ist schön, zu Hause zu sein – und ... oh, das Baby! Er ist ein Junge, ein kräftiger, selbständiger Junge, der auf seinen festen kleinen Beinen herumwackelt. Er erkannte uns nicht, hatte aber auch keine Angst vor uns – *überhaupt* keine Angst vor C., was diesen ungeheuer freute. C. begann sich sehr für den Kleinen zu interessieren – spielte mit ihm, verwöhnte ihn mit Cornflakes und Toast und Zucker und Marmelade, die er ihm morgens von seinem Teller gab, und er warf ihn in die Luft. Nachdem er das ein- oder zweimal gemacht hatte, kam der Junge mit ausgestreckten Armen auf ihn zu. »Mal!« (Nochmal!) C. gibt zu, daß der Junge »hübsch« und »ganz interessant« ist. Wir gaben ihm einen Ihrer roten Äpfel zum Spielen und dachten, er würde nur damit Ball spielen. Keineswegs; er wußte, daß es ein viel zu guter Apfel war, um damit Ball zu spielen, und grub sofort seine vier Vorderzähne hinein!

# *Stunden von Blei*

## *Einführung*

Bei anderen Abschnitten meiner Tagebücher und Briefe habe ich versucht, durch eine Einführung einen Tatsachenhintergrund für die Ereignisse in jenen Perioden meines Lebens mitzuliefern. Dieser Abschnitt (1932) bedarf kaum einer Erklärung. Die nackte Tatsache ist die, daß an dem Abend des 1. März 1932 unser achtzehn Monate altes Kind, Charles Lindbergh jr., aus seinem Kinderbett in unserem Haus in der Nähe von Hopewell, New Jersey, genommen und eine Notiz von den Kidnappern auf dem Fensterbrett zurückgelassen wurde, auf der sie ein Lösegeld dafür verlangten, daß wir ihn wohlbehalten zurückerhielten. Nach zehn Wochen Verhandlungen und Kontakten mit den Kidnappern und der Übergabe des geforderten Lösegeldes wurde der tote Körper des Kindes wenige Meilen von unserem Haus entfernt in den Wäldern gefunden. Damals waren die Zeitungen voller Berichte über die Tragödie, und Bücher sind über das Verbrechen geschrieben worden. In dieser Zeit führte ich wieder Tagebuch, und mit einer Reihe von Briefen, die ich meiner Schwiegermutter nach dem Raub des Kindes fast täglich schrieb, gibt es einen umfassenden Bericht über den Fall, wie wir ihn durchlebten.

Was eine Erklärung verlangt, sind nicht äußere Fakten, sondern bestimmte innere Rätsel. Wie konnte ich solche Briefe geschrieben haben, wie ich sie erst kürzlich entdeckt habe? Ich hatte sie seit dem Tag, an dem sie geschrieben wurden, nicht mehr gesehen. Sie waren unter den Papieren meiner Schwiegermutter sorgfältig aufgehoben worden. Als ich sie zuerst wieder las, war ich entsetzt und verwirrt. Wie konnte ich inmitten von Schrecken und Ungewißheit so selbstbeherrscht, so ruhig, so sachlich gewesen sein? Und vor allem, wie konnte ich so zuversichtlich gewesen sein? Zehn Wochen gewissenhaft aufgezeichneter Einzelheiten sind für mein Gefühl so unwirklich wie eine Halluzination. Natürlich war es ein Alptraum, ganz so wie meine Mutter damals von Hopewell schrieb: »Es ändert sich, aber es ist immer noch ein Alptraum.« Die Briefe an meine Schwiegermutter bestätigen den Eindruck: »Es ist unmöglich, das Durcheinander, in dem wir leben, zu beschreiben – unten tagsüber eine Polizeistation – Detektive, Polizei, Männer vom Geheimdienst schwärmen ein und aus – nachts im ganzen Eßzimmer und in den anderen Zimmern Matratzen. Jederzeit kann ich aus dem Bett geholt werden, damit ein paar Detektive im Zimmer eine Besprechung abhalten können. Es ist so entsetzlich unwirklich, daß ich gar nichts fühle.« Dies ist *ein* Schlüssel für das Rätsel.

Ein anderer Schlüssel war die Hoffnung. Nach dem ersten Schock waren wir – um das vorwegzunehmen – durchaus zuversichtlich, daß wir das Kind wohlbehalten zurückbekommen würden. Alle, mit denen wir zu tun hatten – Freunde, Helfer, Detektive, Polizisten –, flößten uns Hoffnung ein, und diese Hoffnung war es, die ich an meine Schwiegermutter weiterzugeben versuchte. (»Laut Statistik wurden in 400 Städten 200 gekidnappte Kinder zurückgegeben.« »Nie hat es in der Geschichte des Verbrechens einen Fall gegeben, bei dem eine Bande um einen Toten gefeilscht hat.«)

Außerdem war ich nicht nur von hoffnungsvollen Menschen umgeben, sondern auch von disziplinierten. Selbstbeherrschung und Zurückhaltung hatten in meiner Familie eine sehr starke Tradition und ebenso in der meines Mannes. Die Menschen in meiner Umgebung waren tapfer, und ihr Mut hielt mich aufrecht. Disziplin war auch notwendig, weil ich wieder ein Kind erwartete und weil wir mitarbeiten mußten, das gestohlene Kind heil und gesund zurückzubekommen. Wie im Krieg oder bei einer Katastrophe war eine Arbeit zu leisten. Diese Aufgabe und Hunderte von Menschen, die sich uns zur Verfügung gestellt hatten und die mit uns dafür arbeiteten, hielten uns aufrecht.

Und genau wie im Krieg schleuderte dieser Fall, wie ein großer brodelnder Kessel des Lebens selber, Gutes und Böses an die Oberfläche. Habgier, Zorn, Grausamkeit und Gleichgültigkeit wurden mit Güte, Treue, Selbstaufopferung und Mut aufgewogen. Es gab Leute, die um die Flamme der Publicity herumflatterten, Politiker, die sich in Positur setzten, um neben der Leiter der Kidnapper fotografiert zu werden. Ein städtischer Beamter fungierte als selbsternannter Fahnder, weckte mich mitten in der Nacht und forderte mich auf, seine Theorie des Verbrechens nachzuspielen, die darauf hinauslief, daß ein imaginäres Baby in die Heizung geworfen wurde. Und es waren Freunde da, die ihre Häuser verließen, ihr tägliches Leben aufgaben und auf dem Boden unseres Hauses schliefen, um uns zu helfen. Wir hielten uns durch die Aufopferung, Treue, Hoffnungen und Gebete von vielen aufrecht.

Aber nach sechswöchigen erfolglosen Bemühungen, nachdem das Lösegeld bezahlt und das Kind nicht zurückgegeben worden war, nachdem die Spuren immer mehr versandeten, schwand die Hoffnung. Ich mußte, während ich für meinen Mann, meine Familie und für die, die für uns mit uns arbeiteten, eine äußere Gelassenheit zu wahren versuchte, der Hoffnungslosigkeit, die sich in mir auftürmte, irgendwo nachgeben. Um den Verstand nicht zu verlieren, kehrte ich zu meinem Tagebuch zurück und begann, zwei Tage bevor der Leichnam des Kindes gefunden wurde, wieder zu schreiben.

Ein zweites Rätsel für mich wie auch für den Leser – warum soll dieses Material überhaupt gedruckt werden? Weshalb die Qual und das Grauen einer vierzig Jahre zurückliegenden Tragödie preisgeben? Tragik ist das gemeinsame Los der Menschen. »So viele Menschen haben Kinder verloren«, rufe ich mir in meinem Tagebuch, mehrere Wochen nach unserem eigenen Verlust, ins Gedächtnis. So viele, hätte ich hinzufügen können, haben ihre Männer, Frauen, Liebsten, Eltern, ganze Familien verloren.

Die Erfahrung des Grauens ist vielleicht nicht so allgemein und doch, wenn man auf die letzten vierzig Jahre zurückblickt, was für Schrecknissse sind durchgemacht worden, und das nicht nur von einzelnen, sondern von unendlich vielen Menschen in der Welt; die Massenmorde durch Krieg, Bombardements der Zivilbevölkerung, Konzentrationslager, Folter, Gaskammern, Massenexekutionen, Hiroshima und Nagasaki, Lynchjustiz und Justizmorde, und »nur« durch Straßenkriminalität, die in unseren Städten unglaubliche Ausmaße angenommen hat. Stellt diese ungeheure Akkumulation des Schreckens nicht ein einzelnes Verbrechen, das vor langer Zeit verübt wurde, als Verbrechen noch nicht so häufig waren, bei weitem in den Schatten? Seine Seltenheit, dazu das gleißende Licht der Öffentlichkeit, das es umgab, war einer der Gründe, weshalb es die Welt erschütterte.

Die erste und einfachste Antwort auf diese Frage ist die, daß diese Tragödie so unentwirrbar mit meiner Lebensgeschichte verknüpft ist, daß sie bei einer ehrlichen Bestandsaufnahme nicht weggelassen werden kann. Vieles, was damals in den Zeitungen über das Verbrechen geschrieben wurde, war aus Gerüchten, Klatsch und Fälschungen zusammengebraut worden. Ich glaube, daß es meinem ursprünglichen Vorsatz bei der Herausgabe dieses autobiographischen Materials entspricht, einen ausführlichen persönlichen Bericht über dieses Erlebnis zu hinterlassen.

Aber ein tieferer Grund, der mich zur Veröffentlichung trieb, ist der, daß Leiden – ganz gleich, von wie vielen es geteilt wird – immer eine individuelle Erfahrung ist. »Nichts macht den Menschen so sehr zum einzelnen wie der Schmerz«, hat Edith Hamilton geschrieben. »Es ist wahr, daß er auch *das* große gemeinsame Band ist, aber das erkennt man erst, wenn er vorüber ist. Leiden bedeutet Einsamkeit. Jemanden leiden sehen heißt, die Schranken zu erkennen, die jeden von uns einschließen und vom andern trennen. Nur Individuen können leiden.«

Mit Sicherheit ist das Leiden eine ganz persönliche Erfahrung, aber gleichzeitig ist es auch eine allgemein menschliche. Es gibt sogar bestimmte vertraute Phasen im Leiden und bekannte, wenn nicht sogar gleiche Schritte, damit fertig zu werden, wie bei der Heilung von Krankheiten – so, wie um mit dem Tod fertig zu werden. Diese Stadien im Leben eines anderen zu sehen, kann erhellend, wenn nicht sogar hilfreich sein.

Ich will hier nicht einfach die alte puritanische Binsenwahrheit, daß »Leiden lehrt«, predigen. Ich glaube nicht, daß Leiden allein lehrreich ist. Wenn Leiden an sich lehrreich wäre, wäre alle Welt weise, denn jeder leidet. Zum Leiden müssen Trauer kommen, Verständnis, Geduld, Liebe, Offenheit und der Wille, verwundbar zu bleiben. All diese und noch andere Faktoren *können* unter günstigen Umständen lehrreich sein und zu einer Wiedergeburt führen.

Aber eine einfache Formel gibt es dafür nicht, keinen raschen Ausweg, keinen Trost und kein leichtes Hinnehmen des Leidens. »Die Frage, darüber hinwegzukommen, stellt sich nicht« – so schreibt Katherine Mansfield. »Das kleine Boot taucht in den dunklen, schrecklichen Schlund, und unser einziger Schrei geht dahin zu entrinnen – laßt mich wieder an Land. Aber es ist sinnlos. Niemand hört einen. Die Schattenfigur rudert weiter. Man muß still sitzen bleiben und die Hand von den Augen nehmen.«

Im Gegensatz zur allgemeinen Vorstellung sind die ersten Tage des Schmerzes nicht die schlimmsten. Die ersten Reaktionen sind gewöhnlich Schock, Erstarrung und Ungläubigkeit. Man hat eine Amputation durchgemacht. Auf den Schock folgt der tiefste, erste Kummer wie eine Art »geballte Gegenwart« – fast eine Form des Besitzens. Man spürt das verlorene Glied noch bis hinunter ans Ende des Nervs. Es ist ganz so, als lösche die Intensität des Kummers den Abstand zwischen einem selber und dem Toten aus. Oder vielleicht stirbt in Wirklichkeit ein Teil des eigenen Selbst. Wie Orpheus versucht man, den Toten am Anfang ihrer Reise zu folgen. Aber man kann sie nicht wie Orpheus den ganzen Weg begleiten, und nach einer langen Reise kehrt man zurück. Wenn man Glück hat, ist man neu geboren. Manche Menschen sterben viele Male in ihrem Leben und werden wiedergeboren. Für andere ist der Boden zu unfruchtbar und die Zeit zu kurz für eine Wiedergeburt. Ein Teil des Prozesses ist das Wachsen einer neuen Beziehung zu dem Toten, diesem *»véritable ami mort«*, von dem Saint-Exupéry spricht. Wie jede Schwangerschaft ist es ein langsamer, dunkler, wortloser Prozeß. Während seiner Dauer ist man schmerzlich verwundbar. Man muß das neue, keimende Leben hüten und beschützen – wie ein Kind.

Man muß trauern und man muß Zeiten der inneren Erstarrung durchmachen, die schwerer zu ertragen sind als der Schmerz. Man muß die durch Gewohnheit und menschliche Tradition angebotenen Ausflüchte ablehnen. Die ersten und häufigsten Angebote von Familie und Freunden sind immer Ablenkungen (»Nimm sie mit hinaus« – »Sieh zu, daß sie hier fortkommt« – »Sie braucht Tapetenwechsel« – »Bring Leute mit, die sie erheitern« – »Laß sie nicht herumsitzen und trauern« [wenn trauern genau das ist, was man braucht]). Auf der anderen Seite existiert die Versuchung des Selbstmitleids und der Verherrlichung des Kummers. »Ich werde meine Sorgen lehren, stolz zu sein«, ruft Constance in einer herrlichen Rede in Shakespeares *König Johann*. Trotz ihrer Worte gibt es keinen Adel des Kummers. Kummer ist ein großer Gleichmacher. Kein sicherer Weg führt da heraus.

Tapferkeit ist ein erster Schritt, aber lediglich den Schlag tapfer zu ertragen, genügt nicht. Stoizismus ist tapfer, aber nur eine Bleibe auf halbem Weg der langen Straße. Ein Schutz, der nur kurze Zeit gewährt werden kann. Am Ende muß man die Schutzschilde ablegen und wehrlos und verwundbar bleiben. Sonst wird vernarbtes Gewebe die Wunde versiegeln, und es gibt kein Wachstum mehr. Um zu wachsen, um wiedergeboren zu werden, muß man verletzlich bleiben, bereit sein für die Liebe, aber – das bleibt einem nicht erspart – auch für weiteres Leid.

Auch Gewissensbisse enden in einer Sackgasse, sie sind eine Art vorgetäuschte Handlung, die im Augenblick einzig möglich scheinende. Sie nagen an einem in dem unsinnigen Versuch, das, was geschehen *ist*, »*un*geschehen« zu machen. (»Wenn ich bloß das und das gemacht hätte, wäre es nicht geschehen.«) Gewissensbisse sind Selbstbetrug, ein Sichnähren von Illusionen; so wie von Erinnerungen zu leben, sich an Andenken oder Fotos zu klammern, eine Illusion ist. Wie das Essen, das einem in einem Traum angeboten wird: man wird nicht satt davon, kein Wachstum, keine Wiedergeburt wird daraus hervorgehen.

Das Härteste und Schwerste im Leben ist, besonders im Schmerz, der Wahrheit ins Auge zu sehen. Laurens Van der Post hat darüber geschrieben: »Eines der ergreifendsten Dinge bei uns menschlichen Wesen ist unser rührender Glaube, daß es Zeiten gibt, in denen die Wahrheit uns schadet, ja, daß man sie verbessern kann und muß. Wir müssen erst ganz gebrochen sein, ehe wir begreifen können, daß es unmöglich ist, die Wahrheit zu beschönigen. Es ist die Wahrheit, die wir verleugnen, die so sanft und versöhnlich die Fragmente aufnimmt und sie wieder zusammenfügt.«

Zweifelsohne wird der lange Weg des Leidens, der Einsicht, der Heilung und der Wiedergeburt am besten in der christlichen Religion durch das Leiden, den Tod und die Auferstehung Christi veranschaulicht. Ebenso illustriert ihn die Geschichte von der Antwort, die Buddha einer Mutter gab, die ihr Kind verloren hatte. Nach der Legende sagte er, um geheilt zu werden, benötige sie nur ein Senfkorn aus einem Haushalt, der niemals Kummer erfahren habe. Die Frau reiste durch die

Welt von Haus zu Haus, aber sie fand keine Familie, der Kummer unbekannt war. Statt dessen fand sie, nach den Paradoxa von Mythen und Orakeln, Wahrheit, Verständnis, Erbarmen und schließlich, ganz sicher, auch Wiedergeburt.

Aber wenn über die Allgemeingültigkeit des Tragischen und den langen Weg, der herausführt, alles gesagt ist, was kann menschlicher Erkenntnis und Einsicht dann durch ein weiteres Beispiel noch hinzugefügt werden? Ich kann nur sagen, daß ich es nicht ertragen würde, diese Geschichte preiszugeben, wenn ich nicht glaubte, daß es einem hilft zu erfahren, wie andere Menschen ihre Schicksalsschläge überwunden haben. Ganz sicher wurde ich durch die persönlichen Erfahrungen anderer gestärkt. Es ist sogar eine Hilfe, die Fehler, die gemacht worden sind, zu erkennen. Wie der Leser sehen wird, sind mir die falschen Wege: Stoizismus, Stolz, Gewissensbisse, Selbstmitleid, das Sichklammern an Erinnerungsfetzen, durchaus vertraut. Ich habe sie nicht alle aufgeführt, es sind ihrer Legion. Ich versuchte sie fast alle. Die Tatsache, daß in unserem Fall das Grauen zu dem Leiden dazukam, ändert den grundsätzlichen Charakter nicht. Die Überlagerung eines Verlustes durch Verbrechen, Grauen oder Unfall verstärkt das Leiden, aber hauptsächlich deshalb, so habe ich den Eindruck gewonnen, weil sie die Heilung hinauszögert. Sie trennt einen von »dem langen Weg aus der Tiefe«, dem Vorgang des Trauerns, der Möglichkeit, der Wahrheit ins Gesicht zu sehen, offen zu bleiben, und von der schließlichen Wiedergeburt.

Meine eigene Wiederherstellung, das ist mir durchaus bewußt, wurde durch die Liebe, das Verständnis und die Unterstützung derer, die um mich waren, sehr gefördert. Aber ich war auch vielen unbekannten Freunden zu Dank verpflichtet, die mir vorausgegangen waren und ihr Zeugnis abgelegt hatten, um den düsteren Pfad zu erleuchten. Dafür hinterlasse ich meinen eigenen Bericht, das Zeugnis meiner Reise, denen, die folgen.

»Das ist, trotz allem«, so hat ein anderer Schriftsteller behauptet, »der einzige Schatz und die einzige Erbschaft, die wir hinterlassen können – unser eigenes, kleines Körnchen Wahrheit.« Wahrheit, die im Herzen verschlossen ist – oder in einem Tagebuch –, ist unfruchtbar. Sie muß dem Leben zurückgegeben werden, damit »die Stunde von Blei« – anderer Menschen – verwandelt werden kann.

Zehn Jahre später, als unsere Tragödie hinter uns lag, begraben und von neuem Leben überlagert war, schrieb ich ein Gedicht, das diese Verwandlung beschreibt, wie ich sie erlebt habe. Es war eines der Gedichte, die als Ganzes wie ein Halm der Einsicht sprießen und aus einer tiefen unbewußten Schicht kommen. Obgleich es um viele Jahre jünger ist als dieses Tagebuch, sagt es doch im Kern das, was ich auf diesen Seiten zu umreißen versuchte, und ist vielleicht ein passender Schluß zu meiner Einführung.

### Second sowing

For whom
The milk ungiven in the breast
When the child is gone?

For whom
The love locked up in the heart
That is left alone?
That golden yield
Split sod once, overflowed an August field,
Threshed out in pain upon September's floor,
Now hoarded high in barns, a sterile store.

Break down the bolted door;
Rip open, spread and pour
The grain upon the barren ground
Wherever crack in clod is found.

There is no harvest for the heart alone;
The seed of love must be
Eternally
Resown. [1]

[1] Für wen / Die Milch in der Brust, / Wenn das Kind fort ist?
Für wen / Die Liebe im Herzen verschlossen, / Das jetzt allein ist / Diese goldene Ernte / Druchbrach einst die Scholle, überschwemmte im August ein Feld, / Wurde im September mit Schmerzen auf der Tenne gedroschen, / Ist jetzt in Scheunen gehortet, ein unfruchtbarer Schatz.
Brecht die verriegelte Tür nieder, / Reißt auf, verstreut und schüttet / Das Korn auf den unfruchtbaren Boden, / Wo immer ein Riß im Boden sich findet.
Es gibt keine Ernte für das Herz allein; / Die Saat der Liebe muß / In Ewigkeit / Neu gesät werden.

[Hopewell] Sonntag [7. Februar]

Liebe Mrs. Lindbergh,
C. jr. versucht kopfzustehen und mich durch seine Beine hindurch verkehrt herum anzuschauen. Ich bin in puncto Schreiben schrecklich gewesen, hauptsächlich deshalb, weil zwei Dinge alles Schreiben in Anspruch nahmen: 1.) Charles ist gebeten worden, im Radio für die Flutkatastrophenhilfe in China zu sprechen, und möchte, daß ich das übernehme. Natürlich wird es nur eine ganz kurze Beschreibung sein, und ich werde sie vorlesen. Aber das Nachdenken darüber bereitet mir Alpträume. 2.) Man hat Charles (uns beide) gedrängt, über die Reise zu schreiben, und er möchte, daß ich das mache, also versuche ich's, aber ohne, daß es jemand weiß, und wir haben *nichts* versprochen. Wenn ich rechtzeitig genug geschrieben habe und es nicht zu schlecht ist, wollen wir mit Verlegern darüber reden. In der Zwischenzeit habe ich einfach alles, auch die Beantwortung der Kondolenzbriefe etc., liegengelassen. Doch Ihnen zu schreiben fällt mir leicht, nur habe ich zu viel zu erzählen.
C. jr. spricht *sehr* viel mehr; er plappert einem alles nach. Da es mir *so* viel besser geht (alles ist jetzt in Ordnung), kümmere ich mich jetzt mehr um ihn und werde Betty[1] nicht nach Princeton mitnehmen, damit er mich

[1] Betty Gow, Kinderschwester von Charles jr.

besser kennt. Es macht solche Freude, ihn nach »Mami« rufen zu hören anstatt nach »Betty«. Und sie versteht diese meine Gefühle genau und hilft mir. Er sagt ein sehr energisches »uh huh« (für ja), was ganz kräftig tönt und was er offensichtlich von mir hat, und ein *sehr* energisches, selbstzufriedenes »nä«, wenn er etwas nicht tun will. Es ist leicht nasal und gar nicht ärgerlich, aber er weiß ganz *genau, daß er nicht will, was er nicht will.* Ich behaupte, es ist ein sehr entschiedenes schwedisches *Nein*. Es würde mich nicht wundern, wenn ich ihn hören würde, wie er »Ich glaube, ich gehe nach Hause« hinzufügen würde. C. jr. und sen. amüsieren sich königlich miteinander.

Sen.: »Möchtest du hinauf?«

Jr. (hoch in der Luft): »Runter! Runter!«

Sen.: »Noch mal?«

Jr.: »Nä!«

Sen.: »Willst du schaukeln?«

Jr.: »Uh huh.«

Charles setzt ihn nach dem Schaukeln ab.

Jr.: »Noch! Noch! Noch!«

Neulich haben sie eine Kissenschlacht gemacht, und schließlich warf Charles ein Kissen nach dem Jungen und warf ihn um, aber er lachte nur (was Charles sehr verwunderte, aber er war richtig stolz auf ihn), nahm geschickt ein Kissen auf und versuchte, es nach seinem Vater zu werfen.

C. sagt, daß wir erst in zwei Wochen nach dem Westen fliegen können, und zwar nur für kurze Zeit. Dann werden wir ganz hierherkommen. Sommerpläne sind noch keine gemacht – Mutter und die Mädchen fahren ins Ausland. Ich werde den ganzen August und vielleicht auch den Juli über in Princeton oder Englewood bleiben müssen.[1] Mir macht das nichts aus, aber ich möchte Charles jr. nicht der Hitze und der möglichen Gefahr der Kinderlähmung aussetzen. Natürlich glaube ich nicht, daß es *dieses* Jahr eine Epidemie geben wird. Aber letztes Jahr war es in der Gegend von New York schlimm.

Das andere Baby kommt mir so unwirklich vor. Ich kann es mir kaum vorstellen, und so nahm ich Ihre wunderschönen Decken sofort mit hinauf zu Charles jr. Als mir klar wurde, daß er noch drei von ihnen ständig benutzt, fiel mir plötzlich ein, daß Sie vielleicht an das andere Baby dachten. Wenn das so ist, sind das die ersten Sachen, die ich für ihn (oder sie!) habe.

Haben Sie gehört, daß Walter Winchell vor drei oder vier Monaten im Radio bekanntgab, daß ich ein Baby erwarte? Ehe etwas daran war – weil ich nicht mit C. nach Südamerika geflogen bin, denn ich hätte gleich nach Daddys Tod nicht so viel Aufsehen in der Öffentlichkeit ertragen. Und es wäre für die Company peinlich gewesen, wäre ich unter diesen Umständen dabeigewesen.

Wahgoosh und das Baby spielen begeistert miteinander und jagen sich gegenseitig durch das Zimmer. Wahgoosh ist einfach *genau* wie ein Mensch.

Der Kleine kann selber Ihre Musikdose aufziehen. Er

[1] A.M.L. erwartete im August ihr zweites Kind.

interessiert sich jetzt mehr für den Elefanten und sagt etwas, das wie Elefant klingt, aber immer noch nimmt er abends am liebsten die graue Muschikatze mit dem flachen Schwanz mit ins Bett.
Charles ist weiterhin »Hei«. Vielleicht sollten wir damit lieber aufhören und etwas Würdevolleres aussuchen. Neulich ist uns in New York City ein Wagen hinten aufgefahren, zertrümmerte unsere Rücklichter, Kotflügel etc., und im Benzintank war ein Loch. Alle Taschen im Wagen (wir waren auf dem Weg nach Princeton) kippten nach vorne, ich packte das Baby. Wir hielten den Verkehr eine Sekunde lang auf, und wütende Fahrer stiegen aus und versuchten, sich zu rechtfertigen. Charles stieg aus dem Auto und schlug die Tür zu. Daraufhin zirpte eine kleine ruhige hohe Stimme hinten im Auto: »Hei – ganz weg!« Niemand war verletzt, und dies war das einzige an dem Unfall, was das Kind erwähnenswert gefunden hat.

*An E. L. L. L.* [Hopewell] Mittwoch, 2. März 1932

(Nach dem Lesen lieber vernichten.)
Ich werde Ihnen an diesem ersten Nachmittag alles berichten, was ich weiß, und einiges werden Sie vielleicht in den Zeitungen lesen. Man versucht jedoch, ein *paar* Einzelheiten vor der Presse geheimzuhalten, also werden Sie, wie ich weiß, dies alles für sich behalten, wie Sie das immer tun. Ich werde Ihnen alles schreiben, so wie ich es gerne selbst erzählt bekäme und wie ich es Ihnen am Telefon *nicht* sagen kann. Oh, es war schrecklich,

Ihnen nur diese schlimme Nachricht gestern nacht am Telefon mitzuteilen und weiter nichts hinzufügen zu können. Aber C. dachte sofort an Sie und wollte, daß ich Sie erreiche – er und die Detektive waren um das Haus herum beschäftigt.

Um 7.30 Uhr haben Betty und ich das Baby ins Bett gebracht. Wir schlossen und verriegelten alle Läden außer an einem Fenster, an dem die Läden verzogen sind und nicht schließen. Dann ging ich aus dem Zimmer und setzte mich unten an den Schreibtisch im Wohnzimmer. Betty machte weiter das Badezimmer etc. sauber, bis irgendwann zwischen 7.45 oder 8.00 Uhr, als sie nochmals zum Baby hineinging, um zu sehen, ob es zugedeckt war. Es schlief fest und war zugedeckt. Dann ging sie hinunter zum Abendessen.

C. kam spät nach Hause, nicht vor 8.20 Uhr. Dann gingen wir hinauf. Er wusch sich im Badezimmer die Hände, neben dem Zimmer des Babys – wir hörten nichts, vielleicht, weil das Wasser lief. Dann hinunter zum Abendessen, etwa von 8.35 Uhr bis 9.10 Uhr (zu dieser Zeit war Betty immer noch beim Abendessen – wir waren alle im Westflügel des Hauses). Um 9.10 Uhr gingen C. und ich hinauf. C. ließ sich ein Bad einlaufen, ging dann wieder hinunter. Ich ließ mir ein Bad ein. Hörte kein Geräusch. Von ungefähr 9.30 Uhr bis 10.00 Uhr war C. in seinem Arbeitszimmer, gleich neben dem Fenster, das unter dem des Kleinen liegt; zu dem Zeitpunkt konnte keine Leiter aufgestellt worden sein. Betty und Elsie waren noch oben im westlichen Flügel.

Um 10.00 Uhr ging Betty zum Baby, schloß erst das

Fenster, machte dann den elektrischen Ofen an und drehte sich zum Bett. Es war leer, und die Gitter waren noch oben. Keine Decken weg. Sie dachte, C. hätte ihn aus Spaß aufgenommen.

Ich glaubte das auch, bis ich sein Gesicht sah. Offensichtlich hatten sie ungefähr anderthalb Stunden Vorsprung. Das andere wissen Sie, bis auf die paar Beweise, die man nicht zur Veröffentlichung freigegeben hat.

1 – Eine gut gemachte kleine Stehleiter, die offensichtlich genau für die Höhe des Fensters geplant und gebaut war, wurde links vom Haus gefunden; 2 – Schmutz auf dem Fensterbrett des Fensters, an dem die Läden nicht verriegelt waren; 3 – und ein Brief auf dem Fensterbrett, in dem uns mitgeteilt wurde, daß das Baby gut versorgt würde, daß sie mehrere tausend Dollar, und die in drei Teilen, haben wollten und daß sie uns in vier Tagen Bescheid geben wollten, wo wir das Geld deponieren sollten. Experten entdeckten, daß Leiter, Bettzeug, Fenster und Brief *mit Handschuhen* angefaßt worden waren.

Auch Fußspuren unter dem Fenster. Sie wußten von unserem Aufenthalt in Hopewell an einem Wochentag. (Das ist seit *letztem* Jahr nicht mehr vorgekommen, und wir sind nur hiergeblieben, weil der Kleine einen Schnupfen hatte. Aber am Dienstag und auch am Montag hatte er *kein* Fieber und war am Dienstag wirklich wieder *gesund*. Wir wollten ihn am Mittwoch nach Englewood bringen.) Ihre Kenntnis des Kinderzimmers, das Fehlen von Fingerabdrücken, die passende Leiter, alles deutet auf Berufsverbrecher, was ziemlich

günstig ist, denn das heißt, daß sie nur das Geld wollen und dem Baby nicht böswillig weh tun werden.
Ich hatte Angst, es wäre ein Verrückter. Aber der gutdurchdachte Plan schließt *das* aus. C., Oberst Henry [Breckinridge] und die Detektive sind sehr optimistisch, obwohl sie damit rechnen, daß es *Zeit und Geduld* erfordert. Sie finden, daß die Kidnapper sich in einen schrecklichen Schlamassel gebracht haben – so starker Druck, ein so dichtes Netz über dem Land, so große Sympathie für uns, dazu die Aufmerksamkeit der gesamten Öffentlichkeit, und die Polizei bietet alle Kräfte auf, so daß sie nur noch hoffen können, das Baby unversehrt zurückzubringen.
Das ist alles, was ich weiß. Ich habe schnell geschrieben, damit es jemand mitnehmen kann. C. ist *wunderbar* – ruhig, klar, wachsam, und es entgeht ihm nichts. Es ist schrecklich, daß man *nichts* tun kann, um zu helfen. Ich möchte so *gern* helfen. Ich weiß, daß Sie das auch möchten, und C. weiß es ebenfalls. Haben Sie Dank für alles, was ich am Telefon an Verständnis spürte – was Sie nicht aussprechen konnten.
Verzeihen Sie diesen kurzen Bericht, ich schicke Ihnen viele Grüße.

[Hopewell] Donnerstag früh [3. März]

Liebe Mrs. Lindbergh,
ich wollte, ich könnte Ihnen mehr erzählen. Wir warten darauf, daß die Kidnapper sich rühren, die gesagt haben, daß sie uns in zwei bis vier Tagen mitteilen wollen,

wo das Geld deponiert werden soll (das ist natürlich vertraulich). Man nimmt jetzt an, daß es doch keine *echten* Berufsverbrecher sind, denn die würden sich nicht in so ein Hornissennest setzen, und daß die Formulierung des Briefes für Professionelle nicht hartgesotten genug ist. Auch deutet die erstaunliche Kenntnis der Umgebung, des Hauses, der Situation etc. eher darauf hin, daß es sich um eine hier ansässige Bande handelt. Man glaubt, daß der enorme Druck sie zwingen könnte, sehr bald aufzugeben, das heißt, Verhandlungen zu führen, oder aber, daß er ihnen Angst einjagt, so daß sie nicht mehr zu verhandeln wagen. Jedenfalls ist man allgemein der Ansicht, daß sich ihre Lage verschlechtert, je länger sie das Baby behalten.
Wir haben mehrere gefälschte Postkarten über den Aufenthalt des Babys bekommen, aber heute morgen kam ein Telegramm, das so aussieht, als könnte es echt sein, an mich (adressiert), und es steht darin, daß das Baby von einer ausgebildeten Schwester versorgt wird und wohlauf ist. In allen Zeitungen steht, daß es »krank« war, als es verschwand, aber das stimmt *nicht*. Es hatte gerade eine Erkältung hinter sich, war in der Nacht besonders warm angezogen, hatte ein extra Hemd unter seinem normalen Hemd an und dann den wollenen Schlafanzug noch darüber.
Charles hat sich gestern nachmittag kurz hingelegt und hat heute nacht gut geschlafen. Aber er ist sehr müde. Doch bewundernswert gefaßt, und er handelt so rasch und überlegt. Er hat sich gefreut, als er in der Zeitung las, daß Sie weiter unterrichten.

Wahgoosh war in jener Nacht im entgegengesetzten Flügel des Hauses und hat nicht gebellt. Er konnte bei dem heulenden Sturm und so weit weg nichts gehört haben. Er bellt seitdem immerzu. Dies Haus ist ein Tollhaus: Hunderte von Männern stapfen aus und ein, sitzen überall herum, auf den Treppenstufen, auf dem Küchenausguß. Das Telefon geht Tag und Nacht. Menschen schlafen überall auf dem Boden, auf Zeitungen und Decken. Ich habe noch nie eine derartige Selbstaufopferung und Energie gesehen. Der Chef der Polizei von Jersey[1] ist seit Beginn der ganzen Sache nicht einmal ins Bett oder zum Ausruhen gekommen. Oberst Henry sieht grau aus – steht unter starkem emotionalem Druck. Die Presse ist nach Hopewell [in die Stadt] hinuntergezogen und fotografiert nicht mehr im Haus und in der Gegend herum. Dadurch können wir jetzt hinaus und spazierengehen. Das ist mir eine große Hilfe. Wahgoosh folgt C. auf dem Grundstück, und ich glaube, das lenkt Charles ab und freut ihn. Jetzt sind Flugzeuge über uns.
Ich wollte, ich könnte Ihnen mehr erzählen. Es ist so schwer, zu warten und nichts zu tun. Ich weiß, daß das für Sie eine schreckliche Belastung ist. Es ist leichter, an Ort und Stelle zu sein, wo die Dinge sich abspielen, auch wenn man nichts tun kann. Ich bin in dieser Situation.

[1] Oberst H. Norman Schwarzkopf, Befehlshaber der Polizei im Staat New Jersey, dem Charles und Anne Lindbergh volles Vertrauen schenkten.

*An E.L.L.L.* [Hopewell] Dienstag [8. März]

Ich sehe C. kaum noch. Den ganzen Tag schließt er sich mit Detektiven ein, telefoniert und verhandelt bis tief in die Nacht hinein. Gestern nacht schlief er in Oberst Henrys Zimmer, und Aida [Mrs. Henry Breckinridge] war hier bei mir. Sie hat hier meist als Puffer gegen die Außenwelt fungiert, hat manchmal auch meine Rolle am Telefon übernommen. Ich habe in meinem ganzen Leben noch nie eine solche selbstlose Hingabe, einen solchen Kräfteeinsatz gesehen, wie er hier von jedem Soldaten, Offizier, Detektiv etc. für diese Sache geleistet wird. Oberst Henry hat seit sechs Tagen kaum geschlafen. Ich mache mir seinetwegen Sorgen, und C. verläßt sich auf sein Urteil. Gerade jetzt ist eine sehr schwere Zeit, alle stehen unter ungeheurem Druck, der erste Elan ist aufgebraucht, und die Männer, die sich am meisten eingesetzt haben, sind am Rande des Zusammenbruchs. C. hat mehr Schlaf bekommen als die meisten, da er sich die Zeit eingeteilt und keine Kräfte an Bagatellen verschwendet hat; er ist jetzt ein General, der seine Streitkräfte mit fürchterlicher Disziplin (was in so einer Notlage erforderlich ist), aber großer Umsicht leitet.
Es hat sich nichts geändert. Es ist ein langsames, mühsames Spiel, aber alle vertrauen auf einen erfolgreichen Ausgang. Sie wissen, was sie tun.

[Hopewell] Samstag [12. März]

Liebe Mrs. Lindbergh,
C. war fast die ganze letzte Nacht auf, hat aber heute fast den ganzen Tag geschlafen. Er ist in guter Verfassung, und ich bin es auch.
Haben Sie gehört, daß gestern abend im Madison Square Garden ein großer Boxkampf unterbrochen wurde, vielleicht war es auch ein Hockey-Spiel, und alle aufgefordert wurden, drei Minuten lang im Stehen für die Rückgabe des Babys zu beten – und in dem ganzen, großen, vollbesetzten Stadion standen alle vollkommen still (genau wie sie es für C.s Flug gemacht haben)? Ich finde es ungeheuerlich, daß so viele Menschen von einem einzigen Gedanken bewegt werden.

[Hopewell] 18. März 1932

Meine liebste Elisabeth,
ich sitze in Mutters Zimmer (im hinteren Kinderzimmer, in dem Betty früher schlief). Ich sitze gern hier. Ich habe dieses Zimmer nie bewohnt, so scheint es mir wie eine andere Welt. Ich versuche herauszufinden, weshalb dieses Zimmer unverzüglich Mutter *ist,* sobald sie darin wohnt. Es ist auf eine tröstende und beruhigende Weise »Mutter«. Kleiner Blumenstrauß (aus kleinen Blumen – Vergißmeinnicht etc.) auf dem Nachttisch. Reisewecker, Tintenflasche, Handschuhschachtel als Federschale, voller Federhalter, Bleistifte etc., Löscher, Blöcke, Zündhölzer, Kerze und Lampe – alles auf diesem Tisch (einer Deiner Kindergartentische).

Neueste Zeitungen, alle in einem säuberlichen Stoß auf einem Handkoffer, alle Briefe in ordentlichen Bündeln, mit Gummibändern zusammengehalten und in ordentlichen Häufchen auf dem anderen großen Tisch sortiert. Mutters Adreßbuch und eine kleine Liste an einem blauen Gummiband auch am Tisch befestigt. Alle Toilettengegenstände samt der rosa Puderdose und Mutters sämischlederner Puderquaste darin säuberlich auf diesem Tisch aufgebaut.

In der Schublade lagert eine Flasche Portwein, in den Regalen ordentliche Stöße alten Papiers und zusammengefaltete Bogen aufgehobenes Einwickelpapier. Auch Extravorräte in einem Regal. Auf dem großen Tisch mit der Toilettengarnitur habe ich die Ingwerdose aus Cellophan vergessen, in der sie Nadeln und Haarnadeln aufbewahrt. Dazu eine kleine Schale mit Salzen.

Mutter hat einen Haken an die Wand gemacht und einen Handspiegel darangehängt (wie beim Zelten draußen im Westen), denn es gibt in dem Zimmer keine Kommode und keinen Spiegel.

Ich sitze gerne mit Mutter in diesem Zimmer. Sie ist so großartig gewesen, nie hat sie versucht, mich zu trösten, wenn ich merkte, daß ich weinen mußte. Immer vorhanden, immer voller Verständnis für C. und die Situation. Und natürlich weiß sie immer, wenn ich müde bin, bevor ich es selber merke. Sie ist so bis zum Äußersten selbstlos, daß Du Dir das nie ganz klarmachen darfst.

Wir führen jetzt ein sehr geregeltes Leben, schlafen, es-

sen und gehen regelmäßig spazieren. Mutter und ich halten beide Mittagsschlaf. Die Nachmittage sind so lang, und nichts geschieht.
Ich erfasse gefühlsmäßig nichts, außer wenn ein anderer kleiner unvermittelter Verdruß die Glut entfacht. Es ist möglich, hier zu leben und nichts wahrzunehmen, was mit dem Kind zu tun hat. Dies ist so weit entfernt von ihm. Klingt das kalt und gefühllos? Ich merke, daß ich bereit bin, im Augenblick für meine Selbstbeherrschung *alles und jedes* dranzugeben – denn sie ist so wichtig, wie z. B. an dem Tag, an dem ich die Kirche durchstehen mußte und Vierecke auf das Gesangbuch zeichnete, um die Flut der Erinnerungen an Daddy und frühere Sonntage daran zu hindern, von meinen Gefühlen Besitz zu ergreifen und mich in jenem Augenblick jegliche Beherrschung verlieren zu lassen.
C. und Oberst Henry arbeiten mit großem Eifer, mit unendlicher Geduld und Vorsicht und sind dabei guten Mutes.
Es ist seltsam, aber ich habe nicht gemerkt, daß gestern Dein Geburtstag war. Die Zeit steht seit jenem Dienstagabend still. Es ist, als hätte damals eine einzige lange Nacht oder ein endlos langer Tag begonnen. Mein Gefühl ist stehengeblieben, wie eine hohe Note, die in einer Orgel steckengeblieben ist. Die Zeit ist seither in *einer* Stimmung, in *einer* Farbe, ohne Variation und ohne jedes grundsätzliche Auf und Ab. Es ist nur eine Verlängerung jener Nacht. Natürlich hat es an der Oberfläche anders ausgesehen. In jeder Sekunde wechselt die ganze Szenerie, stürzt zusammen und ändert sich wie-

der, wie in einem Traum. Personen wechseln von Schwarz zu Weiß, Gesichter ändern ihr Aussehen, Töne haben verschiedene Klänge, das Tempo der Geschäftigkeit nimmt zu und flaut wieder ab, aber über allem der hohe Ton, der Dienstagnacht in der Orgel steckengeblieben ist!

Es existiert auch kein Gefühl der Kontinuität mehr – wie im Traum, oder wie man es in den Köpfen Wahnsinniger vermutet. Man kann sich einfach nicht darauf besinnen, was zuvor passiert ist. Kennst Du das Gefühl, dieses »Es muß doch vorher schon etwas passiert sein«, wenn man seine Eindrücke alle durcheinanderbringt und den Karren vor das Pferd spannt?

Ich denke manchmal, daß unsere Sinne vielleicht zu schwach sind, um Freude und Kummer zu erfassen, außer in kleinen Dingen. Freude an dem frischen Duft der Blumen, der Wärme des Feuers oder an einem Händedruck. Kummer über welkende Blumen, einen verlorenen Hund, das Schreien eines vergrämten Kindes. In großen Dingen sind Freude und Schmerz ganz gleich – nämlich überwältigend. Wenigstens nehmen wir sie nur in kleinen Dosen in uns auf – in dünnen Strahlen – in Wellen –, denen unser Gemüt nicht lange standhalten kann. Bei Daddys Tod ist es mir so ergangen, ich war fast immer erstarrt, mein Kummer leidenschaftslos, wie von oben herab. Und dann stürmische unkontrollierte Gefühlsausbrüche, mit denen ich lange nicht fertig wurde.

Was für ein langer Brief, aber das Schreiben war eine Erleichterung, und ich hoffe, Du hast nichts dagegen.

---

*An E.L.L.L.* [Hopewell] Sonntag [10. April] 1932

Sie wissen aus den Zeitungen alles, was ich Ihnen nicht mitteilen konnte: daß wir mit den Kidnappern in Verbindung standen (als solche mit Wahrscheinlichkeit identifiziert), daß wir nach fünfwöchigen Verhandlungen schließlich auf Anraten der Kriminalbeamten und Detektive etc. riskiert haben, *erst* das Geld zu übergeben. Hätten wir das nicht getan – und wir waren gezwungen, es *auf der Stelle zu tun* –, hätten wir uns ewig Vorwürfe gemacht, etwas unterlassen zu haben, was in den meisten Fällen Erfolg hat.

Sie wissen, was passiert ist. Man hatte uns einen Ort genannt – das Baby wurde nicht gefunden. Wir verständigten die Entführer davon und warteten auf weitere Mitteilungen und bekamen keine. Wir versuchten daraufhin, die Spur der Geldscheine zu verfolgen. Es war natürlich kriminell, daß diese Information durchgesickert ist: und macht eine schwierige Sache (den Weg des Geldes bis hin zu den Kidnappern zu verfolgen) unmöglich. Wir versuchten, die Zeitungen dazu zu bewegen, »die Geschichte nicht zu bringen«. Eine Zeitung hat ihr Versprechen mit uns und allen anderen Zeitungen gebrochen und stellte die ganze Sache in Schlagzeilen auf der ersten Seite heraus. Natürlich macht das Scheinwerferlicht der Öffentlichkeit es den Entführern fast unmöglich, uns das Baby zurückzugeben. Vermutlich bedeutet das eine weitere schreckliche Verzögerung.

C. glaubt nicht (und auch andere glauben es nicht) –

obwohl natürlich immer die Möglichkeit besteht –, daß das Baby getötet worden ist. Sie sagen alle, daß es schwieriger ist, ein totes Kind loszuwerden als ein lebendes. Es ist möglich, daß es gestorben ist, aber sein Schnupfen war vorbei, und es war ein kräftiges Kind. C. glaubt nicht daran. Er sagt mir, daß ich mich nicht entmutigen lassen soll. Ich habe Ihnen das alles mitgeteilt (was auch in den Zeitungen war), damit Sie wissen, wie es um uns steht. Es hat sich natürlich alles sehr ungünstig für uns entwickelt. Daß nichts vor der Öffentlichkeit verborgen bleiben kann, ist äußerst entmutigend. Aber wenn die Dinge auch schlecht stehen, hoffnungslos sind sie nicht.
Ich wollte, ich könnte mehr berichten. Es ist hier jetzt ruhig, und wir warten. Es sieht so aus, als müßten wir wieder von vorne anfangen, und zwar unter schlechteren Bedingungen als vor sechs Wochen. Aber natürlich heißt das nicht, daß die Lage hoffnungslos ist.

*

*Tagebuch* Englewood-Hopewell, Mittwoch, 11. Mai 1932

Ich erwachte aus einem Traum von der Rückkehr des Babys und davon, daß jemand sagte: »Was, sie hat es noch nicht einmal geküßt!« Ich dachte: »Sie verstehen mich nicht – ich will es nicht küssen, sondern nur meine Hand auf seine Locken legen!«

Anruf von Oberst Henry. Die Nummer hat nichts hergegeben. Wieder auf dem toten Punkt.
Unüberlegte Bemerkung in den Zeitungen darüber, daß Curtis [1] auf einem Boot außerhalb von New York sei, desgleichen über die Gründe für den Fehlschlag in Norfolk; keine Nachricht von C.
Lange Talfahrt – sehr blau. Die Ewigkeitsqualität gewisser Augenblicke im Leben. Das Baby aus seinem Bettchen geholt, für immer und ewig – wie Dantes Hölle. C.s gefaßtes Gesicht, für immer in die Zeit gemeißelt.
Das seltsame Flüchtige dieser jüngsten Entwicklung. Die Leute in den Geschichten (aus zweiter und dritter Hand) ändern ihren Charakter und verschmelzen ineinander wie Gesichter in einem Traum. »Du dachtest, ich sei ein Gesicht? Ich bin nur ein Türgriff!«
Wir versuchen, eine Geschichte durch die andere zu prüfen, um herauszufinden, was an beiden wahr ist. Aber wir wissen nicht, wieviel Lüge in jeder Geschichte steckt, ob sie nun beabsichtigt oder unbeabsichtigt ist. Wir argumentieren sehr hübsch: »Dies stimmt hiermit überein und das damit«, so lange, bis man auf das unvermeidliche »aufgrund *ihrer Geschichte*« stößt und einem der Boden unter den Füßen weggezogen wird.
Ein Gespräch mit Schwarzkopf machte mir Mut. Seine Nachricht lautet auf schlechtes Wetter; muß im Hafen bleiben.

[1] John Hughes Curtis, der die Geschichte aufbrachte, daß eine Bande mit der Entführung zu tun hatte, die angeblich von einem Boot, der *Mary B. Moss,* aus arbeitete.

Hopewell, Donnerstag, 12. Mai 1932

Leiche des Babys im Wald gefunden, an Schädel, Haaren, Zähnen etc. identifiziert. Durch einen Schlag auf den Kopf getötet. Sie meinen, es sei sofort getötet worden, um alle Beweise zu vernichten. Sie zogen ihm den Schlafanzug aus, um Geld damit zu erpressen.

Am schwersten zu ertragen – Mutters: »Das Baby ist bei Daddy.« Rief Mrs. Lindbergh an. Sie ist viel tapferer als ich. C. einige Stunden lang nicht erreichbar. Aber die Last auf Mutter ist untragbar – wollte, daß das Baby an einem Montag zurückkam, wollte dem *Montag* [1] den Stachel nehmen.

Alles fließt jetzt zu einem Augenblick zusammen, zu einem dieser immerwährenden Augenblicke – der Augenblick, in dem ich begriff, daß das Baby entführt war, und ich im ersten grellen Licht des Schreckens das Baby tot sah, gewaltsam getötet. Seitdem war alles unwirklich, hat sich aufgelöst wie Rauch. Nur dieser ewige Augenblick bleibt. Er *war* damals, *ist* jetzt.

Ich sehe es jetzt als einen Fall für die Polizei, als einen Mordfall. Als solcher interessiert er mich, und ich kann und muß fragen und darüber sprechen. Bald wird es mich persönlich treffen, aber noch kann ich mich dem nicht stellen.

Ich verspüre seltsamerweise eine Empfindung des Friedens – nicht Frieden, aber ein Ende der Ruhelosigkeit, ein Endgültiges, als schliefe ich in einem Grab.

Die Gewißheit, daß das Kind jene Nacht nicht überlebt

[1] D.W.M. starb an einem Montag.

hat, ist eine Erleichterung. Für mich bleibt es dadurch irgendwie unversehrt. Es war am letzten Wochenende bei mir, und ich weiß, daß es mich mehr als jeden anderen liebte, als es uns verließ. Aber das ist alles selbstsüchtig und kleinlich.

Endlich Gewißheit zu haben ist eine Erleichterung. Wenn man sagen kann, »zu dem Zeitpunkt war es am Leben«, »zu dem Zeitpunkt war es tot«, ist das endgültig, und Endgültiges kann man akzeptieren.

*

*An E. L. L. L.* [Hopewell, 12. Mai]
(Nach dem Telefonanruf)

Liebe M.,
ich weiß, daß Sie von meiner Stimme eine gute Nachricht erwarteten – sie schien greifbar nahe zu sein –, und so war es doppelt schlimm für Sie. Aber ich kenne Charles' und meine Einstellung zu schlechten Nachrichten: wir finden, wir müssen sie einander sofort mitteilen. Die Presse ist bereits unterrichtet, deshalb wollte ich Sie anrufen. Ich will Ihnen jetzt alles sagen, was ich weiß.

Die Leiche des Babys wurde im Wald nahe der Straße von Hopewell nach Princeton gefunden. Sie wurde anhand des selbstgemachten Hemdchens, das Betty und ich ihm angezogen hatten, identifiziert. Auch an dem Haar und den Zähnen. Es scheint keinen Zweifel zu geben. Das Kind wurde nachweislich durch einen Hieb auf den Kopf getötet – zweifellos war es sofort tot, und nach dem Zustand der Leiche und nach der Nähe des Fundorts zu schließen, ist es schon vor langer Zeit getötet worden, vermutlich in Panik während der ersten Welle der Publicity.

Charles ist auf einem Boot irgendwo vor der Küste von Jersey zwischen Cape May und Atlantic City. Er rief uns erst heute morgen um 7.00 Uhr an und fuhr dann offenbar weiter, um zu versuchen, Kontakt mit der Bande, mit der Curtis gearbeitet hat, herzustellen. Oh, Charles war so voller Zuversicht und Hoffnung. Ich kann den Gedanken nicht ertragen, daß er diese Nachricht bekommt. Sie haben ihn noch nicht gefunden, obgleich sie Flugzeuge und Jachten etc. nach ihm ausgeschickt haben. Was die Bande macht, begreife ich nicht; vielleicht haben sie ein anderes Baby an Bord.

Das ist alles, was ich jetzt weiß. Sie haben es mir eben erst mitgeteilt – ungefähr vor einer halben Stunde.

Ich habe noch nie so viel Tapferkeit erlebt wie bei Ihnen und Charles. Sie ist ein Schutzwall, an den man sich lehnen kann. Ich bin dankbar, daß ich Sie beide habe. Sie haben mir immer geholfen und werden es immer tun. Ich wollte, ich könnte Ihnen helfen. Sie kennen meine Gefühle für Sie. Wir beide müssen Charles jetzt helfen.

*Später* – 7.30 Uhr abends. Man hat C. erreicht. Er wird in zwei bis drei Stunden hier sein.

*

Er ist schon hundert Jahre tot gewesen.
Eine lange schlaflose Nacht, aber ruhig, und C. saß diese ganzen Stunden an meinem Bett, und ich konnte alles aus weiter Ferne betrachten. Seine ungeheure Geduld und seine Behutsamkeit und seine Ruhe – erschreckend. »Wir betrachten den Tod wie ...«
Dann ein langer Tag, an dem alles Persönliche über mir zusammenschlug, der persönliche physische Verlust für mich, mein kleiner Junge – keine Kontrolle über die Tränen, keine Kontrolle über die Hunderte von kleinen Vorfällen, die ich aus meinem Gedächtnis verbannt hatte, während ich um Fassung rang.
C. nach Trenton – die Einäscherung – die Decke. Was C. durchzustehen hat – schon allein in den kurzen Nachrichten –, ist unerträglich.

Ich bin froh, daß ich Charlie an jenem letzten Wochenende verwöhnte, als er krank war, daß ich ihn auf den Schoß nahm und ihn wiegte und ihm Liedchen vorsang. Und froh, daß er in jenen letzten Tagen nach mir verlangte ...
Unmöglich, ein Wort zu sagen, ohne in Tränen auszubrechen.

Unsterblichkeit vielleicht für den Lebensfunken, aber nicht für all das, was meinen kleinen Jungen ausmachte.

Hopewell, Samstag, 14. Mai 1932

Eine lange Nacht – unkontrollierte Gefühlsausbrüche, lauter Bilder, Erinnerungen, und ich fange an zu begreifen, daß ich ihn mir wiederherstellen muß, jedes Ereignis, jede Handlung, jedes Wort, ich muß alles gefühlsmäßig noch einmal erleben – dann erst kann ich diesen Kummer annehmen und ihn einen Teil meines Lebens werden lassen.

»Aber nicht alles auf einmal«, sagt C.

Ich habe das Gefühl, daß Charlie, in seinem kurzen Leben genug, ja erstaunlich viel gegeben hat – Daddy ein Jahr lang, Mutter in jenen ersten drei, vier Monaten nach Daddys Tod, mir, Mrs. Lindbergh, C. und meiner Großmutter. C. und ich waren uns nie so nahe wie bei seiner Geburt, außer jetzt bei seinem Tod. Er hat etwas Wunderbares aus unserer Ehe gemacht, und das bleibt uns auch jetzt.

Auch der Welt wird dieses Opfer vielleicht etwas geben.

C. versucht mich zu trösten: »Vielleicht wird ein Funke von ihm ...«

Heute kann ich mich besser beherrschen, bin aber bleischwer, müde, traurig und alt.

Kein anderes Kind kann seinen Platz einnehmen, aber vielleicht hat er eine Heimstatt geschaffen – eine erfülltere Verbindung –, die sie umfangen halten wird.

Hopewell, Sonntag, 15. Mai 1932

Mrs. Lindbergh und die Breckinridges fahren heute abend ab.

C.: »Wir müssen eine Möglichkeit finden, die Zeit zurückzudrehen.«
Spaziergang mit Mutter und Elisabeth. Wir entfernten uns ein wenig von der Straße. Ein blendendweißer Zweig Hartriegel neigte sich über uns. Ich betrachtete ihn und spürte, wie etwas in mir zerbrechen wollte. Wir sprachen zum erstenmal offen und ließen unseren Gefühlen freien Lauf. Ich bin froh, daß er jene Nacht nicht überlebt hat. Er war so ein vergnügter, gebieterischer, sicherer kleiner Junge, er war im Leben stets geliebt worden und war der König unserer Herzen gewesen. Ich könnte es nicht ertragen, wenn man ihn getäuscht, ihm weh getan, ihn mit roher Gewalt verstümmelt hätte. Ich hoffe, daß er sofort tot war und daß er sich nicht wehrte und um Hilfe schrie – nach mir. Ich sehe die Bilder durch. Keins gleicht ihm, sie sind nicht neu genug. Es ist sehr grausam. C. und Mrs. Lindbergh sind wunderbar. Ich glaube, es ist für sie eine Erleichterung, daß sie hier ist, und mir hilft es wirklich. Sie ist so ruhig und tapfer, und ich fühle mich bei ihr nicht gehemmt. Wir sprechen über das neue Baby und über C.s wissenschaftliche Arbeit – zwei Dinge, die Hoffnung versprechen.

Hopewell, Montag, 16. Mai 1932

C.: »Und die Sicherheit, in der wir zu leben meinten!«

Man nimmt an, daß der Mord nicht geplant war, sondern daß etwas schiefgegangen ist. Ich habe das Gefühl, daß ich das kaum ertragen kann. Ich möchte lieber an eine grausamere Menschheit glauben als an so einen grausamen Gott des Zufalls – Zufall war, daß wir an dem Wochenende und ohne Skean hinausfuhren, Zufall, daß das Baby sich erkältete und länger bleiben mußte, Zufall, daß ich es nicht allein versorgte, da ich übervorsichtig war, wie immer, wenn ich ohne Betty bin, Zufall, daß ich Elsie nicht während des Essens nach oben schickte, wie ich es am Abend vorher getan hatte –, und Zufall schließlich, daß das Baby verletzt oder getötet wurde, als man es aus dem Fenster hob.

Dann kommt C. von der Stelle zurück, wo man die Leiche gefunden hat, und erzählt Geschichten von der Suche nach einer Hütte, was wiederum bedeuten könnte, daß er *nicht* in jener Nacht getötet wurde. Ich glaube nicht, daß ich die Spannung ertragen und mich jede Nacht völlig sinnlos quälen kann. Ich will die Wahrheit wissen, wenn man sie herausgefunden hat, und ich werde mich ihr stellen, und der Gerechtigkeit soll Genüge getan werden. Aber jede Nacht mit einer neuen Version des Mordes an unserem Kind konfrontiert zu werden, mit keinem anderen Sinn als dem, die eine Lösung als etwas grauenhafter und die andere etwas tröstlicher erscheinen zu lassen: das hilft mir nicht, neuen Mut zu fassen und ein neues Leben aufzubauen. Es ist genau dasselbe, was ich elf Wochen lang durchgemacht habe, und jetzt wüßte ich nicht wozu. Die Gerechtigkeit bedarf meiner Gefühle nicht.

Hopewell, Mittwoch, 18. Mai 1932

Ich dachte, ich würde ihn führen, ihn lehren, und nun ist er als erster in diese größte Erfahrung im Leben eingegangen. Er ist mir voraus. Vielleicht, wenn ich da hindurch muß, werde ich an ihn denken und daran, wie mein fröhliches, selbstsicheres Kind das bewältigte – und es wird nicht so furchterregend, nicht so schrecklich sein, eine *kleine* Tür.

Sie reden und reden, Konferenzen und Diskussionen. Aber ich bin des Redens so müde. Was ändert es jetzt noch? »*Warum* Dienstag nacht?« – »Was geschah mit den Windeln?« Seinen Mord zu rekonstruieren, zu verstehen versuchen. Auf diese Weise werde ich nie aus dieser Hölle herausfinden. Und doch ist es hier vielleicht besser, unwirklicher. In Englewood wird mir jeder Winkel den körperlichen Liebreiz meines Jungen wiederbringen. Aber ich möchte das Bild meines Jungen, etwas Geistiges, ich möchte nicht seinen Mördern näherkommen, nicht ihre Gesichter sehen, nicht die Waffe, mit der sie ihn töteten, und nicht den Ort, wo es geschah. Aufgedeckt muß das werden, aber nicht durch mich, nicht jede Nacht.

Ich kann sein Gesicht nicht sehen, die nichtssagenden verzerrten Zeitungsabbildungen sind im Weg. Aber ich kann sein Lachen hören, kann sehen, wie er mit gespitzten Lippen den Wind nachmacht: »Oooh –«

Lange Perioden eisiger Erstarrung; nichts wahrhaben wollen.

Hopewell, Donnerstag, 19. Mai 1932

Sie haben eine genau gleiche Leiter zum Fenster hinaufgeführt und die ganze Sache noch einmal durchexerziert. Sie haben folgendes rekonstruiert: daß das Baby in eine Leinentasche (beim Grab gefunden) getan und zum Fenster hinausgereicht oder durch das Fenster geholt wurde. Die Leiter brach, fiel gegen den unteren Fensterladen (Spuren), und der Mann ließ die Tasche fallen; der Kopf des Kindes schlug auf der Zementfensterleiste auf. Der Mann (der das Kind geknebelt oder chloroformiert hatte) wußte zunächst nicht, wie schwer das Kind verletzt war. Sie hielten an der ersten Stelle, wo Wasser war – wo der Daumenabdruck am Tor gefunden wurde. Sie zogen den Schlafanzug aus, um zu sehen, woher das Blut kam, und benutzten die Windeln, um es abzuwaschen. Als sie merkten, daß das Kind tot war, begruben sie es am erstbesten Ort.

Wenn das wahr ist, starb er, bevor er richtig aufwachte. Ich würde das gerne glauben. Ich hoffe, daß sie jetzt eine Zeitlang die ganze Sache ruhen lassen werden. C.s Gedanken beschäftigen sich unablässig damit. Aber mich macht es ganz krank, daß es so als bloßer Fall für die Polizei ausgegangen ist. Soll mir das denn als das Wirklichste in der Erinnerung an meinen Sohn bleiben? Dies Bild seines verstümmelten Körpers, und wie es geschah? Ich muß nach Englewood zurück, um ihn dort wiederzufinden. Auch wenn ich davor Angst habe. Ein stiller Kummer, ganz gleich, wie groß er ist, ist besser als dieses verzerrte, nie endenwollende, unwirkliche Grauen. Bis das nicht vorüber ist, wird es keinen neuen

Anfang geben. Im Moment bauen wir nur nach hinten weiter, nicht nach vorn. Ich fühle mich, als ob ein Gift in meinem Körper arbeitete – diese Vorstellung von dem Verbrechen. Wie tief wird es sich in unsere Leben einfressen?

Hopewell, Freitag, 20. Mai 1932

Letzte Nacht saß ich lange mit geschlossenen Augen da und versuchte, das letzte Wochenende vor mir zu sehen, nachzufühlen und nachzuvollziehen, das Baby wieder lebendig werden zu lassen. Das tat gut. Ich merkte, daß meine Finger besser als alles andere die Erinnerung wiederherstellen konnten. Mein Gefühl für Berührung. Aber ich konnte immer, schon seit den ersten Übungsspielen als Kind, das Gefühl der Berührung wieder wachrufen, jedenfalls in meiner rechten Hand. Ich kann meine Hand auf seine Locken legen und kann seine Hand in meiner spüren, wenn ich sagte: »Wollen wir nach oben gehen, Charlie?«, und sein Gewicht, wenn ich ihn nachts aus dem Bett nahm und ihn ins Badezimmer brachte. Es war wunderschön. Ich ging ins Bett, wollte allein sein und Ruhe haben, um an ihn denken zu können. So wie man darauf wartet, allein zu sein, wenn man verliebt ist, damit man sich alles ins Gedächtnis rufen kann, was Er gesagt und getan hat, um sich dann an der Erinnerung zu wärmen.

Der Kummer birgt keine Furcht, keine Alpträume und kein Grauen, wie ich sie diesen Winter verspürte. Man gewinnt Stärke, wenn man weiß, daß man Kummer hat und ihn ertragen kann. Ich hatte immer Angst und war-

tete auf einen schrecklichen Schicksalsschlag – wir waren immer so glücklich gewesen.
Sie sprechen von diesem Kind als von einem »unschuldigen, hilflosen Baby«. Ich sehe in ihm eine *Person*, vergnügt, voller Energie, selbstsicher – unberührt und unberührbar von äußeren Kräften – kein Baby.

Falaise[1], Sonntag, 22. Mai 1932

Ein heftiger Wind vom Meer bläst in unser Fenster, das Dröhnen der Wogen – wie in Maine.
Wir schlendern auf dem Grundstück umher – Flieder. Harry[2] findet einen »Schirm in der Hülle« (zwei aufgerollte Rhododendronblätter) für Diana[3]. Ich finde ein zerbrochenes Wanderdrosselei für Charlie. Mrs. Guggenheim ist sanft und ruhig. Ihr Vertrauen ist ungebrochen, wie das eines Kindes, und lindernd. Dieser Ort ist schön und unberührt und still wie ein Kloster. Ich bin vom Krieg zurückgekehrt.
Wir sprechen über die Zukunft. Wir haben eine große Sehnsucht nach einem ruhigen Leben ohne Publicityrummel – um jeden Preis. Ekel beim Anblick von Zeitungen. Wir fangen ganz von vorne an – ohne Bindungen, ohne Hoffnungen, ohne Pläne. C. greift nach dem Strohhalm Forschungsarbeit. Mir ist, als wünschte ich mir nichts anderes als ein normales Familienleben. Ein Hunger nach Kindern, einem Zuhause und all dem, was es geistig und materiell ausmacht. Vermutlich

[1] Landsitz der Guggenheims auf Long Island
[2] Harry Guggenheim
[3] Eine Tochter der Guggenheims

brauche ich mehr als das, nämlich eine Arbeit. Aber jetzt will ich nur das.
So viele Menschen haben Kinder verloren. Ich darf das nicht vergessen.

Englewood, Montag, 23. Mai 1932 [1]

Mein Sohn ist so weit weg, sogar hier – bis ich nach oben ging. Ich versuchte, mich nach oben zu stehlen, als niemand es merkte.
Als ich in sein Zimmer trat, kam mir alles wieder, noch bevor ich irgend etwas angesehen hatte. Ich schaute seine Spielsachen an, den Hahn, das schwedische Pferd, die Spieldose, Rollen und Pastellkreiden, den kleinen blauen Schemel, seinen Wagen mit Bauklötzen, mein Sammelalbum.
Die Johnson-Puderdose – ein süßer Geruch. Die Bilder, die ich ihm an die Wand hängte, der weiße Tisch und der Stuhl. Dann die Kommodenschubladen – jede einzelne so voll von ihm. In jeder Schublade war ein anderer, rührend persönlicher Gegenstand. Jos rote Strickmütze, sein blauer Peter-Rabbit-Strampelsack. Und unter Decken ganz verwurstelt und zerdrückt die kleine blaue Strickjacke, die er über dem Schlafanzug trug, wenn er jeden Abend zum Spielen herunterkam. Ich vergrub mein Gesicht darin. In dem Kinderbett waren der Leinenhund und die graue Muschikatze mit dem Schwanz, der fast ab war. Allein die Vertrautheit

[1] Die Lindberghs zogen nach Englewood, um mehr in der Nähe des Arztes zu sein, denn der Zeitpunkt der Geburt des neuen Babys rückte heran.

meiner Hand auf dem Bettchen schien ihn dorthin zurückzulegen. Was ist dies, das Gegenwart ist und doch keine Gegenwart? Ich ging weinend hinunter, aber ruhiger. Ich habe das Gitter nicht eingehängt – aus Angst.
Ich bin so froh, daß C. heute abend zurückkommt.

Englewood, Mittwoch, 25. Mai 1932

Ganzen Morgen wegen Elisabeth völlig erschlagen – neuer [medizinischer] Befund. Sie sehr, sehr deprimiert. Ich fühle mich hilflos und niedergeschlagen angesichts des Vergänglichen im Leben. Ich betrachte sie und denke, das Leben ist hier gefangen – jetzt –, bald wird es entweichen. Warum können wir es nicht halten, warum ist das nicht zu ändern?
Ich saß unter den Buchen und blickte hinauf in das Muster, das die Zweige gegen den Himmel bildeten, jedes Blatt scharf abgehoben, denn sie wachsen waagrecht. Am Nachmittag war das Baby so weit weg, ich konnte es nicht ertragen – daß er sich immer weiter entfernt, die verblaßte Daguerreotypie eines kleinen Jungen, der vor langer Zeit gestorben ist.

*

*An E. L. L. L.* Englewood, Mittwoch [25. Mai]

Vielleicht haben Sie Berichte gelesen, daß wir ins Ausland gehen, damit das Baby dort geboren wird. Wir tun das *nicht,* obwohl uns in einem zornigen Augenblick ganz danach war – um der amerikanischen Presse zu entfliehen. Aber das würde zu viele Umstände machen, und wir wären deshalb auch nicht viel besser dran. Hoffen wir also das Beste hier.

*

*Tagebuch* Englewood, Freitag, 27. Mai 1932[1]

Überzeugten Elisabeth davon, daß sie in das [Rockefeller] Institut zur Untersuchung gehen soll. Wir fühlten uns alle sehr elend.

Montag, 30. Mai 1932

Ein ruhiger Tag, kühl und sonnig. C. und ich gingen im Garten spazieren, spielten mit den Hunden. Elisabeth und ich auf der Terrasse, sprachen miteinander. Wir sind uns einig: wir haben genug von jeglicher Aufregung. Sie möchte Dulverton[2] und Frieden, nur in der Sonne sitzen, vielleicht lesen. Kommt das daher, weil wir zu viel erlebt haben oder weil wir reifer geworden sind? Beides. Ich möchte nur noch in der Sonne sitzen, im Freien, und Wogen grüner Eichenblätter und Wogen von Insektengesumm, das Geraschel und Gerege, in

[1] Die Ärzte sagten E.C.M., daß E.R.M. durch rheumatisches Fieber ernste und irreparable Schäden an der Herzklappe davongetragen habe und daher für alle Infektionskrankheiten sehr anfällig sei. Die Lebenserwartung für Patienten in ihrem Zustand betrug zur damaligen Zeit maximal fünf Jahre.

[2] Dulverton in Somerset, England, wo sie den Sommer verbringen wollte.

mich einströmen lassen, um alle Falten und Risse damit aufzufüllen und eine glatte, blanke, kühle Haut über alles zu ziehen. Dann mögen Eindrücke und Gedanken sich wieder ganz frei und ungehindert auf dieser seidigen Haut einstellen. Aber ich möchte jetzt nicht lesen, nicht denken, nicht arbeiten; ich möchte lediglich bis obenhin mit Ruhe erfüllt sein.
Es war schön, mit Elisabeth zusammen zu sitzen. Sie war ruhig und glücklich. Wir waren miteinander im Einklang und verstanden uns.

Langer Spaziergang und langes Gespräch mit Mutter. Es sieht so aus, als hätte sie wieder und wieder Trauer und immer wieder Trauer zu ertragen – und das allein.

Englewood, Dienstag, 31. Mai 1932

Bei Dr. Hawks.
Wille, Geist und Körper sind schrecklich abgestumpft. »Es gibt nichts auf der Welt, das mir Freude bereiten kann.« Muß mich davon befreien.
Elisabeth, im dunkelblauen Regenmantel, ein Plaid unter dem Arm, einen Stock über dem anderen, den zusammengerollten Gummimantel in der Hand. »Junge Engländerin auf dem Spaziergang!«

C. und ich sprachen über das Haus in Hopewell und über unseren Wunsch, »wieder von vorne anzufangen«.
Mir wird klar, daß ich nie darüber hinwegkommen werde. Jetzt vergegenwärtige ich mir in meiner Betäu-

bung entweder das Verbrechen oder aber meinen persönlichen tiefinneren Verlust, nie beides gleichzeitig. Ich muß anfangen, an einer Sache zu arbeiten. Ich kann nicht schreiben, nicht einmal Briefe, auch nicht lesen, und ich hasse mich selber wegen meiner Faulheit.

*

*An E. R. M.* [Englewood, 1. Juni]

Mein Liebes,
Du hast mir in diesem Winter so viel gegeben, und ich bringe kaum etwas zum Ausdruck, aber ich fühle mich Dir in Gedanken und Stimmung und allem nahe, und die Freude darüber ist groß. Ich hoffe, Du läßt die Sonne und die Muster der Buchenblätter, die sich gegen den Himmel abheben, in Dich einströmen und eine kühle grüne Decke werden, die man über alles breiten kann. Ich werde das hier tun und an Dich denken. Dann werden wir im Herbst wieder strahlen.
Mach Dir wegen Mutter keine Sorgen, sie wird in den nächsten zwei Wochen so damit beschäftigt sein, zu Großmutter zu fahren und alles für die Abreise vorzubereiten[1], daß es nicht schwierig sein wird, und dann werden Con und Dwight und Tante Annie in ihrer »Jetzt-mal-eine-Jux«-Stimmung ihre Lebensgeister wieder wecken.
Erinnerst Du Dich an James Stephens' »Goat Paths«:

[1] E.C.M. bereitete ihre erste Europareise nach dem Tod ihres Mannes vor und wollte E.R.M. besuchen.

»The crooked paths go every way
Upon the hill – they wind about
Through the heather in and out
Of the quiet sunniness.
And there the goats, day after day,
Stray in sunny quietness,
Cropping here and cropping there,
As they pause and turn and pass,
Now a bit of heather spray,
Now a mouthful of the grass.

.......

If you approach they run away,
They leap and stare, away they bound,
With a sudden angry sound,
To the sunny quietude;
Crouching down where nothing stirs
In the silence of the furze,
Crouching down again to brood
In the sunny solitude.

.......

I would think until I found
Something I can never find,
Something lying on the ground,
In the bottom of my mind.« [1]

*

*Tagebuch* Englewood, Donnerstag, 2. Juni 1932

Laura und George [Stevens] hier draußen zum Abendbrot. Wir saßen auf der Terrasse und sahen auf die schwarzen Umrisse der Bäume und auf das Licht, das vom Haus auf das Gras fiel, und sprachen darüber, wo wir wohl leben könnten – sparsam, sicher und glücklich. Stadt und Streß, Land und wenig Anregung. Ich weiß es nicht – ich kann nicht theoretisch denken. Ich bin nur schwerfällig und müde und wünsche mir einfache Dinge und Menschen: Gesundheit und Kinder und einen Baum, um darunter zu sitzen, und Charles.
Ich will keine Anregungen, will nicht denken, nicht lesen, will nichts wissen.
Mutter ist noch auf und spricht mit George über Bücher und Menschen – präzise wie ein scharf geschliffenes Messer. Meine Klingen sind so stumpf.

*

[1] *Ziegenpfade:*
»Die gewundenen Pfade führen überallhin / Auf den Berg – sie schlängeln sich / Durch die Heide, hinein und hinaus / Im stillen Sonnenschein. / Und dort streifen die Ziegen Tag für Tag / In sonniger Stille umher, / Grasen hier und grasen dort, / Rasten, machen kehrt und wandern, / Da ein Reis vom Heidekraut / Dort ein Maulvoll Gras.
Wenn man höher kommt, laufen sie fort, / Sie hüpfen und glotzen, springen fort / Mit einem plötzlichen, ärgerlichen Ton / In die sonnige Stille; / Legen sich nieder, wo nichts sich regt, / In die Unbewegtheit des Ginsters, / Legen sich wieder, um vor sich hin zu brüten / In der sonnigen Einsamkeit.
Ich würde nachdenken, bis ich / Etwas fände, das sich nicht finden läßt, / Etwas, was auf dem Boden, / Auf dem Grund meiner Seele verborgen liegt.«

*An E. L. L. L.* New York, Montag [6. Juni]

Liebe M.,
ich habe das Gefühl, als würden wir von jetzt ab ruhiger leben. Sensationelle Reisen machen uns keine große Freude, denn sie führen nur zu größerer Publicity.
Der Arzt sagt, daß bei mir alles in Ordnung ist und daß es dieses Mal viel leichter gehen wird. Er schlug vor – und auch wenn ich selber nicht daran gedacht habe, gefällt mir das doch aus vielen Gründen –, daß ich das Baby in einer Wohnung in New York bekommen soll und nicht in einer Klinik; um der Publicity aus dem Wege zu gehen. Die Kosten wären etwa die gleichen, und es wäre viel ruhiger, keine neuen Menschen, keine neugierigen Leute, ruhiges Ein- und Ausgehen. Charles könnte die *ganze* Zeit dort sein. Das Baby könnte dort direkt bei mir im nächsten Zimmer sein. Genügend Platz für C., um jede Nacht zu bleiben, für Sie, wenn Sie hier sein sollten, und auch für Mutter.
Mir gefällt das sehr. Wir haben keine Wohnung, aber die große Wohnung meines Vaters ist an jemanden vermietet, der sie im Sommer nie benutzt, und er würde sie uns im August zur Verfügung stellen. Wie denken Sie darüber? Auch in der besten Klinik, selbst wenn sie noch so klein und privat ist, gibt es sicherlich mehr Publicity und einiges an Geschwätz und Aufregung, und *ich will das nicht*.
Nein, ich habe keine Gedichte über Charles jr. oder sonst irgendwelche seit meiner Heirat geschrieben. Ich bin zu glücklich und tätig gewesen.

---

Ich glaube, wenn ich es analysiere, daß Frauen Kummer anders aufnehmen und bewältigen als Männer. Sie wehren sich nicht dagegen, mit offenen Armen nehmen sie den Kummer auf, verbinden und verschmelzen ihn mit jedem Teil ihres Lebens; er nimmt seinen Raum in jeder Faser ein, er gehört zu ihrem Dasein. Während Männer die konzentrierte, bittere Dosis mit einem Zug hinunterschlucken und dann zu vergessen suchen – anfangen, an einer ganz anderen Sache zu arbeiten.

*

*Tagebuch* Samstag, 11. Juni 1932

Mir kommt *ihre* Welt als eine heile Welt vor, in der sich niemals Schreckliches ereignen könnte, denn sie vertrauen auf sie. Unsere dagegen fällt in sich zusammen, alles kann passieren, denn wir vertrauen ihr nicht mehr. Als ob man, wenn man einmal das Vertrauen verloren hat, verwundbar geworden sei und nichts mehr tun könne, um dem Bösen, dem Kummer und dem Elend Einhalt zu gebieten. »Der Verlust des Vertrauens ist schlimmer als der Verlust eines Besitzes« – Emily Dickinson.

Falaise, Sonntag, 2. Juni 1932

Schreckliche Auseinandersetzung darüber, wie wir mit der Publicity in unserem Leben fertig werden sollen; C. plädiert dafür, woanders zu wohnen, um friedlicher leben zu können.

Harry [Guggenheim]: »Solange du dein ganzes Leben

lang etwas Schöpferisches tust, mußt du dich der Publicity stellen, kannst du ihr nicht entrinnen. Das einzige, was du tun kannst, ist, deine ganze Einstellung dazu zu ändern. Besiege sie in deinem *Innern,* dann wird sie dir gleichgültig. Du mußt aufhören, sie zu bekämpfen und vor ihr davonzulaufen.«

C. A. L.: »Es geht nicht darum, was die Leute *sagen*, sondern um ihre körperliche Anwesenheit in deinem Leben, wenn du nicht zur Tür hinausgehen kannst, ohne daß ein Blitzlicht vor deiner Nase explodiert.«

A. M. L.: »Nehmen wir mal an, du streckst die Waffen wirklich, kämpfst nicht mehr dagegen an, schützt dein Privatleben nicht mehr, öffnest allen Tür und Tor, läßt sie gewähren und sie alles nehmen, was sie wollen – *was dann?* Werden wir dann Frieden haben?«

Harry: »Nein – außer du bist bereit, in der Vergessenheit dahinzuvegetieren. Und das wirst du nie wollen.«

Aber wir sind zu empfindlich und zu tief getroffen, um darüber zu diskutieren.

Englewood, Samstag, 25. Juni 1932

Ich fürchte mich davor, nach Hopewell zu fahren. Dort ohne Hoffnung zu leben, wo ich so lange *nur* in ihr gelebt habe.

Hopewell, Sonntag, 26. Juni 1932

C., Betty und ich nach Hopewell; heiße, holperige Fahrt. Das Haus strahlt in neuem, weißem Glanz – das Werk Whateleys. Es ist kühl und friedlich, wieder ein Zuhause – nichts, was auf das Vorgefallene hindeutet, außer daß Whateley den alten verblaßten Stich abge-

staubt und auf das Radio gestellt hat, den uns eine wunderliche Alte einmal mit der Post geschickt hatte und den wir aus Jux aufgebaut hatten. Er sah gar nicht komisch aus.
Dann waren die eingebrannten Spuren der Fingerabdrücke des Babys auf den Stufen, wo die Männer versucht hatten, sie mit Chemikalien sichtbar zu machen.
Das Zimmer des Babys war still und friedlich, die großen französischen Fenster waren weit offen, und es war genau das gleiche sichere, vertraute Zimmer, das es in jener anderen Welt gewesen war. Ich ließ die Tür offen.
Dieser Ort erinnert jetzt nicht mehr an ein Verbrechen, aber mir wird hier vollkommen klar, was ich in Englewood immer mehr erkannt habe: daß das neue Baby die Empfindung, die ich für Charlie habe, nicht ändern wird. Ich hatte die unbestimmte Vorstellung, daß es nach der Geburt des Babys besser gehen könnte, das wird es bestimmt nicht. Die Dinge werden sich nicht ändern. Ich werde Charlie genauso vermissen. Das Gefühl für das neue Baby wird sich unabhängig davon entwickeln, etwas Wunderbares, Andersartiges neben *diesem* Gefühl. Ich werde immer damit leben, immer, mein ganzes Leben lang, nur wird es vielleicht leichter, damit zu leben, weil es sich mehr und mehr von meinem täglichen Leben entfernen wird. Ich will es auch gar nicht anders haben.

Englewood, Samstag, 9. Juli 1932

Starker Wind zerrt an den Eichen – schwemmt jeden Wunsch nach Tätigkeit aus den Gedanken und Vorstellungen hinweg, strömt in einen ein und füllt dies Bedürfnis auf.

Feuerwerke hinter den Bäumen – kühle Dunkelheit – Licht vom Haus zu unseren Füßen – Pal liegt friedlich da.

Die Ergebenheit dieses Hundes, der mir überallhin folgt, ist erregend, wie wenn man einen neuen Verehrer hat.

Dienstag, 12. Juli 1932

Ich habe das Gefühl, schrecklich weit von dem Baby entfernt zu sein, bin in einer jener Phasen der Betäubung, in die das Pendel ausgeschlagen hat. Ich versuche nicht, das Kind zurückzuholen, ich fühle nur die unvermeidliche Entfernung und unternehme keinen Versuch, dagegen anzukämpfen. Schwere, bedrückende Gefühllosigkeit – und dazu dumpfe, stumme Trauer. Doch dabei ist es nicht das heftige und tröstliche *Vermissen,* das auf seine Weise auch ein Besitzen ist.

Dienstag, 26. Juli 1932

Ich weiß nicht, weshalb wir alle unser Leben auf den Gesetzen des Zufalls aufbauen, wenn es doch immer die Ausnahmen sind, die unser Leben bestimmen.

Samstag, 30. Juli 1932

Immer noch völlig betäubt wegen des Babys: »Dies ist die Stunde von Blei.«

Ich warte darauf, daß das Pendel von der dumpfen Erstarrung wieder hinüberschwingt zur vollen Erkenntnis, ich fürchte diesen Schlag, aber diese Starre ist schlimmer, denn ich taste nach der bewußten Erkenntnis und kann sie nicht erfassen – ich spüre nur einen dumpfen Schmerz.

*

*An E.R.M.* Englewood, 8. August 1932

Mein Liebes,
heute abend webt das Zirpen der Grillen einen dichten Klangvorhang um das Haus. Nichts anderes dringt herein. Aber eigentlich ist es gar nicht sehr heiß. Und ich finde es sehr schön.
Es ist herrlich, Mutter wieder hier zu haben, und nach unserem ruhigen Sommer ist das sprudelnde Leben, das sie überall verbreitet, eine große Freude. Das Auspakken der Geschenke. Hast Du die Wiege [1] gesehen? Sie ist genau so, wie eine Wiege sein soll (wie Chaucers »horsly horse«), aber ziemlich schmal und lang (offensichtlich für das große schlanke Mädchen, das ich zur Welt bringen werde, berechnet!). Aber sie ist so süß, daß das nichts macht.
Mutter ist ganz auf ein Mädchen eingestellt und hat die entzückendsten rosa Kleidchen besorgt (»Ännchen-

[1] Eine alte Wiege, die Mrs. Morrow in England für das kommende Baby gekauft hatte.

Rosa« – mich erinnert es wirklich an den Twilight Park, dieses frische, kühle Rosa, ich glaube, es ist das Rosa der Heckenrosen). Ich hatte bisher keine bestimmte Vorliebe, aber bei diesen rosa Kleidchen, die hier liegen, möchte ich ein Mädchen haben.

Morgen haben wir die großen Tanten [1] hier *en force*. Sie warten alle täglich auf das Ereignis. Ich bin eher wütend über die Herumwarterei. Erinnerst Du Dich an das Gefühl der Panik in *Romeo und Julia*, wenn Julia noch nicht ganz gestorben ist und die Leute an die Tür des Grabgewölbes schlagen? Dann möchte man am liebsten sagen: »Beeil dich, beeil dich! Du solltest friedlich ausgestreckt daliegen.« So komme ich mir jetzt vor.

C. will tatsächlich nach North Haven fahren und meint, daß wir »mindestens zwei Wochen« (ich denke an einen ganzen Monat) dort bleiben und das Baby und die Kinderschwester mitnehmen können. Werden wir dort wirklich zusammen sein? Ist das möglich? Ich glaube nicht daran. Ich bin dort seit meiner Heirat (und außer an ein oder zwei *allzu kostbaren* Tagen) nicht mehr in Ruhe gewesen. Ich vertraue sehr darauf, daß es mir viel bedeuten und mir gut tun wird, als könnte ich das Gefühl der Geborgenheit wieder einfangen, das Gefühl immerwährender Zeit und immerwährender Jugend und immerwährenden Glücks (nicht, daß man immer glücklich war, aber man hatte das Gefühl, daß es große Glücksreserven gab).

*

[1] Die Tanten Morrow, im Gegensatz zu den kleineren Tanten Cutter.

Ich habe heute, in Erwartung der Geburtswehen, darüber nachgedacht, daß ich mehr Schmerzen auszuhalten habe und auch schon mehr Schmerzen ausgehalten habe, als Charlie in jener Nacht – ich hoffe jedenfalls, daß das wahr ist. Es hilft mir. Ich bin froh, daß ich das nachfühlen kann, was er durchgemacht hat, und noch mehr. Ich bin dankbar, daß er nichts mehr gespürt hat.

Dienstag, 16. August 1932

Die Geburtswehen fingen Montag nacht gegen 12.00 Uhr an. Etwa um 3.45 Uhr in die Stadt, bei jeder Wehe das Tempo verringert. Es war ein so merkwürdiges Gefühl für mich (in den Klauen des Unabänderlichen und Ungeheuerlichen, wie in einer eisernen Faust), durch die alltäglichen Straßen von New York zu fahren, vorbei an Milchwagen, Lastwagen, Zeitungsständen und Reklamen, und ich war auf dem Wege zu dem größten Ereignis, das es außer dem Tod in unserem Leben gibt und das ihm am nächsten ist. Ankunft in der Wohnung um 4.35 Uhr. Miss Cummings, Dr. Hawks, Dr. Flagg kommen.[1]

Zum ersten Mal Lachgas: ändert nichts. Zuerst: »Das funktioniert nicht«, doch dann entkrampft sich plötzlich alles, die Finger verlieren ihr Gewicht, schleudern es weg, der Körper schüttelt sein Gewicht ab wie eine

[1] Miss Marie Cummings, Schwester; Dr. E. M. Hawks, Geburtshelfer; Dr. P. J. Flagg, Anästhesist.

Schlange ihre Haut. Allmählich ist man nur noch *Denken* und wirbelt rhythmisch durch Zeit und Raum.
Ich war in genau der gleichen geistigen Verfassung, wie ich sie schon früher unter Lachgas erlebt hatte. Jemand fragte mich etwas (vielleicht ein Teil meines Ichs), jemand horchte auf meine Antworten, was mochte das *größte Ereignis,* das Rätsel des Universums sein – worauf lief letzten Endes alles hinaus? Und ich gab eine Antwort nach der anderen, und immer waren sie falsch, und ich hörte, wie *das Ding aufhorchte,* mich auslachte und mir aufzeigte, daß alle meine Antworten meinen Egoismus und meine Kleinlichkeit bewiesen, besonders aber meinen Egoismus. Alles kehrte zur Selbstsucht zurück, und ich war beschämt. »Alles ist Charles«, »Alles ist Mutter«, »Alles ist Rhythmus«, »Alles ist Raum«, »Alles ist Bewegung«, »Alles ist das gleiche«.
Ich wollte die Antwort darauf finden, um in dieses wichtige Ding eintauchen zu können, und so sagte ich mir ständig vor: »Ich muß demütig sein, muß mich von der Selbstsucht trennen, ich bin nicht demütig genug – das nächste Mal werde ich es finden.« Denn mit jeder Antwort fiel ich von einem wirbelnden Zyklus (einem Universum, einem existentiellen Zyklus) in den nächsten, jedesmal kam ich der Wahrheit näher, aber nie erreichte ich sie ganz.
Dann forderte der Körper wieder sein Recht, glühte und sang in Schmerz und Wonne: »Ich bekomme ein Baby, mein erstes Baby. Nein« (meine Augen hefteten sich auf das mit Zeitungen bedeckte Bild an der Wand – und ich hielt mich daran fest wie ein Ertrinkender an

einem Felsen), »nein, ich bin in der Wohnung, es ist mein zweites Kind, ist alles vorbei?« (Es schien so lange zu dauern.) »Das ging ganz leicht.« Dann wurde mir mit einem Male klar: »Dies ist mein zweites Baby, mein erstes Baby ist getötet worden, und dies ist erst die erste Wehe« (unter Lachgas), und mit einem unaufhaltsamen Tränenstrom erwachte ich wieder zu der schweren Hilflosigkeit meines Körpers.
Ich wußte immer schon ein bis zwei Sekunden, bevor ich aufwachte, ob C. im Zimmer war oder nicht, und fühlte meine Blicke unweigerlich zu ihm hingezogen. Ich *mußte* einfach zu ihm hinsehen: es war etwas Zwingendes in mir, so wie Thor Hals über Kopf über alles hinwegspringt, nur um zu mir zu gelangen – ein blinder Instinkt. Meine Hand in der seinen war manchmal das erste, was wieder ins Leben zurückführte – meine Hand in seiner Hand; während ich noch ganz blind und taub und stumm war, spürte ich, wie sein Zeigefinger mein Handgelenk streichelte. Wie der erste Felsgipfel, der sich aus der zurückweichenden Flut der Bewußtlosigkeit erhebt.
Die Zeit unter dem Lachgas kam mir endlos lang vor – Äonen. Ich durchlebte einen Zyklus nach dem anderen, ein Universum nach dem anderen, wachte dann auf und sagte: »Wie lange hat das gedauert?«, und sie antworteten: »Eineinhalb Minuten.« Es war nicht zu glauben. Und ich kam wieder zu mir, und sie sprachen über völlig nichtssagende Dinge von dieser Welt, während ich in so unermeßlichen Welten gelebt hatte. Und ich sah erstaunt auf sie herab (wie Narwitz in *Der Quell* [dem

Roman von Charles Morgan] oder wie *Lazarus* bei Browning), doch dann wies ich mich selber zurecht: »Denk daran – du mußt demütig sein, demütig sein.« Manchmal lautete die Antwort auf die Frage »Täuschung«: »*Alles* ist falsch, ein Betrug, ein billiger Trick, der nichts bedeutet.« Ich aber lehnte mich dagegen auf und sagte: »Das *kann* nicht sein – ich *will* es nicht glauben.«

Die Schmerzen blieben gleich schrecklich, so schrecklich, daß man nicht mehr man selber ist – man ist Schmerz – die ganze Welt besteht aus Schmerzen. Manchmal etwas näher bestimmbar: Du bist von ihnen durchbohrt und unfähig, ihnen zu entrinnen. Du läufst mit den Schmerzen um die Wette, versuchst, ins Lachgas zu fliehen, während der Schmerz mit gierigen Zungen an deinen Fersen leckt, wie wenn die Flut dich einholt.

Aber die Wehen waren dieses Mal sehr viel kürzer (dauerten in der Wohnung nur vier Stunden), so daß ich nicht so erschöpft und zwischen den Wehen mehr bei Bewußtsein und viel rebellischer war: Mut und Ausdauer hielten vor. Ich war auch bei Bewußtsein, sogar wenn ich mich nicht bewegen oder sprechen konnte und wenn die Menschen um mich glaubten, daß ich bewußtlos war. Ich amüsierte mich über sie: »Wie komisch – sie meinen, daß ich sie nicht hören kann, und dabei kann ich sie hören.« Vielleicht wird das so sein, wenn ich sterbe.

Ich erlebte die verschiedenen Stadien bewußt mit, spürte, daß etwas zwischen meinen Beinen war, daß ich in das andere Zimmer hinübergebracht wurde, daß Dr. Hawks sanft sagte: »Jetzt dauert es nicht mehr lange«, und sah Mutters verzerrtes, geduldiges Gesicht. (Ich spürte tiefes Mitleid mit den Männern, das fast an Verachtung grenzte: »Wie kann ein Mann je eine Frau verstehen, die das durchgemacht hat?«) Ich war so weit bei Bewußtsein, daß ich Angst hatte (und besorgt war), daß womöglich nicht alles in Ordnung war und sie gemerkt haben könnten, daß mit dem Baby etwas nicht stimmte.

Schließlich wachte ich ganz auf, sehr wund, aber mein Unterleib war von seiner Last befreit, und dann das gleiche unverkennbare durchdringende Geplärr – ein unsicheres, zögerndes Geplärr, das alle anderen Geräusche übertönte, als ob es das einzige wäre – vom Baby. Mutters ruhige, liebe, humorvolle Stimme: »Ein kleiner Junge, Anne.« Ich konnte nicht antworten, mir schwanden wieder die Sinne – ich wußte, sie würde es mir nochmals sagen. »Ein kleiner Junge.« Ich wollte immer wieder wissen, ob das Baby ganz *in Ordnung,* völlig in Ordnung war, dann dachte ich, wie schön es für Charlie wäre – ein kleiner Bruder. Miss Cummings sagte mir, daß ich nicht daran denken, daß ich ganz von vorne anfangen und es vergessen sollte – »*Vergessen!*« Ich mußte weinen.

Sie brachten mir das Baby. »Es ist nicht besonders schön, aber ...« – »Oh je, er hat genau dieselbe Nase wie Großmutter Morrow.« Emily kam mit dem Frühstück. Es war erst neun Uhr morgens. Ich *konnte* es nicht glauben.

---

Später war ich dann den ganzen Tag über (wenn sich auch in meinem Kopf alles drehte und die Nachwehen wieder einsetzten) wonnevoll glücklich und erleichtert und sagte und dachte immer wieder vor mich hin: »Das Baby ist wohlauf, das Baby ist ganz in Ordnung, es ist hier, es geht ihm gut«, bis C. sagte: »Es hat eine Warze auf dem linken Zeh«, und anfing, mich zu necken. Aber ich konnte es schier nicht begreifen. Nach dem letzten Herbst und diesem Winter nun ein vollkommenes Baby. Es war ein Wunder.

Ich fühlte mich Jahre entfernt von der letzten Nacht und den Monaten vor dieser Nacht. Ich spürte, daß ich mehr als nur einem Baby das Leben geschenkt hatte: neues Leben auch mir, C. und Mutter. C. war wieder ein Junge, der einen gern neckte; Mutter war wieder so ruhig und sanft und heiter, wie sie es früher mit Charlie gewesen war. Und mir war, als sei eine große Last von mir abgefallen. Ich hatte mir nicht vorstellen können, daß das Baby so etwas für mich tun könnte, aber ich hatte das Gefühl, als sei mir das Leben wieder zurückgegeben – eine Tür ins Leben geöffnet worden. Ich *wollte* leben, spürte die Kraft zum Leben. Ich hatte keine Angst vor dem Tod und vor dem Leben: ein Bann war gebrochen, der Bann über uns, unter dem ich alles fürchtete und unter dem ich das Gefühl gehabt hatte, daß seitdem nichts mehr gelingen könnte. Der Bann war durch dieses wirkliche, handfeste, vollkommene Baby gebrochen, das aus den Klauen des Kummers in eine unvollkommene Welt gekommen war – ein Wunder. Mein Vertrauen war wiedergeboren.

---

Dienstag, 13. September 1932

Das Baby wiegt 4198 Gramm.

Flug nach Maine im Bird[1]. Abflug vom Long Island Country Club um 1.15 Uhr, Ankunft North Haven 6.15 Uhr.

Ich flog von Portland an. Es war wieder wunderschön, die Küste, Inseln, Halbinseln, Buchten und Flüsse, alles floß nach Südosten, als hätte ein starker Wind sie ins Meer hinausgefegt. Es war schön, selber zu fliegen. Dieses letzte Stück der Strecke ist vertraut und aufregend wie das Heimgaloppieren auf seinem Lieblingspferd.

Dort ist *Monhegan!* Ja, *Monhegan* weit voraus, dieser dunkelblaue Streifen, nur noch eine Bucht und dann noch eine Landzunge und dann hoch hinauf für den Sprung nach North Haven! Wir sind jetzt sehr hoch. Dort ist Mount Desert, ein Bergkegel über dem Nebel, und Isle au Haut, und Monhegan liegt jetzt hinter uns. Hinter uns laufen alle Inseln davon, ziehen in eine Richtung, wie kleine Boote, die mit den Gezeiten in den Hafen strebten, lauter Amethyste, sie eilen über den Rand dieser runden Welt hinaus.

Aber das Haar peitscht in meine Augen, ich muß drehen und dem Wind entgegenfliegen. Dort sind die Camden Hills, dieses wellige Land, und der Hafendamm, wie ein gerader Fahnenmast, den man flach auf den Hafen gelegt hat. Die zwei Inseln von North Haven

[1] Bird-Doppeldecker, in dem C.A.L. A.M.L. das Fliegen beigebracht hatte.

breiten sich mir entgegen, strecken Landzungen und Buchten nach mir aus. Der lange Arm von Crabtree Point nähert sich – jetzt kommt unsere Landzunge.
Sie ist noch da, alles ist noch da – diese Inseln, die sich weit ins Meer hineinziehen, diese Inseln, die oben auf der Welt schwimmen, die sich über den Rand der Welt ergießen. Hier sind sie alle, wie früher, schön und ruhig, flach vor mir ausgebreitet, wie sie es vor einem Jahr waren – auch vor vielen Jahren –, wie sie es immer sein werden. Daddy ist seit letztem Jahr tot, und das Baby (ich bin froh, daß es eine Zeitlang in dieser Schönheit lebte). Aber diese Inseln würden immer hier sein. Und ich war glücklich, als hätte ich *sie* für einen Augenblick wiedergewonnen, als hätte ich alles, was für immer verloren schien, wiedergefunden, als hätte ich alles – alles, was sich zu haben lohnte. Und ich versuchte zu ergründen warum, um etwas von diesem Augenblick der Ekstase in mir zu bewahren, ein Geheimnis, das mich trösten sollte, wenn ich wieder in die Welt der Menschen hinunterkäme.
Was war das, was für einen Schlüssel hielt ich in Händen? War es so göttlich, Vertrautes in einem neuen, klareren Licht zu sehen? Die Insel war immer so gewesen, aber nie hatte ich sie aus diesem Blickwinkel gesehen. Lag es daran, daß ich die Dinge in ihren richtigen Proportionen sah – oder mehr in ihren richtigen Proportionen? Daß ich sah, wie die Insel in die Bucht hineinpaßte, unsere Landzunge zur Insel, oder weil ich so viel zu gleicher Zeit sah, was vorher vereinzelt und durcheinander war und was ich jetzt auf einmal vor mir lie-

gen sah, Mount Desert, Rockland, North Haven, Monhegan?
Ich sah auf das kleine Haus und die Gestalten hinunter – auf Mutter und Elisabeth, zwei winzige Gestalten, die aneinandergeschmiegt auf dem Rasen standen. Sie sahen so zerbrechlich aus. Ich verspürte schreckliches Mitleid mit ihnen und mit uns allen, die wir uns in diesem großen Plan, den wir nicht verstehen noch erfassen können, abmühen; wir versuchen zu begreifen, haben aber weder die Macht dazu noch die entsprechende Höhe. Wenn ich doch nur immer in dieser Höhe bleiben könnte – aber wir gingen jetzt hinunter, die Kiefern waren nahe und vertraut, alltäglich und menschlich; ich kam wieder hinunter auf die Welt – die Welt der Menschen. Der Wind war kalt auf meinem Gesicht, und ich hatte geweint.

Mittwoch

Elisabeth erzählt mir von Aubrey [1]. Genau das wollte ich, aber ich kann es nicht erfassen.
Das Bestürzende ist die seltsame neue, feste Loyalität, die sich zwischen uns drängt.
Ich versuche es zu begreifen.

Sonntag, 18. September 1932

Ich kann den Gedanken kaum ertragen, daß Charlies kleiner lebendiger Körper ins Nichts ging. Weshalb ist der Gedanke, daß er ins Nichts ging, schwerer zu ertra-

[1] Elisabeth Morrow hatte sich mit Aubrey Niel Morgan verlobt.

gen als der, daß er aus dem Nichts kam? Eine Richtung ist so dunkel wie die andere.

Dienstag, 27. September 1932

Gestern nacht wurde mir voll Bitterkeit und in aller Deutlichkeit bewußt, daß ich in den letzten Jahren zu viel gelebt hatte, zu intensiv gelebt hatte, zu traurig und zu glücklich war. Daß ich zu tief empfunden habe. Daß das Leben zu kostbar – viel zu kostbar war. Ich möchte von diesem Gefühl befreit werden. Das Leben alltäglich und eintönig machen. Ich wünsche mir Routine und stumpfsinnige Abläufe – ich will Eintönigkeit wie Chrysis' Legende: »... denn unsere Herzen sind nicht stark genug, jeden Augenblick zu lieben.« [1]

Nicht für den Augenblick, in dem man getroffen wird, braucht man Mut, sondern für den langen steilen Rückweg zur geistigen Genesung, zu neuem Vertrauen und Sicherheit.

Elisabeths Hochzeitstag
Mittwoch, 28. Dezember 1932

Frühstück oben in Elisabeths Zimmer. Ich versuche, mich nützlich zu machen, und schreibe mit Lois Geschenke in das Hochzeitsbuch ein.

Das große Zimmer ist ausgeräumt, in den Fenstern stehen Farne, zwei Bäume in Kübeln. Dwight rennt hinunter.

Dann der Einmarsch: Con in blauem Samt, blaue Samtblätter auf ihren Locken, den Blick gesenkt, zu-

[1] Thornton Wilder, *The Woman of Andros*.

rückhaltend, ernst, zitternd. Rosa Orchideenzweig, Flieder, Mimosen, afrikanische Gänseblümchen. Con – klein, zurückhaltend, wippend, ein wippender Rock und kleine blaue Schuhe. Ich schaue sie an, sogar noch, als Elisabeth um die Ecke kommt.

Dann Elisabeth an Dwights Arm. Elisabeth strahlend und triumphierend. Und in dieser Flut der Empfindungen, die mich bei ihrem Anblick überkam, fühlte ich – so stark, als ob ich ihn mit eigenen Augen sähe – fühlte ich Daddy. Ich fühlte seine Anwesenheit so leibhaftig, wie ich sie immer gefühlt habe, als er noch am Leben war. Es war weder Assoziation noch bewußter Gedanke – es lag nicht daran, daß alle seine Freunde hier waren oder daß der liebe, ernsthafte Dwight mich in seiner reizenden Würde an ihn erinnert hätte oder Elisabeth. (Später erkannte ich auch das.) Es war einfach die Flut der Empfindung, das Stocken des Atems, das Hämmern des Blutes und, scharf wie ein Messer – *Daddy*. Dann bekam ich wieder Luft, das Blut strömte zurück, meine Augen waren ein bißchen feucht, ich begann nachzudenken und heftete meine Blicke auf Elisabeths Schönheit. Das war Elisabeth.

Ich hatte das Gefühl, als hätte ich sie lange, lange nicht gesehen, als lebte das Ganze in meiner Erinnerung, ich eine alte Dame und dies eine von den Toten auferstandene Elisabeth. Das war Elisabeth. Das war die alte Elisabeth aus meiner Gedankenwelt – in ihrer Gradheit, Klarheit und in ihrem Glanz. Dies war die klare blaue Flamme Elisabeths. Ich erinnere mich, wie ich als Kind die Flamme einer Kerze beobachtete, die plötzlich um ein Zwei- bis Dreifaches der normalen Höhe aufschoß, ein starker, glatter, züngelnder Flammenspeer, den ich mit verhaltenem Atem betrachtete. Und das war Elisabeth. Hier und jetzt, diese Schönheit, dieser Glanz – das innere Wesen Elisabeths, nicht wie man von den meisten Bräuten zu sagen pflegt: »Ist sie nicht eine bezaubernde *Braut*!« Ich wollte sagen: »Ist sie nicht eine bezaubernde Elisabeth!« Dies war die *echte* Elisabeth – nicht die Person, die wir bei Tisch erlebt hatten, die über das Essen mäkelte und die Eier zurückwies. Dies war die echte Elisabeth. Der Schleier, die Schleppe, das Band mit Orangenblüten in ihrem Haar, die Farbe in ihren Wangen, ihr schlanker Körper in einer Hülle aus Satin.

Ich dachte, als ich sie ansah, daß ich anfangen würde zu weinen, aber dann blieb sie vor Mr. Elmore und Guthrie Speers stehen, Mr. Elmore begann zu sprechen, und meine Augen waren rasch wieder trocken.

Ich blickte auf ihren Hinterkopf und ihren wie eine Kallablüte geschwungenen Körper, und ich sah, wie sie ihren Kopf neigte, um ein Lachen zu verbergen, sah die Lachfältchen auf ihren Wangen. Sie war so sicher – ihre Stimme, ihre Haltung, das Wenden ihres Kopfes. Guthrie sprach zu Elisabeths blauen Augen. Dwight trat würdevoll zurück, ein bißchen verwirrt von dem Gewoge der Schleppe, über das er hinübermußte, dann ging er auf Zehenspitzen vorsichtig darum herum.

Dann wendet sich Elisabeth zu Mutter. Pause und ihr: »Dreht mich doch herum, einer von euch!« Ich tat es.

Dann eine wogende Menschenmenge. »War sie nicht entzückend!« Reizend – reizend – reizend – reizend. Elisabeth in einem braunen Kostüm, Rosenblätter, ihre Hand winkend erhoben, läuft sie durch die überfüllte Halle.

---

# *Verschlossene Räume, offene Türen*

## *Jahre der Besinnung*

## *Einführung*

In den Jahren 1933–1935 lebten wir zunächst bei meiner Mutter in Next Day Hill. Wir mußten mit dem Geschehenen fertig werden. Noch immer hatten wir uns mit Problemen der Sicherheit und Publizität, und damit auch der Abschirmung unseres Privatlebens, herumzuschlagen. Wir waren weiterhin Freiwild, das von der Presse unter Druck gesetzt und mit den bei übersteigerter Popularität üblichen Drohbriefen bedacht wurde. Wir brauchten einen bewaffneten Wachtposten zum Schutz unseres Sohnes. Auf uns lastete der Kummer, mit dem wir fertig werden mußten, das Grauen des noch immer ungelösten Rätsels. Und wir wußten nicht, was wir mit unserem Besitz in Hopewell machen sollten. Würden wir dort je wieder wohnen können? Wenn nicht, wohin sollten wir gehen, wenn wir das Haus meiner Mutter verließen?

Next Day Hill war nicht das schlichte, geräumige, schindelgedeckte Haus an der Palisade Avenue, in dem ich aufgewachsen war und bis zu meiner Heirat gelebt hatte. Dieses erste Haus wich 1928 einem riesigen georgianischen Herrenhaus auf den bewaldeten Hängen in den Außenbezirken Englewoods, einem langgehegten Wunschtraum meiner Mutter, einem Überbleibsel aus der Epoche der großen Landsitze Long Islands, die in einem Amerika der Hochkonjunktur soeben zu Ende ging. Es war gebaut worden, als die Karriere meines Vaters ihren Höhepunkt erreicht hatte. Er war Botschafter in Mexiko und sollte demnächst Senator von New Jersey werden. Meine Mutter richtete sich auf eine politische Karriere ein, die mein Vater offensichtlich gerade begann. Ihre Vorstellung von gesellschaftlichem Leben spiegelte sich wider in den geräumigen Sälen und riesigen Empfangsräumen, dem Speisezimmer, dem riesenhaften »Neuen Flügel«, der nach ihrer Rückkehr aus Mexiko dazukam – im ersten Stock befand sich eine Bibliothek mit Büroräumen – und einem weiteren langen Flügel für das Personal, das man für die Führung eines solchen Besitzes brauchte. Leider lebte mein Vater, für den das alles geplant war, nur ganze drei Jahre in diesem Haus. Sein jäher Tod machte seiner Karriere ein Ende, man bedurfte nun eines so aufwendigen Haushalts nicht mehr, doch meine Mutter, die einen großen Familien- und Freundeskreis hatte, wohnte noch zwanzig Jahre dort[1].

Für die erwachsenen Kinder, die während der Jahre des wirtschaftlichen Niederganges, dem »New Deal« Franklin Roosevelts und dem Aufkommen sozialistischer Tendenzen, hin und wieder Zuflucht in seinen vier Wänden nahmen, war das Haus ein Anachronismus. Wenn ich mich, vermummt in meinen Plüschumhang, in der von einem livrierten Chauffeur gesteuerten Limousine verkroch, um nach New York zu fahren, rechnete ich, etwas übertrieben, stets damit,

[1] Next Day Hill beherbergt jetzt die Elisabeth Morrow School.

daß plötzlich ein Ziegelstein durchs Fenster fliegen würde.
Für meine Mutter muß die Überwachung der Sekretärinnen und des Personals eine Last gewesen sein, doch diese Last mag ihr andererseits geholfen haben, die plötzliche Leere in ihrem Leben auszufüllen. Next Day Hill war erfüllt vom geschäftigen Kommen und Gehen der Familie, von Gästen, gesellschaftlichen Begebenheiten und Zusammenkünften voll menschlicher Wärme. Eine Situation, die meinen Mann aufbrachte (der das einfache Leben liebte und in den Jahren 1927 und 1928 so viel Menschengedränge um sich gehabt hatte, daß es für mehrere Leben reichte). Auch ich konnte mich, da ich mich einmal davon freigemacht hatte, nur schwer in diese Atmosphäre fügen. Trotzdem war es für uns und unseren Sohn in den Übergangsjahren zwischen der Entführung und unserer Abreise nach England der Himmel auf Erden. In dem ländlichen Vorort konnten wir zunächst sicher und zurückgezogen leben.
Als wir 1933 darangingen, die Fäden zu unserem früheren Leben wieder zu knüpfen, gab es glücklicherweise ein paar feste Anhaltspunkte. Vor allem war da unser fünf Monate altes Baby, das kräftig heranwuchs, immer lebhafter und zugänglicher wurde, unser augenblickliches Dasein erfüllte und uns den Blick für die Zukunft öffnete. Da war auch mein angefangenes Manuskript, und ich schrieb nun wieder an dem Bericht über unseren Flug vor zwei Jahren: *North to the Orient.* Mein Mann arbeitete am Rockefeller Institut mit Dr. Alexis Carrel auf dem Gebiet der biologischen

Forschung; diese Arbeit nahm ihn mehr und mehr in Anspruch. Dazu beschäftigte uns stets die ungelöste Aufgabe neuer Flugrouten speziell über den Ozean. Den Sommer im Jahre 1933 benützten wir zur Vorbereitung unserer Forschungsreise über den Atlantik. Die Entscheidung, den Vermessungsflug über den Atlantik zu nehmen, war für meinen Mann ganz selbstverständlich. Seit seinem Flug nach Paris im Jahre 1927 war er an der Entwicklung der Überseeflugreisen interessiert. Wer eignete sich wohl besser als er zur Untersuchung solcher Routen, der Wetterbedingungen und des Geländes? Für uns war das Fliegen eine normale Daseinsform; diese Aufgabe half uns, zu den Nachwirkungen des Verbrechens Abstand zu gewinnen, und das Publikumsinteresse wurde damit auf etwas Positives gelenkt – den Fortschritt des Flugverkehrs. Meinen Mann erfüllte die immerwährende Faszination des Abenteuers und des Forschens. Für mich bedeutete die Reise die größte Annäherung an »unser eigenes Leben«, die damals erreichbar war. Sie brachte mehr Freiheit, ein ungestörtes Privatleben für mich und meinen Mann und neue Kontakte zu Menschen. Dazu kam die Befriedigung durch meine eigene Mitarbeit als Funker und Navigations-Copilot. Als tätiges Mitglied der Expedition teilte ich auch den Triumph ihres erfolgreichen Gelingens. Und mir wurde eine unschätzbare Lehre zuteil – das Geschenk einer jeglichen Reise, besonders aber jener, die man sich selbst erarbeitet: ich lernte es, dem Augenblick zu leben. Das alles war ganz heilsam. Aber andererseits trennte mich die Reise, besonders da sie auf fünfeinhalb Monate verlängert wurde, von meinem Kind, dem stärkendsten Element meines Lebens. Und der mir so notwendige innere Prozeß, mit meinem Kummer in Ruhe fertig zu werden, wurde ebenso unterbrochen wie die Arbeit an meinem Buch, die ich gerade wieder aufgenommen hatte.

Die unerbittliche tägliche Routine war, wie ich heute weiß, eine außerordentliche körperliche und nervliche Belastung. Die langen Stunden harter Arbeit und konzentrierter Aufmerksamkeit bei Notlagen – oft voller Angst im hinteren Cockpit – wären für die meisten Männer eine Herausforderung gewesen. Ich war nicht mehr der Page, als den ich mich, recht romantisch, kurz nach unserer Hochzeit gesehen hatte. Ich war ein Besatzungsmitglied, und wir hatten einen außerordentlich schwierigen Vermessungsauftrag, der dann tatsächlich zu einem der am besten vorbereiteten und ausgeführten Erkundungsflüge wurde.

Als Frauenrechtlerin verlangte ich leidenschaftlich danach, mich als die, die ich war, an der Arbeitsstelle eines Mannes zu bewähren. In der Funkerei gelang mir das auch weitgehend. Meine Arbeit war für den Erfolg des Fluges unentbehrlich. Über dem Südatlantik stellte ich eine Fernverbindung für die Verständigung zwischen einem Flugzeug und einer Bodenstation her. Amüsiert, aber auch unbändig stolz, vernahm ich die Bemerkung eines PAN-AM-Funkers, der mir bei schweren atmosphärischen Störungen eine Nachricht von hundertfünfzig Code-Worten durchgegeben hatte: »Mein Gott, sie hat's mitgekriegt!« Der Preis für meine erfolg-

reichen Bemühungen in meinem neuen Tätigkeitsbereich war der zeitweilige Ausfall meiner normalen Reaktionen. Mein Kopf war unten im Cockpit, meine Finger waren auf der Sendertastatur, und meine Ohren, in Kopfhörer gezwängt, hörten nur den Funkverkehr, der durch rasenden Krach unterbrochen wurde. Ich kam kaum dazu, die Schönheiten des Meeres, des Himmels oder der Berge zu betrachten oder an mein verlorenes Kind und das Baby zu Hause zu denken (»Er ist dort, ein verborgener Schatz«, so schrieb ich). Mein Tagebuch wurde zum kurzgefaßten Funker-Logbuch. Gelegentlich, wenn der Funk nicht gebraucht wurde, konnte ich vom Cockpit aus die flammenden Gipfel der Berge Grönlands, gleißende Eisberge im nördlichen Eismeer oder eine freundliche Eskimostadt an der felsigen Küste sehen. Manchmal, beim nächtlichen Heulen des Windes, in schweren Träumen oder beim Anblick eines lockenköpfigen Kindes, wurde die schmerzliche Vergangenheit wieder lebendig.
Im ganzen aber war die Zeit in Grönland erfrischend wie ein Tauchbad in einem nördlichen Meer. Die wilde Schönheit dieser felsigen Küste, die Herzlichkeit der dänischen Siedler und Forscher, die warme Freundlichkeit der Eskimos in ihren leuchtenden Kappen und Stiefeln – das alles wusch die Erinnerung allmählich ab. In jenen winzigen abgeschlossenen Außenposten des Nordens drückte uns auch die Last des Ruhmes nicht mehr; wir erlangten ein gewisses Maß an Anonymität. Wir waren Fremde; wir waren Gäste; aber wir waren keine Wundertiere, die nicht zur übrigen Menschheit

gehörten. Der Tageslauf der nördlichen Außenposten nahm auf uns keine Rücksicht, aber wir freuten uns, ihn beobachten und an seinem Rhythmus teilhaben zu können.

Aber nach Grönland, als wir auf dem monatelangen Flug kurz nacheinander Island, Dänemark, Schweden, Finnland, Rußland, Norwegen, England, Irland, Schottland, Frankreich, die Schweiz, Spanien, Portugal, Afrika und Südamerika besuchten, wurde die Sache für mich irgendwie unwirklich und verlor ihren Reiz. In den dichter besiedelten Städten Europas mit dem üblichen Ansturm der Presse und der Menschenmassen schwand unser Privatleben dahin. An jedem neuen Ort verminderte sich meine Fähigkeit, neue Eindrücke wirklich aufzunehmen, und mein Verlangen, zu Hause bei meinem Jungen zu sein, wuchs.

Schließlich, nach einer schwer erkämpften Überquerung des Südatlantiks von Bathurst, Gambia, nach Natal in Brasilien, landeten wir kurz vor Weihnachten 1933 in den Vereinigten Staaten. Wir waren allein in Next Day Hill, da meine Mutter nach Kalifornien gereist war, um meiner Schwester Elisabeth bei der Einrichtung ihres neuen Heims in Pasadena zu helfen.

Bei unserer Rückkehr gab es natürlich Wiederanpassungsprobleme, aber ich wurde bald zur gänzlich in Anspruch genommenen Mutter eines fesselnden kleinen Buben und sah mich sofort nach einem eigenen Zuhause für uns um. Wir mieteten eine Wohnung in New York City, weil uns das als die beste und rascheste Lösung – wir verlangten nach einem Privatleben und nach Sicherheit – erschien. Das Jahr 1934 begann in unserem städtischen Stützpunkt unter günstigen Voraussetzungen. Jeden Morgen brachte ich unseren Sohn – mit zwei an den Leinen zerrenden Hunden – in den nahe gelegenen Kindergarten. Die Tagebuchnotizen sind in diesen ersten Monaten nicht zahlreich, da ich mich wieder an meine Arbeit *North to the Orient* gemacht hatte und auch einen langen Artikel über unseren letzten Flug um den Nordatlantik für die Zeitschrift *National Geographic* schrieb. Die übrige Zeit wurde in Briefe an meine Schwester investiert.

Die Briefe an Elisabeth zeigen eine neue Verbundenheit nach meiner jetzt überwundenen Jungmädchenzeit, dem jahrelangen Wettstreit und meiner Eifersucht. Wir waren beide verheiratet und konnten uns auf gleicher Ebene treffen. Sie suchte schon seit langem einen Biographen, der das Leben unseres Vaters beschreiben sollte. Wir hatten an Harold Nicolson[1] gedacht, er hatte zugestimmt und wollte den nächsten Winter in Next Day Hill verbringen, um Material zu sammeln. Elisabeth schrieb auch an ihren eigenen Erinnerungen aus unserer Kindheit, einesteils, um Nicolson zum Verständnis unserer Familienszenerie zu verhelfen, aber mehr, um bestimmte frühe Erinnerungen, von denen sie glaubte, daß sie nie in einer offiziellen Biographie erscheinen würden, festzuhalten.

Der Winter verging rasch mit Wochenenden in Engle-

[1] Harold Nicolson, englischer Diplomat, M.P. und Schriftsteller, der 1935 eine Biographie über A.M.L.s Vater, Dwight Morrow, schrieb. Verheiratet mit der Schriftstellerin Vita Sackville-West.

wood, und im Sommer kehrten wir in das Haus meiner Mutter in North Haven, Maine, zurück. Im September flogen wir nach Saint Louis, um ein neues Flugzeug, das dort für uns gebaut worden war, abzuholen, und flogen zur Westküste weiter, um bei Elisabeth und Aubrey Morgan einen Besuch zu machen. Nach drei friedlichen Tagen wurde der Besuch abgebrochen. In einem Ferngespräch teilte Colonel Norman Schwarzkopf, der Befehlshaber der Polizei im Staat New Jersey, meinem Mann mit, daß in dem Kidnapping-Fall eine Wende eingetreten und der Verbrecher verhaftet worden sei. Wir flogen sofort zur Ostküste zurück und zogen zu meiner Mutter nach Next Day Hill, wo wir uns auf den Winter vorbereiteten; in Flemington, New Jersey, sollte die Gerichtsverhandlung stattfinden.

Diese neue Entwicklung brachte eine jähe Umkehr in unser Leben. Der Ansturm der Presse, der uns während der Zeit der Entführung in Atem gehalten hatte, wurde schlimmer denn je. Die Zeitungen waren voller Einzelheiten über das Verbrechen und die tägliche Entwicklung des Falles. Wieder versammelte sich die Menge der Reporter vor dem Eingang unserer Auffahrt. Wie bei wachsender Publizität üblich, mehrten sich die Drohbriefe in unserer Post, einige waren kriminell, die meisten stammten aber wohl vor allem von aus dem Gleichgewicht geratenen Gemütern, die unweigerlich durch die Schlagzeilen auf den Plan gerufen wurden. Bewaffnete Wachtposten durchstreiften das Grundstück und beobachteten unseren Sohn Tag und Nacht. Mein Mann, der den Fall bis in alle Einzelheiten verfolgte, wurde wieder in lange Besprechungen mit Polizei, Anwälten und Sachberatern hineingezogen.

Unsere Versuche, ein Eigenleben (auf einer Flugreise) oder ein eigenes Zuhause (in der New Yorker Wohnung) zu finden, mußten für einige Zeit zurückgestellt werden. Wegen der erneuten Bedrückung, die auf unserem Privatleben lastete, und der Gefährdung unserer Sicherheit durch die bevorstehende Gerichtsverhandlung brauchten wir den Schutz des Hauses meiner Mutter für unser Kind und für uns selber. Meine Mutter nahm uns mit äußerster Großmut, größtem Verständnis und sehr viel Geduld bei sich auf. Sie überließ uns einen Flügel ihres großen Hauses und respektierte meines Mannes private Existenz und seinen Wunsch nach Unabhängigkeit. Aber ich, als Tochter, wurde unausweichlich in ihre Geschäftigkeiten miteinbezogen und von meinem Wunsch nach Loyalität ihr und meinem Mann gegenüber ständig hin und her gerissen.

Wenn eine verheiratete Tochter wieder zu Hause lebt, scheint sich eine seltsame, unbewußte Rückkehr zu vollziehen. Trotz der besten beiderseitigen Absichten läuft alles wieder auf das alte Mutter-Tochter-Verhältnis hinaus. Nolens volens geht man in die Falle und schlüpft wieder in die abgelegte Rolle. Die Interessen meiner Mutter unterschieden sich sehr von den unseren, und ihre Art, mit dem Kummer fertig zu werden, auch wenn sie dabei sehr tapfer war, war ganz anders als meine. Sie stürzte sich unablässig in irgendwelche Tätigkeiten. Next Day Hill quoll über vor Menschen und Plänen.

Harold Nicolson war aus England angekommen, um Material für die Biographie meines Vaters zu sammeln. Ein ständiger Strom von Freunden, Verwandten und Geschäftspartnern kam ins Haus, um von ihm interviewt zu werden – oder, wie ich fürchte, um ihm, wie es den meisten Biographen passiert, ungefragt Hinweise zu geben, wie er sein Buch schreiben solle.
Es war keine Atmosphäre, in der zwei junge Leute ein Leben für sich führen oder ein neues Leben beginnen konnten. Alle wichtigen Ereignisse während des Winters 1934/35 verwiesen auf die Vergangenheit: ein weiterer verfrühter Tod in der Familie, die Notwendigkeit, sich wegen der Biographie auf vergangene Begebenheiten zu konzentrieren; die Gerichtsverhandlung in Flemington, die ein Verbrechen wieder aufrollte, das jetzt drei Jahre hinter uns lag, und zu alledem für mich der Rückzug in die Rolle eines jungen Mädchens im Haus meiner Mutter.
Auch heute sehe ich keine andere Lösung der Situation, in der wir uns damals befanden. Wir mußten wegen der Verhandlung in der Nähe sein. Als die zweite Tochter und einziges Kind im Hause wollte ich meiner Mutter in diesem schwierigen Jahr beistehen und ihr bei einigen schmerzlichen Entscheidungen, die im Zusammenhang mit der Biographie meines Vaters aufkamen, eine Stütze sein. Auch wußte ich, daß mein kleiner Junge ihr fast die einzige unbeschwerte Freude in diesen Tagen gab. Wegen unserer häufigen Flugreisen, als ihr Haus unser Ausgangspunkt gewesen war, hatte sich eine sehr enge und direkte Beziehung zwischen Groß-

mutter und Enkel entwickelt. Das war der einzige wirkliche Trost, den ich ihr geben konnte.
In den »Stunden von Blei« schrieb ich prophetisch in mein Tagebuch von 1931: »Man braucht den Mut nicht in dem Augenblick, in dem man getroffen wird, sondern für den langen, steilen Rückweg, der einen wieder zur geistigen Gesundung, zu Vertrauen und Sicherheit führen soll.« Das Jahr 1935 war für mich ein langer, bergaufführender Anstieg. Es gab wenig Einsamkeit, in der man mit dem neuen Kummer hätte fertig werden können. Die stoische Tradition, Kummer zu verbergen, wurde von meiner Mutter und meinem Mann hochgehalten. Ich weinte nachts oder wenn ich auf einem Baumstumpf in den buschreichen Wäldern außerhalb des umzäunten Grundstückes saß. Die Unterdrückung meiner natürlichen Gefühle führte zu schrecklichen inneren Spannungen und verwirrten Ängsten. Ich wurde wieder das junge Mädchen, das ich einst gewesen war, und ich entdeckte, daß alle Dämonen, von denen ich geglaubt hatte, daß ich sie losgeworden sei, sich wieder in mir erhoben: Empörung, Verzweiflung, Selbstsucht und Überempfindlichkeit. Mit meinem puritanischen Sinn für die Sünde kämpfte ich zornig meine rebellischen Gefühle nieder, aber nachts sah ich sie wie Giftpilze wieder vor mir aufsteigen. Da es für mich undenkbar war, meine Mutter, ihre Umgebung oder die äußeren Umstände anzuklagen, richtete ich meine negativen Gefühle gegen mich selbst. Ich war davon überzeugt, daß ich eine totale Niete und in einer ausweglosen Situation gefangen sei. Dieser

ganze innere Aufruhr blieb selbstverständlich verborgen. Von meinem Alltagsgesicht konnte man die inneren Höllen der Verzweiflung nicht ablesen. Wenn ich nachts wach lag, verstand ich allmählich Thoreaus Satz: »Das Gros der Menschen führt ein Leben in stummer Verzweiflung.«

All das ist, wie man heute weiß, ein durchaus bekanntes psychodynamisches Verhalten, doch das war für jemanden, der es zum erstenmal erlebte und dem Einblick und Hilfe fehlten, nicht erkennbar. Ich war ziemlich spät an den schmerzlichen Punkt im Wachstumsprozeß gelangt, an dem man erkennt, daß die angebeteten Eltern nicht unfehlbar sind – oder wenigstens, daß der eigene Standpunkt, daß Bewertungen und Geschmacksrichtungen sich nicht mit den ihren decken. Wie soll man sich von den überholten Formen lösen, ohne dabei einem geliebten Menschen Schmerz zuzufügen und sich selbst wegen der eigenen Untreue und Schuld zu quälen?

Rückblickend, mit der in vierzig Jahren gewonnenen Einsicht, wird mir heute klar, daß unser Zusammenleben für meine Mutter ebenso schwierig gewesen sein muß. Wie rätselhaft muß ihr mein Widerstand, an ihrer Geschäftigkeit teilzunehmen, vorgekommen sein. Wie unverständlich muß ihr meine Ablehnung ihrer sozialen, wohltätigen und politischen Interessen gewesen sein. Was für Gelegenheiten habe ich – in ihren Augen – ausgeschlagen, nämlich Reden zu halten, in Komitees zu sitzen oder gar am öffentlichen Leben oder dem, was für sie ein ganz normales gesellschaftliches Leben war,

teilzunehmen. Sie war, dessen bin ich sicher, bestürzt und oft enttäuscht, aber ich erinnere mich nicht, daß sie mir jemals Vorwürfe wegen meiner Wahl, einen anderen Weg zu gehen, gemacht hätte.
So unbegreiflich das jetzt scheinen mag, es ist mir nie in den Sinn gekommen, wegen meiner Probleme einen Arzt zu konsultieren. Damals ging man – wenigstens in unserer Familie – nur wegen physischer Krankheiten zum Arzt, und ich war gesund, wenn ich auch nicht schlafen konnte. Die Psychiatrie war für die da, die Nervenzusammenbrüche hatten, ich aber brach nicht zusammen. Jeder kleine Hinweis von einem Arzt, einem Geistlichen oder einem klugen Freund hätte mir geholfen zu erkennen, daß, im Gegensatz zu meinen Vorstellungen, die meisten meiner Gefühle normal und wohlbegründet und die Verhältnisse meiner Umwelt eben nicht normal waren. Es war normal, wegen einer Familientragödie zu trauern; normal mein Wunsch, ein eigenes Zuhause zu haben und von der Mutter nicht abhängig zu sein; und normal, daß ich aus meiner Begabung etwas machen wollte. Unnormal war es, ein Verbrechen rekapitulieren und einen weiteren schweren Verlust innerhalb von drei Jahren hinnehmen zu müssen, und als eine verheiratete Frau mit Mann und Kind im Hause meiner Mutter zu leben.
Es gab keinen Arzt, mit dem ich offen hätte sprechen können, selbst wenn ich es gewagt hätte. In der damaligen Zeit war die moderne Psychiatrie noch nicht bis in die Frauenzeitschriften, Elternversammlungen in den Schulen oder in die Kolumnen der Tageszeitungen vor-

gedrungen. Ich bemühte mich, in Büchern Weisheit zu finden – in Rilkes *Briefe an einen jungen Dichter* (»Habe Geduld mit allem, was ungelöst in Deinem Herzen schlummert, versuche *den Fragen selbst* etwas abzugewinnen. Sie sind wie verschlossene Räume, oder wie Bücher, die in einer Dir fremden Sprache geschrieben wurden«). Ich wiederholte das verzweifelte Gebet Baudelaires: *»Mécontent de tous et mécontent de moi ...«* Ich schrieb Ratschläge ab, die an Gestalten in Romanen gerichtet waren. (»Denn Freiheit kann man nicht durch Zufall gewinnen und durch keinen Ausgleich, den die Lebensumstände bereithalten, sondern einzig und allein durch die bewußte Verwirklichung und Bejahung der Umstände, unter denen das Leben weitergeht.«)
Es gab natürlich viele Momente der Freude. Um glücklich zu sein, braucht man Sicherheit, aber Freude kann wie eine Blume auch auf den Klippen der Verzweiflung sprießen. Die Verbundenheit mit meinem Kind, die sich mit seinem wachsenden Wahrnehmungsvermögen und Wortschatz manchmal im Gespräch ausdrückte oder bei gemeinsamen Spaziergängen und Spielen keiner Worte bedurfte, war ein ständiger Kraftquell und bestätigte wiederum die Lehre, die ich aus den Flugreisen gezogen hatte – von einem Tag zum anderen zu leben. Das sich stets erneuernde Antlitz der Natur bedeutete eine unerschöpfliche Erfrischung. Ich stellte mir die Aufgabe, mich mit der dezidierten Beobachtung von Äußerlichkeiten zu beschäftigen, was mich aus den düsteren Höhlen in meinem Inneren in die Außenwelt

führte. »Nun, was gefällt dir *wirklich*?« So fragte ich mich und machte Listen von den unentdeckten Freuden in meiner Umgebung. Ich lief auf den Wegen in Next Day Hill unter den kahlen Buchen herum und flehte durch ihre Äste zum klaren Himmel hinauf.

Die seltenen friedlichen Zeitabschnitte im Jahre 1935 hätten mir klarmachen sollen, was an unserer Situation falsch war. Immer dann, wenn mein Mann, mein Kind und ich in Next Day Hill oder in North Haven allein waren, verliefen unsere Tage reibungslos und schienen ganz normal zu sein. Meine Familie gehörte wieder mir. Ich konnte mich an meinem kleinen Buben erfreuen. Konflikte gab es nicht. Ich konnte meine eigenen Entscheidungen fällen und mich auf die Arbeit und das Leben freuen.

Die Gewohnheit, fast täglich mein Tagebuch zu führen, half mir auch und erhielt mir wahrscheinlich meinen gesunden Menschenverstand. Wenn ich mich schriftlich über Stimmungen auslassen konnte, waren sie leichter zu meistern, als ob sie säuberlich auf ein hochgelegenes Regal aufgestapelt worden wären. Waren sie erst einmal an das Licht der weißen Tagebuchseiten gebracht, welkten die riesenhaften Giftpilze dahin.

Viele Seiten dieser depressiven Tagebücher wurden vor langer Zeit schon vernichtet, und von dem, was übrig blieb, habe ich immer noch etwas herausgenommen. Aber einige Eintragungen gibt es noch, sie stehen in diesem Band. Meine Depressionen waren das innere Gegenstück zu der äußeren Frustration unseres Lebens. Ein letzter Vorfall überzeugte uns von der Unmöglichkeit, unserem Sohn in diesem Land ein normales Leben zu bieten. Das Auto, das ihn von der Schule in Englewood nach Hause brachte, wurde von Pressefotografen gejagt und an einen Randstein gedrängt, wo einer der Männer aufsprang und Fotos von dem verschreckten Kind machte. An Weihnachten reisten wir nach England ab.

Trotz der Schwierigkeiten des Jahres 1935 beendete ich mein erstes Buch, *North to the Orient*, einen Bericht unseres Vermessungsfluges von 1931. In vieler Hinsicht ist das ein eher zurückhaltender Bericht. Von dem Druck, unter dem wir in diesem Winter standen, steht in seinen Seiten nichts, und selbst die Anstrengungen der Reise sind höflich untertrieben. Damals hatte ich das Gefühl, daß die Schilderung der Konflikte, Schwächen, Ängste und des üblichen »Drum und Dran« des Lebens eine ungebührliche Bloßstellung waren, nicht nur für mich, sondern auch für meinen Mann, der sein Privatleben streng hütete.

Wenn man es schon soweit gebracht und einen Teil seines Lebens in Büchern verpackt hat, wie ich, ist es nur fair, sich die Frage zu stellen, warum soll man es nicht bei dieser Form belassen? Warum zurückgreifen auf das unvollkommene, unbearbeitete Material der Tagebücher? Warum die unfrohen Einzelheiten der Reisevorbereitungen, die Langeweile endloser Arbeitsstunden, das widerwillige frühe Aufstehen, die Erbitterung über kalte Füße und staubige Kleider, die unvernünftigen nächtlichen Schrecken, Wutausbrüche und Depressionen der Öffentlichkeit zugänglich machen?

Weil man, wenn man über sechzig ist, glaube ich, die Höhen und Tiefen, die das Leben für jeden bereit hat, kennt und gerne – eine letzte Gelegenheit – das, was passiert ist, wahrheitsgetreu und unbeschönigt vorbringen möchte. Das Leben ist so, wie es ist. Man hat erfaßt, daß man seine Bedingungen, seine Zielsetzungen akzeptieren oder ablehnen muß und daß man bei seiner Zurückweisung draufzahlt. Neben den Befriedigungen, den Freuden, der Fröhlichkeit gibt es stets Sorgen, Prüfungen und Wirren, sie sind die Widersprüche und Enttäuschungen, denen man bei der Suche auf dem Weg dieser Reise »von – nach« begegnet. So ist das Leben in der einen oder anderen Gestalt. Man sitzt zu Tode erschrocken bei stürmischem Wetter hinten in einem Cockpit und stellt empört fest, daß man das keine Minute länger ertragen kann, um am selben Abend – o Ironie des Schicksals – zu erleben, wie einen ein Unbekannter als gute und glückliche Ehefrau lobt! Und auch das ist das Leben, daß man glaubt, man habe versagt und ein Jahr vergeudet, man habe nichts zuwege gebracht – und doch wurde die Arbeit, die man übernommen hatte – in meinem Fall war es ein Buch, das ich geschrieben habe – tatsächlich beendet, einfach weil man blindlings und hartnäckig Tag für Tag geschuftet hat; und plötzlich erkennt man, daß sich die Tür zu einem neuen Leben geöffnet hat.

Aber als ich 1935 mein Tagebuch schrieb, besaß ich keine dieser Voraussichten. Ich wußte nicht, was sich hinter der offenen Türe befand.

*Tagebuch* Sonntag, 1. Januar 1933

Charles, über Princeton und das Rosedale Bauernhaus[1]: »Ein schreckliches Haus« – und ich denke plötzlich voller Trauer, daß ich nie nie wieder so glücklich wie zuvor in diesem Haus sein werde.
Mein ganzes Leben lang werde ich an diesen Winter als den entscheidenden Winter meines Lebens zurückdenken. Wir hatten Charlie.

Dienstag, 3. Januar 1933

Sie wird jedenfalls vergnüglich, dachte ich, diese eine Party, die Elisabeth und Aubrey, wie sie sagten, besuchen wollten. Wir werden alle dort sein. Mr. Bliss, Tom Cochan und Bubby Bliss[2], ein schwärzlicher, kräftiger Hintergrund aus Tweed und Rauch in dem kieferngetäfelten Zimmer. Rundum Geborgenheit, Wärme, Zuneigung und Zugehörigkeit. Toms prächtige Geschichten, wie großartige alte Stiche. Monsieur Monnets[3] Verstand und seine Weisheit, bereit plötzlich aufzublitzen, wenn Elisabeths Humor sich daran entzündet. C. da, wie ein freundlicher Arm um meine Schultern. Zai-

[1] Das Haus der Lindberghs, das sie gemietet hatten, als ihr Haus in der Nähe von Hopewell im Bau war.

[2] Mr. und Mrs. Cornelius Bliss, ihr Sohn, Thomas Cochran, Freunde der Familie Morrow.

[3] Jean Monnet, französischer Volkswirtschaftler. Arbeitete mit D. W. M. im Alliierten Seeschiffahrtsrat. Urheber des Monnet-Plans und Repräsentant des Europäischen Gemeinsamen Markts.

die (Bliss), um alles geschickt, frischfröhlich zu vermengen. Mutter, scharfsinnig, streng, Weisheit, ein Hintergrund für Monsieur Monnet. Dwight und Con und ich als Zuschauer.

Aber da in der Mitte Elisabeth, reizend und munter, in einem Augenblick losstürmend, zurückprallend, nekkend, sich necken lassend, wir alle ihr zugewandt, sie ermunternd, mal hier durch ein Wort, da durch einen Witz. Wie gerne gab ich den Hintergrund für Elisabeth ab! Con und ich in dieser Wärme der Lichter und des Gespräches, um zu beobachten und zu genießen und um nachher darüber zu reden. Denn wir wollten sie ganz auskosten, diese Individualität unserer Familie, diesen ansehnlichen wunderbaren Kreis, der den einen ins Licht, den anderen in den Schatten rückte.

Oh, sicher würde der Abend herrlich werden. Zaidie würde bezaubernd und zart aussehen, wie eine seltene Blume mit einem nicht zu starken Duft – zart und vergänglich. Leuchter, Tische im Glanz des Waterford-Glases, viele Gläser, die das Kerzenlicht einfangen – Kelchgläser mit Facetten, an denen der Daumen entlangstreichen kann. Blumen würden dastehen – zart wie Zaidie – und himmlisches Essen, das man aber nicht essen müßte, und üppiges Porzellan; und guter Kaffee nachher am Kamin und dünne Schokoladen-Pfefferminz. Elisabeth am offenen Kamin stehend und meine Hand haltend.

Abendessen um acht. Wir kamen an. Mutter war am Telefon: »Elisabeth sagt, daß sie einfach zu müde ist, um zu kommen, aber sie möchte, daß Aubrey kommt.

Er findet, daß er nicht kommen sollte. Sprich du mit ihr.«
Ich war sehr gekränkt und wollte sagen: »Warum hast du das nicht letzte Woche gesagt, wenn dir danach war – daß du in deinen Flitterwochen bist und mit Aubrey zu Hause bleiben willst.«
Die Party war wie ein Zimmer, das für die Gäste vorbereitet worden war, die Stühle standen in Reih und Glied, Blumen waren arrangiert, Canapés hergerichtet, alle Gäste standen um den offenen Kamin – aber es brannte kein Feuer.

Am nächsten Tag erfuhr ich, daß sie hohes Fieber und Grippe hatte. Ich bekam Gewissensbisse.

Mittwoch, 18. Januar 1933

Schlechte Nacht: langer, leiser Pfiff, Hunde bellen. Der Schrecken – er vergeht und ist im Morgenlicht unglaubhaft. Mittagessen mit Elisabeth und Aubrey, Charles kommt herein. Charles und Aubrey verstehen sich erstaunlich gut, eben wie Männer. Elisabeth und ich halten die Luft an und beobachten sie begeistert. Männer stoßen die Freundschaft wie einen Fußball herum, aber sie scheint nicht zu zerbrechen. Frauen behandeln sie wie Glas, und sie geht in Scherben.

*

[24. Januar]

Liebste Con,
ich muß Dir über die Nicolsons und dieses Diner mit seiner merkwürdigen Versammlung von Gesellschaftsgestalten berichten, nur Henry James[1] war eine Ausnahme, sein Blick, sein Verstand sind bedeutend. Schrecklich »nette« konservative Leute mit einem »ausgefüllten Leben«, denen es Freude macht, zur Gesellschaft zu gehören, die gerne auf Wohltätigkeitsbälle, an die Börse und zu Großwildjagden gehen und volkstümliche Biographien lesen etc. Aber ich fand keinen von ihnen so nett wie den bedächtigen, rechtschaffenen, unendlich liebenswerten, kultivierten Copley[2]. Findest Du nicht, daß Vita Sackville-West ein faszinierendes Gesicht hat – dieses lange, ausdrucksvolle Gesicht (das so englisch ist) und diese wunderbaren Augen, die schauen und doch nichts zu sehen scheinen. *Was* haben die Engländer nur an sich? Du scheinst dich frei und völlig natürlich mit ihnen zu unterhalten und – schwupps – geht die Jalousie rauf, dir mitten ins Gesicht, und sie haben sich auf immer verschlossen. Ich sitze voller Schrecken da und warte auf diesen Augenblick – keine Warnung – einfach schwupps! Und du sitzt da und starrst auf die Jalousien.
Was ihn angeht, ist er durchaus ein köstlicher Gesprächspartner, doch als ich entdeckte, daß Copley mich neben ihn gesetzt hatte, überkam mich eine plötz-

[1] Rechtsanwalt und Biograph. Neffe des gleichnamigen Romanciers.
[2] Von 1920–1929 Mitglied des amerikanischen diplomatischen Corps, Freund Harold Nicolsons.

liche Schüchternheit, die ich nicht zu zügeln vermochte. Du kennst das Gefühl: Du bist sechsundzwanzig, gelassen und erwachsen, hast dir den strahlenden, undurchdringlichen Schellack einer Dreißigjährigen übergezogen – und plötzlich schmilzt er dahin, und du stehst zitternd da – als sechzehnjähriges Mädchen. Ist dir die Hülle erst einmal abgestreift worden, bleibt dir nichts weiter, als noch schüchterner und zaghafter zu werden und so in Deckung zu gehen. Oh, es ist entsetzlich. Werde ich das *niemals* überwinden?

Also, wir haben alle möglichen Themen probiert: das Diplomatenleben, große Städte in Amerika, »die Stirnhöhle meiner Frau«, über Land reisen etc. (Er in allem gewandt und glänzend.) Schließlich packte ich den Stier bei den Hörnern und sagte: »Ich denke mir oft, daß ich wirklich nicht so viel gereist bin wie Emily Dickinson.« (Schließlich hat sie tatsächlich »Pizarros goldene Küsten« erlebt.) Und auf dieser Rodelbahn kamen wir sehr gut zurecht. Ihr Haus in Amherst (ich frage mich, ob er dort war?). Menschen, die ihre Häuser wirklich bewohnten – Jane Welsh Carlyle. Katherine Mansfield mochten sie offensichtlich nicht. Wenigstens nicht, als ich von ihren und Jane Carlyles Briefen sprach. Waren sie sich ähnlich? fragte ich. H. N. sagte: »O nein, nicht so *bewußt*.« Die Geschichte von Janes Tod. H.N.s Gespräch mit einer Frau, die als kleines Mädchen Carlyle gesehen und in ihrer Verlegenheit gesagt hatte: »Sieh mal, der hübsche kleine Hund!« (ein Bild an der Wand), und Carlyle sagte: »Ah, das ist der kleine Hund, der meine arme Janie tötete.«

---

Es war faszinierend, H.N. im Gespräch zu beobachten. Der Glanz seiner Augen schien das ganze Gesicht zu überstrahlen, wenn er zu dem Höhepunkt seiner Geschichte kam. Es waren schöne Augen, freundlich und flink, aber auch Augen von jemandem, der früher schüchtern gewesen ist. Seine Stimme war sehr ausdrucksvoll, er imitierte Carlyle, und dann sagte er. »Es ist eine Schande, daß uns ihre Stimmen nicht erhalten sind. Ich weiß, wie Brownings Stimme gewesen ist, denn ich kenne jemanden, der ihn gekannt hat, auch Tennysons Stimme, aber (seine Augen blitzten) niemand – niemand weiß, wie die Stimme von Edgar Allan Poe geklungen hat!«

Ich fragte ihn nach Prousts Stimme. Er antwortete, »*Mais, Monsieur, croyez-vous* ...«, eine gequetschte, gezierte – eine behutsame Stimme. Er erzählte mir die Geschichte (sie steht in *Some People*), wie Proust ihn irgendeinem großen Tier vorstellen wollte. H.N.: »Aber das ist nicht nötig, ich kenne den Comte de ... bereits.« Proust: »Sei nicht töricht, lieber Freund. Stell dir doch das Vergnügen vor, das es mir bereiten wird, einen Freund mitzubringen und ihn dem Compte de ... vorstellen zu können!«

Anne mit großen Augen: »Und wie haben *Sie* sich aus dieser Affäre gezogen?«

H.N.: »Na, das war ziemlich schwierig – ich bin für Amateuraufführungen nicht sehr geeignet.«

H.N. glaubt jedenfalls, daß diese Kontakte, persönliche und zufällige, mit großen Männern sehr wichtig und sehr bedeutend sind.

---

Ich widersprach. »Aber es kommen einem so viele Dinge in die Quere, wenn man mit jemandem spricht – eine Erkältung, sein Schlips, die eigenen Dauerwellen – man erreicht die anderen überhaupt nicht. Es ist *sehr* viel leichter, einem Menschen zu schreiben, als mit ihm zu sprechen.«

»Ah (klassifizierte er mich), genau wie meine Frau.« (Lange Erklärung dieser Ansicht.) »Geht Ihnen das Schreiben schnell von der Hand?«

»Nein, ich mache nichts schnell, aber es ist einfacher.«

Dann glaubte ich, wie alle Frauen, allzu persönlich zu werden, und brachte das Gespräch über Elisabeth auf Wales etc. Dort strandeten wir auf unserer ersten Klippe, nämlich bei Vaughan [1] (»Neulich nachts erblickte ich die Ewigkeit«), den *er* nicht kannte, und wurden auf die nächste Klippe geschleudert – einen Dichter namens Morgan, den *ich* nicht kannte; rumms, rumms! zurück zu Proust!

H.N.: »Lesen Sie ihn in Englisch oder in Französisch?«

Anne (sich in ihre Schüchternheit verkriechend): »Ich lese Französisch nicht gut genug, um ihn französisch zu lesen.«

H.N.: »Sehr gut! Es ist besser, ihn in Englisch zu lesen. Diese langen, verwirrenden Sätze eignen sich für die französische Sprache gar nicht, sind viel mehr für das Angelsächsische verwendbar. Die Scott-Moncrieff-Übersetzung ist ausgezeichnet. Im Französischen sehr

[1] Henry Vaughan, 1622–1695, anglo-walisischer Dichter und Arzt. (Anm. d. Ü.)

schwer zu lesen.« Erörterung darüber, ob Proust schwer zu lesen sei.
Anne: »Er kann drei Seiten darauf verwenden, um über den Weißdorn zu sprechen, aber der Weißdorn *ist da* und leuchtet durch alles hindurch, während bei den modernen Schriftstellern ...«
H. N.: »Kennen Sie Virginia Woolf?« Oh, was war das für ein prächtiger Übergang, wie ein Hinübergleiten in einen langsamen Walzer, fort und fort, über den Boden dahin. Die *Fahrt zum Leuchtturm, Die Wellen, Orlando, Ein eigenes Zimmer* und wieder *Die Fahrt zum Leuchtturm*! Er sagte, er hätte *Die Wellen* nicht verstanden (nachdem ich das auch eingestanden hatte). Er hat es dreimal gelesen und konnte es trotzdem nicht verstehen, aber er liebte die Substanz, aus der das Buch gemacht sei (dabei rieb er sich die Finger). Er sagte ganz schlicht: »Wenn man eine Geschichte erzählt, muß sie verständlich sein – das ist der Grund, warum man sie erzählt –, aber wenn man seine Assoziationen vorbringt, werden sie notwendigerweise unverständlich.« (Glaube, das habe ich nicht richtig kapiert, was meinst Du? Klingt zu simpel!) Als wir bei der *Fahrt zum Leuchtturm* anlangten, schwärmten wir nur noch. »Oh, wunderschön, wunderschön, wunderschön – und dieser Teil – – – und *dieser* Teil – oh, wunderschön, ganz wunderschön« (wunderschöööön). Und als wir uns gerade aus dieser Begeisterung – fast eine Lethargie – lösen wollten, um uns wieder der Argumentation zuzuwenden ...
Stand Copley auf: »Möchten ... ah ... die ... ah ...

Herren bitte ... ah ... sich erheben ... ah ... und ... sich ... zwei Plätze weiter unten hinsetzen!«

Er sagte noch etwas Nettes, »Also, beginnen wir«, und rutschte weiter. Und der Mann neben mir, ein smarter Knabe, der in Harvard studiert hatte und vom Börsenmarkt kam – mit einem glänzenden Gedächtnis, das prall und tüchtig wie eine Registrierkasse war –, fing an, mich wegen Biographien zu löchern. Von den klassischen scheine ich keine gelesen zu haben. Er war ziemlich grausam. »Nun gut, Sie interessieren sich nicht für Biographien – was interessiert Sie *dann*?« Ich spiele Mauseloch!

Weißt du, Con, ich komme mir wie die Frau auf dem Eisweiher von Thurber vor: »Haltet mich!«

*

*Tagebuch* Montag, 6. Februar 1933

Zum Abendessen aus (mit einem Ehepaar, das sein Kind verloren hatte). »Das war damals, als Klein-Mary noch lebte.« – »Klein-Mary ist jetzt dreiundzwanzig.« Klein-Marys Bild über dem Kamin – das ist natürlich nach einer Fotografie gemalt worden. »Sie schickte ihre Pfennige immer an ...« »Sie tat gewöhnlich ...«

Ich bin entsetzt und verstehe C. »Ich habe es im letzten Frühjahr durchgemacht, ich kann es nicht noch einmal durchmachen.« Gott bewahre mich davor. Ich möchte mich nicht meines Schmerzes rühmen, um zu sagen: »Ich habe mehr gelitten als jeder von euch.« Ich möchte nicht mit Menschen über ihn sprechen, die ihn nie gekannt haben. Laßt uns Kummer und Grauen vertreiben durch eine vitale, lebensnahe Kraft – durch ein Heim für Kinder[1]. Und ich sah einen geisterhaften Himmel, wo sich »Klein-Mary« und »Klein-Charles« die Hände gaben und geisterhafte Eltern sagten: »Ich bin sicher, daß ihr euch gerne haben werdet – denn ihr seid beide jung gestorben.« Möge Gott mich davor bewahren, eine solche Sünde zu begehen!

Diese aufrechte Frau, wie eine strahlende kleine Zinnie. Sie ließ es mich nicht einmal wissen, daß sie ihr einziges Kind verloren hatte.

Montag, 13. Februar 1933

Der wunderbare, glatte, dickmilchige Schnee, er bewahrt alles Lebendige in starren Reliefs, wie der Strand. Die Spuren der Vögel, ein zartes Muster, hingepinselt wie rankender Wein. Die unregelmäßigen Fußspuren der forthüpfenden Eichhörnchen, regelmäßige Abdrücke der Kaninchen, gemeißelte Schatten der Gräser, so, wie sie in den Schnee hineingepreßt worden sind.

Donnerstag, 16. Februar 1933

Nicht der Kummer des letzten Winters bohrt unaufhörlich weiter in mir – sondern die Momente, in denen wir Hoffnung schöpften – die Erinnerung daran ist einfach unerträglich.

*

[1] Die Lindberghs hatten vor, ihren Besitz in der Nähe Hopewells als Heim für Kinder jeglicher Rasse und Konfession zu stiften.

*An E. L. L. L.* Englewood, Freitag, 16. Februar

Wieder lange nicht geschrieben. Aber hier geht alles gut. Das Baby wächst. Es ist sehr vergnügt und lebendig. Wenn C. abends nach Hause kommt, spielt er mit ihm, wenn kein Besuch da ist; er wirft Jon in die Luft (und Jon lacht), schneidet Grimassen (was Jon liebt), setzt Jon auf Thors [1] Rücken (das allerdings macht lediglich C. Spaß).
C. geht es gut. Ich möchte ihn liebend gerne aus New York heraus haben. Er möchte auch fort, sagt aber, daß wir erst etwa Mitte März wegkönnen (nachdem das Interesse der Öffentlichkeit abgeflaut ist) [2]. Dann, sagt er, werden wir eine Pause machen, vielleicht ehe wir nach Kalifornien fahren, unter Umständen auch danach. Jedenfalls ist er mit seiner Arbeit ganz glücklich. Ich ging neulich in das Institut, Dr. Carrel sagte mir: »Es ist wirklich großartig, was er hier geleistet hat. So etwas (Experiment mit den Zellen) ist noch nie unternommen worden.«
Die Arbeit ist für C. Ansporn und Freude.

*

[1] Schäferhund (Wachhund) der Lindberghs.
[2] 1. März, der Jahrestag der Entführung von Charles Lindbergh jr., wurde von der Presse erneut als Sensation gebracht.

Nicht der Jahrestag an sich ist so schrecklich. Es ist das Zurückrufen dieses immerwährenden, verwirrenden Geheimnisses des Todes, die Schneide des Messers, die so fein, so unsichtbar, so endgültig ist, was man nicht verstehen kann. Die Messerschneide von »Gestern hatte ich ihn – heute habe ich ihn nicht – vor einem Jahr hatte ich ihn – bald werde ich das nicht mehr sagen können.«
Gestern, heute, morgen – in der Klage dieser drei Worte liegt die ganze Unerträglichkeit.
Die Hervorhebung von Jahrestagen ist schrecklich, es ist so, als würden zwischen dir und dem, was du bewahren möchtest, Türen geschlossen – und zwar eine nach der anderen. Irgendwie kommt es mir so vor, als wenn das Jahr, das nun vorbei ist, für mich eben erst seinen unaufhörlichen Lauf begonnen hätte, wie diese albernen, nie endenwollenden Trickgeschichten. Wie wütend war ich als Kind, wenn sie wieder damit anfangen wollten: »Es war eine dunkle und stürmische Nacht, und eine Räuberbande saß um das Feuer. Der Anführer ergriff das Wort: ›Antonio, erzähle uns eine Geschichte‹, und Antonio fährt fort wie folgt: ›Es war dunkel und‹, etc.«

*

Donnerstag, 2. März

Liebste Mutter –

C. und ich sind gestern abend ausgewesen; ich mit einem Helen-Morgan-Pony und hohen Absätzen und Brille, er mit Hut und Brille etc. Wir sind zusammen den Broadway hinuntergegangen und haben eine Show besucht – ohne angestarrt zu werden. Das war einfach zu schön! Ich hatte das Gefühl, als wären wir Diebe, die jeden Augenblick geschnappt werden könnten. Aber daß Vorübergehende uns ansahen und dann wieder *wegschauten*, übte einen unwiderstehlichen Reiz aus. C. war schrecklich glücklich und erleichtert. Erwähne unsere Verkleidungen nicht, denn wir wollen sie sehr geheimhalten.

Englewood, 17. März 33

Geliebte Mutter –

ich bin eben erst von unserer »Reise«, einer zehntägigen Autotour nach Detroit, über Cleveland!, inkognito im Ford, zurückgekommen. Wir entschlossen uns innerhalb einer Stunde, nach Detroit zu fahren. In dieser Stunde schrieb ich Tante Annie [1], rief Tante Edith [1] an, beschloß, Jon und Betty ins Haupthaus zu übersiedeln; sprach mit Betty, Tom, Ida, Emily; befestigte mein gelocktes Pony, das mich völlig verändert, setzte meinen Schulmeisterinnen-Hut auf, zog Schuhe mit hohen Absätzen an, malte meine Lippen an, und wir waren fertig!

[1] Miss Annie Cutter, die in Cleveland bei ihrer Mutter lebte, und Mrs. Sheldon Yates, die in Englewood lebte, Schwestern von E.C.M.

Tante Edith kam jeden Morgen herauf, um nach Jon zu schauen, und Banks schlief in dem Zimmer gegenüber von Betty und Jon. Ich dachte mir, daß alles gutgehen müsse, da niemand wußte, daß wir fuhren und daher keine Gefahr in bezug auf die Publicity (für Jon) bestand.
Die erste Nacht verbrachten wir in einer kleinen Stadt außerhalb Scrantons, Pennsylvania. Das Hotel sah wie ein altes Wirtshaus aus. Ein beleuchtetes Schild und ein paar Gummibäume und ein alter Mann in einem purpurnen Morgenrock hinter dem Spiegelglasfenster. Er führte C. und mich (C. in Überzieher, Mütze, geschwärzten Augenbrauen, Brille, geglättetem Haar etc.) die steilen alten, mit Teppichen belegten Treppen hinauf und kilometerlang an Zimmern – 41, 43, 20, 18, 13, 17, 12, 6 etc. etc. vorbei. (Sie *konnten* nicht alle besetzt sein. Warum machen Hoteliers das *immer* – um einen zu beeindrucken? Oder um einen totzukriegen, damit man schließlich, wenn sie dann mit dem Schlüssel für Zimmer 5 am Ende des Kaninchenbaues rasseln, erschöpft ist und einfach auf den unberührten, dürftig aussehenden Betten zusammensinkt?!)
C. und ich hatten Angst, aber offensichtlich erkannte uns überhaupt niemand. Ich kam mir ganz verrucht vor, als wären wir in dieses schäbige Hotel geflüchtet. Erinnerst Du Dich an Tessa in *The Constant Nymph?* So war es. C. sagte, der Morgenrock-Hotelier habe gedacht: »Wieder ein braves Mädchen auf Abwegen.«
Nun, wir fuhren einfach weiter, hielten, um zu essen und zu tanken etc., und wurden immer kühner, da uns

keiner erkannte. Wir sagten, wir seien aus Hackensack, reisten unter falschem Namen. Am zweiten Tag erreichten wir abends Cleveland und wurden zur Hintertüre hereingelassen. Es war zu lustig. Großmama war so fröhlich und begeistert. Ihr schien es sehr viel besser als zur Zeit der Hochzeit zu gehen. C. machte es Spaß, all die Fotos anzusehen, meinte, daß Jon wie Dwight jr. auf seinen frühen Bildern aussah oder eher wie ich, als ich klein war!

Wir fuhren am nächsten Tag nach dem Mittagessen wieder ab und sind zum Abendessen in Detroit angekommen. Mrs. Lindbergh war den ganzen Tag über beschäftigt gewesen, um das Haus für uns herzurichten, was sie nicht hätte tun sollen. Sie konnte es kaum glauben, daß wir da waren. Dann machte sich C. daran, das Haus auf den Kopf zu stellen – riß alte Kleider, Schachteln, Briefe, Fotos, Spielsachen etc. heraus und verpackte sie wieder zu braunen Päckchen (er führte dabei die Englewood-Braune-Papier-Holzkasten-Methode ein!). Natürlich war, nachdem er all seine und Mrs. Lindberghs Schätze ausgepackt und sortiert hatte, keine Zeit, um sie wieder einzupacken und zu dem Zeitpunkt, den wir uns vorgenommen hatten, zurückzufahren, also blieben wir länger und räumten auf. Glaube ja nicht, daß *Du* zu viel Sachen aufhebst, Mutter – was habe ich für Zinnsoldaten und Steine aus Yosemite und Muscheln vom Redonostrand und Zuckerkaninchen und Briefbeschwerer mit dem Washington-Denkmal von Charles verpackt!

Dabei hat er mir gar nicht viel zu tun gegeben. Ich

suchte die Geschäfte auf und fuhr mit der Straßenbahn und kaufte unter anderem einen leuchtend grünen »St. Pats«-Strickanzug für Jon und amüsierte mich glänzend. Auf dem Rückweg machten wir zum Mittagessen nochmals in Cleveland Station. C. hänselte Tante Annie und die liebe arme Großmutter wegen ihres Kanarienvogels: »Ein Vogel im Käfig – ihr, die so gutherzig seid!« Und er schockierte Großmama damit, daß er ihr erzählte, daß ich Lippenstift benütze. Sie war auch wirklich entsetzt, doch als ich dann »hergerichtet« herunterkam, sagte sie sehr lieb, wie um es wieder wettzumachen, daß sie altmodisch ist: »*Du* trägst ihn sehr *reizend* auf, Anne!«

Als wir von Detroit abfuhren, waren Mrs. Lindberghs Eßzimmer und ihre Garage durch riesige Holzkisten völlig blockiert, und das Wohnzimmer war mit kleinen Stößen von Krimskrams übersät. Diese warfen wir am letzten Abend hastig in Pappkartons. Wir wären nie weggekommen, aber Mrs. Lindbergh räumte heimlich Schachteln und Tabletts und Koffer voller Briefe, die sie in der Hoffnung, daß sie sortiert würden, heruntergebracht hatte, *zurück* in ihr Schlafzimmer, vermutlich unter das Bett, wo sie C.s suchenden Blicken entgingen. Sie sagte am letzten Tag ein bißchen kläglich: »Ich weiß, es *sollte* mir jetzt leergefegt vorkommen, aber im Moment komme ich mir eher zugeweht vor!«

Beim Zurückfahren hielten wir an einem dieser alten, schäbigen »Zimmer für Touristen«-Etablissements. Ja, wirklich. Nicht mal so schlecht – gutes Essen, war außerhalb von Bellefonte. »Kommt mal wieder vorbei,

Leutchen«, rief der Mann, als wir abfuhren. Er besah sich unser mit Kartons und Taschen vollgeladenes Auto (C.s Sammelsurium aus Detroit): »Zieht ihr um?«!
Die ganze Fahrt hat uns wirklich gut getan. C. fühlte sich zum erstenmal seit sechs Jahren völlig frei, seine Freiheit war ihm zurückgegeben. Und zu spüren, daß es sie jetzt immer gibt, als stille Reserve: Wir *können* weg!
Und Jon! Ich ging in sein Zimmer, und er hob seinen schmalen zarten Kopf aus dem Bett und sah mit seinen großen weitoffenen Augen zu mir auf, und dann lächelte er einfach durchaus verständnisvoll, als wollte er sagen: »Du bist wieder da? Oh, ja ....« Er erinnerte mich im Aussehen merkwürdig an den kleinen Charles, vielleicht, weil er mehr wie ein richtiger Mensch aussieht, größer ist, Verständnis und Humor zeigt. Ich habe ihn heute den ganzen Tag gehabt. Ich kam heute am frühen Morgen in sein Zimmer, und er lag auf seinem Rücken und hatte einen Knäuel in seinem Bettlaken, in den er seine Füße stieß, und spielte hingegeben mit Deinem weißen Wollhäschen mit dem Glöckchen. Er lächelte das stille, verständnisvolle Kinderlächeln – wieder wie Charlie –, als er mich sah.
Ich war heute sehr glücklich. Es war ein herrlicher Tag, frühlingsmäßig; rote und grüne Tulpenspitzen schauten hervor, und die Ahorne sahen rot aus. Ich wanderte durch die Wälder und setzte mich auf einen Baumstamm in die Sonne. Mir wurde klar, daß ich mich schon sehr lange nicht mehr so gefühlt hatte, befreit von großer Qual und Schwere. Mit dem Wunsch nach Leben und dem Glauben, daß die Dinge gut sind, so, als

könnte ich mit dem Frühling die schreckliche Beschäftigung mit dem Verbrechen des Winters abschütteln und an Charlie als an einen Zugehörigen dieses Frühlings denken – so wie er an dem Tag im letzten Frühjahr dazugehört hat, als ich ihn über den Bach schob und wir in der Sonne saßen und ich dachte: »Das ist reine Freude – alles andere ist unwichtig.« Als ob der Frühling diese Essenz zurückbringen könnte. Ich fühlte, wie ein wunderbarer Strom mich durchfloß, es war das Leben, dieses immerwährende Leben, das weiterging, und es war voller Freude.

*

*Tagebuch* Donnerstag, 30. März 1933

Wieder fliegen. Wie langsam sind die Autos. Die Muster der Häuser, durch ihre Schatten verdoppelt, schachtelähnliche Häuser. Das Wasser – ganz ruhig – ein Boot durchschneidet das Wasser wie eine Schere – der schwere Seidensatin wirft kleine Wellen zurück, fällt auf beiden Seiten herab. Gefrorene Wasserfälle. Gewebte Stoff-Felder, Reihen, Streifen, Schachbretter, Kavallerie-Köper, Kord, Tweed, Homespun. Plötzlich ein Pfeil und ein Bogen auf einem Feld – ein Flugzeichen. Reiz einer Geheimsprache. Dieser riesenhafte orangerote Pfeil bedeutete den Menschen da unten nichts – sagte nur mir etwas. Bedeutete mir: »Flugplatz diese Richtung«, und ich verstand und fühlte mich wie Gott. Und über der Erde ein klares ruhiges Licht, Stille. Man konnte ruhig dasitzen und auf das Leben blicken – so war es. Wieder der Glanz über dem Leben, der Glanz, den die Kunst ihm verleiht. Ist das die Faszination des Fliegens?

*

Karfreitag [14. April]

Liebe Mutter –
Der lang aufgeschobene Flug nach Kalifornien ist jetzt fällig, und wir werden vermutlich Montag oder Dienstag abfliegen und drei Wochen oder einen Monat weg sein, also ungefähr erst zwei Wochen nach Dir zurückkommen. Ich bin zerknirscht, daß sich das so ergibt, aber immerhin ... wird Jon da sein, um Dich zu begrüßen. Er wird die ganze Zeit über in Englewood bleiben, eine Abteilung der Staatspolizei wird ihn bewachen (auf Anordnung von Gouverneur Moore), Mrs. Graeme[1] wird da sein und vielleicht für kurze Zeit auch Mrs. Lindbergh. Ich werde ihn ins Gästezimmer oder auch in mein früheres Zimmer übersiedeln, so daß er ganz in Deiner Nähe ist und Du hineingehen und ihn oft sehen kannst. Er ist jetzt sehr viel länger wach – von zwölf bis zwei nimmt er in seinem Sonnenanzug ein richtiges Sonnenbad, kriecht herum, zieht dabei ein Bein an sich heran, und es gelingt ihm so durchaus vorwärtszukommen. Dr. Van Ingen sagt, er macht sich gut. Er ist lediglich zu groß.
Ich wollte diese Reise nach Kalifornien, aber jetzt werde ich mich danach sehnen, zu Dir und Jon und dem heimatlichen Frühling zurückzukommen.

[1] Mrs. Cecil Graeme, E.C.M.s Privatsekretärin.

Englewood, 12. und 13. Mai

Geliebte Elisabeth,

es ist fabelhaft, nach Hause zu kommen, Mutter und Jon vorzufinden, und alles ringsum ist wunderschön. Die gelben und weißen Narzissen auf dem Hügel sind verblüht, aber im ganzen Haus standen durchsichtige Tulpen, kühl, formell und würdevoll. Ich fand, daß Mutter großartig aussah, obgleich sie sagte, daß sie durch den Ansturm bei der Heimkehr und die daraus resultierenden Verantwortungen (zeitweilig) müde war. Sie war voller Neuigkeiten über Dich, zeigte mir die Bilder, die Luftaufnahmen zuerst. Ich finde das Haus nicht reizlos. Wie es zwischen Bäumen und Feldern liegt, das ist *herrlich*. Ich freue mich, es zu sehen. Jetzt kann ich mir Dich dort vorstellen – den Magnolienbaum, den Garten, die Hecken. Es ist so komisch und köstlich, wenn man daran denkt, daß Du Dir die Farben der Wände überlegst und mit Dienstboten Unterredungen führst. Ich lachte über Aubreys Kommentar, daß Du das Haus wegen des Magnolienbaumes genommen hast, der nur zwei Wochen lang blüht, und las das Charles vor. Ich habe immer Häuser wegen ihrer »herrlichen alten Bäume« ausgesucht.

Ich hatte Dir so viel zu erzählen, und jetzt schmilzt es in dieser hektischen Hetze aufs Schiff[1] – wie beim Abschiednehmen – dahin. Nur noch dies: es ist herrlich, zu Hause zu sein, der Rasen im Garten ist sehr grün, und

[1] Vor den Tagen der transkontinentalen Luftpost richtete man seine Briefe entsprechend ein, damit sie beim Auslaufen einen bestimmten Dampfer erreichten.

das Grün der Hütte ist dunkler, und darum herum blühen weiße und rote Tulpen. Die Apfelblüten sind offen und fallen herab, Nässe auf den Wegen. Erinnert Dich das nicht an die Strophe von George Herbert:

»I once more smell the dew and rain
And relish versing. O my only Light,
    It cannot be
    That I am he
On whom Thy tempests fell at night.«[1]

*

*Tagebuch* Sonntag, 25. Juni 1933

B.s Artikel in einer Zeitschrift brachte mir plötzlich zum Bewußtsein, daß ich in der Hetze des Auszugs aus Hopewell, durch Beendigung des Buches [*North to the Orient*], Kinderhilfsgemeinschaft, Funken, Kleider, Zahnarzt etc., durch alle Reisevorbereitungen zwei Monate lang keine Pause gemacht habe, um Luft zu holen, nachzudenken, bewußt zu leben oder zu schreiben. Dazu wird mir klar, daß ich trotz allen Redens nie etwas so weit gebracht habe, daß es veröffentlicht wurde, dabei könnte ich es – ich *könnte,* aber ich habe den Mut nicht. Oh, ich brauche die Anerkennung. Man kann nicht nur schreiben und schreiben und die Sachen in die

[1] »Wieder rieche ich Tau und Regen / Ein Lobpreis der Dichtung. Oh, mein einziges Licht, / der kann ich nicht sein, / Über den Dein Sturm eine lange Nacht hinwegbrauste.«

Schublade legen. Sie welken ohne die warme Sonne der Zustimmung durch einen anderen dahin.
Ich komme mir armselig vor, dazu verdammt, nichts weiter als ein Amateur zu sein, nie ernsthaft, nie professionell zu schreiben.

Samstag, 8. Juli

Ich möchte, bevor ich auf diese Reise gehe, das niederschreiben, was ich mir für Jon am meisten wünsche. Ich möchte, daß er liebenswürdig und verständnisvoll und unabhängig wird. Ich glaube, daß er liebenswürdig und verständnisvoll wird, wenn man ihn nicht verzieht, wenn man verhindern kann, daß er zu spüren bekommt, daß er privilegiert ist. Denn er ist ein zärtliches, zugängliches Kind, das man mühelos auf den Weg zur Toleranz führen kann.
Doch glaube ich, daß durchaus die Möglichkeit besteht, daß er zu sehr behütet, zu sehr umsorgt wird, zum Teil deshalb, weil wir es ihm ganz hübsch bequem gemacht haben. Auch wird er vermutlich zu aufmerksam beobachtet auf Grund des Erlebnisses mit dem anderen Baby. Ich möchte, daß man ihn in Ruhe läßt, damit er auch schon die ersten Schwierigkeiten alleine meistert, daß er alleine schläft, daß er alleine oder mit anderen Kindern seines Alters spielt, seine eigenen Kämpfe ausficht, damit er zu einem unabhängigen, mutigen Mann heranwächst, vor dem Leben keine Angst hat, sondern ihm mit Optimismus und Courage und Freude entgegentritt wie sein Vater und sein Großvater.

*

Julianehaab, 11. August

Liebste Mutter,
mein Tagebuch ist voll, daher kann ich dem Luxus frönen und Dir schreiben. Die erste Nachricht von zu Hause seit Deiner Abfahrt. Dein Telegramm war ungefähr drei Tage im Verzug, aber Zeit bedeutet hier so wenig. Sie zählt einfach nicht. Nichts zählt, nur dieses Leben. Es ist merkwürdig, aber Grönland scheint auf die Menschen einen Zauber auszuüben. Ich glaube, es liegt an der Intensität des Daseins, an der Intensität der Eindrücke, an den scharfen Konturen der Berge, die zerklüftet und streifenweise mit Schnee bedeckt sind, und an den kahlen felsigen Hügeln, auf denen im Abendschein tiefe Schatten liegen. Das strahlende Weiß der Gletscher und Eisberge gegen das strahlende Blau des Himmels und des Wassers an klaren Tagen, und dazu inmitten dieser natürlichen Schönheit die lebhaften Farbtupfer, die die Dänen und Grönländer diesem Land aufgesetzt haben. Eine kleine Kolonie roter, grüner und blauer Häuser krabbelt den felsigen Hügel hinauf, rote und grüne Segel auf den Fischerbooten, leuchtende Stiefel und Blusen und Mützen der Menschen. Das Gras in den Abflußgräben hat ein *positives* Grün, in diesem Land, in dem es keine Bäume gibt, und in dem Gras Wogen blauer Glockenblumen.
Auch bekommt alles, da das Leben träge und schwierig ist, ein anderes Gewicht: wenn ein Schiff kommt, wie zum Beispiel die *Disko* von Dänemark, oder ein Fest in einem Zimmer mit tiefgezogenen Dachsparren gefeiert wird, rotbackige Gesichter, dänisches Bier, »Skål«, Zi-

garetten und Gelächter und Abenteurergeschichten. Oder wenn die Grönländer in leuchtenden Stiefeln und Blusen abends zum Geschaukel eines Akkordeons auf einem kleinen staubigen Platz herumwirbeln.
Die hiesigen Dänen sind sehr gerne hier. Viele haben mir erzählt, daß sie lieber hier als sonstwo in der Welt seien. Sie kamen für ein Jahr oder für einen Sommer her, um für ein ganzes Leben zurückzukehren. Ich kann es recht gut verstehen. Man vergißt hier das übrige Leben und den anderen Teil der Welt.
Wir flogen von Holstenborg nach Norden bis Christianshaab und dann quer über das Inlandeis, eine große flache Kuppe, die sich hinter den Küstenbergen aufwölbt und an verschiedenen Stellen in die Fjorde hinabrieselt, wo Stücke herunterbrechen und als Eisberge ins Meer hinausschwimmen. Der Rand der Eisfläche sieht schmutzig und streifig aus, kleine Ströme rinnen an ihm herunter. Aber in der Mitte ist sie glatt und strahlend weiß – unberührt. Man kann *nichts* sehen, denn es ist so, als wäre man in einer großen runden Schüssel ohne Deckel und ohne Boden. Die Ostküste Grönlands ist von der Westküste sehr verschieden. Die Eisfläche reicht näher ans Meer heran, die Berge sind höher und mit mehr Schnee bedeckt. Es scheint keine tiefgelegenen felsigen Inseln zu geben wie an der Westküste, und die Berge und steilen Klippen reichen direkt bis ans Meer heran. Es gibt nur ein paar Siedlungen, das wird jetzt erst von zwei Expeditionen, der von *Knud Rasmussen* und der von *Lauge Koch,* genau in Karten eingetragen.

Die Eisflächen (auch auf dem Meer) sind hier an dieser Küste viel größer und blockieren sie monatelang. Die ersten Forscher aus Island sind (wie jetzt die Schiffe) dem Eis abwärts gefolgt und um Cape Farvel herum nach Julianehaab gefahren, das war die erste Stelle, an der sie durchkamen. Jahrhundertelang hat man kein besseres Land in ganz Grönland entdeckt als das Land dieser ersten Ansiedlungen. Jetzt wird hier geheut, Getreide und Gemüse angebaut, man züchtet Schafe und ein paar Kühe.

Zwischen Ella Island und Clavering Island sahen wir einen Eisbär am grauen Strand eines Fjordes entlangtrotten. Auch Herden von Moschusochsen; sie sehen wie Büffel aus, sind aber Eiszeittiere. Es gibt nur noch wenige. Ist das nicht ungeheuerlich, daß man in die Eiszeit hineingerät? Ich spüre sie hier, wo es keine Siedlungen gibt und die großen Berge und Fjorde so wirken, als seien sie eben erst von einem Gott dahingesetzt worden. Zwischen uns und der Eiszeit nur ein nichtiges Flugzeug!

Wir flogen die Küste nach Angmagssalik hinunter, kamen dabei nur an einer Siedlung, nämlich Scoresby Sound, und an ein paar Fischerbooten in den Fjorden vorbei. Das Packeis liegt genau vor den Küsten und erstreckt sich bis ins Meer, in den Fjorden gibt es Eisberge von den Gletschern.

Angmagssalik ist die größte Siedlung im Osten Grönlands, und sie sieht *winzig* aus. Ich erkannte sofort, daß das hier ein viel primitiverer Landstrich als Westgrönland war. Eine Reihe Torfhäuser und Zelte aus Häuten, alle Frauen standen in Nationaltrachten an den Ufern, hatten ihre Haare ganz altmodisch zu einem hohen Knoten zusammengebunden. Die Gesichter waren dunkel und schlitzäugig, ganz und gar nicht die von Mischlingen, doch bald wird es welche geben, denn es gibt hier eine ganze Menge blonder Kinder und etliche Ehen zwischen Dänen und Eskimos. Die Frau des Gouverneurs war eine Eskimo. Sie konnte kein Dänisch, aber ihre herrlichen dunklen Augen waren sehr ausdrucksvoll. Sie hatte ein kleines, neun Monate altes Baby und zeigte mir, wie sie es in einer weiten Bluse mit Kapuze auf ihrem Rücken trug.

Wie gerne schaue ich den Müttern zu. Sie gehen auf einen Hügel oder Felsen hinauf, um in der Sonne zu sein oder um zu beobachten, was unten im Hafen los ist – und da stehen sie dann mit anderen Müttern zusammen, wiegen ihren Körper hin und her, und damit die Babys auf ihrem Rücken und sagen dazu: »*Ajungilak, ajungilak*« (es ist alles gut, es ist alles gut).

Knud Rasmussens Expedition ist in Angmagssalik, lauter nette junge Dänen, die zwei Monate alte Bärte tragen, Parkas mit Kapuzen und Seehundsfellstiefel anhaben; es sind Vermesser, Geologen, Botaniker, ein Flugpilot und mehrere Marinepiloten. Daher ist die Kolonie jetzt ganz hübsch voll. Er ist ein kleiner Mann und sieht durchaus nicht wie ein Held aus, ist völlig natürlich, gar nicht eingebildet, spielt sich nicht auf, hat ein scharf geschnittenes Gesicht. Sie mögen ihn alle und nennen ihn ganz zwanglos, aber doch bewundernd einfach »Knud«.

Als wir den Hügel hinunter zum Haus des Gouverneurs gingen, war die Dämmerung hereingebrochen. Die weißen Eisberge schimmerten im Dunkel des Fjordes unter uns, über dem Fjord schwarze Berge mit Schnee, und vor dem Laden auf dem Weg konnte man die wirbelnden Gestalten der Grönländer, die zu dem Wimmern der Ziehharmonika tanzten, eben noch erkennen. Wir schliefen wunderbar in einem Schlafsack aus Bärenfell.

*

*Tagebuch* Sonntag, 20. August

Ein englisches Schiff ist angekommen, und ich habe Post von Mutter. Schlechte Nachrichten über Elisabeth, und wieder wird es mir schwer ums Herz[1]. Wenn dieses Jahr, das ihr jetzt bevorsteht, das schlimmste ist – und nur nichts Schlimmeres im Hintergrund lauert. Die Freude an Dänemark und Schweden ist dahin. Ich denke an den nächsten Winter. Ich denke den ganzen Tag darüber nach, wie ich ihr eine Nachricht schicken kann.

*

[1] Elisabeth Morgan war von ihren Ärzten gesagt worden, daß ihr Gesundheitszustand es erfordere, daß sie ein Jahr in völliger Ruhe in Kalifornien zubringe.

*An E. R. M. M.* Kopenhagen, Freitag [1. September]

Mein Liebes,
ich habe mit dem Schreiben gewartet, bis wir unsere Pläne wissen. Dein Telegramm und Dein Brief waren eine große Hilfe. Wenn Du noch so lange dort bist, meint C., daß es besser ist, erst die nördlichen Orte aufzusuchen, ehe das Wetter umschlägt. Er sagt, wir können leicht nach Stockholm und Moskau (Staatsgeheimnis; da schließlich nur eine Möglichkeit, wenn wir landen können) zur Nordwestküste Norwegens und Nordküste Schottlands fliegen und von da nach Wales, wo wir bis Mitte September bleiben können. Ich sehe nicht ganz, wie das gehen soll. Aber Ende September müßte möglich sein, glaube ich. Wäre das zu spät? Aufgrund Deines Telegramms nehme ich das nicht an. Es wäre günstiger, da uns das Wetter nicht so unter Druck setzen würde und da C. geneigt ist, länger zu bleiben. Er sprach von »einigen Tagen«, aber ich glaube, man könnte ihn vielleicht zu einer Woche verführen.
Diese Woche im »vergoldeten Elendsquartier« [1] zerrt an seinen Nerven, und gestern abend, als man uns einen Fisch servierte, der in einer Sauce schwamm, hat er ihn fast zum Fenster hinausgeworfen.
Ich finde Kopenhagen wundervoll, aber ich komme mir ein bißchen eingesperrt vor. Habe das Gefühl, das wir damals im Ritz hatten, als Millionen von Hotelboys,

[1] Bezeichnung der Morrows für Luxushotels.

Teppichen, Liften, Pförtnern und eine fremde Sprache zwischen uns und dem Leben standen.
Es ist merkwürdig, ohne Daddy, Dich und Mutter in dieser Atmosphäre zu sein. Ich habe noch nicht eine einzige Stadtbesichtigung gemacht! Erinnerst Du Dich, wie wir jeden Morgen treu und brav aufstanden, um durch einen Palast nach dem anderen zu trotten und dabei alte Tapisserien, Burgverliese und Rüstungen ansahen?
Heute gehe ich, aber ich habe meinem Führer (von der amerikanischen Gesandtschaft) gesagt, daß ich schöne Gebäude und altes Porzellan liebe, aber daß ich es schlechterdings verabscheue, herumzustolzieren und alte Tapisserien anzusehen (dabei wären sie vielleicht sogar schön, wenn man nur nicht immer seinen Hals dabei verrenken müßte, um hinaufzuschauen).
Gestern abend gingen wir durch die Straßen! Ging gut, außer in der Nähe des Hotels. Die Leute bleiben stehen, schauen, laufen uns aber nicht nach. Ich wollte immer weiter und weiter gehen, es war so aufregend, durch die Straßen zu gehen, aber C. meinte, wir sollten in Reichweite des Hotels bleiben (wie beim Abschlagspiel!).
Wir werden vermutlich Montag nach Stockholm abreisen. Dann kommt die Küste Norwegens, dann Schottland und dann Wales.

*

Ein Mann kommt herein, verbeugt sich, küßt mir die Hand. »Madame Leendbairgh, ich hatte keine Möglichkeit, mit Oberst Leendbairgh zu sprechen, aber vielleicht könnten *Sie* ihm sagen ...«
Verdammt, verdammt, verdammt nochmal! Ich bin es leid, immer dieser »Handlanger des Herrn« zu sein. Sie glauben, sie können sich an *mich* heranmachen, wenn sie ihn nicht erreichen, können *mich* überlisten. Auf Fregattenkapitän Dam trifft das nicht zu. Er will nichts von C. außer seiner Achtung und dem Vertrauen von Mann zu Mann, und wenn er mit mir über C. spricht, tut er das, weil er glaubt, daß ich ihn besser verstehe, was auch wahr ist. Wenn er mich mag, dann nicht deshalb, weil ich die »wertvolle Helferin« und ein eher bleicher, aber brauchbarer Schatten in C.s Welt bin, sondern jemand, der in seiner eigenen Welt für sich steht. Ich fürchte, es ist lediglich die Welt des »weiblichen Charmes«. Aber es ist so hübsch, zur Abwechslung für sich alleine – *irgendwo* – zu stehen – selbst wenn es nur in einem eigenen kleinen Bereich ist –, daß es wie berauschender Wein wirkt. Es lebe die Nichtigkeit!
Wo ist meine Welt, werde ich sie je finden? Sicher, aber sie fällt einem nicht in den Schoß. Man muß sich darum bemühen. In dem Winter in Princeton bekam ich einen Vorgeschmack davon. Die Maurois-Klasse, die Welt Virginia Woolfs. Viel Zeit ist nicht mehr, ich bin fast dreißig.

---

»Qu'as-tu fait, Ô toi que voilà
Pleurant sans cesse,
Dis, qu'as-tu fait, toi que voilà,
De ta jeunesse?«[1]

»Das Leben entgleitet wie eine eilige Feldmaus, die kaum die Grashalme bewegt ...«
Wir kämpfen alle dagegen an – kämpfen gegen die Vergänglichkeit, gegen das Dahinschwinden des Lebens, gegen den Tod und die Kürze dieses Lebens und das Gefühl der Nichtigkeit, das »*Qu'as-tu fait*«-Gefühl. Ich glaube nicht, daß irgend etwas dieses Gefühl und diese Angst überwindet. Jung und vergnügt zu sein, Bewunderung und Liebe, ein neuer Hut und hübsche Kleider helfen für kurze Zeit; aber wie bei allen Stimulantien geht es einem nachher schlechter als zuvor. Kinder sind ein Schutzwall – wenigstens für Frauen. Sie sind lebendig, erfüllen mit Hoffnung, sind eine Rechtfertigung des eigenen Lebens. Die Welt der Kunst besiegt das alles, sie fängt das Leben in seiner Beschaffenheit, in seiner Form ein und hält es so fest. Ich bin nicht sicher, ob Arbeit nicht auch eine Art Narkotikum ist – ein gesundes, doch sie hilft einem nicht ständig.

*

[1] »Was tatest du, die da unaufhörlich weint, sprich, was tatest du mit deiner Jugend?« [VERLAINE]

Stockholm, Montag [11. September]

Liebe Elisabeth,
als erstes will ich Dir unsere Pläne sagen. Wir werden hier vermutlich in einem Tag abreisen und (tiefstes Geheimnis) nach Leningrad fliegen. In Moskau werden wir wohl nicht landen können, deshalb Leningrad. Wie dem auch sei, es ist eine Flugreise, also verschwende keinen kostbaren Brief darauf – ich würde ihn nie bekommen. Dann über Schweden zurück an die Küste Norwegens (möglicherweise mit einem Halt in Oslo oder Bergen). Schicke auch dort keine Briefe hin, denn wir rasen nur durch. Dann geht's direkt nach Wales. C. sagt, daß er auf dem britischen Luftschiffahrtsstützpunkt (wo immer das sein mag – in der Nähe Londons; ich glaube, daß es bei Southampton ist) landen und dann mit dem Auto hinauffahren will. C. sagt, daß wir eine Woche bleiben können.
Deine Briefe sind eine Freude. Dein »von ihrer Schwester persönlich« verursachte einen ganz hübschen Krawall! Fregattenkapitän Dam erschien eines Morgens sehr stolz mit Deinem Brief – »von Ihrer Schwester« –, als hätte er ein Ei gelegt, und fragte dann mit echt dänischer Galanterie: »Ist Ihre Schwester so reizend wie Sie?« (»Tralla-la-trarallala-la«!) Ich antwortete: »Sehr viel reizender.« »Dann«, sagte er mit einer leichten Verbeugung, »hoffe ich, daß Sie sie von mir grüßen werden!«
Stockholm ist einfach göttlich. Ich könnte hier immer leben. Es ist ein in der Penobscot Bay hineingesetztes

Paris (oder nein, vielleicht Wien). Ein verzaubertes Venedig, aber frisch, sauber, funkelnd – Möwen, schimmernde gelbe Masten, Turmspitzen, Kirchtürme und das Geräusch des Wassers.
Ich muß jetzt gehen oder ich verpasse die Museen. Ich werde ganz närrisch, denn ich finde das Glas und die modernen Stoffe hier zu schön und möchte für ein imaginäres Zuhause, das ich nicht habe, mit Geld, das ich nicht habe, einkaufen!

Oslo, Montag, 2. Oktober

Liebe Mutter,
ich schreibe Dir mit Bleistift, denn ich möchte in der Sonne bleiben – ein herrliches offenes französisches Fenster, warme Altweibersommer-Sonne, das Geräusch sanft raschelnder Blätter und über den Bäumen ein goldener Schimmer. Wir sind auf unserem Weg zu Elisabeth, aus Rußland zurück und haben Norwegen überquert. Morgen werden wir die norwegische Küste entlangfliegen und am nächsten Tag in Southampton sein.
Bis zu unserem Abflug von Stockholm war ich mit diesem Leben vollkommen zufrieden, doch seitdem habe ich ständig Heimweh. Ganz gleich, wie interessant oder wie schön eine Sache sein mag – ich möchte nach Hause. Ich kann nichts mehr in mich aufnehmen, kann keine intelligenten Fragen mehr stellen, kann nichts mehr bewundern. Als ich Rußland noch vor mir hatte, dachte ich mir, schön, das werde ich einfach hinter mich bringen, das ist alles, werde meine Augen und

mein Hirn verschließen und alle Anstrengungen unterlassen.

Natürlich war das unmöglich, man kann Rußland nicht besuchen, selbst wenn es nur ganz oberflächlich ist, ohne nicht in einer oder anderer Hinsicht schrecklich beunruhigt zu sein. Es nimmt einen unglaublich gefangen und beansprucht einen ganz: man muß einfach auf ihr unausgesprochenes: »Na, was denken Sie von uns?« gefaßt sein. Diese Unmengen schäbiger, umdüsterter, geschäftiger Menschen, die mühselig über die Straßen traben, das unglaubliche Arbeitspensum, das überall erledigt wird, der Enthusiasmus und die Einigkeit in den Absichten, die unbegrenzte Energie und Zielstrebigkeit. Man möchte fragen: »Woher kommt dieser Ansporn?« Ihre auf manchen Gebieten ungeheuer gewagten Vorsprünge – zum Beispiel bei der Luftfahrt, in der Versorgung von Mutter und Kind – und dann ihr eingleisiges Denken, das einen fast wahnsinnig macht.

Man kann weder einen Palast oder ein Museum noch alte oder neue Kunst oder Architektur vom ästhetischen Standpunkt aus betrachten. Immer und immer ist es der soziale Standpunkt. Nachdem ich durch verschiedene Galerien gegangen war, in denen man mich auf jeden Gegenstand etwa so aufmerksam gemacht hatte: »Der unterdrückte Arbeiterstaat vor der Revolution, jetzt haben wir ...«, hätte ich am liebsten ärgerlich gerufen: »Ich kapiere, *hören Sie?* Ich kapiere, was Sie sagen wollen, aber, um Himmels willen, hören Sie jetzt auf, davon zu reden.« Im ganzen war es viel eindrucksvoller, als wir angenommen hatten, und wir denken über vieles nach. Aber wir waren erleichtert, als wir in der stillen, friedlichen, gemütlichen kleinen Stadt Tallin landeten.

*

*Tagebuch* Samstag, 14. Oktober

Wieder bei Elisabeth – sehr entmutigt, da der Arzt sagt, daß sie *überhaupt* nicht aufstehen, sondern so lange wie möglich flach auf dem Rücken liegen soll. »Und vielleicht erhole ich mich nie mehr.« Die Angst kehrt zurück und nistet sich wieder bei mir ein.

Dienstag, 17. Oktober

C. und ich sprechen über den nächsten Winter. Er versucht mir zu sagen, daß es leichter ist, wenn man im voraus auf den Tod eines Menschen vorbereitet ist.

Für C. ist es ganz unmöglich, in Paris zu sein, ohne aufzufallen. Sie sehen noch immer einen romantischen jungen Knaben – den Märchenprinzen in ihm. Frauen klopfen an die Türe seines Wagens, Menschenmengen versammeln sich, wenn er das Hotel verläßt.
Ich konnte mich, außer wenn ich auf die amerikanischen Reporter stieß, relativ frei bewegen, freier als in manchen anderen Städten. In der Vorstellung der Franzosen werde ich mit C. nicht in Verbindung gebracht. Sie können sich ihn verheiratet einfach nicht vorstellen. Das ist wie bei einem berühmten Filmschauspieler. Und niemand hat irgendwelche Hemmungen davor, sich zu

einer Menschenmenge auf der Straße zu gesellen oder zu jubeln.
Für Charles war das eine äußerst bittere Pille. Es war richtig traurig. Er sprach davon, die Fliegerei aufzugeben, niemals mehr in irgendeine Stadt zu gehen.

*

Lissabon, 16. November

Liebste Mutter,
diese Stadt – zumindest die Botschaft und der Garten – erinnern mich an Mexiko. Heute morgen wachte ich in dem hohen altmodischen Schlafzimmer durch alle möglichen Geräusche auf, die mich daran denken ließen. Die kühle Frische, die, wie man weiß, von der Sonne aufgesogen wird, denn ich spürte, daß wir wieder in einem warmen Land waren. Über das im Unterbewußtsein verankerte Gefühl der Ruhe und des Friedens breiteten sich die schwirrenden hellen Töne eines mexikanischen Morgens: in der Ferne weittragende monotone Rufe der Straßenhändler, nicht schrill, aber anhaltend und wohlklingend, wie Vogelrufe. Dazu jenseits der Mauer die spitzen Schreie der Kinder und das Kollern der Truthähne. Und wieder mehr in der Nähe, unter dem Fenster im Garten – welche Wonne! – hörte man die beruhigenden, herrlichen Geräusche des Fegens, Rechens und Scharrens von jemandem, der im Garten der Botschaft arbeitete. Den dumpfen Ton, der entsteht, wenn man die Strohkörbe zum Unkrautsammeln abstellt. Füße, die Steinstufen hinuntertappen, Vogelgezwitscher und der unverwechselbare, nur be-

dingt angenehme Geruch von Verbranntem, den wir auch in Mexiko kannten. Nie wußten wir, woher er kam. Es war kein Küchengeruch und auch nicht der Geruch von verbranntem Laub – was verbrennen sie wohl? Jedenfalls konnte ich nicht widerstehen und ging noch vor dem Frühstück hinaus.

Dieses prächtige alte Haus liegt an einem Hügel. Man schaut über rote Dächer und vereinzelte Palmen auf den großen Hafen hinunter, wo Schiffe aus der ganzen Welt liegen. Am Hang liegt der abgeschlossene Garten mit drei Terrassen über der Straße, so daß man vom zweiten Stock über eine Brücke in den Garten geht. Er ist ganz von einer Mauer umgeben und voller Palmen, Pfefferbüsche, Bambus, Klettergeranien, Poinsettien und Fuchsien.

Wir finden Sonne und Blumen himmlisch, denn wir hatten überall in Europa schlechtes Wetter, es war kalt, naß und dunstig. An der spanischen Küste und nach Portugal war *schrecklicher* Nebel und Sturm.

Ich bin, wenn es sich um Nebel handelt, ganz schlimm. Ich hasse ihn unaussprechlich und habe die ganze Zeit panische Angst, und jedesmal, wenn wir so einen Tag erleben, habe ich das Gefühl, daß ich diese Art Leben nicht weiterführen kann. Natürlich sagt C., wenn wir runterkommen, daß wir nie in schwierigen Situationen waren. Ich vertraue ihm vollkommen, weiß, daß er sehr vorsichtig ist und nichts riskiert und daß es bei mir lediglich panische Angst ist, die ich nicht unterdrücken kann und die sich durch meine Einbildungskraft noch verstärkt.

In Rotterdam hatte ich ein merkwürdiges Erlebnis. Ich denke mir oft, daß man anderen nicht helfen kann, außer vielleicht zufällig, und dann erfährt man es nie. Doch in Rotterdam gelang es jemandem, mir zu helfen. Wir versuchten nach Genf zu fliegen und sind nach einem zweistündigen Kampf mit dem Nebel umgekehrt und zurückgeflogen. Als wir endlich wieder unten waren, unterhielten sich im warmen Clubhaus in der Nähe des Flugplatzes verschiedene »versprengte« Piloten. Ich war in einem recht desolaten Zustand und richtig angeschlagen. Jemand setzte sich neben mich, es war ein netter Pilot, der darüber sprach, wie schön es für uns sei, daß wir zusammen fliegen könnten.

Ein ungünstiger Augenblick, um mit mir so ein Gespräch zu führen. Ich fand, er habe keine Ahnung, und war über das Idealbild, das er von uns zeichnete, eher erbittert. Dann wurde mir langsam klar, daß er nicht von uns, sondern von seinen Erlebnissen sprach. Er ist offenbar ein sehr feinfühliger Mann, der einen eigenen Beruf hat, aber häufig mit seiner Frau lange Flüge unternimmt. Sie fliegen einfach zusammen, machen alles selbst und sind dabei ganz aufeinander angewiesen.

Genau erinnere ich mich nicht mehr an das, was er sagte, aber er sprach von seiner Frau. (Sie ist gerade sehr krank gewesen, und das hat, wie ich annehme, seine Beziehung noch intensiviert.) Er hatte Achtung vor meinem Mut (!), da er die Unbilden kennt, fand es aber großartig, sie gemeinsam durchzustehen. *Besonders* beim Fliegen. Das Zusammen-Fliegen verbindet, denn man ist ganz auf sich gestellt. Man ist ganz auf den an-

deren angewiesen, das sind einmalige, ureigene Erlebnisse. »Man geht miteinander durch dick und dünn.« Das ist auch wirklich wahr – nur hatte ich es vergessen.
Mir wurde dabei blitzartig klar, daß C.s Beziehung zu mir genauso war, auch wenn er das nicht ausdrücken kann und nicht daran denken würde, es auszusprechen; ich habe es aber als selbstverständlich hingenommen und beinahe aufs Spiel gesetzt. Das Bild, das er skizziert hatte, betraf uns, sobald ich nur meine Hand ausstrekken und danach greifen wollte, sobald ich aufhören würde, mich dagegen aufzulehnen, und es akzeptieren würde. Ich sollte mir klarmachen, daß dies jetzt wahrscheinlich die glücklichste Zeit meines Lebens war, daß wir jung und glücklich verheiratet waren und alles gemeinsam machten.
Natürlich ist und war mir das auch schon klar. In Grönland zum Beispiel. Doch haben Angst, Heimweh und Unmut und die Spannung durch die stets wachsame Presse in mir den Wunsch geweckt, nach Hause zu kommen, alles so rasch und schmerzlos wie möglich hinter mich zu bringen. Dazu kam ein ungeduldiges Verlangen nach einem wirklichen Leben, und ich hatte übersehen, daß dies unser wahres Leben ist. Erinnerst Du Dich an Prousts Aussage, daß einem die Zukunft nicht wie ein ganzer Kuchen serviert wird, sondern daß man daran ständig zu knabbern hat? Das ist es eben, und schlimm wär's, würde man's vergeuden.
Ich weiß nicht, warum ich Dir das schreibe, doch ich weiß, daß Du das besser als jeder andere verstehst, und es wird mir gegenwärtiger, wenn ich es Dir schreibe.

---

Natürlich bist Du selbst das beste Beispiel. Du hast mit Daddy so vieles gemeinsam unternommen. Es muß befriedigend sein zu wissen, daß man niemals klein beigegeben hat – nicht in Mexiko, nicht in der Wahlkampagne und bei so vielem, das ich erst später wahrnahm. Du hast die Dinge immer ganz getan und das Beste daraus gemacht.

Aber die Situationen sind wohl doch nicht dieselben, selbst wenn sie einander gleichen. Nach meiner Zeit in Rotterdam war mir in bezug auf die Rückreise, die ich bisher nur gefürchtet hatte, bedeutend wohler. Mir wird nun, wie damals in Grönland, eine Aufgabe gestellt. Dadurch macht mir das Ganze mehr Freude, ich bin intensiver daran beteiligt. Ich muß das Fliegen und das Funken bewältigen, äußere Abhaltungen existieren nicht. Die Flüge von hier zu den Azoren, von den Azoren nach Madeira und von Afrika nach Südamerika werden lang und ermüdend sein, sind aber eine wirkliche Aufgabe, nicht nur ein Herumsitzen im hinteren Cockpit.

Wir werden auf das bestmögliche Wetter warten für diese Flüge und hoffen auf gute Nachrichtenvermittlung. Dazu sind wir, wie C. sagt, auf dem Weg nach Hause. In einem Monat, so sage ich mir vor, sind wir zu Hause, das klingt nah. Im Vergleich zu den Strecken, die wir noch zurückzulegen haben, erscheint mir der Zeitbegriff schier bedeutungslos. Ich sehe ihn nur noch räumlich, als Entfernung und als Arbeitspensum.

[Englewood] 31. Dezember

Liebste Elisabeth,
im Augenblick ist alles noch so in Unordnung und das Durcheinander ist so groß, daß ich das Gefühl habe, ich sollte mich nicht hinsetzen und einen Brief schreiben. Aber da ich annehme, daß sich das in absehbarer Zeit keineswegs ändern wird, kann ich es auch ebensogut vergessen. Ich verlebte drei durchaus erfreuliche Tage alleine mit Jon draußen in *Falaise*[1]. Dann folgten drei Tage hier mit Jon, Betty, Elsie und Mrs. L.

Jon ist reichlich verwöhnt. Jeder glaubt anscheinend besser zu wissen, wie man ihn behandeln muß, als ich.

Gegen Weihnachten habe ich in diesem Jahr eine ausgesprochene Abneigung, vielleicht weil ich ohne Euch all den abscheulichen Reklamen, die einen zum Kauf animieren sollen, und den schrecklichen Geschäften, die ihre Fangarme ausstrecken, um einen zu ködern, ausgeliefert bin. Es scheint mir jeglicher Wirklichkeit weit entrückt zu sein.

Das Kind hat zu viele Spielsachen. Am Christbaum der G.s waren für alle Geschenke: bunte Kugeln, Schmuck, Lichter, Teddybären und Pferdchen für Jon und ein Strumpf. Ich mußte über Jon lachen, der unter den Baum kroch, zwei kleine rote Beeren abpflückte und sie mir voller Entzücken brachte!

[1] Haus auf Long Island von Harry und Carol Guggenheim, die gute Freunde der Lindberghs waren.

*An E.L.L.L.* Washington, D.C. [24. Januar]

Wir haben eine Wohnung gemietet – keine sehr große –, ein Penthouse. Es heißt, daß es ein ordentliches Haus ist, in dem nette Leute wohnen. Es gibt für Jon eine sonnige Terrasse und eine große für uns mit einer schönen Aussicht. Jon wird neben uns schlafen, ein Bad liegt dazwischen, dessen Türe nachts offenbleibt. Skean und Wahgoosh [1] werden wir vermutlich bei uns haben, zeitweilig auch Thor! Ein Gästezimmer gibt es nicht, aber in Jons Zimmer steht ein Extrabett, falls Du kommst – hoffentlich bald –, sonst können wir auch eine Couch für das Wohnzimmer besorgen.
C. genießt es sehr, daß wir wieder unser eigenes Reich für uns haben, auch wenn es nur vorübergehend und in der Stadt ist. Es war mir gar nicht klar, daß so viel Arbeit – Malen, Tapezieren, Linoleumverlegen – anfällt. Ich nehme an, daß es noch ein bis zwei Wochen dauern wird, bis wir in der Wohnung sind. Ich versuche viel Zeit mit Jon zu verbringen und dazu meine Arbeit über die Fernost-Reise, an der ich im letzten Winter geschrieben habe, zu Ende zu bringen, bevor ich mit Grönland anfange.
Jon geht es großartig. Ich kaufte eine Rutschbahn. Sie kam an einem Nachmittag, ehe ich zu Hause war, an, und Jon und C. erforschten sie gemeinsam. C. zeigte

[1] Die Terrier der Lindberghs.

ihm, wie man damit umgeht, und Jon hatte überhaupt keine Angst. Jubelnd sauste er immer wieder im Kreis herum und war ganz und gar fasziniert.
Er fängt jetzt an recht ordentlich mit dem Löffel zu essen – ißt drei bis vier Löffel voll ganz manierlich, dann wird es ihm zu dumm, das ganze Zeug immer *in seinen Mund zu stopfen!* Warum nicht auf den Boden und den Tisch damit!

[Englewood, 11. Februar]

Meine liebe Elisabeth,
mit einem Ohr beim philharmonischen Konzert, mit dem anderen oben bei Jon versuche ich ein Gekritzel für Dich. Charles ist wie letzten Sonntag wegen der Luftpostangelegenheit in der Stadt. Ich nehme an, daß Du die Sache verfolgt hast. Durch ein abgekartetes Spiel wurden alle Luftpostverträge annulliert und etliche Gesellschaften erfuhren erst davon, als es in den Zeitungen stand.[1]
C. sandte letzten Sonntag an Präsident Roosevelt ein Telegramm mit einer einzigen dringenden Bitte: *faire Verhandlung vor dem Schuldspruch.* Du hast vermutlich den Wirbel miterlebt. Als Maßnahme des Weißen Hauses folgende amtliche Berichte: einer der Sekretäre des Präsidenten sagte: (1.) es sei schlechter Stil, dem Präsidenten eine Mitteilung zu senden und öffentlich bekanntzumachen, ehe man ihm eine Möglichkeit zur Antwort gegeben hat; (2.) es war nachweislich nur ein

[1] Am 9. Februar 1934 wurde durch Präsidialbeschluß die Aufhebung der Inlandluftpostverträge bekanntgegeben.

Grund, um das Interesse der Öffentlichkeit zu wecken (das *war* es natürlich auch – ein öffentlicher Appell an die Gerechtigkeit); (3.) der Präsident hatte es sowieso nicht veranlaßt, sondern [der Postminister] Farley; (4.) das Weiße Haus opponiert nicht gegen die zivile Luftfahrt – siehe Mrs. Roosevelt, die, auch wenn sie mit Luftwaffenflugzeugen fliegen könnte, Verkehrsmaschinen benützt.

Daraufhin eine Flut von Leitartikeln und Briefen, die zumeist (sowohl in der *Times* [demokratisch] als auch im *Tribune* [republikanisch]) C.s Gesuch unterstützten; etliche waren *sehr* komisch. Hast Du »die welkenden Veilchen des Weißen Hauses« im *Tribune* gesehen?

Wie dem auch sei, das Weiße Haus hat keinerlei Maßnahme ergriffen, nur an C. ein Telegramm geschickt, in dem stand, daß er keine Einwände haben würde, wenn er das wüßte, was man dort weiß. C. findet, wenn sie dort derartige neue Beweise haben, sollten sie sie herausgeben.

Morgen übernimmt das Militär die Beförderung der Luftpost. Das wird schwierig, denn es fehlen für diese Art Aufgabe sowohl Ausrüstung als auch das nötige Training. Drei Piloten sind bei den Übungen auf den Überlandflügen bereits tödlich verunglückt. C. befürchtet, daß es noch mehr werden, denn in der Armee ist man der Meinung, daß man um jeden Preis durchhalten muß, und genau das bringt Piloten bei schlechtem Wetter um. Da sie Draufgänger sind, denen man gesagt hat, daß sie es nicht *können*, ist das natürlich

eine Herausforderung, und sie packen die Sache mutig und von diesem fatalen Geist erfüllt an.
Nach C.s Meinung wird das Ganze einen ungeheuren Rückschlag für die Zivilluftfahrt zur Folge haben. Etliche Gesellschaften werden gleich aufgeben. Einige werden eine Zeitlang weiterhin Passagiere befördern, können aber ihren Dienst nicht mehr wie bisher versehen. Piloten und andere Mitarbeiter werden aus unserer Zivilluftfahrt entlassen, die zur Zeit die beste der Welt ist (gerade jetzt haben sich die Engländer und Holländer entschlossen, uns zu kopieren) und nun rasch abfallen wird.
C. findet es ungerecht, ob die Gesellschaften nun unschuldig sind oder nicht (er glaubt, daß einige es sind), sie alle ohne Gerichtsverhandlung zu verurteilen. Er meinte, er müsse wenigstens um des Prinzips willen protestieren.
Selbstverständlich war C. als Techniker nie bei einer der Verhandlungen über die Subventionen.
Und wenn der Untersuchungsausschuß über die vierzehn Millionen spricht, die von den subventionierten Fluglinien, die Luftpost beförderten, vergeudet worden sind, läßt er die etwa zehn Millionen, die durch das Porto zurückerstattet werden, unerwähnt. TWA hat in Wirklichkeit nicht nur die Subvention der Regierung zurückerstattet, sondern ihr darüber hinaus Geld eingebracht!
Uns erreichten eine ganze Menge Telegramme. Die, die von Leuten kamen, die pro sind, waren wirklich intelligent (das klingt zu naiv, um es niederzuschreiben!) und

die von denen, die contra sind – etwa eines von zehn –, klangen fanatisch: »Sie sollten sich besser in acht nehmen und wissen, daß die, die Franklin D. Roosevelt kritisieren, nicht lange existieren.« So etwas ist schließlich und endlich nicht mal so fanatisch!
Jon hat sich an den letzten beiden Abenden geweigert zu essen. Er möchte einfach nur spielen und Spinat im ganzen Zimmer verstreuen, was ihn ganz glücklich macht. Ich habe ihn an beiden Abenden hungrig ins Bett gesteckt, überlege mir aber, ob ich damit auf dem richtigen Weg bin. Ich werde in dieser Woche überhaupt nicht mit ihm fertig. Ich glaube, er ist von einem Teufel besessen, aber vielleicht liegt das daran, daß ich vom Umzug sehr müde bin und zur Zeit zwei linke Hände habe. Alles geht schief, wenn man zwei linke Hände hat.
Ich habe an dem Tag, an dem die Luftpostgeschichte platzte, ein Paar rote Schuhe gekauft. Das half mir sehr.

[New York, 15. Februar]

Liebste Elisabeth,
ich frage mich jetzt, warum ich jemals das herrliche saubere Zuhause in Englewood verließ. Ich wurde im letzten Moment schwach und nahm Thor mit herein, zudem ließ ich Elsie Wahgoosh und Jon Skean mitnehmen. Das Dachgeschoß ist *schrecklich* schmutzig, und es weht dort sehr. Die Hunde benutzen das Dach schon, aber es demoralisiert sie, da es den Charakter eines Zimmers hat, und darum behandeln sie den Paravent und das Klavier wie Rohre und Feuerleitern. Im Haus

hinterlassen sie lauter Rußspuren. Jon schreit jedesmal, wenn er alleingelassen wird (genau wie die Hunde, er spürt, daß »es hier anders ist« und nicht die gleichen Gesetze gelten)! Betty sagt, daß die Hunde *wegmüssen*. Elsie sagt, daß Wahgoosh bleiben *muß*! Charles glaubt, daß alles großartig ist, daß ich fabelhaft bin und alles tadellos läuft. Ha! Wenigstens etwas.

*An E. L. L. L.* North Haven, 27. Juli

Liebe M.
Ich war keineswegs beschäftigt, sondern lediglich absorbiert von einem herrlichen Dasein mit Schwimmen, Segeln, Picknicks auf der *Mouette* und dem Zusammensein mit Jon, wann immer ich es mir wünschte. Ich wollte, Du könntest ihn sehen. Er sieht ganz braun aus an Beinen, Armen und Rücken, sein Gesicht ist wie ein reifer Apfel, auf seiner Nase sind ein paar Sommersprossen, und seine Haare kräuseln sich in dichten Locken. Er schwimmt jeden Tag im Becken. Wir haben für ihn eine Schwimmweste, in der er wirklich *schwimmt*. Die meiste Zeit des Tages ist er am Strand, sammelt Steine und Schnecken und watet herum. Charles spielt viel mit ihm und trägt ihn auf seinen Schultern, dabei hält Jon sich in seinen lockigen Haaren fest.
Am Tag unserer Ankunft nahm C. Jon und mich auf einen Flug mit, er stopfte Watte in Jons Ohren und versuchte es mit ihm auf dem Boden im Cockpit, um zu sehen, ob er Angst vor dem Krach habe. Er ließ sich durch nichts stören, außer durch den Wind, der beim Start

durch die Fenster hereinkam, dabei ging C. ziemlich tief in die Schräglage und drehte ab. Jon wollte hinausschauen, aber da er nicht sehr viel sah, wollte er wieder hinunter – bis er den Vorhang entdeckte.
Nachher sah er interessiert zu, als das Flugzeug mit Passagieren aufstieg. Neulich trug ich ihn so, daß sein Gesicht dem Himmel zugewandt war, und sagte: »Jon, schau dir den herrlichen Himmel an.«
Jon sagte lediglich: »Keine Flugzeuge an diesem Himmel.«

*An E.L.L.L.* Englewood, 28. September

Liebe M.
Die Geschehnisse haben sich so überstürzt, daß es schwer ist, auf dem laufenden zu bleiben. Dies ist nur ein kleiner Brief, um Mitternacht geschrieben, damit Du weißt, daß der Mann, über den Du in den Zeitungen gelesen hast, zweifellos einer der richtigen Leute ist.[1] Wie es weitergeht, wissen wir nicht. Der eindeutigste Beweis ist die Identifikation der Handschrift und dazu die Auffindung des Geldes, auch häufen sich andere Beweisstücke: das Holz der Leiter stammt aus dem Hof, in dem er arbeitete, etliche Nägel in seiner Garage etc.
Es ist tatsächlich der unermüdlichen, hartnäckigen Arbeit der Staatspolizei New Jerseys (und natürlich auch

[1] Bruno Richard Hauptmann war von der Polizei verhaftet und der Entführung und des Mordes an Charles A. Lindbergh jr. beschuldigt worden.

der übrigen Polizei) zu verdanken, daß der Mann endlich überführt werden konnte, auch wenn es ihr kaum gedankt wird, weil sie der Presse gegenüber zurückhaltend ist.
Wir erlebten einen hektischen Reisemonat – nach Saint Louis wegen unseres Flugzeuges – dort zwei Wochen Wartezeit. Machten uns wieder nach Westen auf. Waren vier Tage in Kalifornien, als man uns wegen dieser Sache nach Hause rief. Wir sind vorübergehend in Englewood, wo wir abwarten, bis sich die Anteilnahme der Öffentlichkeit gelegt hat. Dann werden wir entscheiden, wohin wir gehen und was wir tun werden. Schreibe bald wieder.

[Englewood] Dienstag

Liebe Elisabeth,
ich kann lediglich Schreibmaschine schreiben. Sehr erholsam – und man hat das Gefühl, daß man tüchtig ist. Dazu genieße ich es, Dir zu schreiben. In der Beziehung bin ich schlimm gewesen. Ich weiß nicht genau warum, aber seit Harold Nicolson [1] auf der Bildfläche erschien, herrscht diese allgemeine Atmosphäre des Alarmzustandes und der Aufregung.
Ich glaube, daß Amerikaner den Engländern gegenüber in jeder Beziehung einen schrecklichen Minderwertigkeitskomplex haben, meinst Du nicht? Was ist das? Ich verstehe das nicht. Ich nehme an, daß es daran liegt, daß sie uns so ähnlich und dennoch ganz anders sind.

[1] Harold Nicolson hatte vor, eine Biographie über D.W.M. zu schreiben, die 1935 bei Harcourt, Brace and Company unter dem Titel *Dwight Morrow* erschien.

Sie sind älter und viel sicherer – ich spreche von der echten Sicherheit. Wir können das Vergleichen nicht lassen und kommen uns wie Landpomeranzen vor, jung und unerfahren. Es erscheint uns ganz unmöglich, sie jemals einzuholen. Du kennst dieses unsägliche Minderwertigkeitsgefühl, das man einem älteren Jungen gegenüber in der Schule hat. Wir sind noch so jung, daß man uns sehr verletzen kann.
Mein Liebes, die Tage auf der Ranch waren herrlich – die Gespräche. Sie bringen mich völlig ins Lot. Ich habe das Gefühl, wenn ich in meinem Leben von Zeit zu Zeit so mit Dir sprechen kann, brauche ich nichts weiter. Dafür lohnt es sich zu leben. Das Leben wird plötzlich deutlich, klar, großartig und gewinnt an Glanz. Sind das nicht die schönsten Augenblicke? Immer wieder macht man die gleiche Erfahrung, wie wenn man durch einen Eimer mit Glasboden durch eine gekräuselte Oberfläche hindurch auf eine darunterliegende klare, stille, heile Welt blickt. Verschiedene Dinge vermitteln einem das – manchmal die Musik, manchmal Bilder (Hoppers *Twin Lights*), Virginia Woolf. Manchesmal, an einem ruhigen Morgen, auch das Fliegen und – sehr selten – das Gespräch mit Menschen.
Der neue Flügel des Hauses bewährt sich, Jon hat einen geregelten Tageslauf und scheint viel ruhiger zu sein. Ich glaube jetzt, daß wir nicht in diesem Winter umziehen, sondern vielleicht im nächsten Winter ein Haus auf dem Land in der Nähe der Guggenheims erwerben.

*

Beim Mittagessen fragt Mr. Nicolson Mutter wieder nach dem *Geographic* [1], daher sagt C., ich solle ihm einen geben, und das tun wir auch. Ich gehe nicht zum Tee hinunter, da ich glaube, daß er meinen könnte, er müsse mir etwas darüber sagen. Doch C. kommt mich mit einem katzenfreundlichen Lächeln holen: »Möchtest du keinen Tee? Mr. Nicolson ist da«, und er zieht mich mit. Wir gehen hinein. Mr. Nicolson legt los: »Das war ein ausgezeichneter Artikel.« Ich danke ihm und versuche abzuwinken (freue mich aber). »Ich hatte nicht vor, den Artikel zu lesen«, sagte er, »aber ich habe angefangen... Nein, aber er ist gut geschrieben... Nein, tatsächlich, ich meine das ernst, Sie sollten öfter so etwas schreiben. Ich sage das nicht nur höflichkeitshalber – ich finde das wirklich.« Er blickte ganz ernst, dann lächelte er C. an: »Sie sollten wieder eine Reise machen, damit sie eine neue Erzählung schreibt, denn der Instinkt für das Schreiben ist, wenn er mal geweckt ist, viel stärker als der für das Fliegen!«
Dann erwähnt er die Fotos und verschiedene Abschnitte der Erzählung, die ihm gefielen. Den Start in Bathurst, den Funk über der Eisdecke, ein Licht am Ende einer Halle. Ich kann mich nicht an alles erinnern. Er sagte, ich habe mich zurückgehalten, Techniken ausprobiert.

[1] A.M.L.s Artikel »*Flug um den Nordatlantik*« im *National Geographic Magazine*, September 1934.

Ich war so aufgeregt und stolz über das Lob, ja mehr noch über das Verständnis, daß ich ganz erlöst war, so als könnte ich alles, was sich jahrelang aufgestaut hatte, jetzt loslassen, doch zu Mr. Nicolsons Heil tat ich es nicht. (C. lächelte mir sehr reizend und voller Stolz zu.) Ich platzte heraus: »Natürlich habe ich versucht, mich zurückzuhalten, ich hatte zweimal so viel geschrieben und habe gestrichen, gestrichen, gestrichen. Alle Teile, die wirklich persönlich waren, habe ich gestrichen.« Er sagte, ja, man spüre die Kürzungen. Als C. hinausging, sagte er nochmal: »Ernstlich, Sie sollten weitermachen.«

Das war ein plötzliches Erkennen von etwas in meinem Innern, an das ich von Zeit zu Zeit geglaubt hatte, dem manchmal geschmeichelt, das oft verdrängt wurde, sich rebellisch wieder meldete, vergessen, verletzt, mit falscher Sorgsamkeit unterdrückt worden war, das ich aus Angst, daß man mir weh tun könnte, zu ignorieren versucht hatte. »Ich kann nicht schreiben. Jemand sollte dieses Etwas in mir vernichten. Jemand sollte mir rundherum sagen, daß ich nicht schreiben kann, mich auf meine Mutterpflichten verweisen.«

Doch Mr. Nicolson sagte – und gab mir zu verstehen –, daß es dieses Etwas gab, daß ich weitermachen sollte. Und so wuchs es in mir und ergriff von mir Besitz. Vierundzwanzig Stunden lang fühlte ich mich jung und stark. Ich glaubte, daß das Leben nicht lang genug sei für alles, was ich vorhatte, ich lag die ganze Nacht wach, in meinem Kopf wirbelte es und mein Herz hämmerte.

Freitag [19. Oktober]

Ich komme mir wie eine dieser Hefe-Reklamen vor: »Fühlen Sie sich morgens müde, nervös, fehlt es Ihnen an Appetit, schlafen Sie schlecht? Versuchen Sie unsere...« C. sagt, es sei Einbildung, ich sollte es mit der Christian Science versuchen. Ich nehme an, es ist eine Pest, mit mir zusammenzuleben.

[Englewood] Dienstag, 6. November 1934

Am Nachmittag eine Cocktailparty. Seelenqualen auf der Treppe. Ich kann nicht hineingehen. Ich *kann* nicht hineingehen. Dann husche ich rasch hinein, wie wenn ich zaghaft die Stufen ins Schwimmbecken hinuntersteige und nicht mit einem Kopfsprung mutig ins kalte Wasser springe. Ringsum Lächeln – Menschen – Tabletts – man erhascht einen Blick über die Schulter eines anderen – mit niemandem ein richtiges Gespräch, da man immer über die Schulter noch jemanden beobachtet.

Wieso ist es auf einer Gesellschaft so einfach, mit Leuten zu sprechen, die man nicht kennt? Zum Teil, weil *du* neu und anders bist: herrliche Kleider, Wein, Geglitzer, als trüge man eine Maske – ein Aschenputtelgefühl. Es ist wirklich das »Lediglich-für-heute-abend«-Gefühl, das »Morgen wird es nie«-Gefühl. Ich glaube, Amerikaner haben das in hohem Maß, so wie die Männer in den früheren Zeiten des Flugwesens auch, sie leben in einer Welt, die ständig eine Ausnahme-Welt ist, eine Welt der Hetze, der Wandlungen, in der sie unter Druck stehen. *Nie* sieht man die Menschen wieder.

Morgen gibt es nie – für diese Situation. Das Leben besteht aus raschen Vertraulichkeiten, die nicht dauern.

Sonntag, 11. November 1934

Elisabeth ... Blinddarmentzündung. Im Unterbewußtsein immer der Gedanke: Elisabeth. Gute Nachricht am Abend.

Montag, 12. November 1934

Telefone klingeln den ganzen Tag. Hunde bellen den ganzen Tag. Jon schreit fast den ganzen Tag. Sehr kalt und der Wind heult. Jon sagt: »Die Bäume frieren!« Ich fürchte, sie frieren wirklich, arme Bäume. Ich arbeite an der Einleitung, denke, ich habe eine gute Idee – lese sie durch – sehr dürftig.

Fühle mich heute ausgesprochen als Niete. Ich habe viel zuviel über mich nachgedacht. Das ist ein ständiger Kampf, sollte es wenigstens sein – ein alter puritanischer Kampf gegen Geltungsdrang, Selbstbewußtsein und Stolz. Wie reizend sind natürliche Menschen, Menschen, die sich nicht die ganze Zeit beherrschen müssen, sondern in sich ausgeglichen sind.

Dienstag, 13. November 1934

Erster Schneesturm.

Die Abendeinladung – ziemlich steif und glänzend. Goldbrokat-Kleider bewegten sich langsam, »segelten« sehr würdevoll und ohne Eile durch die Räume. Die mexikanische Musik hätte rowdyhafter, leidenschaftlicher sein müssen – doch sie war eine Erinnerung an Daddy. C. gibt den Musikern die Hand und geht dann hinaus und trinkt mit ihnen ein Glas Champagner. Sie waren begeistert – C. tut immer das Richtige – verschenkt das Glück verschwenderisch, wo es gebraucht wird. Auch ihm gefiel die Musik – ich war sehr glücklich.

Mittwoch, 14. November 1934

Elsies freier Tag. Das große Zimmer wird geputzt, also kann ich dort nicht arbeiten. Sie richten es für eine bestimmte Gelegenheit her: goldene Stühle, verstellte Möbel etc. *Wofür?* Hundert College-Damen aus dem Northern Valley. Ich bin verärgert, doch dann denke ich, nein, dadurch ist das große Haus gerechtfertigt (nicht daß Mutter irgendeine Rechtfertigung brauchte – sie hat genügend geleistet, um darüber hinweg zu sein), doch wenn man es vom sozialen Standpunkt betrachtet und ein Haus von der Größe eines Hotels hat, sollte man es auch wie ein Hotel *verwenden.* Nur lebe ich nicht gerne in einem Hotel!

Ich nehme ein Bad, mache mich fertig und komme zum Essen herunter. C. ist nicht da. Die Schlagzeilen der Abendzeitung: ein kleines Mädchen gekidnappt, Hirnschale eingeschlagen, oberflächlich verscharrt. Die Spalten über uns und unseren Fall treffen mich nicht, das ist gestorbenes Leid, aber dies war lebendige Qual. Ich hatte das Gefühl, ich könnte es nicht ertragen. Ich ging in Mutters Zimmer hinauf und konnte nur noch weinen – konnte gar nicht wieder aufhören. Kaltes Wasser. Ich warf die Zeitung, die auf Mutters Schreibtisch lag, fort. Wie schauerlich, abends nach Hause zu kommen, und dann das! Puderte mein Gesicht, hatte mich immer noch nicht wieder in der Gewalt. Wenn das einmal anfängt, verbindet sich nichts mehr mit dem ursprünglichen Anlaß, man weint einfach. Alles bringt einen zum Weinen. Einfach alles.

Donnerstag, 15. November 1934

Ich kann nicht umhin, das Schreiben ernst zu nehmen. Ich nehme an, daß wirkliche Schriftsteller das nicht tun, denn Schreiben ist Leben, und man muß darüber lachen können. Ich muß das Schreiben von dem Altar, auf den ich es gelegt habe, herunterholen, und wenn mir das nicht gelingt, muß ich wenigstens verbergen können, daß es mir heilig ist. Es ist mir teurer als alles andere, doch nie und nimmer darf ich das jemanden wissen lassen, darf ich mich hereinlegen lassen und darüber sprechen. (Die Versuchung ist groß, wenn man gelobt oder verstanden wird.) Wie miserabel ist einem zumute, wenn man sein geheimstes Innerstes preisgegeben hat. Nichts wiegt das wieder auf.

*

*An E. R. M. M.* Englewood, 19. November

Mein Liebes,
seit einer Woche hast Du ihn jetzt, beziehungsweise bist Du ihn jetzt los.[1] Ich weiß, daß das nichts zum Lachen ist, besonders jetzt nicht, da Du umgeben bist von all

[1] Elisabeth Morgan ist der Blinddarm entfernt worden.

diesen unfrohen, unbequemen, scheußlichen und üblen Geschichten, die sie mit Dir machen – Sächlein, die stets als Begleiterscheinung nach den Beschwerden eines wahren Übels auftreten. Doch davon wirst Du nichts wissen wollen.
Alle haben wegen Dir angerufen. Du hättest die Gesellschaft sehen sollen – die ganze alte Garde –, alle fragten nach Dir. Mr. Leffingwells[1] Ausbruch der Begeisterung, nachdem ich ihm von Deiner Nachricht an Mutter (nach der Operation): »Habe sie wieder zum Narren gehalten!« erzählte.
Habe ich Dir erzählt, daß Harold Nicolson fand, daß Mr. L. einer der erfreulichsten Menschen war, mit denen er gesprochen hat? Es ist seltsam und beinahe erschreckend, wie H. N. die Spreu vom Weizen sondert: »Der Soundso hatte, glaube ich, keinen guten Einfluß auf Ihren Vater ... Der Soundso war eher ein großer Langweiler.« Es ist nicht die Kritik, sondern die *unpersönliche* Haltung. Daher ist es schön, daß er Mr. Rublee[2], Mr. Leffingwell, M. Monnet, Richter Hand, »Steve« Birch und Mr. Prosser[3] schätzt. Doch die unpersönliche Haltung gegen die, die einst alle zusammen im gleichen Rang saßen, ist erschreckend, wenn auch irgendwie vergnüglich – es weht ein frisches Lüftchen.

[1] Russell C. Leffingwell, 1917–20 Sekretär-Assistent im Finanzministerium; später Partner in J. P. Morgan & Co.
[2] George Rublee, Rechtsanwalt aus Washington, juristischer Berater der amerikanischen Botschaft in Mexiko (von 1928 bis 1930)
[3] Learned Hand, Richter und Autor; Stephen Birch, Präsident und dann Vorsitzender der Kennecott Copper Company; Seward Prosser, Präsident der Bankers Trust Company (von 1914 bis 1923)

Denn dieses Haus war wieder so ziemlich in die Treibhaus-Vergangenheitsatmosphäre, die gleich nach Daddys Tod geherrscht hatte, zurückgefallen. Alle alten Freunde sprachen von Daddy. »Er pflegte dies, er pflegte das zu machen etc.« Das war ein bißchen überwältigend, doch H. N.s unpersönliche und scharfsinnige Analyse dringt hindurch – erleichtert die Sache. Natürlich hat Mutter, wie gewöhnlich, drei bis vier Dinge auf einmal in Schwung gebracht: Gemeinde, Finanzamt, William Allan Neilson, (Lehrstuhl für Forschung), auswärtige Reden, so daß sie sich nicht in die Vergangenheit flüchtete.
Dein Weihnachtsgeschenk kam, aber Mutter nahm es an sich. Es macht mich ganz krank, daß Du an Weihnachtsgeschenke denkst in diesem Durcheinander der Abreise. Hast Du *Not I, but the Wind*[1] gelesen? Am Anfang sehr schön, wird aber nicht durchgehalten. Das war fast ein Leben wie das von Katharine Mansfield, ständige Reisen. Ich werde es Dir schicken, wenn es Dich interessieren sollte. Sie (Frieda) sagte etwas Gutes über »Sex«: Die Menschen reden über »Sex«, als hüpfte er ganz alleine durch die Gegend wie ein Frosch.
Ich bin in Gedanken viel bei Dir. Möchtest Du ein paar bunte Perlen, damit Du auf Deinem Kissen damit spielen kannst? (Wie wir es als Kinder taten, als wir zusammen Masern hatten.)

*

[1] Frieda Lawrences Biographie über D. H. Lawrence

War den ganzen Tag einkaufen. Bei der Rückkehr finde ich eine schlechte Nachricht vor: Elisabeth hat Bronchitis – Lungenentzündung? Eilig werden Flüge, Züge etc. herausgesucht. Packen, Aufträge für Mutter. Gehen die Flugzeuge? Wir bringen Mutter nach Newark. Eine scheußliche Nacht, nieselig und kalt. Essen im Auto Kekse. Mutter schreibt Aufträge für mich auf. Das Flugzeug ist startbereit. Sie betritt die Maschine allein. Ich möchte brennend gerne mit, wenigstens für diese eine Nacht. Wir folgen dem Flugzeug mit den Augen, bis es im Geniesel verschwindet – nur noch ein Licht. Mich packt Entsetzen, und doch habe ich das Gefühl, daß das Schicksal sie, die so mutig ist, nicht *umwerfen kann.* Sie *wird* schon gut hinkommen.
Völlig erschlagen fahren wir zurück. Ich habe das Gefühl, daß es Elisabeth jetzt umgeworfen hat, daß dies das Ende sein wird. Jahrelang habe ich damit gerechnet, jetzt ist es soweit. Ich hoffe, daß sie nicht leidet, daß sie keine Angst hat.
Wir bleiben auf, bis Mutter von Cleveland abgeflogen ist. C. ist für Mutter und mich ein Kraftquell. Ich kann nicht schlafen.

*

Englewood, Freitag, 30. November

Geliebte Mutter,
ich wage es nicht, etwas zu Dir oder den dortigen Ereignissen zu äußern, möchte Dir aber sagen, daß Deine Briefe großartig sind. Sie sind nicht medizinisch, schil-

dern aber die Geschehnisse, die in einem ärztlichen Bericht so erschreckend klingen. Du beschreibst alles so, wie ich es auch sehen würde, das nimmt ihm die Schrecken.

Englewood, Sonntagnacht, 2. Dezember

Liebste Mutter,
Deiner Stimme kann ich weit mehr entnehmen als Deinen Berichten, und entsprechend berührt es mich auch. Wie merkwürdig und wie trügerisch ist die hiesige Atmosphäre; wenn ich ein positives Wort höre, bin ich sofort in gehobener Stimmung. Es nützt gar nichts, wenn man gesagt bekommt: »Du mußt dir nicht zu viele Hoffnungen machen«, denn bei jedem, der einem so teuer ist, erfüllt einen die Hoffnung gleich ganz, wenn man ihr zuerst auch nur wenig Raum gelassen hat. Man kann nicht halb hoffen. Bei jedem negativen Wort aber hat man Angst und fürchtet das Schlimmste.

Wenn man heute niedergeschlagen ist, *liegt es nicht daran*, daß man gestern zu viel Hoffnung hatte. Nein, sondern daran, daß jede gute wie auch jede schlechte Nachricht so viel bedeuten *kann*. Das Auf und Ab bekümmert mich weit weniger als die trügerische Atmosphäre, denn bei jedem *Hoch* ziehe ich los und erledige alles Mögliche, bei jedem *Tief* aber sitze ich da und beschäftige mich fieberhaft mit lauter seltsamen Dingen. Es schmerzt mich tief, wenn ich durch einen falschen Eindruck einem Irrtum erlag und froh war, während Du verzweifelt warst – das ist mir sehr arg.

Ich wollte, man könnte etwas für Dich tun. Möchtest

Du jemanden dort haben, bei dem Du Dir Luft machen könntest, oder ist Dir das jetzt nicht möglich? Ich könnte kommen. Die einzigen Einwände, die es gegen mein Kommen geben könnte (Elisabeth müßte nichts davon erfahren), wären die, daß eine Atmosphäre, die bereits so gespannt ist, durch die Publicity weiter belastet würde. Vielleicht würde das nicht passieren, wenn ich mich sofort ins Haus begeben und mich der Klinik nie nähern würde. Doch Du weißt das ja alles, und ich tue, was Du möchtest. Ich könnte das TWA-Flugzeug, das frühmorgens fliegt, nehmen und spätabends dort sein.

Ich werde wieder schreiben. Ich denke ständig an Dich. »*Suspense is hostiler than Death*« [Emily Dickinson] [1] – erinnerst Du Dich?

*

*Tagebuch* 3.–5. Dezember 1934

Eine lange, lange Woche, die jetzt so seltsam, unwirklich und künstlich wirkt und plötzlich in der Vergangenheit versank. Eine Woche falscher Hoffnungen, falscher Träume; mit allen möglichen Plänen und Vorstellungen, die jetzt ganz irrelevant erscheinen – denn Elisabeth starb. Wege, die abgesteckt waren und niemals irgendwohin führten, halbbeendete Sätze, halbfertige Entwürfe der Zukunft – alles gegenstandslos, ein Kar-

[1] »Die Ungewißheit ist ein größerer Feind als der Tod.« [Emily Dickinson]

tenhaus, das ein Hauch umwehen konnte. Die Zukunft, die wie eine junge Saat zu wachsen begonnen hatte (wir mußten sie mit demselben Vertrauen setzen, das wir immer hatten), ist bis auf ihre Grundfesten niedergebrannt.

Die Erinnerung fällt schwer. Scheint schon lange der Vergangenheit anzugehören.

Dann dieses seltsame Gefühl, daß man plötzlich der Mensch im Haus ist, zu dem die anderen kommen. Wie steht es hiermit, wie damit? Wenigstens in etwa die Übernahme von Mutters Stelle, was hilfreich war. Es gab etwas für mich zu tun, wie gut ist es – vom Selbstbewußtsein befreit zu sein, befreit auch von dem ewigen Kampf, was ich C., was ich Mutter, was ich mir selbst schuldig bin.

Ich bin auf eine merkwürdige Weise meine Schüchternheit losgeworden. Doch ich führte ein Scheinleben wie auf einem Schiff, in einem Zug oder in einer Notsituation, wo man auch die konventionellen Modelle, in denen man sich sonst bewegt, abstreift. Ein gefährlicher Zustand, da man der gewohnten Beschränkungen ledig und ganz ohne Maßstäbe ist. Und es ging über die üblichen Schwierigkeiten hinaus, da alle Emotionen sich, wenn man Kummer und Sorgen hat, so schwer verbergen lassen.

Das Leben, das vor mir lag, schob sich ineinander. Ich würde es irgendwie ausfüllen. Es würde rasch vergehen. Bei meinen Gedankensprüngen gelangte ich bis ans Ende meines Lebens – ohne Furcht vor dem Tod.

Oh, ich betete darum, daß Elisabeth keine Angst gehabt hatte. Übrigens glaubte ich, daß die wichtigen Ereignisse in meinem Leben bereits stattgefunden hatten. Nichts Wichtiges konnte sich für mich mehr ereignen. Elisabeth hatte mit mir daran teilgehabt: Liebe, Ehe (die allerdings dauerte noch an), Geburt, Kinder, Tod, Unglück und jetzt der Verlust von Elisabeth selber. Mir kam vor, als gäbe es in diesem Leben nichts mehr zu fürchten und nichts mehr zu wünschen. Ich beschloß, daß ich schreiben müsse. Ich muß über Elisabeth schreiben, über alles, was ich ihr verdankte – und was ich im Gedächtnis behalten hatte. Ich muß während meines ganzen Lebens über sie schreiben. Auf viele, viele Weisen muß ich über sie schreiben.
Ich hatte nicht das Gefühl, etwas verloren zu haben, das *mir* gehörte. Mir kam es lediglich so vor, als sei das Leben ohne sie recht wertlos, so wie es die Erde ohne Sonne und Feuer wäre. Ich dachte nicht an die Gespräche, die Briefe, das Verständnis, das mir fehlen würde. Ich erkannte lediglich in einem einzigen Augenblick, was das Leben ohne sie bedeuten würde, und schob es als unwichtig beiseite, als habe ich es in dieser Sekunde bereits gelebt und es läge nun hinter mir.
Ich entschloß mich, Jon zur Schule zu bringen – es gab eigentlich nichts, was dagegen sprach. Ich würde weitermachen müssen, nicht mit meinem alten Leben, wie das die Menschen immer behaupten, sondern mit dem neuen. Das würde nun mein ganzes übriges Leben so sein – warum also nicht gleich damit beginnen? Es war seltsam hinauszugehen – es war ein anderer Mensch,

der da ging, als wäre auch ich gestorben oder geboren worden.

Es war kalt, klar und windstill, der Himmel mit Wolkenbänken überzogen. Doch alles war neu und anders, wurde mir voll bewußt, als könnte ich zum erstenmal sehen, als hätte man mir die Ohren geöffnet. Es schmerzte mich, wie Atmen, Sehen und Hören einem neugeborenen Baby Schmerzen verursachen. Die Dinge schienen keinerlei Beziehung mehr zu dem früheren Leben zu haben – nicht die Bäume, der Himmel und der Kies unter meinen Füßen. Ich würde mir ihre Gesetze wieder von neuem zu eigen machen müssen. Das Flugzeug, das hoch über der Garage vorüberzog, schien kein Ziel zu haben, bohrte nur ein Loch in ein Vakuum.
Ich erinnere mich nicht einmal daran, ob ich Jon angesehen habe. Doch in der Schule war Connie wie üblich in ihrem blauen Pullover an der Türe. Sie kam herausgelaufen und schlang ihre Arme um mich. Es kam mir himmlisch vor, daß sie einfach weitermachte, so wie Elisabeth es sich gewünscht hätte. Dafür werde ich sie immer lieben.

[11. Dezember]

»But gathering as we stray a sense
Of Life so lovely and intense –
It lingers when we wander hence
That those who follow feel behind

Their backs when all before is blind
Our Joy, a rampart to the mind.« [1]
[John Masefield]

Mittwoch, 12. Dezember 1934

Ich muß das jetzt alles schreiben, um jeden Preis. Schreiben ist denken. Ja, es ist mehr als leben, denn es ist sich des Lebens bewußt. Im Augenblick habe ich keine Angst, Elisabeth zu verlieren. Ich werde sie nie verlieren; mir bleibt der Rest meines Lebens, um über sie nachzudenken, sie mir zu vergegenwärtigen. Nein – was ich mir zurechtlegen muß, ist mein Leben ohne sie, das Weitermachen ohne sie. Ich muß den Menschen, der ich für sie war, bewahren, denn es wäre eine Absage an sie, wenn ich ihn fahren ließe. Das hieße, ein Vertrauen zu mißbrauchen. Ich muß bleiben, was ich war, als wir noch zusammen waren, denn jeder, mit dem sie in Verbindung trat, wurde durch sie wahrhaftig und geläutert. Sie hatte die Gabe, die Dinge zu klären, ein schöpferisches Mitgefühl. Was ich verliere, ist nicht sie – das kann ich gar nicht. Das ist die einzige Wirklichkeit, die vollkommen und zeitlos ist wie ein Musikstück. Sie ist die Wirklichkeit. Das, was zurückblieb, ist keine Wirklichkeit mehr – ich selber –, nämlich das wahre Ich, das ich war, als es sie noch gab.

[1] »Doch sammeln wir, während wir umherstreifen, ein Lebens- / Gefühl, so wundersam und stark, / Daß es verweilt, wenn wir von hinnen wandern, / Und die, die folgen, fühlen hinter sich, / In ihrem Rücken, wenn alles vor ihnen dunkel ist, / Unsere Freude, einen Schutzwall ihrer Sinne.«

Doch auch Jon, Charles und Mutter sind auf eine merkwürdige Weise unwirklich. Ohne Elisabeth werde ich eine schlechtere Ehefrau, eine schlechtere Mutter, eine schlechtere Tochter sein.
Für mich gibt es jetzt ein Vorbild. Ich weiß genau, was ich zu tun habe. Darüber gibt es keinen Zweifel – doch mir fehlt der Mut.
Das Unglaubliche ist nicht, daß sie tot ist, sondern daß sie tot ist, während ich lebe.

Sonntag, 30. Dezember 1934

Mir scheint immer mehr, daß Liebe an sich oder durch sich allein keine Werte enthält (außer vielleicht die erste Liebe für junge Menschen). Es wird über die Liebe so gesprochen, als sei sie etwas, das man wie einen Armvoll Blumen überreichen kann. Viele Menschen geben die Liebe auf diese Weise weiter – sie laden sie ab wie eine nutzlose, stark duftende Last. Ich glaube nicht, daß man sie einfach weiterreichen kann, und wenn, ist sie wertlos.
Liebe ist eine Kraft im eigensten Inneren, die zu vielem befähigt. Sie ist eine treibende Kraft. Durch sie verleiht man anderen Menschen Kraft, Macht, Freiheit, Frieden. Sie ist kein Ergebnis – sie ist Ursache. Sie ist keine Frucht, sie befruchtet. Sie ist eine Macht wie das Geld, der Dampf oder die Elektrizität. Sie ist wertlos, wenn durch sie nicht etwas anderes übermittelt wird. Ich habe lange gebraucht, um zu lernen. Ich hoffe, ich habe mir das ganz zu eigen gemacht und kann es in die Tat umsetzen.

Ich glaube, ich habe in dem letzten Monat so viel und so rasch gelernt, daß ich Jahre brauchen werde, um das ganz in mich aufzunehmen. Ich war so mit dem Lernen beschäftigt, daß ich nichts anderes getan habe, ich lebte von einem Tag zum anderen, von einer Stunde zur anderen und erklomm dabei jeweils eine weitere Stufe. Wenn ich dieses Wissen nur bewahren kann und den Dingen Zeit bleibt zur Reife und Festigung, bevor eine neue Gemütsbewegung alles erschüttert oder die kleinen Nichtigkeiten wieder aufkommen. Ich kann nur immer wieder sagen: »Laß sie keine Macht über mich haben.«

## *1935*

*Tagebuch* 9. Januar 1935

Gestern schrieb ich den ganzen Tag in mein Tagebuch, denn ich fand, ich müsse wissen, was mit mir passiert war, und ich konnte das nur durch Schreiben erfahren. Das war so eine Erlösung, daß ich am Ende des Tages ganz frisch war und freudig an *North to the Orient* zu arbeiten anfing. Ich habe auch heute den ganzen Tag gearbeitet und erst in der letzten halben Stunde schrieb ich etwas, was mir gut erschien.
Dr. Condon[1] im Zeugenstand. Offensichtlich war er ein guter Zeuge. Aubrey und C. spät zurück.

[1] Dr. John F. Condon, ein pensionierter Lehrer, der sich als neutraler Zwischenträger während der Entführung angeboten und das Lösegeld überbracht hatte.

Wir machen einen Spaziergang – dichter Nebel – C. müde, aber befriedigt.
C. fragt nach meiner Arbeit und wie weit sie gediehen ist; freut sich, daß ich gearbeitet habe, versucht die neu getippten Kapitel zu lesen, um zu zeigen, für wie wichtig er sie hält, ist aber zu müde. Ich muß mich sehr zusammennehmen, wenn er Kritik übt – Worte aufgreift. Ich weiß, daß vieles falsch ist, doch bin ich gegen Kritik empfindlich. Bin ich so borniert, daß ich Kritik, jegliche Kritik, übelnehme, übelnehmen würde? Der Zorn, der mich überkommt, wenn ich einen dicken schwarzen Strich sehe, der durch eine Zeile gezogen wurde, die ich geschrieben habe, die Frustration! Dabei ist seine Kritik berechtigt, und er zeigt unendliche Geduld und Hingabe bei der Durchsicht.

*

*An E. L. L. L.* Englewood, 9. und 10. Januar 1935

Liebe M.
Nur ein kleines Briefchen, um Dir zu sagen, daß es Jon, C. und mir gutgeht. C. fährt jeden Tag nach Flemington.[1]
Er war ein großartiger Zeuge – wie vorauszusehen war –, natürlich, völlig klar und selbstverständlich von

[1] Am 2. Januar begann in Flemington, New Jersey, die Gerichtsverhandlung wegen der Entführung und Ermordung von Charles A. Lindbergh jr.

der Wahrheit seiner Aussage überzeugt, die jeder Prüfung durch das Kreuzverhör standhielt.
Einen hervorragenden Eindruck macht der Richter in seiner Würde, seinem Wissen, seiner Integrität und seiner Vernunft.
Ich fürchte, die Publizität ist für Dich eine harte zusätzliche Belastung neben der Gerichtsverhandlung.
Ich hatte die Madonna die ganze Weihnachtswoche über auf dem Kaminsims im Wohnzimmer stehen.

*

*Tagebuch* Samstag, 9. Februar

Stehe früh auf. Mutter muß Zeugenaussagen machen. Lange Fahrt dorthin. Die Straße nach Princeton, die wir so oft gefahren sind, die Straße zum Flugplatz, zu dem wir Mutter in der Nacht brachten. Ich hatte den Flugplatz vergessen, wir waren dort, bevor es mir klar war. Sie war voller Hoffnung abgeflogen. Der Anblick muß schwer erträglich gewesen sein. Dann eine neue, viel bessere Straße, nur waren wir schon so müde, als sei die Gerichtsverhandlung bereits überstanden.
Flemington: Pfefferkuchenhäuser, wie die aus Pappkarton, mit denen wir als Kinder spielten. »Kleine Stadt«: eine Kirche, ein Hotel, eine Garage. Voller Menschen, Schnee und Autos. Wir gehen an Kameras vorbei durch den Hintereingang zum Gerichtssaal. Ich saß ungefähr wieder auf dem gleichen Platz. Ich hatte

das Gefühl, hier schon ewig zu sitzen. Die überfüllten Reihen, die Klappstühle, mir gegenüber die fetten, gelangweilt aussehenden Frauen auf der Geschworenenbank, dahinter die hohen Fenster; draußen die roten Ziegel eines alten Gebäudes im Sonnenlicht. (Aber wo war das Dreieck blauen Himmels, auf das ich meinen Blick geheftet hatte?)

Die traurig dreinblickende Verfasserin rührseliger Artikel schaute jedesmal zu mir her, wenn ich aufsah. Menschen atmeten hinter mir. Das blasse Profil von Hauptmann erschreckte einen, wenn man es in einer Lücke zwischen den vielen Köpfen sah. Das armselige, gezeichnete – müde und verwirrte – Gesicht von Mrs. Hauptmann. Die gewandte Stenographin, die das Protokoll aufnahm, verneigte sich beim Hin- und Hergehen vor dem Richtertisch. Der Richter – nicht würdig, ungerührt.

Gefühlsmäßig war es ein weit schlimmerer Tag als der, an dem ich aussagen mußte. Ich konnte meinen Gefühlen freien Lauf lassen. An diesem elend langen Vormittag, an dem die Beweisführung über das Holz erbracht wurde, lauter winzige, minutiöse Details, technisches Gefeilsche. Da dachte ich mittendrin gequält: wie ungeheuerlich, daß mein Baby überhaupt in einer Beziehung zu diesen Dingen gestanden hat!

Nach dem Mittagessen kamen die Zeugen. Meine Wut über Reillys Snobismus: er sprach von Violet Sharpe[1]

[1] Englisches Mädchen im Haushalt der Morrows. Sie verübte während der Verhöre, die im Anschluß an die Entführung stattfanden, Selbstmord.

stets nur als von einem »gewöhnlichen Dienstmädchen«. Wilentz[1] nannte sie immer Miss Sharpe.
Dann begab sich Marshall[2] unbeholfen in den Zeugenstand. Er wirkte so persönlich und doch als ein ganz selbständiges Stück unseres Lebens, daß ich zu meiner Überraschung sehr bewegt war. Marshall, der Mutter nachts ans Telefon gerufen hatte, so wie er uns holte, als wir Elisabeths Tod erfuhren. »Wer war damals im Haus [Next Day Hill]?« – »Also, da waren Oberst Lindbergh und Mrs. Lindbergh, das Baby und Betty Gow und Miss Elisabeth. Mr. Dwight war im College.« Das klang schrecklich persönlich: »Miss Elisabeth« und »Mr. Dwight«.
Dann fragte Reilly: »Lebte Senator Morrow zu jener Zeit noch?« – »Nein, nein, er lebte nicht mehr.« – »Wann starb er? . . . Sie waren auf seiner Beerdigung?« – »Ja.« – »Und Sie erinnern sich nicht?« Es war schrecklich. Warum mußte Mutter das eigentlich mitanhören?
Und dann: »Mrs. Dwight Morrow.« Eine Bewegung im Gerichtssaal, Mutter steht auf und übergibt mir ihre Handtasche. Mir schießt das Blut ins Gesicht, in meinen Ohren rauscht es. Mutter, zierlich, in Schwarz, ihr nachdenkliches, willensstarkes Gesicht ist weich und unendlich traurig und müde. So ruhige, würdevolle kleine Schritte, beherrschte Haltung. Ich glaube, es nicht ertragen zu können. Diese armseligen, schreckli-

[1] David T. Wilentz, Generalstaatsanwalt in New Jersey
[2] Nachtwächter in Next Day Hill, Englewood

chen Fragen, wie leere Häuser, die einstmals bewohnt waren. »Wer gehörte damals zu Ihrem Haushalt?« – »Meinen Sie die unmittelbare Familie? ... Meine Tochter Elisabeth und ich.« (Ich darf nicht weinen.) Doch Mutter war bestimmt und stark. Reillys Fangfrage: »Wer bediente Sie am Abend vorher?« – »Am Abend vorher ... das weiß ich nicht, ich war im Zug.« Er wechselte rasch zu: »Wer bediente Sie am Abend danach?« – »Sie meinen am 2. März?« – »Ja.« – »Das weiß ich nicht, natürlich – ich war in Hopewell!«
Er ließ rasch von ihr ab, und wir gingen hinaus, verschwanden still und fuhren nach Hause, Mutter unendlich erleichtert.

Dienstag, 12. Februar 1935

Ich las die Zeitung, und der Gedanke, wie sie von C. *Gebrauch machen,* verbittert mich. Sie schieben ihn und sein Leben wegen ihrer selbstsüchtigen Zwecke auf der Bühne herum. Er muß ruhig dabeisitzen und zuschauen.

Mittwoch, 13. Februar 1935

Richter Trenchards Resumé ist überlegen, würdig, verständnisvoll und absolut frei von kleinlichem menschlichen Wehgeschrei, sachlich richtig, gerecht, lebenswahr. Das Urteil: *Schuldig.*
Das Gebrüll des Mobs im Radio – wie unsagbar schauerlich und verbitternd, wenn einem klar wird, daß das etwas mit uns zu tun hat. Daß C. das ertragen muß. So unglaublich, wie diese erste Nacht.

Donnerstag, 14. Februar 1935

Die Gerichtsverhandlung ist vorbei. Wir müssen unser Leben wieder aufnehmen, versuchen, es sicher zu gestalten – C. und Jon und ich. In Wahrheit geht es um mich, ich muß wieder anfangen, ohne Elisabeth, mit offenen Augen, ohne Aufhebens, ohne mir etwas vorzumachen, ganz ehrlich und geduldig, und muß mir dabei klarmachen, was wichtig ist. Charles und ein Zuhause und Jon – und die Arbeit.

Freitag, 15. Februar 1935

Rhoda *(Die Wellen):*[1]

»Welches Amulett gibt es gegen dieses Unheil? Welches Gesicht kann ich herbeirufen, um es kühl auf diese Glut zu legen? Ich denke an Namen auf Kofferzetteln; an Mütter, über deren weitgespreizte Knie Röcke herabhängen; an Waldtäler, zu denen die vielrückigen steilen Höhen absinken.«

Abends sprechen wir über die Schüchternheit – Mr. Nicolson, Aubrey, Margot, Dwight, Con und ich. Ausnahmsweise war ich einmal nicht schüchtern. Mr. N. erzählte von seinen Jungen und den *Mutproben.* Ich glaube, er hat, so wie er diese Dinge betrachtet, nicht recht, doch meine Gedanken funktionierten nicht rasch genug, als daß ich es ihm hätte sagen können, und er hätte es sowieso nicht wissen wollen. Er ist ein merkwürdiger Mann. Sein Wahrnehmungsvermögen und sein Verständnis rufen meine Offenheit auf den Plan, doch wenn ich den Versuch mache, ein aufrichtiges Ge-

[1] *Die Wellen*, Roman von Virginia Woolf

spräch zu führen, wie ich es mit Aubrey, Thelma, Margot, Con oder Dwight täte, gefriert er und schlägt mir die Türe, die er eben geöffnet hat – bums –, ins Gesicht. Ich werde plötzlich ganz klein, verhuscht und bin getroffen. Ist das schlichtweg britische Konvention, die sie geschult hat, *über* Menschen, aber nicht *zu* ihnen oder *für* sie zu sprechen?

Oder ist es denkbar, daß man in einer Familie lebt, ohne sie je wahrzunehmen? Kann man sich denn so in der Gewalt haben und das Kommando geben, seine Antennen auf Aufnahme stellen und im gegebenen Fall wieder abschalten? Ein um Aufrichtigkeit bemühtes Leben, eine ernsthafte Betrachtungsweise und ehrliche Beziehungen sind demnach nicht nötig, um ehrlich zu schreiben. Ich hatte geglaubt, sie seien es – hatte angenommen, daß sie auch in unbedeutenden Fällen im Leben jedes einzelnen eine Rolle spielen und beim Schreiben ihren Niederschlag finden.

Gemäß dieser Theorie müßte jeder, der ein gutes Buch schrieb, ein guter Mensch sein. Jeder, der *über* einen großartigen Menschen schrieb, müßte ein großartiger Mensch *sein*. Das ist absurd – lächerlich. Und doch, um was bemühe ich mich eigentlich? Weshalb versuche ich, alles gewissenhaft zu registrieren? Warum versuche ich, mich den Dingen zu stellen, aufrichtig zu sein? Warum stelle ich so viele Analysen an, wenn man sie nicht braucht, um ein gutes Buch zu schreiben? Auf nach Columbia – wo einem beigebracht wird, wie man handwerklich anständig arbeitet.

*

Englewood, Dienstag–Freitag etc., Februar [21.–23.]

Liebste Mutter,
seit ich diesen Brief begonnen habe, erhielt ich eine wahrlich erstaunliche Mitteilung des Smith College. Wußtest Du davon? »Auf einer Sitzung des Verwaltungsausschusses ... den Magister der philosophischen Fakultät zu verleihen« – und unten drunter Annetta Clarks[1] zierliche Unterschrift. Ich mußte es ungefähr fünfmal lesen, ehe ich es glauben konnte. Du kennst das Gefühl: »Er *kann* nicht mich meinen, er meint den, der hinter mir steht.« Ich muß gestehen, ich war aufgeregt und geschmeichelt und freute mich.
Dabei glaube ich eigentlich nicht, daß sie das machen sollten. Sie sollten akademische Grade denen verleihen, die selber etwas geleistet und aus eigener Verantwortung etwas unternommen haben – Frauen, die eine eigene Karriere vorzuweisen haben. *Wofür* geben sie ihn mir denn? Dafür, daß ich mit meinem Mann um die Welt herumgeflogen bin? Ich habe durchaus keine Karriere als Pilot oder Funker gemacht. Ich weiß nicht, ob er eine bessere Frau gefunden hätte, aber selbst wenn, ich war höchst mittelmäßig, habe eine Menge versiebt und hatte die meiste Zeit Angst.
Doch wenn sie akademische Grade an gute Ehefrauen verteilen, sollte L. einen für das Windelwaschen und das Annähen von G. s. Knöpfen bekommen. Beides verlangt weit mehr Hingabe und ist nicht halb so vergnüg-

[1] Annetta Clark, Sekretärin des Präsidenten

lich. Ich nehme an, daß es auch eine Karriere ist, eine gute Ehefrau zu sein, doch glaube ich nicht, daß man dafür ausgezeichnet werden sollte. Die wirklich großartigen Menschen sind vielseitig – wie Du. Nein, ich glaube, man sollte Auszeichnungen für solche Beiträge, wie Elisabeth sie zum Schulwesen geleistet hat, vergeben. (C. glaubt, daß man ihr zur gegebenen Zeit eine verliehen hätte.)
Wie dem auch sei, ich kann das nur so sehen, daß sie das Gefühl haben, daß C. für die Menschheit etwas geleistet hat und ich ihm dabei geholfen habe. Aber auch das ist ziemlicher Unsinn, denn er hätte das sowieso getan, wäre allerdings dabei vielleicht nicht ganz so glücklich gewesen. Ich fürchte, ich kann nicht zu Annetta Clark hinaufgehen und ihr das erklären – also werde ich trotz all meiner Einwände in Hut und Robe dastehen. Entschuldige diesen Wortschwall, aber C. kann ich damit nicht kommen. Er sagt einfach: »Ach, Quatsch!«, steht da und freut sich, ist stolz und sieht wie ein kleiner Junge aus und sagt: »Natürlich mußt du ihn annehmen«, und ihm kann ich nicht widerstehen. (C. sagt, daß er sehr stolz auf mich ist. Weshalb *jetzt*?)

*

*Tagebuch* Freitag, 26. April 1935

In die Stadt, Mittagessen mit Margot. Wir beschäftigen uns mit der Theorie, daß alle »realen Gefühlswerte« eine »Bedeutung« haben. Ich finde, das ist eine recht alberne Theorie. Alle Beziehungen müssen eine gewöhnliche Grundlage haben. In der Ehe erreicht man sie auf physischem Wege – nicht durch den physischen Akt, sondern einfach durch den inneren Frieden und die Sicherheit, die die Berührung vermittelt, etwa wie man sie als Kind auf dem Schoß der Mutter empfindet. Eine vollkommene, wahre und schlichte Ruhe und Sicherheit. Als würde jemand sagen. »Das ist wahr, denn ich kann es greifen.« Die Beziehung zwischen Frauen entsteht gewöhnlich durch triviale weibliche Gemeinsamkeiten. Hüte, Büstenhalter, Kinderprobleme, Tomatensaft und Haliver-Öl. Woher Männer sie gewinnen, weiß ich nicht – die Beschäftigung mit Rauchen, Trinken und dem Verfluchen der Regierung. Doch glaube ich nicht, daß Beziehungen gefühlsmäßig ständig wahr sein können. Emily Dickinson sagt dazu: »Die Natur wird wie wir Menschen manchmal auch ohne Diadem ertappt.«

Falaise, Samstag, 27. April 1935

Erwachte und stellte fest, daß es sehr warm und windstill war und das Meer sich bewegungslos, sanft und blau weithin vor unserem Fenster erstreckte. Ich wäre gerne mit ausgebreiteten Armen zum Fenster hinausgeglitten ins Meer. Ging hinunter und an der Mauer am Meer entlang, saß dann lange Zeit dort – beobachtete die horizontalen Rillen der Wellen im Sand und dachte dabei an alles Horizontale, das mich jetzt und von jeher friedlich stimmte – Wellen, die langen Wellenspuren auf dem Sand, flache Buchenzweige, übereinanderge-

schichtete Kiefernzweige und Wolkenbänke am späten Nachmittagshimmel – Horizonte, Schritte. Ich versuche mir vertikale Dinge, die einen friedlich stimmen, einfallen zu lassen: hoch aufragende, dicht beieinanderstehende kühle dunkle Tannen in einem Wald, doch von ihnen geht für mich kein Friede aus. Sie ziehen einen nach oben, strecken einen, lassen einen wachsen. Dann wurde mir bewußt, woher meine Vorstellung kam. Vertikal ist der aufrechte Mensch, der wache, aktive, im Wachstum begriffene. Horizontal ist die Stellung des schlafenden Menschen, des liegenden, ruhenden. Die Vertikale zeigt die Kraft an, die Horizontale bedeutet Frieden.
Ich dachte auch ganz friedlich und glücklich an Elisabeth. Ich muß nach Maine und Nassau fahren und dort ganz ruhig sein. Dort werde ich ihr begegnen, nicht in Englewood, wo man nur in der Nacht Ruhe findet. Ich wünsche mir eine lange ruhige Zeit.

Dienstag, 30. April 1935

Ich habe das Gefühl, wenn das nicht gelingt, wenn ich nicht auf die eine oder andere Weise herausfinde, ob ich tatsächlich schreiben kann, dann zerspringe ich, oder ich werde innerlich verkümmern. Ich muß einfach herausfinden, ob ich schreiben kann oder nicht, und ob es etwas taugt. Vielleicht könnte ich mich auf Kinder verlegen, vielleicht auch auf die Haushaltsführung. Das ist eigentlich sowieso das Wichtigste. Jon ist eine echte Aufgabe, und wenn ich noch ein Kind haben könnte . . . Weshalb sich den Kopf über Dinge zerbrechen, die

nicht wesentlich sind? Wenn das Schreiben die wesentlichen Dinge förderte, um so besser, wenn nicht, sollte es einem auch nicht das Herz brechen. Das stand in keinem Verhältnis zueinander.
Brachte etwa um Viertel vor sieben das Kind ins Bett, ging dann in den Garten hinaus, als Banks auf mich zukam: »Mr. Harcourt ... Verlag.« Ich eilte atemlos hinein. »Mrs. Lindbergh« (ertönte es von irgendwoher in Greenwich), »Mr. Sloan brachte heute morgen Ihr Manuskript, und ich bin eben damit fertig. Ich konnte nicht aufhören. Es ist glänzend.«
Diese Augenblicke verleihen Kraft, beweisen einem seine Fähigkeiten. Sie sind ganz persönlich, führen aber auch weiter: »Ich gehöre in diese Welt. Ich habe in ihr meinen Platz. Mein Leben hat einen Sinn. Ich muß meinen Kopf nicht hängen lassen.«
So ist dieses Gefühl.
C. kam nach Hause und sagte, ich sähe aus, als hätte ich den Kanarienvogel verschluckt. Als ich ihm berichtete, *strahlte* er vor Stolz. Er war ungeheuer und ganz kindisch stolz.
Kaum möglich, Schlaf zu finden.

Freitag, 8. Mai

Eine geschäftliche Besprechung über das Buch findet statt. Ich finde, daß Verleger wie Geburtshelfer sind. Es wird das gleiche Aufhebens gemacht, das einem das Gefühl gibt, daß man doch eine großartige kleine Frau ist, bis man dann bei den Fakten wie Kopfumfang, Becken etc. landet. Sie benehmen sich ausgesprochen taktvoll. Aber schließlich und endlich haben sie recht, man muß sich von dem Gefühl freimachen, daß man Gottes Auftrag erfüllt.

Trotzdem bin ich einigermaßen verlegen, wenn von der Fassung meines Buches genauso geredet wird, wie Ärzte über ein ungeborenes Kind sprechen. »Wollen Sie damit *wirklich* sagen, daß es wie andere Kinder auf zwei Beinen herumlaufen wird?«

[North Haven] Freitag, 21. Juni 1935

Heute stand die Mitteilung über C.s Pumpe, die Organe am Leben erhält, in der Zeitung. Für mich ist er großartig, dieser genaue sachliche Bericht in der *Times*. Ich freue mich, daß ich von der Sache wußte, und freue mich eigentlich auch über ihre Bekanntmachung, über die Publizität im Hinblick darauf, daß jetzt auch die Leistungen C.s ins rechte Licht gerückt werden. Seine einzelnen Taten sind keineswegs glückliche Zufälle, wahrgenommene Gelegenheiten, auch nicht Ausdruck seines Charmes, seiner Jugend, Schlichtheit und Bubenhaftigkeit, sondern sie zeugen von einem umfassenden Verstand, der fähig ist, auch auf anderen Gebieten zu forschen.

Mittwoch, 3. Juli 1935

Gestern abend las ich meine alten Tagebücher wieder: das letzte Jahr im College, der Sommer vor meiner Heirat. Ich habe mich so wenig verändert. Meine Fehler sind gleich geblieben: mit mir selbst beschäftigt, über meine Sünden nachgrübelnd, Träumereien, das Weglaufen vor den Menschen, die ich am liebsten habe. Auch die Wünsche haben sich nicht geändert – das

Schreiben –, nur hat es sechs Jahre gedauert, bis ich wieder darauf gestoßen bin. Ich bin dieselbe, doch hat sich das, was sich einst andeutete, inzwischen gefestigt, als wäre ich durch C. und das, was er in meinem Leben bedeutet, gestählt.
Es hat eine gewisse Wandlung stattgefunden. Die Form ist geblieben, die Substanz hat sich verändert. Es gab mir ein Gefühl aufrichtigen Vertrauens, daß ich mich selbst, den inneren Kern meines Ichs wiederfand. Ich muß ihn mir bewahren.

Montag, 22. Juli 1935

Es ist großartig, wenn man bedenkt, was die verschiedenen Menschen aus der Ehe gemacht haben. Als hätte jeder einen Wurzelstock bekommen, um sich daran zu versuchen. Manchen fällt es leicht, und sie übernehmen den Stock, als sei er gebrauchsfertig. Andere finden die Aufgabe sehr, sehr schwer – manche geben auf. Viele von uns glauben, daß er uns gebrauchsfertig übergeben werden müsse, bereits geschnitzt, dann werfen sie ihn fort, um einen neuen aufzunehmen, und erwarten, daß *der* zugeschnitten ist. Ich glaube nicht, daß man jemals eine perfekte Ehe geliefert bekommt. Es ist wie beim Gesicht, dem Körper, den Bedingungen und dem Leben. Man erhielt sie, um sie zu gestalten. Auf diese Weise denke ich an Daddys Leben, an das, was ihm zu Gebote stand, was für Beschränkungen ihm auferlegt wurden und was er aus alldem gemacht hat. Es ist großartig. Ich habe es dem Buch entnommen, das mir nicht nur wieder vergegenwärtigt hat, was er war und

was er geleistet hat, sondern in mir auch noch ein starkes Gefühl der eigenen Kraft weckte.
Ich spüre plötzlich mein Erbe, spüre, daß er in mir weiterlebt. Es gehört mir. »Er war dazu geboren, Kräfte auf andere zu übertragen.« Ein Teil dieser Kräfte, seine Toleranz und seine Phantasie, die Fähigkeit, etwas aus meinem Leben, meiner Ehe und meiner Arbeit zu machen, ist auch in mir. Ich spüre diese Herausforderung und den schützenden Wall der Kraft, der sie umgibt. Wenn Harold Nicolson über Friedensschlüsse, Regierungen und Geschichte spricht, wird an meinen Verstand appelliert. In mir wird etwas, was ich von meinem Vater habe, geweckt, es erliegt der Faszination, stellt fest, daß Verständnis und Fassungsvermögen vorhanden sind, und verlangt nach mehr.
Es wird wieder geflogen. Unglaublich befriedigend und beruhigend – ein Beitrag zur Klärung der Dinge. Ich fühle mich befreit, kann über alles nachdenken, bin erleichtert, gereifter. Was möchte ich doch alles unternehmen, lesen, schreiben. »Man kann es sich nicht leisten, ein Quentchen seines Verstandes zu vergeuden.« Ob ich die Zeit finde, das aus meinem Leben zu machen, was ich mir vorgenommen habe, eine profilierte Ehe zu gestalten, weiterhin den Wunsch zum Schreiben aufrechtzuerhalten, so wie es mir jetzt vorschwebt? Ich möchte dieses wiedergewonnene Gefühl aus meiner Collegezeit, als ich meinen Verstand als ein brauchbares Werkzeug betrachtete und glaubte, daß das Leben nicht lang genug sei für alles, was ich lesen, überdenken und analysieren wollte, bewahren.

---

Freitag, 13. September 1935

Ich habe ein paar Briefe fertig, und so geht's mir besser. Con und ich reden über das *Life*[1] und sind uns einig; sein schönster Teil ist der über Daddys Art, Bedingungen des Lebens zu akzeptieren und etwas daraus zu machen. »Flachs zu Gold gesponnen«. Con sagt (sehr guter Gesichtspunkt), daß das mit einer musikalischen Komposition zu vergleichen sei, die Themen werden aufgestellt, wiederholt, entwickelt. Ich glaube, das unterstützt meine Vorstellung, daß man sich beim Schreiben in seinen Stoff »verlieben« muß. Es deckt sich auch mit meiner Theorie, daß man, wenn man einen Menschen in einer Hinsicht wirklich versteht – wenn auch nur für eine Sekunde –, man den ganzen Menschen für immer hat. So wird das Problem der Persönlichkeit klarer, das sich einem stellt, wenn man ein Baby betrachtet. Was wird sich bei diesem schmollenden, zappeligen Menschlein dann mit zwölf, zwanzig, vierzig und siebzig unverändert erhalten? Welche Faser ist die eigentliche Verkörperung seines Selbst?

Dabei sind wir wieder bei dem Thema, das Con und ich neulich diskutierten – der Unmöglichkeit, seine Vergangenheit abzustreifen und schlichtweg nur »Ich-hier-und-jetzt« zu sein. Man ist stets und untrennbar auch »Ich-damals-und-früher« oder »Ich-dort-und-in-Zukunft«. In seinem Buch aber sieht H. N. in jedem Augenblick den ganzen Menschen. Hier liegen seine

[1] Harold Nicolsons Biographie über Dwight W. Morrow

Schwierigkeiten, seine Nachteile, seine Grenzen, und dies sind seine Leistungen! Das ist höchst ermutigend – und auch notwendig. Außerdem ist es ein Zusatz zu Daddys: »Die Weltgeschichte ist die Geschichte des Kampfes zwischen dem Wunsch des Menschen nach Freiheit und seinem Wunsch nach Sicherheit. Eigentlich ist das die Lebensgeschichte jedes einzelnen.«

Dienstag, 3. Dezember 1935

Elisabeths Todestag.
Den ganzen Tag habe ich daran gedacht und mir gesagt: »Drei Dinge überleben den Tod. Es sind Mut, Erinnerung und Liebe.«
Ich schrieb in der Wohnung an Mutter. Es war still und ruhig, und ich konnte über Elisabeth nachdenken.
Doch sie ist so schrecklich weit fort. Ich überlege mir ständig, weshalb ich sie so in den Hintergrund gedrängt habe. Haben meine selbstsüchtigen Wünsche das bewirkt oder lediglich die praktische Tätigkeit und die Notwendigkeit, sich zu vieler Emotionen zu enthalten? Dazu war in diesem letzten Jahr sehr viel los. Im letzten Winter wollte ich mich in Elisabeth, ihre Briefe, ihr Tagebuch versenken – mich an sie erinnern, über sie, ihre Freunde, ihre Bilder, ihre Gedanken schreiben – Elisabeth wiedererstehen lassen. Dann schob ich das von mir, konnte es gefühlsmäßig nicht bewältigen; ich mußte einen klaren Kopf behalten. Die Gerichtsverhandlung, C., alles – ich konnte es mir nicht leisten, mich diesem Gefühl zu überlassen. Habe ich jetzt Angst vor der Stärke dieses Gefühls, will ich es deshalb nicht

wecken, oder fürchte ich, daß es mir nicht gelingen könnte, sie wiedererstehen zu lassen, und mir dadurch ihr Tod bewußter würde als je zuvor?

Ich denke täglich tausendfach an sie – täglich begleiten mich diese Gedanken –, aber das intensive, strahlende Bild ist verblaßt. Für Mutter scheint es gegenwärtig zu bleiben und auch für E. N., der heute abend hier sitzt und mit Überzeugung von einem Menschen spricht, den ich niemals gekannt habe. Wo ist *meine* Elisabeth?

Samstag, 7. Dezember 1935

C. meint, daß wir für den Winter, oder vielleicht auch für länger, nach England oder Schweden fahren.[1] »Halte dich bis zum Ende der Woche auf vierundzwanzigstündigen Abruf bereit.«

Ich bin in heller Aufregung, doch gehen wir nicht lediglich wieder einmal einer Zeit entgegen, die so viele Überraschungen bereit hält, daß ich nicht »zum Arbeiten«, zu meiner eigentlichen Aufgabe komme? (Es gelingt mir nicht einmal zu ergründen, worin die wirklich besteht!) Vielleicht nur darin, daß ich jederzeit bereit bin, mich mit C. in etwas Neues zu stürzen. (Wir nehmen Jon mit, also gibt's kein Tauziehen.)

Doch die Wohnung, »mein eigenes Zimmer«, die Welt der griechischen Bücher, Mrs. Hand und mein Schrei-

[1] Die Publicity in der Presse wurde derart intensiv, und Drohbriefe kamen so häufig, daß in Next Day Hill Tag und Nacht eine bewaffnete Wache aufgestellt werden mußte. Oberst Lindbergh beschloß, seine Familie aus Sicherheitsgründen und damit sie ein normales Leben führen könnte, ins Ausland zu bringen.

ben – Bathurst, Grönland –, dazu die Suche nach Elisabeth, alles ist wieder auf die Seite geschoben.
Man sollte fähig sein, das alles überallhin mitzunehmen. Ja, das kann ich auch, aber es braucht Zeit und Ruhe, sehr viel Zeit, und man muß sich daran gewöhnen und nicht aufgeregt sein. Man muß dafür ein Gefühl der Seßhaftigkeit entwickeln.
Mein ganzes Leben scheint darin zu bestehen, daß ich versuche, »seßhaft zu werden«, und C. beutelt mich wieder heraus. Aber gefällt es mir? Ja.

*

*An E.L.L.L.* Samstagabend, 21. Dezember

Liebe M.
Hier nur einige Zeilen – wir fahren in einer Stunde. Ich wollte, wir hätten Dich vor unserer Abreise noch sehen können. Ich hatte mich so darauf gefreut. Ich habe das Gefühl, daß wir das Richtige tun und daß wir dort, wo wir jetzt hingehen, sicher sind und wir für Jon und uns alle in schweren Zeiten Schutz finden.
Jon geht es gut. Ich nahm ihn mit zum Arzt, und der stellte absolute Fortschritte fest und meint, daß ihm ein ruhiger Winter in England guttun wird (so sehen versuchsweise unsere Pläne aus). C. und ich nehmen ihn alleine mit. Das Schiff fährt langsam – braucht zehn Tage –, doch ich habe viele warme Sachen für ihn mit, auch Deine warme Decke, mit der ich ihn nachts zudecken werde.

Unsere erste Adresse – nach der Bekanntgabe, denn wir werden natürlich versuchen, ohne Aufhebens fortzukommen – wird c/o Morgan, Grenfell und Co., London, England sein. Wir fahren nach Liverpool und dann vielleicht, bis wir alles übersehen können, in Aubreys Elternhaus. Dort ist es ruhig und friedlich, es liegt in Wales auf dem Land. Dann werde ich Dir schreiben. Ich habe in letzter Zeit oft an Dich gedacht. C. zeigte mir einen Brief, den Du ihm geschrieben hast, ehe er (1927) über den Ozean flog, und den er in seinem alten Koffer voller Schätze fand. Es war so ein wunderschöner Brief – mutig, verständnisvoll, großmütig, selbstlos und voller Bereitschaft, alles zu akzeptieren, was das Leben bringen mochte –, daß ich mir beim Lesen ganz ärmlich vorkam. Ich würde Dir gerne mitteilen, was mich alles bewegte.

*

*Tagebuch* Samstag, 21. Dezember 1935

Nach England eingeschifft.

Dienstag, 31. Dezember 1935

Nacht. Wir sind in Liverpool. Ein seltsamer Tag, früh aufstehen und langes Warten. Jon ist ein Engel, er spielt, während wir warten, mit Spielsachen. Die Männer vom Zoll. Das Entsetzen der Zeitungen: Zitate aus den New Yorker Leitartikeln.
C. trägt Jon durch das Spießrutenspalier der Kameras

den Landungssteg hinunter. Die Fahrt durch die Straßen – Straßenbahnen, Autobusse, Zylinderhüte, rotbackige Kinder, Frauen mit Shawls, Kindermädchen schieben Kinderwagen, Backsteinhäuser, Regenmäntel, eintönig gekleidete Frauen – und eine Woge des Gefühls. »Wie schrecklich englisch«, und dann: »Wann werde ich – meine ›Amerikanismen‹ wiedersehen?« Extrablätter werden in den Straßen ausgerufen: »Lindbergh in Liverpool!«

*Muscheln in meiner Hand*
Originalausgabe: »Gift from the Sea«. © Anne Morrow Lindbergh 1955, 1975. Pantheon Books, Inc., New York. Aus dem Amerikanischen von Maria Wolff und Peter Stadelmeyer (Gedichte).

*Wind an vielen Küsten*
Originalausgabe: »Listen! The Wind«. © Anne Morrow Lindbergh 1938, 1966. Harcourt Brace Jovanovich, Inc., New York. Aus dem Amerikanischen von Karl Eugen Brunner.

*Trage mich über die Flut*
Originalausgabe: »The Unicorn and Other Poems«. © Anne Morrow Lindbergh 1956. Pantheon Books, Inc., New York. Aus dem Amerikanischen von Annemarie von Puttkamer.

*Die Erde leuchtet*
Originalausgabe: »Earth Shine«. © Anne Morrow Lindbergh 1966, 1969. Harcourt Brace Jovanovich, Inc., New York. Aus dem Amerikanischen von Doris und Renate Schmidt.

*Bring mir das Einhorn*
Originalausgabe: »Bring Me a Unicorn. Diaries and Letters of Anne Morrow Lindbergh, 1922–1928«. © Anne Morrow Lindbergh 1971, 1972. Harcourt Brace Jovanovich, Inc., New York. Aus dem Amerikanischen von Anjuta Aigner-Dünnwald (bis S. 255) und Elisabeth Piper.

Wir danken folgenden amerikanischen Rechteinhabern für ihre freundlichen Abdruckgenehmigungen: der Society of Authors für die Zeilen von John Masefield, S. 238 (aus »The Passing Strange«); Ellen C. Masters für den Auszug aus »Alexander Throckmorton« von Edgar Lee Masters, S. 238/239 (aus »Spoon River Anthology«, © Edgar Lee Masters, 1915, 1916, 1942, 1944).

*Stunden von Gold, Stunden von Blei*
Originalausgabe: »Hour of Gold, Hour of Lead. Diaries and Letters of Anne Morrow Lindbergh, 1929–1932«. © Anne Morrow Lindbergh 1973. Harcourt Brace Jovanovich, Inc., New York. Aus dem Amerikanischen von Elisabeth Piper.

*Verschlossene Räume, offene Türen*
Originalausgabe: »Locked Rooms and Open Doors. Diaries and Letters of Anne Morrow Lindbergh, 1933–1935«. © Anne Morrow Lindbergh 1974. Harcourt Brace Jovanovich, Inc., New York. Aus dem Amerikanischen von Elisabeth Piper.

# *Inhalt*

# 10 Jahre Serie Piper

## Lust am Lesen
## Lust am Denken

SP 1620.

SP 1610.

SP 1640.

SP 1630.

SP 1670.

SP 1660.

SERIE PIPER

# Anne Morrow Lindbergh

Jahre meiner Jugend
Aus dem Amerikanischen von Anjuta Aigner-Dünnwald und Elisabeth Piper.
250 Seiten.
Serie Piper 1293

»Anne Morrow Lindberghs Geschichte ist eine Love-Story, die die Zeit überdauert. Es ist ein fesselndes und beglückendes Erlebnis, diese scheue und mutige junge Frau kennenzulernen, die allen etwas zu geben vermochte, denen sie begegnete.«

The Sunday Record

Die Hochzeit
Aus dem Amerikanischen von Maria Wolff.
257 Seiten.
Serie Piper 513

»Halte das Herz fest« ist ein mutiges Buch, in dem sich eine Frau mitteilt, die jede Verherrlichung scheut und den Fragen und Konflikten des Daseins ihre ganze reife Persönlichkeit entgegenstellt.

Aus dem Amerikanischen übertragen von Elisabeth Piper.
184 Seiten.
Serie Piper 653

Mit der ihr eigenen Sensibilität, ihrem feinen Gespür für die Sinnzusammenhänge von äußeren Vorgängen und innerem Erleben, teilt sie uns ihre Erfahrungen mit dem schnellen Wechsel der Welten beim Fliegen mit.